新民法
（債権関係）の
要件事実

Ⅰ

改正条文と関係条文の徹底解説

伊藤滋夫
編著

青林書院

はしがき

2009年10月28日に開催された法制審議会第160回会議において，法務大臣から民法（債権関係）の改正に関する諮問第88号として，「民法のうち債権関係の規定について，見直しを行う必要があると思われるので，その要綱を示されたい。」という趣旨の諮問がされ，これを受けて，「法制審議会民法（債権関係）部会」における５年を超える詳細な審議がされた後，2015年３月31日「民法の一部を改正する法律案」が，国会に提出され，その後，2017年５月26日に，「民法の一部を改正する法律」として成立し，同年６月２日平成29年法律第44号として公布され，同公布の日から起算して３年を超えない範囲内において政令で定める日から施行されることとなっている。

本書は，新民法（債権関係）の改正条文（現行法の削除も一種の改正として扱い検討対象としている）と関係条文（不改正条文もその性質に応じ検討対象としている）に関する要件事実を，法制審議会や国会の審議状況，関係判例・学説等の詳細な検討を踏まえ，「裁判規範としての民法」という考え方で一貫して，具体的事例の検討を行いながら，徹底的に解説をしたものであり，類書にない特徴を有していると考える。本書が実務上も理論上も有意義な書籍であることを確信している。

以上の詳細は，「序章――民法（債権関係）改正の概要と本書の基本的特徴」（特に，**第４**「本書解説の特徴」）において詳しく述べているので，ご覧いただきたい。

なお，本書Ⅰは，上記序章及び第１編「総則」第１章「通則」から第３編「債権」第１章「総則」第７節「有価証券」までの解説（ただし，第２編「物権」は，改正条文の簡単な解説のみ）を，本書Ⅱは，第３編「債権」第２章「契約」第１節「総則」から同編第５章「不法行為」までの解説と第５編「相続」第７章「遺言」第４節「遺言の執行」（若干の条文のみ）の解説をしている。

本書がこうして世に出ることができたのは，ひとえに執筆者各位の一方ならぬご尽力の賜物であり，ここに記して，心からの深い謝意を表したい。また，青林書院編集部・長島晴美氏は，編集方針の策定から始まり，引用原典の確認，用字用語の適正の確保等の細部に至るまで，実に真摯に編集の仕事をされた。同様に心から厚く御礼を申し上げる次第である。

2017年11月

伊藤　滋夫

編著者・執筆者紹介

＊ここで挙げている執筆者の担当条文は，条文（条文の文章をそのまま掲記していないものも含む）自体が，独立に表題として出ているもの（例えば，「(虚偽表示）第94条」）のみであって，他の条文の解説の中で，ある条文を解説しているときには，そのある条文は，ここでの執筆担当条文としては挙げていない。

編著者

伊藤　滋夫　法科大学院要件事実教育研究所顧問，弁護士，創価大学名誉教授

【序章，第１条，第２条，第90条，第91条，第92条，第93条，第94条，第95条，第96条，第97条，第98条の２，第107条，第108条，第697条〜第702条，第703条〜第708条，第709条〜第721条・第723条】

執筆者

（執筆順，平成29年10月現在）

伊藤　滋夫　上掲

毛受　裕介　神戸地方裁判所判事補

【第３条の２，第13条，削除条文現行法第20条の一部，削除条文現行法第86条の一部，第２編物権，第548条の２，第548条の３，第548条の４，第689条〜第694条，第695条・第696条，第722条，第724条・第724条の２，第1012条，削除条文現行法第1016条の一部，第1018条】

後藤　　誠　那覇地方・家庭裁判所沖縄支部支部長判事

【第99条，第100条，第101条，第102条，第103条，第104条，削除条文現行法第105条の全部，第105条，第106条，第109条，第110条，第111条，第112条，第113条〜第116条，第117条，第120条，削除条文現行法第121条の一部，第121条の２，削除条文現行法第122条ただし書，第124条，第125条，第126条，第144条，第145条，第146条，第147条，第148条，第149条，第150条，第151条，第152条，第153条・第154条，削除条文現行法第155条〜現行法第157条の全部，第158条・第159条・第160条，第161条，第166条，第167条，第168条，第169条，削除条文現行法第170条〜現行法第174条の全部】

栗林　信介　　弁護士，創価大学法科大学院教授
【第130条，第482条，第483条，第484条，第486条，第488条，第489条，第490条，第491条，第492条，第521条，第522条，第523条，第524条，第525条，第526条，第527条，第529条，第529条の２，第529条の３，第530条，第533条】

佐藤　　元　　弁護士
【第399条，第400条，第404条，第410条，第416条，第417条の２，第418条，第419条，第420条，第422条の２，第587条，第587条の２，第588条，削除条文現行法第589条の全部，第589条，第590条，第591条】

難波　孝一　　弁護士
【第412条，第412条の２，第413条・第413条の２，第414条，第415条，第540条・第544条，第541条，第542条，第543条，第545条，第548条】

北　　秀昭　　弁護士，筑波大学名誉教授
【第423条，第423条の２，第423条の３，第423条の４，第423条の５，第423条の６，第423条の７，第424条，第424条の２，第424条の３，第424条の４，第424条の５，第424条の６，第424条の７，第424条の８，第424条の９，第425条，第425条の２，第425条の３，第425条の４，第426条，第466条，第466条の２，第466条の３，第466条の４，第466条の５，第466条の６，第467条，第468条，第469条，削除条文現行法第469条～現行法第473条の全部，第470条，第471条，第472条，第472条の２，第472条の３，第472条の４，第539条の２】

河村　　浩　　東京高等裁判所判事
【第427条，第428条，第429条，第430条，第432条，第433条，第434条，第435条，第435条の２，第436条，第437条，削除条文現行法434条の全部，第438条，第439条，削除条文現行法第437条・現行法第439条の全部，第440条，第441条，削除条文現行法第441条の全部，第442条，第443条，第444条，第445条，削除条文現行法第445条の全部，保証債務履行請求の訴訟物，第446条，第447条，第448条，第457条，第458条，第458条の２，第458条の３，第459条，第459条の２，第460条，第461条，第462条，第463条，第464条・第465条，第465条の２，第465条の３，第465条の４，第465条の５，第465条の６・第465条の７・第465条の８・第465条の９，第465条の10，第３編第１章第７節有価証券，第549条，第550条，第551条，第552条・第553条・第554条，第３節売買（担保責任），第555条・第556条，第557条，第558条・第559条，第560条，削除条文現行法第561条の全部，第561条，削除

条文現行法第562条～現行法第566条の全部，第562条，第563条，第564条，第565条，第566条，第568条，削除条文現行法第570条の全部，第570条，削除条文現行法第571条の全部，第572条，第576条，第577条，第579条，第581条，第586条】

髙 橋　　譲　　大阪高等裁判所部総括判事
【第473条，第474条，第476条，第477条，第478条，第479条，第481条，第536条，第537条，第538条，第567条，第643条，第644条の２，第648条，第648条の２，第651条】

若 柳　善 朗　　弁護士
【第494条，第495条，第496条，第497条，第498条，第499条，第500条，第501条，第502条，第503条，第504条，第505条，第506条，第507条，第508条，第509条，第510条，第511条，第512条，第512条の２，第513条，第514条，第515条，削除条文現行法第516条の全部，削除条文現行法第517条の全部，第518条，第519条，第520条】

田 村　伸 子　　弁護士，創価大学法科大学院准教授
【第593条・第593条の２，第596条，第597条・第598条，第599条，第600条，第601条，第602条，第604条，第605条，第605条の２，第605条の３，第605条の４，第606条，第607条の２，第609条，第611条，第612条，第613条，第614条，第616条，第616条の２，第619条，第620条，第621条，第622条，第622条の２】

今出川　幸寛　　弁護士
【第623条，第624条の２，第626条，第627条，第632条，第634条，第636条，第637条，第642条，第657条，第657条の２，第658条，第659条，第660条，第662条，第664条の２，第665条，第665条の２，第666条，第667条，第667条の２，第667条の３，第670条，第670条の２，第671条，第672条，第673条，第675条，第676条，第677条，第677条の２，第680条の２，第682条，第685条，第686条，第687条】

目　次

『新民法（債権関係）の要件事実　Ⅱ』目次

凡　　例

1．叙述方法

⑴　叙述にあたっては，原則として，常用漢字，現代仮名づかいによったが，法令に基づく用法，及び判例，文献等の引用文は原文どおりとした。

⑵　「民法の一部を改正する法律」（平成29年法律第44号）により改正された条文は，解説の冒頭に，条文番号と見出しを掲載したうえで，条文をゴシック活字で掲げた。削除条文（一部又は全部削除），不改正条文は，解説の冒頭に条数と見出しのみを掲載した。

⑶　本書の段落構成は，原則として，**第１，第２，第３**……，１，２，３……，⑴，⑵，⑶……，(a)，(b)，(c)……のような区分によっている。

⑷　判例，文献の引用や補足，関連説明は，脚注を用いた。法令の引用，例示などは，本文中に括弧書で表した。

⑸　各解説の末尾に執筆者名を表示した。

⑹　各頁の柱（各頁の上部欄外の記載部分）の意味は次のとおりである。

まず，柱の趣旨は，各頁に記載されている説明の基本的内容を端的に示すことである。

奇数頁の柱には，見開きの両頁において解説されている条文番号を示した。その際，削除条文は「現行法〇条」とした。また，条文の解説に入る前に，当該項目の一般的な解説がなされていて，特定の条文の解説がなされていないような場合，例えば，売買の条文の解説に入る前に売買の一般的な説明がなされているような場合には，「第３節　売買」（443頁）とした。すなわち，奇数頁の柱では，見開きの両頁において直接に検討対象となっているものを表示している。

それに対し，偶数頁の柱には，編，節，款，目等を掲記した。例えば，「第３編　債権　第１章　総則　第３節　多数当事者の債権及び債務　第５款　保証債務」（214頁），「第３編　債権　第２章　契約　第３節　売買」（442頁）のようにした。すなわち，偶数頁の柱では，見開きの両頁において検討対象となっているものの体系的位置づけを表示している。

⑺　巻末に事項索引と判例索引を掲載した。

2．法令条文

⑴　引用した法令は，原則として平成29年10月末日現在のものによった。

⑵　引用した法令は，原則として原文どおりとしたが，横組みとしたため数字は算用

数字を用いた。

⑶ 「民法の一部を改正する法律」（平成29年法律第44号）により改正されない条文は「民法」，改正された条文は「新民法」「新法」，改正される前の条文は「現行民法」「現行法」とした。ただし，解説内において，その文脈で，「民法」「新民法」「新法」「現行民法」「現行法」であることが自明の場合には，「民法」「新民法」「新法」「現行民法」「現行法」を省略した。

⑷ ⑶を除く法令は，本文解説中においては，原則としてフルネームで引用した。括弧内においては，主要な法令名は，後掲の〔主要法令略語表〕によった。

⑸ 括弧内において複数の法令を引用する場合は，同一法令の条項は「・」で，異なる法令の条項は「，」で併記した。それぞれ条・項・号を付し，「第」は省いた。

3．判　　例

⑴ 脚注における判例の引用は，原則として次のように行った。その際に用いた出典等の略語は，後掲の〔雑誌，判例集等略語表〕によった。

（例）

昭和43年12月25日最高裁判所大法廷判決，最高裁判所民事判例集22巻13号3511頁

　→　最大判昭43・12・25民集22巻13号3511頁

平成24年10月4日東京地方裁判所判決，判例タイムズ1387号216頁

　→　東京地判平24・10・4判タ1387号216頁

⑵ 最高裁判例の最後に〔　〕書きで数字が掲記されているものがあるが，当該数字は，『最高裁判所判例解説民事篇』（法曹会）の解説番号である。

4．文　　献

⑴ 主要な書籍は，後掲の〔主要文献略語表〕による略語を用いて表した。

⑵ 主要な雑誌，判例集等は後掲の〔雑誌，判例集等略語表〕による略語を用いて表した。

⑶ ⑴⑵以外のものについては，著者（執筆者）及び編者・監修者の氏名，『書名』（「論文名」），巻数又は号数（掲載誌とその巻号又は号），発行所，刊行年，引用（参照）頁を掲記した。

〔主要法令略語表〕

供託	供託法	破	破産法
借地借家	借地借家法	民	民法
商	商法	民執	民事執行法
農地	農地法	労基	労働基準法

〔雑誌，判例集等略語表〕

大	大審院	金法	金融法務事情
大連	大審院聯合部	金判	金融・商事判例
最	最高裁判所	訟月	訟務月報
最大	最高裁判所大法廷	新聞	法律新聞
高	高等裁判所	判タ	判例タイムズ
地	地方裁判所	判時	判例時報
判	判決	労判	労働判例
決	決定	最高裁判例解説	最高裁判所判例解説民事篇
民録	大審院民事判決録	ジュリ	ジュリスト
民集	大審院民事判例集・最高裁判所民事判例集	曹時	法曹時報
裁判集民	最高裁判所裁判集民事	法教	法学教室
下民集	下級裁判所民事裁判例集	法時	法律時報
判決全集	大審院判決全集	法協	法学協会雑誌

〔主要文献略語表〕

安達ほか『徹底解説民法改正』→安達敏男＝吉川樹士＝安重洋介＝濱田卓『徹底解説民法改正〈債権改正〉』(日本加除出版，2016)

『伊藤滋夫喜寿記念』→伊藤滋夫先生喜寿記念『要件事実・事実認定論と基礎法学の新たな展開』(青林書院，2009)

伊藤総括編『民事要件事実講座⑴』→伊藤滋夫総括編集／伊藤滋夫＝難波孝一編『民事要件事実講座第1巻総論Ⅰ要件事実の基礎理論』(青林書院，2005)

伊藤総括編『民事要件事実講座⑵』→伊藤滋夫総括編集／伊藤滋夫＝長秀之編『民事要件事実講座第2巻総論Ⅱ多様な事件と要件事実』(青林書院，2005)

伊藤総括編『民事要件事実講座⑶』→伊藤滋夫総括編集／牧野利秋＝土屋文昭＝齋藤隆編『民事要件事実講座第3巻民法Ⅰ債権総論・契約』(青林書院，2005)

伊藤総括編『民事要件事実講座⑷』→伊藤滋夫総括編集／藤原弘道＝松山恒昭編『民事要件事実講座第4巻民法Ⅱ物権・不当利得・不法行為』(青林書院，2007)

伊藤総括編『民事要件事実講座⑸』→伊藤滋夫総括編集／山浦善樹編『要件事実講座第5巻企業活動と要件事実』(青林書院，2008)

伊藤編『債権法改正法案と要件事実』→伊藤滋夫編『債権法改正法案と要件事実』〔山野目章夫，高須順一の講演，鹿野菜穂子，藤井俊二のコメント〕法科大学院要件事実教育研究所報第15号(日本評論社，2017)

伊藤『要件事実の基礎』→伊藤滋夫『要件事実の基礎―裁判官による法的判断の構造〔新版〕』(有斐閣，2015)

伊藤＝山崎編『ケースブック』→伊藤滋夫＝山崎敏彦編著『ケースブック要件事実・事実認定〔第2版〕』(有斐閣，2005)

内田『民法Ⅰ』→内田貴『民法Ⅰ総則・物権総論〔第4版〕』(東京大学出版会，2008)
内田『民法Ⅱ』→内田貴『民法Ⅱ債権各論〔第3版〕』(東京大学出版会，2011)
内田『民法Ⅲ』→内田貴『民法Ⅲ債権総論・担保物権〔第3版〕』(東京大学出版会，2005)
梅『民法要義』→梅謙次郎『民法要義巻之三債権編〔訂正増補第31版〕』(有斐閣書房，1910)
大江『新債権法の要件事実』→大江忠『新債権法の要件事実』(司法協会，2016)
大江『要件事実民法⑴』→大江忠『要件事実民法⑴総則〔第4版〕』(第一法規，2016)
大江『要件事実民法⑵』→大江忠『要件事実民法⑵物権〔第4版〕』(第一法規，2015)
大江『要件事実民法⑷』→大江忠『要件事実民法⑷債権総論〔第4版〕』(第一法規，2016)
大江『要件事実民法⑸－1』→大江忠『要件事実民法⑸－1契約Ⅰ〔第4版〕』(第一法規，2017)
大窪「賃貸借」→大窪誠「〔特集〕民法（債権法）の新たな地平　賃貸借―賃貸人たる地位の移転」法学セミナー739号（2016）41～45頁
奥田『債権総論』→奥田昌道『債権総論〔増補版〕』(悠々社，1992)
鹿野「民法改正と約款規制」→鹿野菜穂子「民法改正と約款規制」法曹時報67巻7号（2015）1801～1831頁
河上「約款による契約」→河上正二「ロー・クラス債権法講義〔各論〕⑸第1部序論・契約総則第2章契約法序論第6節約款による契約」法学セミナー739号（2016）75～87頁（改正法関係83頁以下）
倉田監修『要件事実の証明責任・債権総論』→倉田卓次監修／並木茂ほか『要件事実の証明責任―債権総論』(西神田編集室，1986)
倉田監修『要件事実の証明責任・契約法㊤』→倉田卓次監修／国井和郎ほか『要件事実の証明責任―契約法上巻』(西神田編集室，1993)
『債権法改正と裁判実務』→田中豊＝土屋文昭＝奥田正昭＝村田渉編『債権法改正と裁判実務―要件事実・事実認定の重要論点』(商事法務，2011)
『債権法改正と裁判実務Ⅱ』→田中豊＝土屋文昭編『債権法改正と裁判実務Ⅱ―要件事実・事実認定の重要論点』(商事法務，2013)
潮見『改正法案の概要』→潮見佳男『民法（債権関係）改正法案の概要』(金融財政事情研究会，2015)
潮見『改正法の概要』→潮見佳男『民法（債権関係）改正法の概要』(金融財政事情研究会，2017)
潮見『新債権総論Ⅰ』→潮見佳男『新債権総論Ⅰ』(信山社，2017)
潮見『新債権総論Ⅱ』→潮見佳男『新債権総論Ⅱ』(信山社，2017)
司研『新問題研究要件事実』→司法研修所編『新問題研究　要件事実』(法曹会，2011)
司研『紛争類型別の要件事実』→司法研修所編『紛争類型別の要件事実―民事訴訟における攻撃防御の構造〔改訂版〕』(法曹会，2006)
司研『要件事実第1巻』→司法研修所編『民事訴訟における要件事実第1巻〔増補版〕』(法曹会，1986)
司研『要件事実第2巻』→司法研修所編『民事訴訟における要件事実第2巻』(法曹会，1992)

下村「通知懈怠による求償権制限の要件事実」→下村正明「通知懈怠による求償権制限の要件事実」伊藤滋夫先生喜寿記念『要件事実・事実認定論と基礎法学の新たな展開』（青林書院，2009）

『詳説改正債権法』→債権法研究会編『詳説　改正債権法』（金融財政事情研究会，2017）

『新版注釈民法(3)』→川島武宜＝平井宜雄編『新版注釈民法(3)総則(3)法律行為(1)90条〜98条』（有斐閣，2003）

『新版注釈民法(4)』→於保不二雄＝奥田昌道編『新版注釈民法(4)総則(4)法律行為(2)99条〜137条』（有斐閣，2015）

『新版注釈民法(13)』→谷口知平＝五十嵐清編『新版注釈民法(13)債権(4)契約総則521条〜548条』（有斐閣，1996）

『新版注釈民法(13)〔補訂版〕』→谷口知平＝五十嵐清編『新版注釈民法(13)債権(4)契約総則521条〜548条〔補訂版〕』（有斐閣，2006）

『新版注釈民法(16)』→幾代通＝広中俊雄編『新版注釈民法(16)債権(7)雇傭・請負・委任・寄託623条〜666条』（有斐閣，1989）

『新版注釈民法(17)』→鈴木禄弥編『新版注釈民法(17)債権(8)組合・終身定期金・和解・約款論・銀行取引約定書667条〜696条』（有斐閣，1993）

高須「訴訟告知の効力(上)」→高須順一「訴訟告知の効力(上)債権法改正の文脈において」NBL1063号（2015）37〜47頁

『注釈民法(5)』→中川善之助ほか編／川島武宜編『注釈民法第５総則』（有斐閣，1967）

道垣内『担保物権法』→道垣内弘人『現代民法Ⅲ担保物権法〔第４版〕』（有斐閣，2017）

中田『債権総論』→中田裕康『債権総論〔第３版〕』（岩波書店，2013）

野澤「売買」→野澤正充「〔特集〕民法（債権法）の新たな地平　売買─瑕疵担保責任から契約不適合責任へ」法学セミナー739号（2016）36〜40頁

平井『債権総論』→平井宜雄『債権総論〔第２版〕』（弘文堂，1994）

福本「危険負担と契約の解除」→福本忍「〔特集〕民法（債権法）の新たな地平　危険負担と契約の解除─霧に霞む解除と危険負担の地平？」法学セミナー739号（2016）31〜35頁

『民法注解財産法(1)』→遠藤浩＝水本浩＝北川善太郎＝伊藤滋夫編『民法注解財産法第１巻民法総則』（青林書院，1989）

森田「第２講錯誤（その１）」→森田修「『債権法改正』の文脈─新旧両規定の架橋のために（第２回）第２講錯誤：要件論の基本構造を中心に（その１）」法学教室428号（2016）66〜73頁

森田「第４講約款規制（その１）」→森田修「『債権法改正』の文脈─新旧両規定の架橋のために（第６回）第４講約款規制：制度の基本構造を中心に（その１）」法学教室432号（2016）92〜100頁

森田「第４講約款規制（その２）」→森田修「『債権法改正』の文脈─新旧両規定の架橋のために（第７回）第４講約款規制：制度の基本構造を中心に（その２）」法学教室433号（2016）88〜99頁

森田「第４講約款規制（その３）」→森田修「『債権法改正』の文脈─新旧両規定の架橋のために（第８回）第４講約款規制：制度の基本構造を中心に（その３）」法学教室434号

(2016) 85〜93頁

森田「第４講約款規制（その４）」→森田修「『債権法改正』の文脈─新旧両規定の架橋のために（第９回）第４講約款規制：制度の基本構造を中心に（その４）」法学教室435号(2016) 88〜96頁

森田「第５講意思表示制度（その２）」→森田修「『債権法改正』の文脈─新旧両規定の架橋のために（第11回）第５講意思表示制度：契約締結過程規制の拡張と第三者保護規定の整備（その２）」法学教室437号（2017）62〜74頁

森田「第６講代理制度（その１）」→森田修「『債権法改正』の文脈─新旧両規定の架橋のために（第12回）第６講代理制度：法律行為論への再定位（その１）」法学教室438号（2017）60〜70頁

森田「第６講代理制度（その３）」→森田修「『債権法改正』の文脈─新旧両規定の架橋のために（第14回）第６講代理制度：法律行為論への再定位（その３）」法学教室440号（2017）86〜96頁

山野目『新しい債権法』→山野目章夫『新しい債権法を読みとく』(商事法務，2017)

山野目「売買契約の新しい規律の構想」→山野目章夫「民法の債権関係の規定の見直しにおける売買契約の新しい規律の構想」法曹時報68巻１号（2016）１〜23頁

山本「民法改正と要件事実」→山本敬三「民法改正と要件事実─危険負担と解除を手がかりとして」自由と正義67巻１号（2016）33〜47頁

山本『民法講義Ⅰ』→山本敬三『民法講義Ⅰ総則〔第３版〕』(有斐閣，2011)

山本『民法講義Ⅳ－１』→山本敬三『民法講義Ⅳ－１契約』(有斐閣，2005)

山本「民法の改正と不当利得法の見直し」→山本敬三「民法の改正と不当利得法の見直し」法学論叢180巻５・６号（2017）247〜340頁

『要件事実・事実認定ハンドブック』→河村浩＝中島克巳『要件事実・事実認定ハンドブック〔第２版〕』(日本評論社，2017)

『要件事実小辞典』→伊藤滋夫編著『要件事実小辞典』(青林書院，2011)

『要件事実論30講』→村田渉＝山野目章夫編著『要件事実論30講〔第３版〕』(弘文堂，2012)

我妻『民法総則』→我妻榮『民法講義Ⅰ新訂民法総則』(岩波書店，1965)

我妻『債権総論』→我妻榮『民法講義Ⅳ新訂債権総論』(岩波書店，1964)

我妻『債権各論㊤』→我妻榮『民法講義V_1債権各論上巻』(岩波書店，1954)

我妻『債権各論㊥２』→我妻榮『民法講義V_3債権各論中巻２』(岩波書店，1962)

我妻『債権各論㊦１』→我妻榮『民法講義V_4債権各論下巻１』(岩波書店，1972)

〔法制審議会民法（債権関係）部会関係資料〕＊PDF版で引用

「中間的な論点整理」→「民法（債権関係）の改正に関する中間的な論点整理」(平成23年６月３日補訂)

「中間的な論点整理の補足説明」→「民法（債権関係）の改正に関する中間的な論点整理の補足説明」(平成23年６月３日補訂)

「中間試案」→「民法（債権関係）の改正に関する中間試案」(平成25年７月４日補訂)

「中間試案（概要付き）」→「民法（債権関係）の改正に関する中間試案（概要付き）」(平成25

年７月４日補訂）
「中間試案の補足説明」→「民法（債権関係）の改正に関する中間試案の補足説明」（平成25年７月４日補訂）
「改正要綱案」→「民法（債権関係）の改正に関する要綱案」

〔法制審議会関係資料〕＊PDF 版で引用
「改正要綱」→「民法（債権関係）の改正に関する要綱」

〔法制審議会民法（債権関係）部会関係資料　記載例〕＊PDF 版で引用
「部会第１回議事録」○頁→「法制審議会民法（債権関係）部会第１回会議議事録」○頁
「部会資料５－１」○頁→「法制審議会民法（債権関係）部会資料５－１」○頁
「第１分科会第１回議事録」○頁→「法制審議会民法（債権関係）部会第１分科会第１回会議議事録」○頁
「分科会資料２」→「法制審議会民法（債権関係）部会分科会資料２」

〔国会関係資料　記載例〕＊PDF 版で引用
192回国会衆院法務委08号平281116→第192回国会衆議院法務委員会会議録第８号平成28年11月26日
193回国会参院法務委10号平290509→第193回国会参議院法務委員会会議録第10号平成29年５月９日

序　章

民法（債権関係）改正の概要と本書の基本的特徴

伊藤　滋夫

第１　民法（債権関係）改正法の成立までの経緯とその概要

１　成立までの経緯

2009年10月28日に開催された法制審議会第160回会議において，法務大臣から民法（債権関係）の改正に関する諮問第88号として「民事基本法典である民法のうち債権関係の規定について，同法制定以来の社会・経済の変化への対応を図り，国民一般に分かりやすいものとする等の観点から，国民の日常生活や経済活動にかかわりの深い契約に関する規定を中心に見直しを行う必要があると思われるので，その要綱を示されたい。」との諮問がされ，これを受けて，「法制審議会民法（債権関係）部会」第１回会議（同年11月24日開催）以来５年余にわたり審議が継続され，同部会第99回会議（2015年２月10日開催）において，「民法（債権関係）の改正に関する要綱案」が決定された。その後法制審議会第174回会議（同年２月24日開催）において，そのとおり同要綱が決定され，同年３月31日「民法の一部を改正する法律案」として第189回国会（常会）に提出され，その後，衆議院と参議院の法務委員会，本会議で詳しい審議が行われ，最終的に，第193回国会参議院本会議（2017年５月26日）において，「民法の一部を改正する法律」として成立し，同年６月２日平成29年法律第44号として公布され，同公布の日から起算して３年を超えない範囲内において政令で定める日から施行されることとなっている。

また，民法は基本法であるため，多くの法律が民法の規定に言及しているので，民法改正に伴ってそうした法律も整合性のあるように改正されなければならない。そのことを定める「民法の一部を改正する法律の施行に伴う関係法律の整備等に関する法律」が，同様に成立し，平成29年法律第45号として同様に公布され，一部の規定を除き，上記「民法の一部を改正する法律」の施行日に施行されることとなっている。

2　改正の概要

今回の改正は，民法（債権関係）の改正といわれるように，その改正部分は，現行民法第３編「債権」に関する条文が多いが，現行民法第１編「総則」に関する重要な部分である意思表示，時効などについても重要な改正がある。

今回の改正の範囲を，逆に現行民法について改正されなかった部分を概観することによって限定してみることにしてみよう。そのような現行民法の不改正部分は，民法第２編「物権」（第１編「総則」，第３編「債権」の改正に関連して改正される10ほどの条文を除く），民法第３編「債権」中の事務管理・不当利得・不法行為に関する条文（722条１項及び時効に関する部分を除く），第４編「親族」，第５編「相続」（第１編「総則」・第３編「債権」の改正に関連して改正される遺言執行者に関する部分を除く）ということになり，それ以外は，今回の改正が行われているということになる。まさに，民法の財産法に関する極めて重要な部分に関する大改正である。

さらには，上述したように，「民法の一部を改正する法律の施行に伴う関係法律の整備等に関する法律」による多くの関係法律の改正もある。

そして，ある意味で非常に重要なことは，当該条文自体は何も改正されていなくても，他の条文が改正されることによって，その意味内容が異なってくるというようなことがあることを見逃してはならない，ということである。

第２　新民法（債権関係）が要件事実論に及ぼす影響

新民法の各条文を通観すると，現行民法に比較すると，要件事実をその条文の構造（本文・ただし書などの形式）によって示そうとした跡が看取され，法制審議会民法（債権関係）部会における審議においても，要件事実が議論された審議経過が残っている。

しかしながら，もとより新民法の条文のすべてにおいて，その条文構造（形式）が要件事実を反映したものとなっているわけではまったくない（ある意味では，新民法のような多数の条文について，それを実現することは，そもそも不可能に近いといってもよい）のみならず，要件事実がその条文構造（形式）に反映されていると考えてよい新民法の条文についても，そのことは新民法の条文を見ただけでは判明するものではなく，新民法の制度趣旨に照らして条文ごとに検討をした結果，はじめて判明することである。そのうえ，重要条文であっても，従来の要件事実の通説に明らかに反した表現になっているもの（例えば，415条1項の「履行をしない」，541条の「履行しない」など）やその表現にもかかわらず解釈に委ねられているもの（例えば，95条4項の「善意でかつ過失がない」は，「善意，ただし有過失を除く」という要件事実となることを排斥するものではない〔「**第95条の解説**」30頁参照〕）があると考えられる。

さらには，新民法166条1項，2項は，「債権は，○○年間その権利を行使しないときは，時効によって消滅する。」のように定めているのみである。このことから，ただちに同条が，「権利を行使しないこと」を要件（積極要件）として定めたものとし，そのことをそのまま要件事実と考えることは，時効制度の趣旨に反することはもちろん，新民法147条1項の時効の完成猶予についての条文の定め方を根拠に，それと同様に要件を考え，それに基づいて決めた要件事実と真っ向から衝突することになり，到底許されないところである。このような問題は，後に（後記**第3**「要件事実論の基本（本書の採る立場）」）述べる「裁判規範としての民法」という考え方によって，適切に解決されるべきことである。

こうした現象は，上記**第1**，**1**「成立までの経緯」で触れた上記諮問第88号の内容において明言されている「国民一般に分かりやすいものとする」との今回の改正の趣旨，立法で解決するよりは，今後の解釈に委ねた方が適切であると考えるべきものがあるなどの理由から，あながち否定的に見るべきものともいえない。なぜなら，何が良い民法かの判断は，多様な要請を総合的に判断して決するべきものであって，要件事実を条文構造（形式）に反映することだけが，その判断基準となるものであるなどとはいえないからである。

以上のような新民法の条文構造（形式）と要件事実の反映との関係を考えれば，新民法においても要件事実論の研究の重要性はいささかも減ずるものではないことは明らかである。

要件事実論の視点から，最も重要なことは，新民法が，現行民法よりも，要件事実に配慮して条文構造（形式）を定めていることに留意するべきであると同時に，すべての条文について，そのような配慮がされているわけではないことにも，十分に留意しなければならないことである。少し皮肉な言い方をすれば，新民法は，かなりの範囲において要件事実に配慮して条文構造（形式）を定めているだけに，よほど慎重に考えないと，そのような配慮のされていない条文についても，そのような配慮がされているものとの予断をもちやすく，正しい要件事実の判断を誤るおそれが多いということである。また，結果として，新民法の条文構造（形式）どおり考えても問題がない場合においても，単に新民法の条文構造（形式）のみに依拠して要件事実を考えるような思考方式になれてしまうと，なぜそのような要件事実となるのかの実質的考慮をしないようになってしまいかねない。そうなってしまうと，条文が典型的には予定していないような場合にも適切に対応できる要件事実を判断することのできる柔軟な思考力を失うおそれがあるといわなければならない。

法律の条文構造（形式）のみに依拠して要件事実を考える見解（規範説〔旧法律要件分類説〕）への思わざる思考の揺らぎは，誰にでも常にあり得るように思われるので注意が必要である。既に述べた95条の錯誤による取消しと第三者の保護の関係について，少し詳しく述べると，次のようなことになる。筆者の持論である裁判規範としての民法説の立場からすると，条文だけからいえることは，「条文は，『第三者が保護されるためには，錯誤による意思表示であること（厳密な表現がこれでよいかは別として）について善意でかつ無過失でなければならない。』と定めている」ということのみであり，このような条文の定め方からは，条文が，①第三者が善意でかつ無過失であることを第三者保護のための要件（積極要件）であると考えているか，②第三者が善意であることを要件（積極要件）と考え，第三者が善意であることについて過失があることを消極要件と考えているかについては，何ともいうことができない，ということになる。

要件事実の説明の仕方としても，条文構造（形式）が上記のようであることだけを根拠として，「本条は，ある第三者が保護されるためには，錯誤による意思表示であることについて，第三者が善意でかつ無過失であることを要件としている。」と説明すると，裁判規範としての民法説で必要と考えている実質的検討をまったくすることなく，前記①の考え方が正しいと述べていることになるので，この点も注意をしなければならない。

新民法では，現行民法にはない新たな規定も設けられたほか，現行民法にある規定の内容が改められたり，規定の表現が変わっていなくても，考え方が変わっているため，要件事実についても新たな視点から，その全体を検討し直さなければならなかったりするものが多い。

以上のような状況に鑑み，新民法における要件事実の検討は，民法学の研究上も，実務上も，極めて重要な課題であり，本書はその要請に応えようとするものである。

本書は，直接の改正条文を中心としながら，不改正条文であっても，要件事実論の視点から見て重要な関係条文についても解説し，かつ，改正部分が不改正部分に及ぼす影響にも触れて，解説をしている。削除条文についても，その削除（改正の一種である）の理由や新民法による対応などを説明している。そして，さらに，既に（前記**第１・２**「改正の概要」末尾）で説明したように，当該条文自体は何も改正されていなくても，他の条文が改正されることによって，その意味内容が異なってくるというようなことがあることを見逃してはならないのであって，こうした点についても解説（例えば，「**不当利得**の解説」「**不法行為**の解説」）をしている。

ただし，紙幅の関係と新民法における要件事実を解説するという本書の基本的趣旨から，特段の事情のない限り，改正法附則に定められた経過規定や「民法の一部を改正する法律の施行に伴う関係法律の整備等に関する法律」の規定については説明していない。

第３　要件事実論の基本（本書の採る立場）

１　要件事実の定義とその態様

本稿の出発点において，要件事実の定義を明確かつ適切にしておくことが必要である（もちろん，これは多くの各論的問題の検討の結果と無関係のものではないが，理論上は，出発点と位置づけるべきものである）。

端的にいえば，要件事実とは，裁判規範としての民法（実体法の代表として民法を挙げている趣旨であるから，むしろ裁判規範としての実体法というべきであるが，「裁判規範としての民法」説という名称の定着性に鑑み，しばらくこのままの呼び方で説明を進める）の要件に該当する具体的事実である。そして，この要件事実が存在すると，それを原因として，直接に実体法上の法律効果が発生すると考えるのであるが，そのような法律効果は，要件事実の態様が権利の発生・障害・消滅などと異なると，そのように異なったものとして発生する。訴訟においては，訴訟物である実体法上の権利の存否の判断を，この要件事実の存否の判断（したがって，またそれに基づく法律効果の判断）を組み合わせて行う。例えば，売買代金請求権を訴訟物とする売買代金請求訴訟においては，売買契約の成立（売買代金請求権の発生），同契約における要素の錯誤の存在（契約が無効であること★1 による同請求権の発生障害），同代金の弁済（同代金請求権の消滅）などのように判断をするわけである。

★1　要素の錯誤がある場合の法律効果は，新民法では，現行民法の無効から「取り消すことができる」というように改正されている（95条１項）。

2　裁判規範としての民法の定義

裁判規範としての民法とは，民事に関する法的紛争を判決によって解決するにあたって，事実が訴訟上存否不明になったときにも，裁判官が判断をすることが不能にならないように立証責任のことまで考えて要件が定められている民法のことである★2。さらにいえば，裁判規範としての民法とは，同民法における，ある要件に該当する具体的事実が存否不明になった場合には，その事実の存在を前提とする要件に基づく効果が発生しないものと扱うのが民法上妥当な結果となるような構造（形式）で定められている，そうした民法のことである。他方，立証責任は，その対象となる事実が存否不明になったときには，その事実を内容とする要件に基づく法律効果の発生が認められない法律上の不利益又は危険をいうのである。したがって，この両方の定義を比べてみれば，要件事実とは，すなわち立証責任対象事実のことである（主張責任は立証責任に一致するから，主張立証責任対象事実のことでもある）ことになる。

3　裁判規範としての民法の構成のための原理

まず，その骨子を述べると次のとおりである。

裁判規範としての民法の要件に該当する具体的事実が要件事実（観点を変えていえば，それは主張立証責任対象事実）である。要件事実を決める最終的基準は，立証責任の負担の公平である（それは，立証の公平と同じ意味であり，かつ，実質的には，主張責任対象事実が立証責任対象事実に従ってこれと同一に決定されることからすれば，主張立証責任の負担の公平と同じことである）。立証責任の負担の公平は実体法の定める制度の趣旨によって決める。すなわち，まず，当該実体法の定める制度の趣旨が決まり，その後に，立証ということが問題となる訴訟の場において，その制度の趣旨に合致する（制度の趣旨の実現に適う）結果が得られるように立証責任の負担を決めるのである。このように，当該実体法の制度趣旨が，立証ということが問題となる訴訟の場において，最も適切に実現できるようにすることが，立証の公平（立証責任の負担の公平と同じ意味である）に適うことであると考えることになるのである。

以下に，上記骨子を詳しく説明する。

裁判規範としての民法の要件は，民法典の条文を見たのみでは不明である（上記のように，新民法においても事情は基本的に現行民法典におけると同様である）ので，そ

★2　裁判規範としての民法についての詳細は，伊藤『要件事実の基礎』126頁以下参照。

の構成（この構成という作業は，民法典に内在するものを解釈によって明らかにするという性質を有するものである）の仕方についての考察が必要であるが，それは，次のとおりである。

まず，立証の困難性ということを考えないで民法の規範構造を考える。民法における規範（民法典における各条文によって明文で定められている規範及び解釈上導き出される規範）のすべてを個別的に見て，それがいつも原則・例外の構造（形式）になっているわけではないが，大きく見ると，民法の規範は，原則・例外の構造（形式）の階層構造になっている。そのような規範構造を決定しているものは，結局のところ，民法の制度趣旨である。この制度趣旨を基準として，民法の規範構造がどのようなものになっているかを考え，まずは，その原則・例外の構造（形式）に従って，その要件に該当する具体的事実を立証責任対象事実と考えることにする。その基本的例としては，契約は，成立すれば有効である（原則）が，その無効原因があるときは，無効である（例外）という規範構造があるが，その場合において，前者がX（契約成立に基づいて契約の履行請求をする者）にとっての立証責任対象事実であり，後者が，Y（同請求を争う者）にとっての立証責任対象事実である，という例を挙げることができる。

しかし，裁判規範としての民法というものは，上記のように，事実が訴訟上存否不明になったときにも，裁判官が判断をすることが不能にならないように立証責任のことまで考えて要件が定められている民法のことなのであるから，訴訟における立証の困難性と無関係にその要件が構成されるということは考えられない。

上記のように，立証の困難性ということを考えないで民法の制度趣旨を基準として，その規範構造を考えて立証責任対象事実を決めたとしても，もしも，その規範構造のみによって，立証責任対象事実を最終的に決定したとすると，その立証が実際上極めて困難であるために，その決定のための出発点とした民法の制度趣旨の実現が訴訟を通じて実現することができないということになっては，本末転倒であることになる。

そうだとすれば，当該実体法の制度趣旨が，立証ということが問題となる訴訟の場において，最も適切に実現できるようにしなければならない。したがって，上記のような本末転倒の結果になるような場合には，上記のような民法の規範構造を基準として決まる立証責任対象事実を，その段階でもう一度検討し直し，必要がある場合には，その結論を変えて立証責任対象事実を決めるべきである（そうすることが，立証責任対象事実の最終的決定基準である「立証の公平」〔「立証責任の負担の公平」といっても同じことである〕に適うことになる)。

このような必要が生じる場合は，実際には多くないと考えられるが，理論上は，いつもその視点からの検討を終えて，最終的に立証責任対象事実の決定が，立証の公平に適っているかを見定めたうえで，最終的な立証責任対象事実を決定するべきである。例えば，上述した「契約は，成立すれば有効である（原則）が，その無効原因があるときは，無効である（例外）」という規範構造は，普通は，そのまま立証責任対象事実の決定基準と考えてよいのであるが，そう最終的に決定してよいのは，あくまで立証の困難性ということを考慮に入れて検討しても，この規範構造と反する形で考える必要がないことを確かめてからでなければならない。

4　消費者契約法９条１号の場合

消費者契約法（借地借家法などとともに，いわゆる実質的民法の性質を有する）９条１号の平均的損害の額に関する立証責任の考え方が，立証の困難性を考えに入れないで判断された規範構造を，立証の困難性を考慮に入れた場合には，そのまま立証責任対象事実の決定基準としてはならない可能性がある場合の適例である。

この場合の規範構造は，消費者契約に当たる契約において，損害賠償額の予定額を当事者双方が合意して契約において定めたとすると，その契約は，成立すれば有効である（原則）が，例外として，同号に定める平均的損害の額を超える場合には，その超える部分は無効である（例外）という規範構造になると考えられる。しかし，もしも，消費者にとって，当該損害賠償の予定額が，当該事業者の被る平均的損害の額を超えることが不可能に近いほど困難な立証活動を必要とするものであると考えられるとすると（この点については，ケースにより見解が分かれるかもしれない)，消費者保護を基本的目的とする消費者契約法の制度趣旨に反することになるので，上記の規範構造にかかわらず，当該損害賠償の予定額が同号にいう平均的損害の額以下であることが事業者の立証責任対象事実である，と解するべきこととなる。

以上の説明は，簡潔であるため，難解と感じられる読者もおありかもしれないが，本書における各条の解説を読むにあたって常に念頭に置いていただくことによって（各解説と以上の説明との間を，いわば行ったり来たりしながら，お考えいただくことによって)，以上の説明も各解説の内容も，次第にその理解が深まる関係にあるといえる★3。

5　「裁判規範としての民法」という考え方は，どの程度受け入れら

れているか★4

「裁判規範としての民法」という考え方には，早くからこれを支持する見解があったが，近時さらに，この考え方に賛成する見解が増えていると考えられる。

例えば，加藤新太郎教授（元東京高裁部総括判事）は，現在の要件事実論に関する論争について，「『裁判規範としての民法論争』の様相を呈している。」★5として，同稿で紹介する3つの説の一つとして「裁判規範としての民法説」を紹介しており，同説が，今や有力説となったことを認めている（そこでも，同教授自身は，修正法律要件分類説が自説であって，これと異なる「裁判規範としての民法説」に反対であると述べているが）。

著名な租税法学者である岩﨑政明教授（横浜国立大学）は，その近稿★6において，裁判規範としての民法説が租税法の分野でも有効であることを認め，従来の修正法律要件分類説ないし個別検討説的な考え方から，裁判規範としての民法説に改説したと述べている。

そして，本書の執筆者12名（筆者自身を含む）全員が，裁判規範としての民法説によって本書の解説を執筆している，という事実がある。

その執筆者の一人である難波孝一弁護士（元東京高裁部総括判事）は，その論稿「主張責任と立証責任」★7においても，「裁判規範としての民法」という考え方を詳説し，早い時期からこの考え方を積極的に支持する。

また，上記執筆者の一人である河村浩判事（東京高裁）は（他に，中島克巳弁護士も），「立証責任対象事実の決定基準――修正法律要件分類説と裁判規範としての民法説」と題して詳細に論じる★8中で，本書は裁判規範としての民法説を支持する，と明言している★9。

修正法律要件分類説は，今も，通説といわれているようであるが，どういう説

★3　僭越ながら，伊藤『要件事実の基礎』の第1章「要件事実論の機能」，第3章「裁判規範としての民法」など関係部分をご覧いただくことも，何がしかの役に立つのではないかと思う。

★4　伊藤『要件事実の基礎』刊行時の状況については，同書276～279頁参照。

★5　加藤新太郎「要件事実論の到達点」高橋宏志＝加藤新太郎編集『実務民事訴訟講座〔第3期〕第5巻―証明責任・要件事実論』（日本評論社，2012）25頁。

★6　岩﨑政明「租税訴訟における訴訟物の考え方」伊藤滋夫＝岩﨑政明編集『租税訴訟における要件事実論の展開』（青林書院，2016）120～121頁，128～130頁。

★7　難波孝一「主張責任と立証責任」伊藤滋夫総括編集『民事要件事実講座第1巻総論Ⅰ要件事実の基礎理論』（青林書院，2005）160頁以下（特に，163～171頁）。

★8　『要件事実・事実認定ハンドブック』23～25頁。同書は，基礎法学的思考方式も十分に取り入れ，理論的にも実務的にも，実に優れた書物である。

★9　『要件事実・事実認定ハンドブック』24頁。

を修正法律要件分類説というのかも含めて，果たして同説が，現在も通説といえるかは，極めて疑問である★10。少なくとも現在の司法研修所説を修正法律要件分類説という根拠は，まったくない。大江忠弁護士（多数の注釈書〔条解〕方式の要件事実に関する著書を出し，これまで修正法律要件分類説の支持者であったと考えられる方である）も，その近著『新債権法の要件事実』（司法協会，2016）の「はしがき」において，修正法律要件分類説を採っているといわれてきた従来の司法研修所説を批判している。

もとより，今でも，裁判規範としての民法説を批判する見解もある。法律学における見解は多様であり得るのであって，そのような批判のあることを異とするつもりは，まったくない。しかし，その際に重要なことは，批判する見解を正確に理解したうえで批判をすることではあるまいか。裁判規範としての民法説を採る筆者の見解を誤解して，私見（注（★11）引用の見解は，直接には，「事案の解明義務」に関する私見に関するもの）を相当でないとする見解★11については，そうした誤解のないように要望をさせていただきたい。

第4　本書解説の特徴

①新民法の内容を単に形式的に取り上げるのではなく，現行民法との間でどのような異同があるか（従来の判例・代表的学説などを検討し，判例法などの確認であるの

★10　修正法律要件分類説を含む要件事実に関する各説の内容の紹介と批判については，伊藤『要件事実の基礎』264頁以下に詳説している。

★11　例えば，松本博之『証明軽減論と武器対等の原則――要件事実論批判・証明責任分配論と共に』（日本加除出版，2017）384～385頁は，拙稿「本研究会のテーマ『要件事実の機能と事案の解明』に関する要件事実論の視点からの問題提起」拙編集『要件事実の機能と事案の解明』法科大学院要件事実教育研究所報第10号（日本評論社，2012）83頁における私見の一部を，「『裁判規範としての民法』という独特の『要件事実論』を主張する伊藤滋夫」のいう見解として引用したうえ，同所での私見を，「この言説は，証明責任を負わないが，情報を有する当事者は無条件で，相手方が証明責任を負う事実の反対事実の主張立証をしなければならないとする点で，問題である。」として強く批判する。

しかし，筆者は，上記拙稿で，「本稿においては，事案の解明義務と事案解明義務（狭義）の表記を区別して行う」（上記拙稿81頁）と述べ，事案の解明義務を果たさなかった場合において当事者が受ける不利益に関する参考条文の一例として，民事訴訟法157条を挙げ（上記拙稿83頁），かつ，松本教授が引用する上記部分の説明のすぐ後の箇所において，「以上に述べた限りのことは，事案解明義務（狭義）と関係なく肯定できることである。」（上記拙稿83頁）と述べている。したがって，松本教授が引用する上記部分で筆者の述べている「事案の解明義務」は，「事案解明義務（狭義）」ではないことは明らかであって，筆者は，松本教授が「問題である。」とするようなことを肯定していることはまったくない。

筆者は，両義務を明確に区別して論じており，その内容の詳細については，伊藤『要件事実の基礎』58頁以下参照。

か，新内容かなど）に着目し，②新民法の制度趣旨を十分に踏まえ（今回の改正を審議した法制審議会，国会などにおける審議状況その他改正の根拠に関する文献などから，新民法の制度趣旨を精査し，さらに，立法事実として主張立証責任対象事実の決定に繋がるような議論があったか，それが条文構造（形式）に繋がるなどして立法に反映されているかなどを検討する），かつ，③その制度趣旨が立証ということが問題となる訴訟の場において最も適切に実現できるように，新民法における適切妥当な要件事実（主張立証責任対象事実）は何かを論じる（簡単にいえば，「裁判規範としての民法」説によって要件事実を論じる）。

なお，すべての条文の解説において，各執筆者は，要件事実について述べる場合には，その決定基準を，ここに記載してある，要件事実の決定基準によって考えている。したがって，各解説においては，原則として，一々その点を説明しない（ただし，各解説において，その問題の性質上，各執筆者が必要と判断したときは，「要件事実の決定基準」に言及することも，もちろんある）。

上記視点から，改正のあった全条文を取り上げて要件事実の説明をする。ただし，新民法の条文の内容はまさに多様であって，改正内容によっては，具体的事例の検討を詳細にする場合も多くあるし，また，「……の点が改正されたが，要件事実に関係して述べるべきことは，ほとんどない。」などと極めて簡単に触れるにとどめることや，幾つかの条文の内容の概要にまとめて言及することもあるなど，説明の内容の繁簡などに多くの違いがあるであろう。

また，既に（前記**第2**「新民法（債権関係）が要件事実論に及ぼす影響」末尾）述べたように，本書は，直接の改正条文（削除条文も，改正条文の一種として扱っている）を中心としながら，不改正条文であっても，要件事実論の視点から見て重要な関係条文についても解説し，かつ，改正条文が不改正条文に及ぼす影響にも触れて，解説をしている。当該条文自体は何も改正されていなくても，他の条文が改正されることによって，その意味内容が異なってくるというようなことがあることを見逃してはならないのであって，こうした点についても解説（例えば，「**不当利得**の解説」「**不法行為**の解説」）をしているのである。

このように，本書は，新民法（債権関係）の改正条文と関係条文に関する要件事実の徹底解説をしたものであり，類書にない特徴を有していると考える。実務上も理論上も有意義なものであることを確信している。

第1編　総　　則

第1章　通　　則

（基本原則）第1条

第1　本条の基本的趣旨

1項は，私権（私法上の権利）の内容・行使などは，公共の福祉に適合するものでなければならないことを，2項は，私権の行使が信義誠実の原則に従って行われなければならないことを，3項は，権利（私権）の濫用が許されないことを，それぞれ規定している。

本条は，私権の社会性を宣言したものであり，1項は原理を表明し，2項と3項はその適用を示すものとされる★1。

いずれも，民法のどのような制度を考えるにあたっても，どのような条文の解釈をするにあたっても，考慮しなければならない肝要なことを定めている。2条が「解釈の基準」という見出しとなっており，本条が「基本原則」という見出しとなっているからといって，本条が「解釈の基準」とは関係がないなどということはない。

2項と3項とは，その内容が類似している（信義誠実の原則に反した権利の行使の仕方は権利の濫用となり，権利の濫用は，信義誠実の原則に反した権利の行使である，といえそうである）が，通常は，2項は，何らかの法的関係（典型的には契約関係）にある者相互の間において問題となる考え方であり，3項は，そうではない者の間において問題となる考え方である，とされている★2。

信義誠実の原則に反する権利の行使や権利の行使が権利の濫用に当たる場合に，そうした権利の行使が，直ちに，いつも100％効力がないということになる

【第1条注】
★1　我妻『民法総則』33頁。
★2　我妻『民法総則』39～40頁。

かは，様々な事案の内容に応じて，一概にはいえない。

例えば，最判昭51・７・８民集30巻７号689頁〔23〕は，「石油等の輸送及び販売を業とする使用者が，業務上タンクローリーを運転中の被用者の惹起した自動車事故により，直接損害を被り，かつ，第三者に対する損害賠償義務を履行したことに基づき損害を被った場合において，使用者が業務上車両を多数保有しながら対物賠償責任保険及び車両保険に加入せず，また，右事故は被用者が特命により臨時的に乗務中生じたものであり，被用者の勤務成績は普通以上である等判示の事実関係のもとでは，使用者は，信義則上，右損害のうち四分の一を限度として，被用者に対し，賠償及び求償を請求しうるにすぎない。」（要旨）と判示していることが参考になるであろう。

第２　要件事実

ある権利の行使がされた場合において，信義誠実の原則に反する又は権利の濫用に当たるとの評価★3の根拠となる事実（評価根拠事実）は，当該権利の行使の評価根拠事実に対して，何らかの意味で評価障害事実となるであろう。例えば，他人に賃借権の譲渡をして，当該他人に賃借物を使用収益させたことを理由とする賃貸借契約の解除は，その譲渡・使用収益が賃貸人に対する背信行為と認めるに足りない特段の事情がある場合においては，許されず，当該解除権の行使は，その効果を生じない。この民法612条２項に関する理論は，現在は，「信頼関係破壊の理論」として強固な独立の理論となっているが，その出発点となる基本的理論は，信義誠実の原則であると考えられる。

本条については，非常に古い文献であり，その後の判例・学説の変化を考慮して修正されるべき点があることを念頭に置いて読むべきではあるが，今なお参考となるものとして，潮見佳男教授又は山本敬三教授の詳細な研究がある★4。

なお，民法の解釈は，私見によれば，制度趣旨（いわばあるべき立法者意思）を基本として解釈するべきであると考える★5が，本条の定める趣旨も，そうした制度趣旨の重要な一部をなすものと考える。

〔伊藤〕

★３　こうした評価自体を要件事実となるとする考え方は今はほとんどないと考えられる。

★４　『民法注解財産法⑴』35～96頁参照。

★５　民法解釈の基本的理論については，拙著『民事法学入門―法学の基礎から民事実務までの道しるべ』（有斐閣，2012）128頁以下，第４章「民法解釈学の実践はどうあるべきか」参照。

（解釈の基準）第２条

本条は，民法の解釈の基準を定めることを標榜しており，そのこと自体に間違いはないが，そのことは，１条の解説においても述べたように，１条も同様の役割を有するものと考えるべきである。

本条の用いる用語のうち，「個人の尊厳」とは何を意味するかが特に問題であるが，通常は，「個人の尊厳とは，すべての個人は，個人として尊重され（憲13条参照），人格の主体として独自の存在を認められるべきもので，他人の意思によって支配されまたは他の目的の手段とされてはならない，ということである。」★1 とされる。しかし，この定義は，「人間の尊厳」の定義との関係で問題がないわけではない★2。ただ，本書の性質上，そのことを指摘するにとどめ，それ以上に突っ込んだ考察は，しないこととする。

本条に違反する行為などは，本条違反で直ちに無効というように考えるよりは，それが民法90条にいう公序良俗違反となることによって無効となると考えられるというのが，少なくとも普通ではあるまいか。「定年年齢を男子60歳女子55歳と定めた就業規則中女子の定年年齢を男子より低く定めた部分が性別のみによる不合理な差別を定めたものとして民法90条の規定により無効とした事例」★3 は，その適例といえる。同最判の判決文においては，90条の規定により無効であるとした判示部分において，「（憲法14条１項，民法１条ノ２参照）」と記載している（この１条ノ２は，現在の民法２条である）。　〔伊藤〕

【第２条注】

★１　我妻『民法総則』29頁。

★２　ホセ・ヨンパルト『人間の尊厳と国家の権力』成文堂選書10（成文堂，1990）77頁以下参照。例えば，個人という考え方は，個人の属する社会という考え方を前提としているが，人間という考え方は，そうした前提を有しない，ということを考えるだけでも，そのことは明らかではなかろうか。

★３　最判昭56・３・24民集35巻２号300頁〔11〕。

第2章　人

第2節　意思能力

第3条の2

法律行為の当事者が意思表示をした時に意思能力を有しなかったときは，その法律行為は，無効とする。

第1　新法の制度趣旨

1　改正の概要

本条は，意思能力を欠く状態でした法律行為について，無効であることを定めるものである。意思能力を欠く状態でされた法律行為が無効であることについては，判例★1・学説上争いのないところであったが，現行法にはその定めがなかったため，規定が新設された。

2　新法の主な問題点

(1)　意思能力の定義

本条は，意思能力の定義を定めていない。意思能力の定義については，その法律行為をすることの意味（法律行為の結果）を理解する能力であるか，人の一般的な属性としての事理弁識能力であるかについて争いがあり，引き続き解釈に委ねられている★2。

【第3条の2注】

★1　大判明38・5・11民録11輯706頁。

★2　「部会資料73A」26頁。なお，本条が「人」の章に置かれていることからすると，意思能力の定義について，後者の理解をとっているようにも見える。しかし，新法の規定の配置の問題については，「基本的には現状を出発点として新たな規定を配置していく」という方針が採られたうえ，意思能力の規定の配置については，「教科書類や判例付き六法などにおける配置も参照しながら，一般的な理解のしやすさを考え」て，「『第2章　人』の中の『第1節　権利能力』と『第2節　行為能力』」の間に配置することとされた（「部会第97回議事録」5頁〔筒

⑵　意思能力の基準時

本条は，意思能力の有無は，意思表示をした時を基準として判断することとしている。これは，例えば契約においては，契約が無効となるのは，契約の申込み又は承諾の時に意思能力を有しないときであることを確認する趣旨である★3。

⑶　相対的無効

本条は，無効の主張権者を制限していないようにも見える。しかし，意思能力を欠く法律行為の無効は，表意者のみが主張できるということが一般的な理解であり，本条による無効も，表意者のみが主張できる★4。

第２　要件事実

１　設　　例

Ｘが，Ｙに対し，売買契約に基づく代金請求をしたのに対し，Ｙが，意思無能力を主張した例。

訴 訟 物

売買契約に基づく代金請求権

請求原因

Ｘは，Ｙに対し，○月○日，目的物を●●円で売った。

抗弁（意思無能力）

Ｙが，本件売買契約の申込みの当時，意思無能力であったことの評価根拠事実

２　若干の説明

抗弁が，本条の規定する意思無能力の主張である。意思能力の主張立証責任の分配については，人は，原則として権利能力を有し（民３条），法律行為は，無効原因がない限りは有効であると考えられることからすれば，例外である意思無能力による法律行為の無効を主張する側に，主張立証責任があると解される。また，前記のとおり，意思能力の定義については争いがあるが，いずれの見解によっても，意思能力の内容は評価的要件と考えられるから，意思能力がないことの

井幹事発言〕）。したがって，新法の解釈や制度趣旨の確定にあたって，規定の配置を過度に重視することはできない。

★３　「部会資料82－２」２頁。

★４　193回参院法務委10号平290509・16頁３段目〔小川政府参考人（法務省民事局長）回答〕。

評価根拠事実が要件事実となる。これに対し，相手方は，その評価障害事実を抗弁として主張立証することができる（設例では省略している）。〔毛受〕

第３節　行為能力

（保佐人の同意を要する行為等）第13条

被保佐人が次に掲げる行為をするには，その保佐人の同意を得なければならない。ただし，第９条ただし書に規定する行為については，この限りでない。

一　元本を領収し，又は利用すること。

二　借財又は保証をすること。

三　不動産その他重要な財産に関する権利の得喪を目的とする行為をすること。

四　訴訟行為をすること。

五　贈与，和解又は仲裁合意（仲裁法（平成15年法律第138号）第２条第１項に規定する仲裁合意をいう。）をすること。

六　相続の承認若しくは放棄又は遺産の分割をすること。

七　贈与の申込みを拒絶し，遺贈を放棄し，負担付贈与の申込みを承諾し，又は負担付遺贈を承認すること。

八　新築，改築，増築又は大修繕をすること。

九　第602条に定める期間を超える賃貸借をすること。

十　前各号に掲げる行為を制限行為能力者（未成年者，成年被後見人，被保佐人及び第17条第１項の審判を受けた被補助人をいう。以下同じ。）の法定代理人としてすること。

2　家庭裁判所は，第11条本文に規定する者又は保佐人若しくは保佐監督人の請求により，被保佐人が前項各号に掲げる行為以外の行為をする場合であってもその保佐人の同意を得なければならない旨の審判をすることができる。ただし，第９条ただし書に規定する行為については，この限りでない。

3　保佐人の同意を得なければならない行為について，保佐人が被保佐人の利益を害するおそれがないにもかかわらず同意をしないときは，家庭裁判所は，被保佐人の請求により，保佐人の同意に代わる許可を与えることができる。

4　保佐人の同意を得なければならない行為であって，その同意又はこれに代わる許可を得ないでしたものは，取り消すことができる。

現行法13条１項１号ないし９号は，被保佐人が，その財産に重大な影響を与える可能性のある行為について，保佐人の同意を要することとし，４項において，その同意を得ないでした行為は，取り消すことができると規定している。同項に新たに追加された10号は，新法102条の改正に伴い，被保佐人が，保佐人の同意を得なければすることができない行為に，１号ないし９号の行為を制限行為能力者の法定代理人としてすることを追加するものである。

新法102条ただし書は，例えば，未成年者Ａの父親Ｂが制限行為能力者（被保佐人）である場合，ＢがＡの法定代理人としてした行為は，取り消すことができることとしている。これに合わせて，新法13条１項10号は，Ｂの行為について，Ｂの保佐人Ｃに同意権・取消権を与えることとした★1。〔毛受〕

削除条文（制限行為能力者の相手方の催告権）現行法第20条の一部

現行法20条１項には，制限行為能力者の定義が規定されていたところ，新法13条１項10号に同定義が規定されたことに伴い，該当部分が削除された。〔毛受〕

【第13条注】

★１　「部会資料79－３」２頁。なお，法定代理人（本文のＢ）が，未成年者である場合には民法５条２項により取り消すことができ，成年被後見人である場合にはそもそも成年後見人の同意を得て法律行為をすることができず（民９条参照），被補助人である場合には補助人の同意を得なければならない行為が限定されていること（民17条１項参照）から，被保佐人の場合のような改正はされていない。

第４章　物

削除条文（不動産及び動産）現行法第86条の一部

現行法86条は，１項，２項とも改正はない。３項は，無記名債権を動産とみなすと規定していたが，新法では，第３編第１章第７節「有価証券」が新設され，新法520条の20による規律を受けることとなったため，削除された。〔毛受〕

第５章　法律行為

第１節　総　　則

（公序良俗）第90条

公の秩序又は善良の風俗に反する法律行為は，無効とする。

第１　現行法と新法の異同

１　改正の概要

現行法90条は，「公の秩序又は善良の風俗に反する事項を目的とする法律行為は，無効とする。」と規定していたが，新法は，上記下線部分「事項を目的とする」を削った。

２　現行法における問題点と新法による対応

「民法第90条によって効力が否定される行為は公序良俗に反する事項を目的とする法律行為とされているが，『事項を目的とする』という文言は，文理からは，法律行為の内容が公序良俗に反する場合を指すとも解し得る。しかし，その後の裁判例においては，公序良俗に反するかどうかは法律行為の内容のみによって判断されるのではなく，法律行為が行われた過程その他の諸事情が考慮されている。このことを条文上も明示するため，素案は，民法第90条のうち『事項を目的とする』という部分を削除し，端的に公序良俗に反する法律行為を無効とする旨の規定に改めるものである。」★[1]。

上記説明は，簡にして要を得ており，これに何らかの説明を加える必要をみないし，以上の限りでは，異論があり得るとも考えられない★[2]。

【第90条注】
★１　「部会資料73Ａ」24頁。
★２　潮見『改正法の概要』５頁も上記内容と異なるところはない。

ただ，90条の改正を審議するにあたっては，90条において，大判昭９・５・１民集13巻875頁をはじめとする，判例にいわゆる「暴利行為」について適切に対応できるような内容の文言を含む定めを追加するかということが問題となった。その理由は，立法当時の考え方からすると，「暴利行為のように個人の私的な権利を害する法律行為が『公の秩序』『善良の風俗』に反するという解釈は，必ずしも文理上容易に理解できるとはいえな」かったのであるが，「上記大判昭和９年５月１日以降の暴利行為に関する判例法理の展開の結果，『公の秩序』『善良の風俗』の意味は，立法当時理解されていた意味や，文理の自然な理解から乖離した意味で解釈されることとなっている。そこで，このような判例法理と文理の乖離を解消する必要がある。」★3 と考えられたからであるが，そのような規定の要否については，多様に意見が分かれた。次に述べたものは，その一例にすぎない。

「暴利行為の明文化については，濫用のおそれに加え公序良俗違反の一般条項としての意味を曖昧にすることから，民法に規定を設ける必要はない」★4，逆に，明文で要件がある内容に「規定されてしまうと民法の枠組みでは救済されないケースが相当に出てくるのではないかという懸念」がある★5 などの消極意見と，「公序良俗違反と暴利行為とがなかなか結び付かないのであるから，従来，判例で暴利行為を90条違反として考えて来た経緯に鑑み，90条の中で明文をもって定めるべきである。その方が予測可能性の向上にもなる。」という趣旨★6 などの積極意見とがあり，意見が分かれた★7。

結局は，意見がまとまらず，現行法におけると同様に解釈に委ねられることとなった★8。

第２　要件事実

★３　「部会資料73Ｂ」14頁。
★４　「部会第82回議事録」27頁。
★５　「部会第82回議事録」29頁。
★６　「部会第82回議事録」28頁。
★７　「部会第82回議事録」27～36頁。
★８　この点については，第193国会衆議院法務委員会（平成29年４月12日）における「政府は，本法の施行に当たり，次の事項について格段の配慮をすべきである。一　他人の窮迫，軽率又は無経験を利用し，著しく過当な利益を獲得することを目的とする法律行為，いわゆる『暴利行為』は公序良俗に反し無効であると明示することについて，本法施行後の状況を勘案し，必要に応じ対応を検討すること。」との「民法の一部を改正する法律案に対する附帯決議」，及び，同旨の第193国会参議院法務委員会（平成29年５月25日）における同旨の付帯決議のあることに留意するべきである。

公序良俗違反という要件が評価的要件であることは，従来となんら変わりはなく，その評価の根拠事実・障害事実が要件事実である。

その評価の具体的内容は，従来の判例で示されていた解釈を踏襲するということで基本的にはよいであろう。もっとも，社会現象や法的規範は，常に流動的であり，公序良俗違反のような高度の評価的要件については，従来の社会現象・法的規範を前提とした判例の解釈のみでは，まかなえない場合も，例外的にはあることに留意しなければならない。 〔伊藤〕

（任意規定と異なる意思表示）第91条

第１　本条の基本的趣旨

改正された点はなく，要件事実論の視点からも，今回の改正に関連して，ここで付加して説明するべき点も特にない。

ただ，本条は，意思表示に関する要件事実として極めて重要な条文であり，本条に関して従来からいわれている問題について，ここで簡単に言及しておく。

本条は，当事者が「法令中の公の秩序に関しない規定」すなわち任意規定と異なる意思を表示したときは，その意思に従うことを定めたものである（反面，公の秩序に関する規定〔強行規定〕と異なる意思表示は，その意思表示による効力を生じないことを定めたことにもなる）。

第２　裁判規範としての民法という視点からの考察

もし原告が，民法614条があることから，賃料の支払期限について毎月末であることを請求原因で何も述べないまま，同支払期限が毎月末日であることを前提として，同日の経過をもって，延滞賃料の遅延損害金が発生したものとして，延滞賃料の遅延損害金を請求した訴訟があったとすると，賃借人である被告は，「当該賃貸借契約において，毎翌月20日を賃料の支払期限とする。」と定められていたことを抗弁として主張立証することができる（その背景にある事情としては，被告の定期的収入が毎月15日にあることを踏まえて，さらに１か月余裕をもって支払期限を定めたいとする場合などが考えられよう）。

以上の限りでは，何も問題はないが，本条に関連して，法律の規定と同一内容の「合意は，その成立が主張立証されない場合でも，この合意に基づく法律効果と同じ法律効果が法律の規定によって発生する以上，その成立を主張立証させる意味がない。したがって，右合意の成立の主張は，右の効果の発生を主張立証するための攻撃防御方法とならない。」★1 といわれることがある。筆者も同様に考えているが，このことは，そうした合意が無効であるということと同じではない。

そこには，行為規範としての民法と裁判規範としての民法との関係について難しい問題がある。

筆者は，任意規定と同一内容の合意は，従来の民法学の理論の問題（行為規範としての民法の問題）として見る限り有効であるというべきである，と考える。ただ，立証ということを念頭に置いて考える裁判規範としての民法として見る限り，このような合意は，法的に意味を持たない，といわなければならない。

この「裁判規範としての民法として見る限り，このような合意は，法的意味を持たない」という意味を正確に説明するには，相当の紙幅を要するし，今回の改正に関して生じた問題ではないので，この程度にしておくほかはない★2。〔伊藤〕

（任意規定と異なる慣習）第92条

第１　本条の問題点

本条は，従来から，その規定の仕方がやや複雑であること及び民法91条，法の適用に関する通則法３条との関係をどう考えるべきかについて問題があったが，今回の改正では，本条の改正は見送られたところから，従来どおり，上記のような解釈上の問題が残っていることになる。

法制審議会では，特に，当事者の意思を介することなく慣習に従うというように考えることの当否（上記問題点との関係でいえば，91条との関係での問題でもある）が議論され★1，「中間試案の補足説明」６～７頁において，「民法第92条については，慣習が適用されるために『当事者がその慣習による意思を有しているものと認められる』という要件を課している点を改め，当事者の意思を介在させることなく当然に慣習が適用されるという方向での改正案があるが，実務的な観点から

【第91条注】
★1　司研『要件事実第１巻』58頁。
★2　詳細については，伊藤『要件事実の基礎』107頁以下参照。
【第92条注】
★1　「部会資料27」12～15頁，「部会第30回議事録」36～45頁参照。

の批判も強く，当然に適用される慣習の範囲を限定するという考え方についても，その範囲を画することが困難であるという問題がある。そこで，このような方向での改正については，本文では取り上げていない。」との説明がある。

第2　要件事実

条文の文言にかかわらず，本条にいう慣習があるときは，法律行為の効果は，原則としてその慣習に従って発生するのであり（そうした法律効果が発生するために，「法律行為の当事者がその慣習による意思を有するものと認められること」は必要ではなく），かえって，そうした法律効果は，例外として，「当事者の意思表示から，とくに慣習に従わないという趣旨が認められるなどの特別の事情がある」という除外事由があるときに限って，発生しないことになる，という考え方★2が支配的である，と考えられる。

したがって，そうした除外事由があることが要件事実となることになる。簡単にいえば，訴訟物：売買代金請求権，請求原因：X→Y本件物件，代金100万円で売った，抗弁：本件物件の引渡しと同時履行の抗弁権を行使する，再抗弁：代金先払いの慣習があった，再々抗弁：本件売買契約には，同慣習によらないとの約定があった，という攻撃防御方法の構造になる★3。　〔伊藤〕

第2節　意思表示

（心裡留保）第93条

意思表示は，表意者がその真意ではないことを知ってしたときであっても，そのためにその効力を妨げられない。ただし，相手方がその意思表示が表意者の真意ではないことを知り，又は知ることができたときは，その意思表示は，無効とする。

2　前項ただし書の規定による意思表示の無効は，善意の第三者に対抗することができない。

★2　内田『民法Ⅰ』273〜274頁，我妻『民法総則』252〜253頁。
★3　大江『要件事実民法(1)』296〜297頁，『民法注解財産法(1)』372〜374頁〔中田耕三〕各参照。

第１　現行法と新法の異同

１　改正の概要

(1)　意思表示の各条文を通じての第三者保護規定の比較

意思表示に関する４か条（93，94，95，96の各条）の新法（ただし94条は不改正）の規定を通じて見ると，第三者保護規定に関して微妙な差異があることがわかる。さらに要件事実の視点から見ると，その点はなお複雑な様相を呈する。詳しくは，各条解説の該当部分に述べているが，ここでは，簡潔に，その点を通観しておこう。

そのような差異が生じる原因は，表意者本人の保護の要請と第三者の保護の要請のバランスをどのようにとるか（どのような場合に，問題となる意思表示の無効ないしは取消しの効果を対抗することができるものとするか）という点についての考え方による。

簡単にいえば，表意者の帰責性が小さければ小さいほど，第三者保護のための要件は厳格なものとされ，表意者の帰責性が大きければ大きいほど，第三者保護のための要件は緩和されたものとなる，ということがいえる。

強迫に関する民法96条中の規定（改正された部分はない）を見ると，強迫による取消しの効果はすべての第三者に対抗することができる（第三者は，善意無過失であっても保護されない）。要件事実の視点からさらに論じるべき問題はない。

新法96条３項は，詐欺による取消しの効果は，善意無過失の第三者に対抗することができない（第三者は，善意無過失であれば保護される）と定めている。なぜならば，騙されたという点で強迫より帰責性が大きい（よく気を付ければ，相手の嘘がわかって，騙されなかったかもしれないが，強迫の場合には，そうはいかない）からである。要件事実の視点から見ても，善意無過失（その評価根拠事実）について第三者に立証責任がある。

新法95条４項は，錯誤無効による取消しの効果は，善意無過失の第三者に対抗できないと定めている。要件事実の視点から見たときには，善意については第三者に立証責任があるが，有過失（その評価根拠事実）は錯誤によって意思表示をした表意者に立証責任がある，と考える。なぜなら，誰に騙されたわけでもないのに，自分一人で勝手に間違っているので，詐欺より帰責性が大きいからである。

新法93条２項と民法94条２項（改正された部分はない）は，いずれも，心裡留保又は虚偽表示による無効の効果は，善意の第三者に対抗することができないと定めている。要件事実の視点から見ても，善意について第三者に立証責任がある。

条文にない無過失又は過失の評価根拠事実が立証責任対象事実となることはないかが問題とはなるが，判例は，善意のみで足りると考えている★1。後に（後記2(2)(b)「新法による対応」）述べるように，少なくとも，心裡留保，虚偽表示の第三者の保護されるべき要件としては，「善意」のみで足り，「無過失」であることを要しないと，新法では定めたものと解される。なぜなら，自分のしている意思表示が虚偽であることを自分でわかっていながら，その意思表示をするのであるから，錯誤よりもさらに帰責性が大きいからである★2。

⑵　本条の改正の概要

本条に関する改正は，相手方及び第三者の保護に関する要件を変更したものであり，95条（錯誤）の改正の場合のように，内容自体の明確化（例えば，動機の錯誤の意味の明確化に対応する）や効果の変更（錯誤の効果の無効から取消しへの変更に対応する）はない。

2　改正の主な問題点

⑴　相手方との関係で無効となる要件

⒜　現行法における問題点　現行法93条ただし書の表現は，相手方が表意者の真意がどのようなものであるかを知ることが必要なような感じを与えるが，それは果たして必要であるか疑問がある。

なお，心裡留保について，簡単にわかりやすくいえば，冗談のようなものと故意の嘘のようなものとの区別をするかという問題提起が法制審の審議の途中であった★3が，その後，この問題提起を取り上げる方向での議論はされなかった。新法でも取り上げられなかった。

⒝　新法による対応　その後，「部会資料53」（「民法（債権関係）の改正に関する中間試案のたたき台⑴（概要付き）」）6頁における簡単な提案を経て，結局，次の

【第93条注】

★1　この点については，内田『民法Ⅰ』54～55頁など強い異論も示されている。さらに民法94条2項の類推適用については，権利外観法理の典型として複雑な議論がある。こうした点は，新法の要件事実を説明する本書では，説明を省略する。

★2　森田「第5講意思表示制度（その2）」72～74頁は，意思表示をした本人の帰責性と第三者保護のための要件（とりわけその主観的要件）との関係では，新法においては非常に密接であるとして，新法のその点に関する態度については，おおむね本文記載の私見と同様の説明をするが，その説明は，条文の文言に現れた規範構造に着目してされていて，同規範構造に反しても，本人の保護と第三者の保護との関係の適切な利益衡量を立証責任対象事実の決定の関係で図ろうとする視点はないように思われる。反面，多くの関連した理論上の視点の分析は詳細であって，参考になる。

★3　「部会資料12－2」23～25頁。

ような提案がされて，それが新法における定めにつながっている。

「⑴　意思表示は，表意者がその真意ではないことを知ってしたときであっても，そのためにその効力を妨げられないものとする。ただし，相手方が，その意思表示が表意者の真意ではないことを知り，又は知ることができたときは，その意思表示は，無効とするものとする。」というものである★4。表意者の真意がどのようなものであるかを知らなくても，表示されたものが表意者の真意ではないことを知れば足り，かつ，それを知ることができた場合も含むべきであるとするのがその理由である★5。

新法には，この提案は，そのまま反映されている。

⑵　第三者保護規定の明確化

ⓐ　現行法における問題点　「民法第93条は，心裡留保による意思表示を前提として新たに利害関係を有するに至った第三者を保護する特段の規定を設けていないが，……心裡留保についても虚偽表示と同様の第三者保護規定を設けるべきであるという考え方があるが，どのように考えるか。」という問題提起がされている★6。

ⓑ　新法による対応　その後，「部会資料53」（「民法（債権関係）の改正に関する中間試案のたたき台⑴（概要付き）」）６～７頁における簡単な提案をへて，結局，次のような提案がされて，それが新法における定めにつながっている。

「⑵　前記⑴による意思表示の無効は，善意の第三者に対抗することができないものとする。」というものである★7。

その提案の理由は，「心裡留保の意思表示においては，表意者自身が，その意思表示が真意と異なったものであることを知っており，虚偽の意思表示をしたことについて帰責性が大きい。これは，表意者自身が内心の意思と異なる表示をしていることを認識している点で，虚偽表示と共通しており，表意者と第三者との利害調整の在り方としても，虚偽表示と同様に扱うのが適当である。」というものであり，かつ，そうすることが，最判昭44・11・14民集23巻11号2023頁（代理権の濫用を知ることができたときをどのように考えるべきかについて第三者の保護に関する問題を扱い，第三者は善意であれば足りるというもの）の趣旨とも整合的であると述べ

★４　「部会資料66Ａ」（「民法〔債権関係〕の改正に関する要綱案のたたき台⑴」）１頁。
★５　「部会資料66Ａ」１～２頁参照。
★６　「部会資料12－２」26頁。
★７　「部会資料66Ａ」1頁。

ている★8。

新法には，この問題提起は，そのまま反映されている。

第2　要件事実

1　説明（概要）

(1)　相手方との関係で無効となる要件

ある契約の締結を理由にその契約の履行を求められた者は，その履行を免れるために，同契約締結のためにした自己の意思表示が真意ではないこと及びそのように真意ではないことを相手方が知っていたこと又は知ることができたこと（その評価根拠事実）を主張立証することができる。契約締結の意思表示が合致すれば，特段の事情がない限り，その契約は有効であると考えるべきであるから，上記とは逆に，契約の履行を求める者の方に，上記とは逆の事実に関した主張立証責任があると解する余地はないと考える。

(2)　第三者保護規定の明確化

心理留保による意思表示であり，かつ，その相手方がそのことを知り，又は知ることができたために無効である契約に基づいて，新たに法律上の地位を得た第三者（例えば，心裡留保による売却によるものであり，買主に上記のような主観的認識があるために，ある土地の所有権取得が無効である場合〔使用貸借中の土地などについて，実際上考えることができようか〕において，所有者Xから同土地を買った者Aからさらに同土地を買い受けたY）は，Xの所有権に基づく同土地の返還請求に対して，自己の権利を守るためには，自己がその心裡留保に関する事実を知らなかったことを主張立証しなければならないが，それで足りる（無過失であることの評価根拠事実の主張立証は不要である）。

心裡留保による意思表示は，表意者が真意と異なったものであることを知りながらしたものであるという意味で，表意者に帰責性が大きいことから，理論上は，表意者において，第三者の悪意を立証しない限り，第三者に対抗することができない（第三者が権利を取得する）との見解も考え得る★9が，この見解は，虚偽表示の場合における第三者との関係についてとられている判例の立場とも整合性

★8　「部会資料66Ａ」２頁。
　この点は，「部会資料53」６頁は，端的に，「第三者が保護されるための要件として，善意で足りる〔下線は筆者伊藤〕ものとし」たと述べている。

★9　現行法109条に関連しての説明ではあるが，内田『民法Ｉ』185～186頁参照。

がなく，実際上とることができないものである，と考える。

2　具体的事例による検討

上記説明に付加してするべきものとしては，１(1)「相手方との関係で無効となる要件」について，以下の程度の説明をするだけで十分であろう。

ある土地の売買契約の履行として同土地の所有権移転登記を求められた売主は，同土地の売却の意思表示は真意ではなかったことを買主が知ることができたとの評価根拠事実（売主の立証責任対象事実）として，その土地の時価が高額（例えば5000万円）であること，売買代金額が著しく廉価である（例えば100万円である）こと，売主と買主とは普通の友人関係であったこと，売却の意思表示が酒席で交付されたメモ書きで行われたことなどを挙げることができる。その評価障害事実（買主の立証責任対象事実）としては，上記意思表示のあった時に先立ち（上記酒席の始まる直前に），同額の売買契約書（案）が作成され，かつ，その際に買主は売主に対する6000万円の貸金債権を免除するとの意思表示をしていたことなどを考えることができよう。

１(2)「第三者保護規定の明確化」に関する要件事実は，評価的要件を含んでいないので，特に説明を付加するまでの必要はないと考える。〔伊藤〕

（虚偽表示）第94条

94条の条文は何も改正されることなく，94条２項の類推適用に関する複雑な議論に立法的解決が与えられたわけではない。しかし既に（「第93条の解説」第１の１(1)「意思表示の各条文を通じての第三者保護規定の比較」〔26〜27頁〕）述べたように，新法の下では，その出発点としての，通常の虚偽表示の第三者の保護要件が善意のみで足りる（無過失を必要としない）と考えていると解するべきである。

〔伊藤〕

（錯誤）第95条

意思表示は，次に掲げる錯誤に基づくものであって，その錯誤が法律行為の目的及び取引上の社会通念に照らして重要なものであるときは，取り消すことができる。

一　意思表示に対応する意思を欠く錯誤

二　表意者が法律行為の基礎とした事情についてのその認識が真実に反する

錯誤
2　前項第２号の規定による意思表示の取消しは，その事情が法律行為の基礎とされていることが表示されていたときに限り，することができる。
3　錯誤が表意者の重大な過失によるものであった場合には，次に掲げる場合を除き，第１項の規定による意思表示の取消しをすることができない。
一　相手方が表意者に錯誤があることを知り，又は重大な過失によって知らなかったとき。
二　相手方が表意者と同一の錯誤に陥っていたとき。
4　第１項の規定による意思表示の取消しは，善意でかつ過失がない第三者に対抗することができない。

第１　現行法と新法の異同

１　改正の概要

新法95条１項柱書は，要素の錯誤の「要素」の意味内容を明らかにし，かつ，その効果を「無効」から「取消し可能」としたものであり，１項１号はいわゆる表示の錯誤について，１項２号と同条２項は動機の錯誤について，３項は重過失による取消しの制限の例外について，４項は取り消された場合における第三者の保護について，それぞれ定めたものである。

そうした新法の内容を現行法の内容と比べた場合について，民法（債権関係）改正部会長（鎌田薫教授）は，法制審議会第174回会議（平成27年２月24日の法制審議会総会）において，同部会においてされた審議経過を報告するに際し，「民法第95条の錯誤については，要素の錯誤という概念を，判例を踏まえて具体化し，いわゆる動機の錯誤に関する規律を明文化するなどしております。」と報告している★1。

鎌田部会長のこの報告は，「法制審議会民法（債権関係）部会」における審議の最も重要なことに注目してされているはずであることに鑑みると，上記報告内容の持つ重みが理解できるはずである。

すなわち，同報告は，「動機の錯誤」に関する問題（それは，ある意味で「要素の錯誤」の問題でもある）が，本改正法案の極めて大きな問題であったことを示している，と考えることができよう。

【第95条注】
★1　法制審議会第174回会議議事録５頁。

本稿の以下の記述は，動機の錯誤に関する問題の説明に最も重点を置いている。

2　改正の主な問題点★2

⑴　要素の錯誤の明確化

⒜　現行法における問題点　現行法は，95条本文で「法律行為の要素に錯誤があったときは」と定めているが，その意味が不明確であった。「部会資料27」（「民法（債権関係）の改正に関する論点の検討⑴」）36～37頁は，この点を以下のように説明している。

「判例は，錯誤がなければ表意者はそのような意思表示をしなかったと認められ（主観的因果性），通常人でもそのような意思表示をしなかったと考えられること（客観的重要性）を意味するとしている。学説もおおむねこのような判例の解釈を支持してきた。例えば，主観的因果性が必要とされるのは，錯誤制度はそのような意思表示をするつもりがなかったのにしてしまった者を保護するための制度であり，表意者が錯誤を知っていたとしても同じような意思表示をしたと考えられる場合は錯誤無効を認める必要はないからであると説明されている。また，客観的重要性が必要となるのは，表意者さえその錯誤を重要と考えるなら錯誤無効が認められることになると取引の安全が著しく害されるから，錯誤を知っていればそのような意思表示をしないことが取引の通念に照らして正当と認められる場合に限る必要があるからであると説明されている。」同資料37頁は，このような点を明確にする規定を設ける必要があると提言している。

⒝　新法による対応　対応する新法の条項は，95条１項柱書である。同柱書において，「その錯誤が法律行為の目的及び取引上の社会通念に照らして重要なものであるとき」とされていることに留意しなければならない。

⑵　動機の錯誤に関する判例法理の明文化

⒜　現行法における問題点　現行法においては，前記⑴「要素の錯誤の明確化」とまさに表裏をなすものとして，動機の錯誤は要素の錯誤となるかの問題があったのである。

㋐　動機の錯誤とは何か　要素の錯誤といえるためには，表示に対応する内

★２　「部会資料27」の目次には，95条の改正の際に重視された主な問題点が，次のように明確に示されている。⑴動機の錯誤に関する判例法理の明文化，⑵要素の錯誤の明確化，⑶表意者に重過失がある場合の無効主張の制限の例外，⑷効果，⑸錯誤者の損害賠償責任，⑹第三者保護規定。本稿では，⑸の問題については，新法95条の内容となっておらず，他の説明との関連性も薄いので，その説明を省略している。

心の意思の欠缺が必要であるが，その表示と欠缺する内心の意思の対応関係が，どのような部分において欠けていれば要素の錯誤といえるのかについて多様な意見があった。

その典型的な問題点は，表示の錯誤と動機の錯誤などのいずれと考えられるかによって，場合により，その効果が異なるとされたのにもかかわらず，それらの区別が不明確であったことである。特に，動機の錯誤といったカテゴリーを認める判例（それを支持する学説―二元論）とそれを認めない学説（一元論）の間には，実際上さほどの差異はないとしても，理論上大きな見解の対立があった。しかも，判例を全体としてどう見るかについても，それぞれの判例の判示方法が同一ともいい切れず，多様な見解があって，理解が分かれていて，問題の解決をより難しくしていた。法制審議会民法（債権関係）改正部会における審議においても，この判例の理解の仕方自体について多くの議論がかわされた★3。

(イ) 審議のある段階における判例理論の理解　「近時の判例には，『意思表示の動機の錯誤が法律行為の要素の錯誤としてその無効をきたすためには，その動機が相手方に表示されて法律行為の内容となり，もし錯誤がなかったならば表意者がその意思表示をしなかったであろうと認められる場合であることを要する』という一般論を示したものがある（最判平成元年９月14日集民157号555頁）。この判例は，動機が相手方に表示されることをも要件としているようにも読めるが，一方で，動機の表示を問題とせずに法律行為の内容になっているかどうかを判断した判例もあり（例えば，最判昭和32年12月19日民集11巻13号2299頁，最判昭和34年５月14日民集13巻５号584頁），現在の判例においては，法律行為の内容になっているかどうかが重要な意義を有していると考えられる。そこで，素案〔「部会資料76Ａ」２頁の案のこと―筆者伊藤注記〕は，意思表示の動機に錯誤があった場合には，それが法律行為の内容になっているときは，民法第95条の錯誤として顧慮されることとしている。」★4 と説明され，そのような理解が審議をリ

★３　「部会資料27」（「民法（債権関係）の改正に関する論点の検討(1)」）32～36頁。同資料32頁は，「動機の錯誤のうち要素の錯誤となり得るものを絞り込むための要件について，次のような考え方があり得るが，どのように考えるか。【甲案】 表意者が事実を誤って認識し，その認識が［表示されて］法律行為の内容とされたことを要する旨の規定を設けるものとする。【乙案】（略）」といい，同資料は部会第31回会議（平成23年８月30日）の審議に付されたが，同会議では，この「法律行為の内容とされた」という意味が不明確であるとして，簡単には，その段階で議論は収束していない（同議事録24～32頁）。その約２年後の「中間試案」２頁においてもなお，新法とは異なる，この【甲案】と同旨の表現である「意思表示の前提となる当該事項に関する表意者の認識が法律行為の内容になっているとき。」となっていて，その後の部会で議論が続いている。

ードしていたように思われる。

㈦　**判例理論の上記理解に対する疑問**　前記注（★３）の【甲案】の内容は，そのような判例の理解の仕方を前提として，これを条文の形に表現したものであろう。しかし，この表現については，「法律行為の内容というのをかみ砕けば，様々なバリエーションがあって，様々な説明が必要になるということの裏返しではないか。そのときに法律行為の内容という言葉が普通の国民にとって，これは契約の内容になるという理解，極めて限定的な，給付の内容に関する合意と同等のような理解，そのような非常に限定した理解を生むのではないかという危惧があることは否めないと思っています。」★５との懸念も表明されている。

㈧　**判例理論の理解の変更とそれに伴う事務局提案の変更**　このような紛糾した状況を踏まえて，部会第86回会議（平成26年３月18日）に付議された「部会資料76Ａ」（「民法（債権関係）の改正に関する要綱案のたたき台⑽」）まで維持されてきた「動機が法律行為の内容になっているとき」の表現が遂に変更され，「部会資料78Ａ」（「民法（債権関係）の改正に関する要綱案のたたき台⑿」）は，その「第１　錯誤　２ア」において「表意者が法律行為の効力を当該事項の存否又はその内容に係らしめる意思を表示していたこと」という表現が提案されるに至った。この部会資料を踏まえて，部会第88回会議（平成26年５月20日）において，激しい賛否両論が展開された★６が，なお議論は収束しなかった。

さらに，「部会資料79Ｂ」（「民法（債権関係）の改正に関する要綱案の取りまとめに向けた検討⒂」）においては，これまでの部会資料の案について，「主として実務界から，従前の判例の立場では相手方が受け入れていることまでは要求されていないのではないかとの指摘や相手方が受け入れていることまで立証しなければならないとするのは要件として過重に過ぎるとの指摘があることを踏まえると」★７と

★４　「部会資料76Ａ」（「民法（債権関係）の改正に関する要綱案のたたき台⑽」）３頁。

★５　「部会第86回議事録」７頁。

★６　「部会第88回議事録」13〜35頁。そこでは，内田参与の次の注目するべき各発言もされた。「前回の資料では法律行為の内容になっているときという表現を使っていたんですが，それではコンセンサスが形成できなかった……，法律行為の内容ということは，言い換えると能見委員がおっしゃったように契約内容ということであるわけですが，その認定が厳しいと，そこまでは言えないという場面で錯誤を適用している裁判例が多いのではないかと思います。」（18頁）。「裁判例の実際を条文の中に書き表そうとすると，法律行為の内容とまで書くのは重すぎるということで，表示プラス意思表示の内容というところは，有望な選択肢になるであろうと考えられたわけです。……。つまり，従来，判例が言っていた表示プラス意思表示の内容ということをこの表現で示した。」（19頁）（前記「この表現」とは「部会資料78Ａ」第１，２，アの表現を指している。

して，同資料においては，甲案として，「部会資料78A」の前記表現と同じ「表意者が法律行為の効力を当該事項の存否又はその内容に係らしめる意思を表示していたこと」としたとの表現を維持するとともに，乙案として，「民法95条については，現状を維持する。」との案も提案された（この部会資料は，部会に対して，少しでも現状よりベターな案をとるか，それとも不明確な現状を容認するかの，いわば二者択一を迫ったものとも評価できよう）。

㈹　**上記提案の変更を受けての審議の決着**　この部会資料について，部会第90回会議（平成26年6月10日）において詳細な議論がされ★8たが，この甲案の方向で，「法律行為の内容とされたとき」とするべきだとの研究者の了解も得られ★9，ようやく激しい議論の収束をみた。

結局，事務局幹事から，「錯誤に関して本日は，前回会議での議論の状況を踏まえて合意形成が困難である可能性もあるという前提の下で，乙案を併せて提示いたしましたので，本日の議論の結果として甲案支持が大勢を占めるのだとすれば，それについて要綱仮案に組み込む方向で今後の審議を進めていくことになろうかと思います。」としたうえ，上記甲案について，「元々大きく意見が対立している中で，どのようにコンセンサスを形成するかという観点から模索して提示した案ですので，これについて複数の理解があり得るというのは当然のことであろうと理解をしております」との含みのある発言がされ★10，そのような合意が形成されたものとして，その後は，その線で，要綱案のとりまとめが行われることとなったように思われる★11。すなわち，以上の「表示」に関する部分の表現が，新法と同一の「表示された」というようになった★12が，その基本は変わっ

★7　「部会資料79B」3頁。また「部会資料78A」の理由説明も参照。

★8　「部会第90回議事録」11～15頁。

★9　「『これが受け入れられない限り，当該法律行為はしない』という意思が表示されているとみることができます。……，この規定は，動機に当たるものが法律行為の内容になっていることを前提にした規定であると解釈することができます。それは，私自身意見書等で示しましたように，実際の判例法の状況にも対応していると考えられます。」との山本敬三教授発言（「部会第90回議事録」12～13頁）参照。この発言に先立ち，山本教授は，全員のコンセンサスが得られないが「ために乙案のように現行法をそのまま維持するというのでは，いわゆる動機の錯誤に関するルールが今後も全く法典に示されない状態が続くことになってしまいます。このような実践的にも重要なルールが民法典を見ても分からないというのでは，今回の改正の出発点にもとると言わざるを得ないように思います。」と発言しており（同議事録12頁），その苦衷がうかがわれるところである。

★10　「部会第90回議事録」14～15頁。

★11　大阪弁護士会民法改正問題特別委員会編『実務解説　民法改正』（民事法研究会，2017）14頁の説明は，「部会第96回議事録」1頁以下の説明の位置づけを正確にしていないのではないかとの疑問をもつ。

ていない★13。

新法95条の１項２号，２項は，その趣旨で表現を整理したものと考えることができる。「表意者が法律行為の効力を当該事項の存否又はその内容に係らしめる意思を表示していたこと」という表現と新法１項２号，２項の表現との関係について考えてみると，「法律行為の効力が当該事項の存否又はその内容に係ることになる事項」というのは，「法律行為の基礎とされている事情」ということができ，後は，そのことが表示されているということが必要であることになるわけである★14。

★12 「部会資料83－２」１頁。

★13 「部会第96回議事録」１頁以下参照。

★14 以上は，新法95条の条文のように協議が整うに至る法制審議会における審議の状況に関する筆者なりの分析と検討である。

小賀野晶一＝松嶋隆弘編著『民法（債権法）改正の概要と要件事実』（三協法規出版，2017）47～51頁〔内田暁〕も，基本的には私見の理解と同様に，動機の錯誤に関して「表示」を重視する立場に親和的な事務局案が審議の終盤になって示されて，最終段階である部会第96回会議を経て，これが新法に結実したと述べている（「複線的解釈の存在を前提としている」（51頁）とも述べている）。日本弁護士連合会編『実務解説　改正債権法』（弘文堂，2017）10～11頁〔児玉隆晴〕も，この点の立法趣旨について同様の理解であろう。

さらに，筒井健夫（法務大臣官房審議官）ほか『連載▷立案担当者解説第１回　民法（債権法）改正の概要』NBL1106号（2017）11頁右欄は，「判例は，……動機が意思表示の内容として相手方に表示されていなければならないなどとしていた。〔以上で問題としたところの判例の理解として，『動機が法律行為の内容とされていなければならないなどとしていた』というようには述べていない――筆者伊藤注記〕そこで，新法においては，このような判例を踏まえ，……動機の錯誤は，……意思表示の動機となった事情が契約の当然の前提となるなど法律行為の基礎とされ，その旨が表示された〔ここでも，『動機が法律行為の内容となる』というような表現は用いられてはいない――筆者伊藤注記〕といえる場合に限り，認められるとしている（新法95条１項・２項）。」と述べている。

こうした検討によれば，潮見『改正法の概要』９頁の説明（特に，新法95条２項の条文の第１次的読み方を，「『法律行為の基礎とした事情についてのその認識』が合意の内容になっていたと読むことになろう。」とする説明）は，やや審議の実態を適切に反映していない憾みがあることになり，そして，同所の説明を引いて，同旨の説明をする大江『新債権法の要件事実』342頁，大江『要件事実民法⑴』320～321頁の説明にも同様の違和感が残ることになる。

山野目『新しい債権法』46～48頁は，この点に関し，契約の内容となったことを意味する，といった説明をするが疑問である。

森田「第２講錯誤（その１）」66頁以下，同（その２）72頁以下は，研究者の立場から，法制審議会の審議過程を詳細にフォローし，かつ，その理論的背景も深く探求した極めて有益なものであるが，筆者の上記の分析検討とは，山本敬三教授らの見解が新法にそのまま反映されなかった主たる原因についての見方（本稿における私見は，上述のように，実務家サイドからの判例の正しい理解を条文に反映するべきで，山本教授らの見解を色濃く反映した従来の事務局の条文案では問題があるとの指摘が，ここでいう主たる原因であると考えている）が若干異なるところもあるのかもしれないと考える。

『詳説改正債権法』第１章「錯誤――いわゆる動機の錯誤を中心として」１頁以下〔井上聡弁護士〕は，動機の錯誤について，詳細に，法制審の審議状況を検討した有益な説明をするが，結局において，新法95条１項２号，２項にいう動機の錯誤の趣旨をどう理解するべきかについての意見を明確には表明しておらず，同章末尾（22頁）で，「公表資料からうかがわれる部会の議論だけでは，その具体的な意味内容を理解することが難しい。」と結論づけている。

(カ) 動機の錯誤に関する最近の重要な判例　最判平28・1・12民集70巻1号1頁・判タ1423号129頁に注目するべきである。同最判に関する最高裁調査官解説★15は，「最高裁判所の判例は，一般論として述べるときは，『動機が表示されて意思表示（法律行為）の内容となっていた』場合でかつそれが要素の錯誤に当たる場合であるとしている……判例の理解の仕方についても……一致をみない状況であり，……法制審議会民法（債権関係）改正部会の審議においても，議論が分かれた。……判例を全体として見た場合に……上述した動機の錯誤に関する一般論を述べつつも，実質的には，問題となる契約類型，契約当事者の属性，錯誤の対象となった事項等の諸事情を踏まえて，動機の錯誤がある表意者と相手方のいずれを保護するのが相当であるかという衡量が働いているのではないかと考えられる。」と述べて，「本判決は，……上記……一般論を述べた上で，表意者の動機が法律行為の内容とされたか否かは，当事者の意思解釈によって決まるとした。」と述べる★16。

(キ) 相手方の不実表示　「部会資料53」7頁は，動機の錯誤について「表意者の誤った認識が，相手方が事実と異なることを表示したために生じたものであるとき」は，錯誤として取り消すことができるとの案を提示し，同資料を踏まえて審議した部会第64回会議★17においても，同様な問題について審議した部会第76回会議★18においても，同様な提案の記載がある「部会資料79Ｂ」を踏まえて審議された部会第90回会議★19においても，いずれも賛否両論があって，結局，まとまらなかった。そのような次第で，この提案は，協議が整わないまま審議が終わり，新法には反映されていない。

★15　曹時69巻6号（2017）1719～1720頁。この最判は著名判決であり，同最判については多数の判例評釈があるが，これらは，本調査官解説において言及されている。

★16　部会第76回会議（同議事録6頁）で，深山幹事（弁護士）は，次のように述べているが，これが，上記判例の上記調査官解説にもあるように，実務家に共通の理解であるように思われる。「確かに判例の表現としては法律行為の内容になる，あるいは表示されて法律行為の内容となるという言い方を用いてきましたけれども，その意味するところは，法律行為の内容となるという字義どおりのことというよりは，実質的な考慮をしていて，例えば表示ということをいうのは，意思表示の相手方にとっても不意打ちであったり，不利益にならない場合であるというような相手方に対する配慮がそこに現れているという気がいたしますし，法律行為の内容となったというのも，実質的に錯誤無効を認めてもいいような一定の意味のある事項についての錯誤であるということをそういう表現をもってしているのであって，言葉どおりの意味合いとは違うのではないかと，既に御指摘もありましたけれども，私もそう思います。」

★17　「部会第64回議事録」18～23頁。

★18　「部会第76回議事録」14頁以下。

★19　「部会第90回議事録」16～19頁。なお，森田「第5講意思表示制度（その2）」63～67頁には，法制審における審議状況についての詳細な説明がある。

⒝　**新法による対応**　　対応する新法の条項は，95条１項２号，２項である。

動機の錯誤については，結局は，この直前で説明したように，様々な経緯があったが，そこで引用した上記調査官解説記載のように判例の考え方を理解したうえ，「法律行為の内容とされた」という表現をとらず，同条項のような表現をとったものと思われる★20。

新法の条項の表現については，判例の動機の錯誤の表現を具体化したものといえるが，こうした表現は，「動機が法律行為の内容とされた」ということとも，動機が単に表示されたというのとも異なる。

前者とすると，判例が従来とってきた立場よりも狭くなるおそれがあるし，逆に，何でも動機が表示されれば足りるというものでもない（眼鏡を失くしたと思って新しい眼鏡を買ったとして，その購入の動機が購入時に明示で表示されたとしても，そう思った古い眼鏡があったときに，新しい眼鏡の売買契約に錯誤があったとして，取消しの対象となるのは不合理である★21）。こうした難点を回避して，妥当な結果が得られるように，新法の表現は工夫されていることに留意するべきである。

そのための条文の表現上の工夫が，１項２号の「表意者が法律行為の基礎とした事情についてのその認識が真実に反する錯誤」という定めと２項の「前項第２号の規定による意思表示の取消しは，その事情が法律行為の基礎とされていることが表示されていたときに限」るという定めであるわけである。

⑶　表意者に重過失がある場合の無効主張の制限の例外の明文化

⒜　現行法における問題点

㋐　**要素の錯誤に関する規範構造**　　本題に入る前に，要素の錯誤に関する原則・例外の判断の構造がどのようになっているかを概観すると，次のようなことがいえる。

要素の錯誤で無効というのは，契約が原則として有効ということの例外であるが，この無効ということも，重過失があるときには，例外として有効と扱われるということなので，そうした例外がない限り無効，すなわち，原則として無効ということなのである。このように考えていくのである★22。

★20　前記注（★14）とこれを付した本文における説明参照。

★21　笹井関係官発言（「部会第76回議事録」２頁），『民法注解財産法⑴』412〜414頁〔伊藤滋夫〕各参照。

★22　このような考え方は，「オープン理論」という考え方であり，要件事実論の基本をなす重要なものである。ごく簡単にいえば，民法の規範を原則・例外という形で考え，まず，とりあえず「原則」の部分のみを考察の対象にし，「例外」の部分を考察の対象から外して，その部分

このように，表意者に重過失がある場合を表意者が錯誤による無効を主張立証することができないというように，錯誤による無効の例外として位置づけることについては，意見の対立はない（表意者が要素の錯誤を主張立証するにあたって，その無重過失も同時に主張しなければならないという意見はない）と考える。ちなみに，「部会資料76Ａ」４頁は，「錯誤者に重過失がある場合の例外」という表題の下で，錯誤が表意者の重大な過失に基づく場合には，例外として，取消しをすることができないことを定めている。

(イ) **ここでの本題**　重過失があっても，表意者が要素の錯誤による無効を主張立証できる場合があるか，ということである。これまで，このような問題として議論されてきた場合として，①相手方が表意者に錯誤があることを知り，又は重大な過失によって知らなかったとき，②相手方が表意者と同一の錯誤に陥っていたときなどがある。

以上のうち，①と②の問題については，表意者の無効の主張を認めることについて，新法95条３項と実質的に同じ表現が「部会資料53」７頁において使用されて，部会第64回会議（平成24年12月４日）に審議の対象となっており（「中間試案」においても同様であり），さらに，「部会資料76Ａ」４頁においては，新法95条３項と同じ表現が使用されて，部会第86回会議（平成26年３月18日）において審議の対象となっている。そして，そのように定める理由について，「部会資料76Ａ」５頁は，「現行法上は，表意者に重過失があっても例外的に錯誤無効を主張することができる場合の有無やその要件に関して規定が設けられておらず，……この点に関する規律内容を条文上も明確にする必要がある。」とし，①の場合には「相手方を保護する必要がないからであり」，②の場合には，「相手方も同様の錯誤に陥っている場合には，法律行為の効力を維持して相手方に予期しなかった利益を与える必要はないからであり，」いずれも「支配的見解にしたがって明文の規定を設けるものである。」としている。

上記部会資料に示されている考え方に対して，法制審議会の審議では，ほぼ異論はなかった★23ように思われる。以上の経緯にてらし，①，②の場合のいずれ

が「ある」とも「ない」とも触れない（いわばその部分を「オープン」にした）ままで，その限りでの差しあたっての結論を出し，そのうえで，さらに進んで次の段階を同様に考えていく，という考え方である。その詳細については，伊藤『要件事実の基礎』260頁以下参照。

★23　「同一の錯誤」の意味するところについての質疑はあったが，結局は，それは解釈に委ねることとし，条文の表現に「同一の錯誤」を使うことについては合意が成立した（「部会第86回議事録」11頁参照）。

も，重過失があった場合においても，その例外として，取消しをすることができるという規範構造になっていることは明らかであると考える。

(b)　**新法による対応**　対応する新法の条項は，95条３項である。その表現は，法制審で審議された際の表現と同様であり，ここで付加するべき説明はない。

(4)　**効果の変更**

(a)　**現行法における問題点**　錯誤の効果が無効であることについてはこれを疑問とし，早い段階である「部会資料12―１」(「民法（債権関係）改正に関する検討事項(7)」) ６頁において，次の「中間試案（概要付き)」とほぼ同様の理由を挙げて同様の方向の提案がされ，その後,「中間試案（概要付き)」５頁は，中間試案が錯誤の効果を取消しと改めることについて,「判例（最判昭和40年９月10日民集19巻６号1512頁）は，原則として表意者以外の第三者は錯誤無効を主張することができないとしており，相手方からの無効主張をすることができない点で取消しに近似している上，無効を主張すべき期間についても取消しと扱いを異にする理由はないと考えられるからである。」と述べている。

このような経緯をみると，このような改正の方向については，法制審議会における審議において，異論といったほどのものはなかったものと考える。

(b)　**新法による対応**　対応する新法の条項は，95条１項柱書である。その内容は，法制審で審議された際の表現のとおりであり，ここで付加するべき説明はない。

(5)　**第三者保護規定の新設**

(a)　**現行法における問題点**　「中間試案の補足説明」25頁は,「錯誤によって取り消すことができる意思表示を前提として新たに利害関係を有するに至った第三者の保護については規定がなく，錯誤無効を第三者に対抗することができるかどうかについて見解は分かれている。」とし，その点の規律を定めたものが,「中間試案の補足説明」13～14頁に挙げられている，

「２　錯誤（民法第95条関係）　民法第95条の規律を次のように改めるものとする。〔(1)～(3)・略〕

(4)　上記(1)又は(2)による意思表示の取消しは，善意でかつ過失がない第三者に対抗することができないものとする。」との定めであることになる。

このような第三者保護規定を設けることについては，法制審議会における審議でほとんど異論がなく★24，紛糾することなく，この中間試案の定めのように協議が整った，といえる（「自ら錯誤に陥った場合は第三者をより厚く保護すべきであるとし

て，第三者が善意であれば保護される」との考え方もあった★25 が)。

そして「中間試案の補足説明」25頁において，「第三者が保護されるための主観的要件については，その立証責任を表意者又は第三者のいずれが負うのかについても議論がある。第三者が自分の善意（及び無過失）を主張立証しなければならないという考え方が一般的であるが，第三者が悪意であること又は過失があることを表意者が立証しなければならないという考え方があり得る。本文(4)は，この点について特定の立場を支持するものではなく，立証責任の所在は引き続き解釈に委ねるものとしている。」と述べられている。

この点については，部会第31回会議（平成23年8月30日）において，立証責任に関する議論が詳しくされている★26 が，同会議における高須順一弁護士の詳細な意見★27 が参考になる。

第三者保護規定を上記(4)のように改めることについては，結局は異論なく協議が整った。

(b) **新法による対応**　対応する新法の条項は，95条4項である。その表現は，上記(4)の表現のとおりであり，ここで付加するべき説明はない。

第2　要件事実

1　説明（概要）

(1)　要素の錯誤の明確化 ── 1項柱書

前記**第1の2**(1)「要素の錯誤の明確化」（32頁）において説明した「主観的因果関係」と「客観的重要性」の評価根拠事実を，「法律行為の目的及び取引上の社会通念に照らして重要なもの」であるという視点から明確に意識して，具体的に摘示することが必要である。

この要件に係る評価根拠事実は，取消し可能な錯誤の本質をなすものとして積極要件となる事実であり，この反対のことを消極要件になる事実と考える余地はない。

★24　民法（債権関係）部会第1分科会において，心裡留保，虚偽表示，錯誤及び詐欺に通じる問題として，表意者にある帰責性の程度の問題なども含め，詳細に議論がされており（「第1分科会第1回議事録」2～13頁）有益である。

本書では，同様の問題について，「**第93条の解説**」**第1の1**(1)「意思表示の各条文を通じての第三者保護規定の比較」（26～27頁）で説明している。

★25　「部会第31回議事録」24頁参照。

★26　「部会第31回議事録」40～44頁。

★27　「部会第31回議事録」40～42頁。

⑵　動機の錯誤に関する判例法理の明文化――1項2号と2項

前記**第1の2⑵**「動機の錯誤に関する判例法理の明文化」（32頁以下）において説明した1項2号，2項の条文の表現の意味するところを的確に把握して考えるべきであって，その意味を「法律行為の内容とする明示の合意が必要である」と解したり，逆に，単に動機の表示があればよいなどと解したりすることがあってはならない。

結局は，前記**第1の2⑵ⓐ㈹**「動機の錯誤に関する最近の重要な判例」（37頁）において引用した前記最判平28・1・12に関する最高裁調査官解説の趣旨を踏まえて，表意者と相手方との間の適切なリスク分配という視点から，取消し可能な錯誤の具体的な評価根拠事実（積極要件となる事実）（又は，それに対する評価障害事実〔消極要件となる事実〕）を決定するというほかはあるまい。

⑶　表意者に重過失がある場合の無効主張の制限の例外の明文化――3項

重過失が錯誤に対する反対主張（錯誤が抗弁のときには，重過失の評価根拠事実は再抗弁）であることは，従来から疑問のないところであり，この点は新法においても変わらない。問題は，3項各号と重過失との関係についての規範構造をどのように考えるかであるが，前記**第1の2⑶ⓐ㈠**「ここでの本題」（39～40頁）において説明したように，3項各号は，重過失がある場合の無効主張の制限（という原則）の例外という規範構造であると考えてよい。攻撃防御方法としての位置づけは，重過失の評価根拠事実が再抗弁であれば，3項各号に関する評価根拠事実は，再々抗弁であることになる。

⑷　効果の変更――1項柱書

このこと自体について，要件事実論の立場から特に述べるべきことはない（無効から取消しに変わったことによって，取消しの意思表示が必要となるなどのことは当然であって，特段の説明を要しない）。

⑸　第三者保護規定の新設――4項

ここで最も重要なことは，4項の条文の構造（形式）が，「善意でかつ過失がない第三者」となっているからといって，当然に，第三者が保護されるための要件が善意無過失がともに積極要件となる，すなわち，善意の事実と無過失の評価根拠事実が立証責任対象事実となると解するべきではなく，第三者が保護されるための要件としては，善意のみが積極要件で，有過失は消極要件，すなわち，善意の事実と有過失の評価根拠事実がそれぞれ立証責任対象事実であると解するという見解も，条文の構造（形式）との関係からは，まったく同等に成り立ち得るということである★28。

改正法案における審議を通じては，その点は確定されず解釈に委ねられているので，取引外観法理の一環として，あくまでも，善意無過失（その評価根拠事実）が第三者側の立証責任対象事実であるとの見解もあるであろうし，錯誤は表意者の帰責性が詐欺の場合よりも強く，第三者側の立証責任対象事実は「第三者の善意」のみで，表意者側の立証責任対象事実が「第三者の有過失」（その評価根拠事実）であるとの見解も十分に成り立ち得る（筆者の現段階における意見は，この見解に賛成である）。さらに，「無過失」，「有過失」は評価であるから，それらの評価根拠事実を具体的にどのように考えるかによっても，多くの多様な見解があり得るであろう。

2　具体的事例による検討

上記説明からわかるように，ここで具体的事例を挙げて説明する方がよいと思われる事例は，要素の錯誤といえるか，動機の錯誤が取消原因になるかの検討のために参考となる事例であると考える。他の問題の場合については，以下で詳しく具体例を挙げて説明しなくても，前記1「説明（概要）」における説明の具体化として考えれば，基本的に足りるであろう。

具体的には，前記最判平28・1・12をベースとした設例によって考えることにする。

(1)　最判平28・1・12の事案

X銀行（債権者・原告），Y信用保証協会（保証債務者・被告），A社（主債務者）が当事者等であり，A社は反社会的勢力であったとすると，本件保証債務は動機の錯誤を理由に無効であるといえるかということが問題となった事案であるが，最高裁は，これを否定した。その詳細をここで紹介するのが目的ではないので，その点については，上記最判及び同最判の最高裁調査官解説を見られたい。

(2)　本設例の事案

次に述べる本設例の事案は，最判の事案とは，当事者の属性など重要な点において異なるものとなっていることに留意されたい。次のような事案では，どのように考えるべきであろうか。

本設例の当事者等である，X（債権者）は町の金融業者，Y（保証債務者）は個人の飲食業者，A（主債務者）は反社会的勢力である。Yは，自ら営業する飲食

★28　前記第1の2(5)(a)「現行法における問題点」における説明（40～41頁）参照。

店の客から依頼されて，Ａが反社会的勢力であることは知らず，Ｘと保証契約を締結したものとする。

Ｙは，同契約締結時において，「前に自分は暴力団からいわゆる『みかじめ料』を取られて脅迫・暴行などを受けたことがあり，暴力団はとても怖いので，暴力団とは一切かかわりは持ちたくない。まさか本件はそのようなこととは関係ないものと思っている。Ｘさん，その点は大丈夫ですよね。」と述べ，Ｘは，Ｙが上記のように言うのを黙って聞いていた。実は，Ｘも，Ａが反社会的勢力であることを知らなかった。

以上の状況の下において，Ａが反社会的勢力であるかどうかということは，95条１項柱書にいう重要なものであることは明らかである。そして，そのことが，Ｙが保証契約を締結することの基礎とした事情であり，もしＡが実際には反社会的勢力であったのに，そのことを知らなかったとすると，次の「表示」の点に問題がない限り，それが，同条１項２号にいう錯誤となることも明らかである。

問題は，そのようなことが保証契約締結の基礎とされている事情であることが表示されているかである。これを単純に，ＸとＹとの間で，保証契約の内容とされた（例えば，Ａが反社会的勢力ではないことが保証契約の内容となっていた）といえるかという見地から考えると，黙示の意思表示という理論を拡張して考えても，それを肯定することには，やはり無理があるのではなかろうか。

この場合には，このような事情全体について，動機の錯誤が一定の要件の下に取消し可能な錯誤として考えるべきだとされた新法の制度趣旨に照らして，様々な視点から具体的事実を分析検討して（決して，すぐに「丼勘定」的な総合判断をするのではなく），結局は，どちらの当事者に（ＸかＹかなど），こうした事実の認識についての錯誤によるリスクを負担させるべきかという視点から決するほかはない。

そのように分析検討して結論を出すとすれば，その際に結論となった判断の直接の根拠となった事実は，評価根拠事実又は評価障害事実として要件事実となることに留意するべきである（弁論主義の対象となる事実であり，判決の事実にも摘示されるべきである）。以上のような検討の結果，本設例のうち，動機の錯誤はどのようなものかについて，筆者の考えている要件事実は，次のとおりである。主張された要件事実に対する相手方の認否は，下記摘示では省略したが，請求原因１，２，３を「認める。」以外は，すべて「否認する。」であるものとする。

⑶　本件訴訟物及び関係する要件事実

訴 訟 物

保証契約に基づく保証債務履行請求権

請求原因

1　XはAに対し，500万円を弁済期を貸付時から1年後と定めて貸し付けた。

2　YはXとの間で，上記Aの債務を保証することを書面で約した。

3　1の弁済期は到来した。

抗弁（表意者Yの錯誤）

1　Aは，反社会的勢力であった。

2　Yは，請求原因2の保証契約締結の時において，1のことを知らなかった。

3　YはXに対し，請求原因2の保証契約締結の際に，「前に自分は暴力団からいわゆる『みかじめ料』を取られて脅迫・暴行などを受けたことがあって，暴力団はとても怖い。この保証契約は暴力団とは関係がないと思っている。Xさん，その点は大丈夫ですよね。」と述べた。これを聞いたXは黙っていた。

4　YはXに対し，2の保証契約における保証する旨の意思表示を取り消すとの意思表示をした。

再抗弁1（表意者Yによる動機の表示なし）

Yは，抗弁3記載の内容を世間話のように述べた。

再抗弁2（表意者Yの重過失）

Aが反社会的勢力であったことは，請求原因2の保証契約締結の時において，Yら飲食業者の間ではよく知られていたことであった。

再々抗弁（再抗弁2に対し，相手方Xの共通錯誤）

Xも，請求原因2の保証契約締結の時において，Aが反社会的勢力であることを知らなかった。

(4)　要件事実に関する若干の説明

抗弁は理由がある。上記再抗弁1は，その趣旨が不明確であるが，主張自体失当であるか，「世間話のように述べた」との意味のとりようによっては（「この話はこの保証契約とは無関係である」旨を述べたというような意味であれば），本件事案ではそのような事実を認めることができないものであろう，と考える。厳密には，「Xは町の金融業者であり，Yは個人の飲食業者であったこと」も抗弁の内容となるのであろう（もっとも，Yが何らかの意味で金融に詳しい者であったことが，再抗弁の内容となるという考え方もあるであろう)。

設例の事案にはないが，錯誤による取消しの効果を第三者に対抗できるかの問題がある。その場合の要件事実について，第三者の善意のみでよいとの見解とそれ以外にその無過失が必要であるとの見解があり得る。そのどちらに解するべきかについては，新法の条文の構造から明らかであるとはいえない★29。〔伊藤〕

（詐欺又は強迫）第96条

詐欺又は強迫による意思表示は，取り消すことができる。
2　相手方に対する意思表示について第三者が詐欺を行った場合においては，相手方がその事実を知り，又は知ることができたときに限り，その意思表示を取り消すことができる。
3　前２項の規定による詐欺による意思表示の取消しは，善意でかつ過失がない第三者に対抗することができない。

第１　現行法と新法の異同

１　改正の概要

本条に関する改正は，相手方及び第三者の保護に関する要件を変更したものであり，95条（錯誤）の改正の場合のように，内容自体の明確化（例えば，動機の錯誤の意味の明確化に対応する）や効果の変更（錯誤の効果の無効から取消しへの変更に対応する）はない。

沈黙による詐欺，不実表示，代理人による詐欺などの問題も，法制審議会において議論されたが，新法に規定を設けるということにはならなかった★1。

上記のような新法における改正が実現した部分に関する限りでは，改正に関する法制審議会における審議経緯においても，さほど強い意見の対立はなく，本解

★29　前記１(5)「第三者保護規定の新設――4項」（42～43頁）参照。この点に関する大江『新債権法の要件事実』344頁，大江『要件事実民法(1)』330頁，潮見『改正法の概要』10頁における説明は，いずれも，詐欺による取消しと同様に扱うことの当否についての問題意識が見られないものとなっているのは疑問である。

【第96条注】

★１　「沈黙による詐欺」につき「部会資料29」１～３頁，「部会資料33－５」95～100頁，「不実表示」につき「部会資料29」７～14頁，「代理人による詐欺」につき「中間試案の補足説明」27～28頁，「部会資料66Ａ」３～４頁各参照。
「沈黙による詐欺」，「不実表示」などの点に関する法制審における審議の状況については，森田「第５講意思表示制度（その２）」62～65頁が詳しく説明しており，参考になる。

説において説明するところはさほど多くない。

なお，本条中「強迫」に関する部分は，何ら改正されていない。

2　改正の主な問題点

(1)　第三者による詐欺と相手方の認識（悪意に限るのか）

(a)　現行法における問題点　　第三者が詐欺を行ったことによってされた意思表示の取消し可能なための要件を定めた現行法96条２項は，相手方が第三者による詐欺の事実を知っていたときに限るとしているが，この要件は，心裡留保をしてされた意思表示を無効とするための要件を定めた現行法93条が，相手方が表意者の真意を知ることができたときにも，その意思表示を無効としているのに比べて，狭すぎて均衡を失するとの指摘がされてきた★2。いわば故意に虚偽の意思表示をした者の方が，騙されて虚偽の意思表示をした者よりも保護される結果となるのは相当ではない，ということである。

(b)　新法による対応　　新法96条２項は，上記問題点を解消するため，取消しを可能にするための要件として，相手方が，第三者による詐欺の事実を知っていたときのほか，相手方がその事実を知ることができたときも含めることとした★3。

(2)　第三者が保護される要件として善意のみで足りるのか

(a)　現行法における問題点　　現行法96条は，「詐欺による意思表示の取消しは，善意の第三者に対抗することができない。」と定めているが，権利外観法理一般に関する要件に照らして，善意であっても過失のある第三者は保護する必要がないので，同条は，善意無過失の第三者に対抗することができない，という内容でなければならない，との指摘もされてきた★4。

(b)　新法による対応　　新法96条３項は，上記問題点を解消するため，「詐欺による意思表示の取消しは，善意でかつ過失がない第三者に対抗することができない。」とした★5。

★２　「部会資料12－２」44～45頁参照。
★３　「部会資料66Ａ」(「民法（債権関係）の改正に関する要綱案のたたき台(1)」) ３～４頁参照。
★４　「部会資料12－２」45～47頁参照。
★５　「部会資料66Ａ」(「民法（債権関係）の改正に関する要綱案のたたき台(1)」) ５頁，特に，同頁における「詐欺による意思表示をした者は不当な行為の被害者という面があり，真意と異なる意思表示をしたことについて帰責性が小さいことから，第三者が保護されるためには，その信頼が正当なものであること，すなわちその第三者が詐欺の事実を知らなかっただけでなく，知らなかったことについて過失がないことを要件とするのが相当であると考えられる。その結果，第三者が保護されるための要件は，心裡留保や通謀虚偽表示とは異なることになるが，これらの類型では，表意者は真意と異なることを認識しながら意思表示をしたのであるか

ただし，このように無過失という形で要件が定められたということは，当然に無過失の評価根拠事実が立証責任対象事実となることを意味するものではないことに留意しなければならない★6。

第2　要件事実

1　説明（概要）

(1)　第三者による詐欺と相手方の認識（悪意に限らない）

第三者による詐欺を理由に，ある契約（正確には，「同契約を締結する際の自己の意思表示」）を取り消し，その契約のなかったときの原状に復することを請求（不当利得返還請求）する者は，当該契約の相手方が，その第三者による詐欺の事実を知っていたこと又は知ることができたこと（評価根拠事実）を主張立証することができる★7。

(2)　第三者が保護される要件として善意かつ無過失が必要

ら，第三者保護要件が緩やかになるのは合理的であると言える。」との説明参照。

★6　「部会資料29」6頁には，「第三者が保護されるための主観的要件の立証責任を表意者又は第三者のいずれが負うのかも問題になり得る。第三者が悪意又は有過失であることを表意者が立証しなければならないという考え方を採る場合には，詐欺による意思表示の無効を第三者に対抗することができないという原則を規定した上で，その意思表示が真意でないことを第三者が知っていた場合又は知ることができた場合はこの限りでないなどのただし書を設けることが考えられる。」との記載はあるが，その説明が審議において重視されて，新法の条文の構造（形式）が，そのことを念頭に置いて，善意無過失を立証責任対象実として明らかにするめに，採用されたとまで考えるべき審議の経緯はないと考える。

「中間試案の補足説明」29頁には，「第三者が保護されるための主観的要件については，その立証責任を表意者又は第三者のいずれが負うのかについても議論がある。第三者が自分の善意（及び無過失）を主張立証しなければならないという考え方が一般的であるが，第三者が悪意であること又は過失があることを表意者が立証しなければならないという考え方があり得る。本文(4)は，この点について特定の立場を支持するものではなく，立証責任の所在は引き続き解釈に委ねるものとしている。」と述べられている。上記の「本文(4)」とは，上記補足説明26頁の「詐欺による意思表示の取消しは，善意でかつ過失がない第三者に対抗することができないものとする。」とした定めのことである。

その後に審議において，このように解釈に委ねるとの考え方を覆すようなものはないと考える。

★7　第三者の詐欺によって表意者が当該意思表示をしたことを知らず又は知ることができたとは認められない相手方に対して，詐欺による当該意思表示の取消しの不利益を負わせるのは相当ではなく，その不利益を負わせるために必要な積極要件として，その点の根拠事実の存在については，表意者に立証責任があると考えるべきである。

潮見『改正法の概要』12頁は，「部会資料66Ａ」３頁が立証責任についても述べているように言及されているが，同頁の記載を当然にそのように読むことには問題があると思う。

この点に関する大江『新債権法の要件事実』347頁，大江『要件事実民法(1)』339頁における説明は，その結論は私見と同様であるが，その根拠については説明がなく，その根拠は不明である。

詐欺を理由に取り消された契約に基づいて，新たに法律上の地位を得た第三者（例えば，詐欺によってある土地をXから買ったAから，同土地を買い受けたY）は，Xに対して，自己の権利を守るためには，権利外観法理一般に関する要件に照らして，自己がその詐欺の事実を知らなかったことのみではなく，それに加えて，知ることができなかったこと（その評価根拠事実）を主張立証しなければならない★8。

2　具体的事例による検討

⑴　第三者による詐欺と相手方の認識（悪意に限らない）

X（原告・買主）は，Y（被告・売主）に対し，XとYとの間の本件土地の売買契約を，第三者Aによる詐欺を理由に取り消して，Yに支払済みの本件土地の不当に高額な売買代金の返還を請求する訴訟の請求原因中の，Aによる詐欺に関する部分として，例えば，次のように主張することができる。

XがYから，本件土地を買う直前に，第三者AがXに対し，本件土地のすぐ近くに地下鉄の駅ができると虚偽の事実を告げ，本来，5千万円程度の時価のものを，2億円程度の時価がするとXに誤信させた。Yは，Aのこの行為を知っていたか，仮に知らなかったとしても，「①AとYとは常に密接に連携を取って不動産売買を行っていた業者であった。②Aは，過去にも同様の手口で不当な利益を得たことがあったが，そのことをYは知っていた。③本件土地のすぐ近くに地下鉄の駅ができるとの噂があった。④Yは，本件土地の時価は5千万円程度であったと考えていた。⑤Xは，Aと面談して間もなく，Yに対して，本件土地を2億円で買いたいとの申入れをした（Yは上記面談があったこととその面談の時期も知っていた）。」の事実があった。

⑵　第三者が保護される要件として善意かつ無過失が必要

具体的事例としては，上記⑴の例とは逆に，X（所有者）が売主，Aが買主，YがAからの転得者である第三者であって，Xは，虚偽の事実を告げたAの詐欺によって，2億円もするその所有地を不当に廉価である1億円でAに買い取られ

★8　錯誤の場合（この点に関する新法の条文構造〔形式〕は，詐欺の場合と同じである）にも，第三者が保護されるべき要件として，Xの善意以外にその無過失が必要であるとの見解もあり得るが，私見は，詐欺の場合よりも，表意者の帰責性がより強いことに着目し，過失の点は，むしろ，有過失の主張立証が表意者の側にあると解するべきであろう，と考えている（**「第95条の解説」第2**の1⑸「第三者保護規定の新設── 4項」〔42～43頁〕参照）。

森田「第5講意思表示制度（その2）」においては，特に立証責任対象事実の決定基準についてまでは言及されていない。

なお，**「第93条の解説」第1**の1⑴「意思表示の各条文を通じての第三者保護規定の比較」（26～27頁）参照。

たことを理由に，同売買契約を取り消し，１億２千万円で同地をＡから買ったＹに対して，同地の所有権に基づき，Ｙの占有する同地の返還を求めた場合において，Ｙが，Ａの上記詐欺を知らなかったことについて無過失であることを主張立証する場合を考えればよい。その評価根拠事実としては，同地の評価については，どのような視点から見るか極めて判断の困難な問題があり，不動産業者の間でも，１億円から２億円の間で見解が分かれていた稀有の物件であったなどの事実★9（厳格には評価が含まれているので，その根拠がさらに必要である）を考えることができよう。〔伊藤〕

（意思表示の効力発生時期等）第97条

意思表示は，その通知が相手方に到達した時からその効力を生ずる。
2　相手方が正当な理由なく意思表示の通知が到達することを妨げたときは，その通知は，通常到達すべきであった時に到達したものとみなす。
3　意思表示は，表意者が通知を発した後に死亡し，意思能力を喪失し，又は行為能力の制限を受けたときであっても，そのためにその効力を妨げられない。

第１　現行法と新法の異同

１　改正の概要

本条の改正については，「到達とはどのような状態になったことをいうのか」の点に関しては，何らかの条文上の定めをするとの改正提案があった★1が，「部会資料66Ａ」の段階で改正提案の事項から外された★2。後記２「改正の主な問題点」に述べる各改正提案は，最後まで維持された。「部会資料66Ａ」は，「民法（債権関係）の改正に関する要綱案のたたき台(1)」と名づけられ，ここで定ま

★9　上記所有権に基づく本件土地の返還請求訴訟の主張の骨子は，請求原因「Ｘもと所有。Ｙ占有。」，抗弁「Ｘ→Ａ売買」，再抗弁「左記売買にあたってのＡのＸに対する詐欺。これを理由に左記売買をＸ取消し。」となる。上記事実は，この再抗弁に続くＹの善意・無過失の主張（そのうちの無過失の主張）であるが，その主張を，再々抗弁と位置づけるのか抗弁の予備的主張として位置づけるのかの問題がある（伊藤『要件事実の基礎』372頁以下，380頁以下各参照）。しかし，その点は，新法における詐欺による取消しに特有の問題ではないので，これ以上の説明は省略する。

【第97条注】
★1　例えば，「部会資料12－１」10頁。
★2　「部会資料66Ａ」７～８頁参照。

った基本的方向は，少なくとも本条については，その後の審議でも変更されていない★3，と考える。

なお，現行法98条（公示による意思表示）は，まったく改正されておらず，新法の解説をする本書で説明するべきことはない。

2　改正の主な問題点

(1)　意思表示の到達主義の適用対象（相手方は「隔地者」でなければならないか）

(a)　現行法における問題点　現行法97条は「隔地者」（発信と到達との間に時間的な隔たりのある者）に対する意思表示の効力発生時期について規定するが，隔地者以外の者に対する意思表示の効力発生時期については規定が設けられていない。相手方が目の前にいるときでも，相手方が故意に耳をふさいで表意者の発言を聞かないような場合などがあることを考えると，どの時点で隔地者以外の者に対する意思表示の効力が生ずるかについては，現行法では不明確な状態にある★4。

また，97条1項が，到達の時期を「その通知が相手方に到達した時」と表現しているが，相手方に届けられるのは意思表示をしたという事実の通知ではなく，意思表示そのものであると考えると，この表現には問題があることになる★5。

(b)　新法による対応　「部会資料66A」では，上記問題点に対応するため，97条1項を「相手方に対する意思表示は，」としていたし，その後，「民法（債権関係）改正に関する要綱仮案」でも，その表現が維持されていたが，それに続く「部会資料84—1」（「民法（債権関係）改正に関する要綱案の原案（その1）」）になって，この「相手方に対する」は削られ，単に「意思表示は，」となっており，それが新法97条1項に，そのまま引き継がれている。

法制審議会事務局は，その理由を，民法98条と同様にしたと説明しているが，1項は，「相手方のある」意思表示についての規定であることは自ずから明らかであり，3項は，相手方のない意思表示もあり得るところから「相手方に対する」意思表示はつけないという説明がよいとの審議における指摘★6の方が説得

★3　「部会資料79—3」（「民法（債権関係）の改正に関する要綱仮案の原案（その1）補充説明」）1頁は，新法97条と同一の条文見出し「意思表示の効力発生時期等」の下に，新法97条1項，2項，3項とほとんど同一の表現の条項を提案し，「部会資料66Aを基本的に維持するものである。」としている。そして，2項については，少し表現を変えている理由を述べている。

★4　「部会資料66A」6頁に以上と同旨の説明がある。

★5　「部会資料66A」6～7頁に以上と同旨の説明がある。

的であると思われる。

到達するのは意思表示そのものであるからという理由で，「その通知が」の文言は不要であるとの指摘は，新法には反映されていない。

⑵　意思表示の「到達」と受領拒絶の関係をどのように考えるか

ⓐ　現行法における問題点　意思表示の効力は相手方に到達した時に生ずるとされているが，「到達」とは，意思表示を記載した書面が相手方の勢力範囲（支配圏）内に置かれたことをもって足りるとされるので，相手方自身が，そうした書面が自身の勢力範囲内に置かれることを妨げたような場合には，この様な相手方の勢力範囲に入るという客観的状態が生じていなくても，相手方の態様を考慮して「到達」があったと扱われる場合を認めるのが相当であると考えられる★7。

ⓑ　新法による対応　「部会資料66Ａ」５頁は，上記問題点に対応するために，「相手方が，［正当な理由がないのに故意に意思表示の到達を妨げたとき］は，その意思表示は，通常到達すべきであった時に到達したものとみなすものとする。」との提案をしている。

同資料９頁は，130条と同様の考え方を背景にしながら，しかし，そうすることに「正当な理由」があるときは，到達の擬制から除外するべきである，と説明している（「正当な理由」がないことを要件として」ともいう）。

上記の要件が具備された場合の効果は，「通常到達すべきであった時に到達したものとみなす」こととしている。

その後，「部会資料79―３」（「民法（債権関係）の改正に関する要綱仮案の原案（その1）補充説明」）１頁における提案では，「部会資料66Ａ」の上記①の「故意に」との要件が削られ，その理由として，「第76回会議において『故意に』との要件が狭すぎるのではないかとの指摘があったが，相手方が通知を受け取らない行為自体を問題としつつ，その行為の評価は『正当な理由』の有無で判断すれば足り，それとは別に『故意』の有無を更に付け加える必要はないと考えられることから，民訴法第106条第３項の文言等を参考として表現を改めている。」と述べている。相当な見解であると考える。その内容が，そのまま新法97条２項に引き継がれている。

なお，同資料では，「部会資料66Ａ」における「意思表示の到達を妨げたとき」が「意思表示の通知を受けることを拒んだとき」となっているが，新法にお

★６　上記説明及び指摘について，「部会第97回議事録」４頁参照。
★７　「部会資料66Ａ」８頁に同旨の説明がある。

ける表現は，再び，「意思表示の通知が到達することを妨げたとき」となっている。

⑶　意思表示をした後の表意者に生じた能力などの変化の影響をどのように考えるか

⒜　現行法における問題点　「部会資料66Ａ」９～10頁は，問題点とその解決の方向として，次のように指摘しており，その理解は相当であると考えられる。

「意思表示の到達は，既に成立した意思表示が相手方の支配圏内に入るという客観的な事実であって，その事実の生ずるために表意者が権利能力や行為能力を有する必要はないと考えられている。民法第97条第２項が，隔地者に対する意思表示は発信後の表意者の死亡等によっても効力を妨げられないとするのは，このような趣旨に基づく。」それと同様な場合は，他にも様々に考え得る。

⒝　新法による対応　そこで，上記問題点を解消するため，「部会資料66Ａ」による提案⑶は，隔地者に対する意思表示の効力に影響を及ぼさない表意者側の事情のうち行為能力の喪失を行為能力の制限に改め，意思能力の喪失を付け加えている。

さらに，その後，「部会資料79―３」１頁は，「従前『隔地者に対する意思表示』との表現を用いていたが，⑴〔同資料による提案⑴のことである―筆者伊藤注記〕では民法第97条第１項の文言を変更して『隔地者』との表現を用いていないことや，『隔地者』との用語を用いるかどうかで具体的な法的効果は左右されないと考えられること等を考慮し，単に『意思表示』としている。」と述べている。

以上の内容が，そのまま新法97条３項に引き継がれている。

第２　要件事実

留意するべき点を簡単に述べておく。

意思表示の到達したことについて立証責任を負うものは，それと等価値の事実として，新法97条２項の到達擬制に関する評価根拠事実としての到達妨害行為があったことについて立証責任を負うことについては異説がないと思われるが，相手方の到達妨害行為ついての正当理由については，正当理由のないことがその評価根拠になるのか，正当理由のあることがその評価障害となるのかについては，見解が分かれ得よう。

実際に到達していないのに，それを擬制するという点を重視すれば前説が正しく，到達妨害行為があることで到達擬制の根拠として十分であり，正当理由のあることがその例外となると考えれば，後説が正しいということになる。法制審議会の審議経過からは，いずれが正しいかまでを判断する資料はない，と考える。

一応の私見としては，まずは「到達」の概念を制度趣旨に照らして適切に考えたうえ，正当理由の点については，前説の考え方を基本として，到達妨害行為の態様などによっては，例外として，判断の構造が後説の構造になる，と考えてはどうかと考えている。それは，具体的には，次のように説明することになる。

例えば，単に，郵便配達者が手渡そうとした郵便物を差出人を確認することもなく受領拒絶をした程度の到達妨害行為などの場合には，正当理由がないこと（その評価根拠事実）まで到達を主張する方で立証責任を負うが，逆に，例えば，暴力を伴う激しい到達妨害行為をしたなどの場合には，そこまでの妨害行為をする正当理由は原則としてない（換言すれば，そうした態様の到達妨害行為が主張されることによって，正当理由のないことの評価根拠事実が主張されている）と考えて，にもかかわらず正当理由があることの評価根拠事実があると主張するのであれば，それを不到達を主張する方で立証責任を負うと考えるわけである★8。一応は，このように考えるが，上記の考え方ついては，受領拒絶の態様に関する判断が不安定で，正当な理由に関する判断も不安定となるとの批判があるであろうと思われ，なお検討を要するであろう。

新法97条3項に関する事実は，到達を主張する当事者が，そのような事実のないことを主張立証することも，その相手方当事者が，そのような事実のあることを主張立証することも，いずれも意味がない。〔伊藤〕

★8　大江『新債権法の要件事実』6～7頁は，「相手方への到達に代えて，相手方が意思表示の通知の到達することを妨げたことを主張立証してもよい。」というのみで，「正当な理由」に触れておらず，同書がこのような点をどのように考えているのかは不明である。大江『要件事実民法(1)』346～347頁は，到達に代えて到達妨害行為を，それに対して，その妨害行為についての正当理由の存在を，それぞれ主張立証するべきであるとするが，それ以上の説明はない。潮見『改正法の概要』13頁は，説明が簡単であって，特に言及するべき点はない。

なお，最判平10・6・11民集52巻4号1034頁〔22〕は，内容証明郵便が留置期間経過により差出人に還付された場合に意思表示の到達を認めた事例に関するもので，「正当理由」に関する立証責任の所在についての上記でしたような考察に直接に参考となるものではない。

（意思表示の受領能力）第98条の２

意思表示の相手方がその意思表示を受けた時に意思能力を有しなかったとき又は未成年者若しくは成年被後見人であったときは，その意思表示をもってその相手方に対抗することができない。ただし，次に掲げる者がその意思表示を知った後は，この限りでない。
一　相手方の法定代理人
二　意思能力を回復し，又は行為能力者となった相手方

第１　現行法と新法の異同

１　現行法における問題点

現行法には，意思表示を受けても十分その効力を了解する能力を備えておらず，適切に対応することができない者は，98条の２に規定されている者にとどまらないのに，それに適切に対応できていないという問題点がある。

２　新法による対応

そこで，新法は，保護されるべき者の範囲を意思能力を有しなかった者にも拡張し，かつ，それに伴って，その者がその後意思表示を知った時には意思表示が到達したことになる者の範囲を意思能力を回復した者などについても規定した。

「部会資料66Ａ」10～11頁において基本的考え方が示され（以上はその骨子である），それにごく僅かの修正がされて，新法の条文となっている。

第２　要件事実

本条本文記載の事項とただし書記載の事項とでは，主張立証責任の負担者は異なるであろう。詳しくいえば，意思表示の通知が到達した時に受領能力がなかった状態であったのが，その後受領できる状態になった，法定代理人が知ったなどに関連して，要件事実の決定に関し問題はあるが，このことは，今回の改正によって新たに生じたことではない★1 ので，説明を省略する。〔伊藤〕

【第98条の２注】
★１　大江『新債権法の要件事実』349頁，大江『要件事実民法⑴』351頁は，いずれも，意思無能力者の保護のための拡張の改正であることを理由に，受領時の意思無能力については，受領者の側で主張立証すべきである，と述べる。潮見『改正法の概要』14頁も，今回の改正によって新たに生じた問題についての説明はない。

第３節　代　　理

（代理行為の要件及び効果）第99条

民法99条は，代理に関する冒頭の規定であり，代理行為の要件及び効果を規定している。代理とは，他人（代理人）の独立の行為（意思表示）によって，その法律効果が本人に直接に帰属する制度であり，私的自治の拡張及び補充を目的とするものである★1。このように代理は，他人の法律行為の効果を自己に効果帰属させるものであるから，あらゆる法律行為において用いることができ，その要件事実が現れることになる。ただし，本人の法律行為によって生じた法律効果が本人に帰属するのが民法上の原則であり，代理制度はこの例外と位置づけられることからすると，代理によって生じる本人への効果帰属という法律効果を主張する者が代理の要件事実につき主張立証責任を負うと解するのが相当である。

代理行為の効果が本人に効果帰属するためには，①代理人によって法律行為がされること（代理行為）に加えて，②相手方にとっては，その代理行為が代理人ではなく本人に効果帰属する法律行為であるかが不明であるから，代理人が本人のためにすることを示すこと（顕名），さらに，③本人が代理人の法律行為を自己に効果帰属することを許していなければ，本人に効果帰属するとなると私的自治の原則に反することから，本人が①の代理行為に先立って代理人に対し代理権を授与したこと（代理権授与）が必要となる★2。なお，代理行為の後に，既になされた代理行為に関して代理権が授与された場合，それは民法116条の追認にほかならないから，代理権の授与が代理行為に先立って行われることが，時的要素となる★3。

任意代理権の発生原因（授権行為）については，本人と代理人との間の対内関係を生ずる行為（委任契約，雇用契約，組合契約等）そのものではなく，独立に代理権の発生を目的とする契約（あるいは単独行為）であるとする見解と★4，そのよう

【第99条注】

★１　『新版注釈民法⑷』２～３頁，我妻『民法総則』322～325頁，山本『民法講義Ⅰ』346頁。

★２　『新版注釈民法⑷』16頁以下，司研『要件事実第１巻』68頁。

★３　時的因子と時的要素の概念については，伊藤『要件事実の基礎』４頁，司研『要件事実第１巻』52～55頁参照。

★４　我妻『民法総則』334～335頁。

な独自性を否定し，代理権の授与がそれらの本人と代理人との間で締結された事務処理契約の中に含まれると解する見解がある★5。

民法99条1項に関し，顕名に代えて，「代理人がその権限内において自らを本人であると称してした意思表示もまた，本人に対して直接にその効力を生ずるものとする」ことを明文化する考えもあったが★6，パブリック・コメントの手続に寄せられた意見の中で，真実と異なる表示が助長されかねないなどの指摘があったことから，改正は見送られた★7。

ただし，この点については，代理人がそのことを明示せず本人の名のみを示して法律行為を行った場合でも，顕名の手段と見て差し支えなく本人に有効に効果帰属する場面があるとの見解★8や，これを認める判例もあることから，どのような場合に顕名があったのと同視できるかについては，解釈に委ねられることになる★9。

〔後藤〕

（本人のためにすることを示さない意思表示）第100条

民法99条に関して論じたとおり，代理行為の効果が本人に効果帰属するためには，顕名が必要であるところ，これがされなかった場合について規定したのが民法100条である。同条本文は，顕名を欠いた代理人の意思表示は代理人自身のためにしたものとみなされ，代理人に効果帰属することになるが，相手方が，顕名はないものの代理人の意思表示が本人のためにされたことを知り，又は知ることができたときには本人に効果帰属することを規定している。

〔後藤〕

（代理行為の瑕疵（かし））第101条

代理人が相手方に対してした意思表示の効力が意思の不存在，錯誤，詐欺，強迫又はある事情を知っていたこと若しくは知らなかったことにつき過失があったことによって影響を受けるべき場合には，その事実の有無は，代

★5　代理権授与行為の法的性質論については，山本『民法講義Ⅰ』362～364頁参照。
★6　「民法（債権関係）の改正に関する中間試案（概要付き）」8～9頁。
★7　「部会資料66Ａ」34頁。
★8　我妻『民法総則』346～347頁。
★9　『新版注釈民法(4)』22頁は，「これは，意思表示の内容確定の問題であって，意思表示の解釈方法に従って処理すべき問題と解される。」としている。

理人について決するものとする。
２　相手方が代理人に対してした意思表示の効力が意思表示を受けた者がある事情を知っていたこと又は知らなかったことにつき過失があったことによって影響を受けるべき場合には，その事実の有無は，代理人について決するものとする。
３　特定の法律行為をすることを委託された代理人がその行為をしたときは，本人は，自ら知っていた事情について代理人が知らなかったことを主張することができない。本人が過失によって知らなかった事情についても，同様とする。

第１　改正の概要

新法101条１項及び２項は，現行法101条１項の規定を，代理人が相手方に対して意思表示をした場合と，相手方が代理人に対して意思表示をした場合とに分けて規定することにより，同項の規律を明確にするものである。現行法101条１項は，その文言上，代理人がした意思表示に関する規定であるという解釈も可能であったことから★1，そうではなく，相手方が代理人に対してした意思表示を含むことを前提として，その場面を新法101条２項に明文化したものであり，実質的な変更はされていないといえる。

ただし，新法95条で，意思表示の錯誤が無効事由から取消事由に改正されたことから，錯誤が代理行為の瑕疵に含まれることを明示するために，新法101条１項に「錯誤」の文言が加えられた。

新法101条３項は，現行法101条２項を繰り下げたうえ，「代理人が本人の指図に従ってその行為をしたときは」のうち「本人の指図に従って」を削除したものである。これは，特定の法律行為の委託があれば，本人の指図があったことを要件としないとの判例★2に従ったものである。

第２　要件事実

新法101条２項について，要件事実を整理すると，次のとおりとなる。すなわち，Ｘの代理人ＡがＹに対し土地を売った事案において，Ｙに新法93条１項（現行法93条）所定の心裡留保があった場合，新法93条１項ただし書の要件として，

【第101条注】
★１　「部会資料66Ａ」13頁。
★２　大判明41・６・10民録14輯665頁。

表意者側の要件として抗弁１，２が必要となり，相手方の要件として抗弁３が必要となるが，その際，同項ただし書の「相手方」は新法101条２項によって代理人であるＡとなるのである。

訴 訟 物

Ｘのに対する売買契約に基づく代金支払請求権

請求原因

１　Ａは，Ｙに対し，甲土地を代金1000万円で売った。

２　Ａは，前項の売買契約の際，Ｙに対し，Ｘのためにすることを示した。

３　Ｘは，１項の売買契約に先立ち，Ａに対し，甲土地の売買につき代理権を授与した。

抗弁（心裡留保）

１　Ｙは，請求原因１の際，甲土地を代金1000万円で買う意思はなかった。

２　Ｙは，請求原因１の際，前項の事実を知っていた。

３　Ａは，請求原因１の際，１項の事実を知っていた（又は，Ａの善意について過失があることの評価根拠事実）。

〔後藤〕

（代理人の行為能力）第102条

制限行為能力者が代理人としてした行為は，行為能力の制限によっては取り消すことができない。ただし，制限行為能力者が他の制限行為能力者の法定代理人としてした行為については，この限りでない。

第１　改正の概要

現行法102条と新法102条本文は，その表現は異なるものの，実質的な変更はない。現行法102条は，「代理人は，行為能力者であることを要しない。」と規定しており，その趣旨は新法102条と同旨であったものの，その文言からは，代理人となり得る者を規定したのみであったために，制限行為能力者であっても代理人となれるが，その者がした法律行為が取消しの対象となると読むことも不可能ではなかった。そのため，改正によって上記の趣旨であることを明確にしたのである。

新法102条ただし書は，新たに規定されたものである。代理人が本人によって委任された任意代理人の場合は，その任意代理人が制限行為能力者であることによって本人が不利益を被ったとしても，本人に効果を帰属させることに本人の自己責任というべきである。ただし，本人が，行為能力を有すると考えて代理人に選任した後，その代理人が後見開始の審判を受けたときは，代理人を選任した時点とは状況が変わっていることから，代理権は消滅することとされている（民111条１項２号）。

代理人が法定代理人である場合は，その法定代理人が制限行為能力者であることによって生じた不利益を本人に効果帰属させることは，代理人の選任に直接関与しない本人に酷というべきであり，相当でないためである★1。法定代理人が制限行為能力者（成年被後見人，被保佐人，被補助人）であるという事態は，親権者が成年被後見人等である場合や，後見人がその就任後に成年後見開始等の審判を受けた場合★2が考えられる。

なお，本条の改正と関連して，新法13条１項10号として，被保佐人が保佐人の同意を得なければならない行為として，民法13条１項１号ないし９号に掲げる行為を制限行為能力者の法定代理人としてすることが新設された。また，新法120条１項は，行為能力の制限によって取り消すことができる行為の取消権者につき，制限行為能力者につき，括弧書で「他の制限行為能力者の法定代理人としてした行為にあっては，当該他の制限行為能力者を含む。」と加え，制限行為能力者である本人を含むことを明示した★3。

第２　要件事実

新法102条について，要件事実を整理すると，次のとおりとなる。すなわち，制限行為能力者であるＡがＸの代理人としてＹに対し土地を売った事案におい

【第102条注】

★１　「部会資料66Ａ」16頁。

★２　成年後見開始等の審判にあたっては，制限行為能力者を成年後見人等に選任することは，本人の保護の観点から基本的には行っていないと考えられ，制限行為能力者が他の制限行為能力者の法定代理人となることは考えにくい。ただし，民法上は，成年被後見人，被保佐人又は被補助人であっても，他者の成年被後見人，被保佐人又は被補助人となり得ることを前提としている（民847条・876条の２第２項・876条の７第２項）。

★３　我妻『民法総則』350～351頁は，現行法102条につき，任意代理と法定代理の両者に適用があり，本人が不利益を受けるおそれがあるとし，法定代理人については，行為無能力者が法定代理人となることを禁ずる特別の規定がある場合は格別，そうでない場合は本人の保護が不十分となる可能性があることを示唆している。

て，請求原因３のように，Ａの代理権の発生原因が法定代理に基づくことが示されている場合（代理行為に先立つ代理権の授与が必要であることについては，「**第99条**の解説」において既に述べたとおりである），新法102条ただし書の適用を受けることになる。

そして，民法は法律行為を原則として有効であることを前提として規定しており，意思能力の欠缺や公序良俗違反といった一定の場合に無効とし，制限行為能力や意思表示の瑕疵といった場合に取り消し得ると規定していて例外に当たること，立証の点から考えても法律行為を主張する者にそれら無効事由及び取消事由がすべて存在しないことを証明させることは困難であることからすると，法律行為の無効や取消しを主張する者がそれら無効事由や取消事由の主張立証責任を負うと解するのが相当である。よって，代理人が制限行為能力者であることは抗弁となり，抗弁１，２のとおりとなる。これに対し，請求原因３に代えて，Ａの有するＸの代理権が任意代理であることが示されている場合には，新法102条本文によって取り消すことができないから，抗弁１，２は抗弁たり得ず，主張自体失当となる。

訴 訟 物

Ｘの Ｙに対する売買契約に基づく代金支払請求権

請求原因

１　Ａは，Ｙに対し，甲土地を代金1000万円で売った。

２　Ａは，前項の売買契約の際，Ｙに対し，Ｘのためにすることを示した。

３　Ａは，１項の売買契約の当時，Ｘの成年後見人（又は未成年後見人，親権者）であった。

抗弁（代理人の制限行為能力）

１　Ａは，請求原因１の売買契約の際，成年被後見人であった。

２　Ａの成年後見人Ｂは，Ｙに対し，請求原因１の売買契約を取り消した。

〔後藤〕

（権限の定めのない代理人の権限）第103条

民法103条は，任意代理人で権限の定めのない場合の代理人の権限に関する規定であるが，任意代理人で権限の定めがある場合や法定代理人の場合についても代理人の権限に関する基本的な規律（①任意代理人は，代理権の発生原因である法律行為によって定められた行為をする権限を有するものとする，②法定代理人は，法令によって定められた行為をする権限を有するものとする）を定めることが検討されたが★1，任意代理人の権限の範囲が明確でない場合に，一律に民法103条所定の権限のみが授与されていると見てよいのか等の指摘があり，改正は見送られた★2。

しかし，上記の基本的規律は，明文化されなくとも，契約の解釈や法令によって当然に生じる効果であることから，要件事実の検討のうえでは修正が必要となるものではない。〔後藤〕

（任意代理人による復代理人の選任）第104条

民法104条は，任意代理人が復代理人を選任することができる場合として，「本人の許諾を得たとき，又は〔任意代理人が〕やむを得ない事由があるとき」と規定している。これは，任意代理人は本人との信頼関係に基づき選任されたものであり，その信頼関係に，任意代理人による復代理人の選任権までは原則として含まれていないことによるものである。

今回の改正に向けた議論の中で，本人の許諾なく復代理人を選任することができる場合を，民法104条の事由から緩和して，代理人による自己執行を期待するのが相当でない場合に認めるとの考え方が示されたが★1，その当否について本人の意思に反して復代理人が選任されるおそれを指摘する意見や自己執行を期待するのが相当でないとの要件が明確でないとの意見もあり★2，改正は見送られた。ただし，本人が代理人による自己執行を期待していないことが明白であるときは，代理権授与の際に復代理人選任についての許諾が黙示にされていると認められる場合もあるといえよう。〔後藤〕

【第103条注】
★１　「中間試案（概要付き）」10～11頁。
★２　「部会資料66Ａ」34頁。
【第104条注】
★１　「中間的な論点整理」104頁。
★２　「中間的な論点整理の補足説明」261頁。

削除条文（復代理人を選任した代理人の責任）現行法第105条の全部

現行法105条は，任意代理人が復代理人を選任した場合の本人に対する責任について規定しており，同条１項は，代理人は復代理人の選任及び監督につき本人に対し責任を負うとし，同条２項は，復代理人の選任が本人の指名による場合には，代理人は本人に対して原則として責任を負わず，復代理人が不適任又は不誠実であることを代理人が知りながら，その旨を本人に通知したり復代理人を解任したりすることを怠ったときに限り，責任を負うと規定されていた。すなわち，復代理人の行為によって発生した損害について，代理人は本人に対し当然に責任を負うのではなく，責任が生じる場合について制限を設けており，債務不履行の一般原則に対する例外を定めた規定と解されていた★1。

しかし，このような現行法下の規律は，任意代理人による復代理人の選任が民法104条によって本人の許諾又はやむを得ない事情がある場合に限定していることを理由とするものであるが★2，任意代理人の責任を相当に軽減している点で疑問があり，任意代理権を発生させた委任契約等の契約に関する債務不履行の一般原則に従い，事案ごとに柔軟な判断がされるのが相当であることから，現行法105条が削除されることになった★3。これにより，改正前は，本人から代理人に対し，委任契約の債務不履行に基づく損害賠償請求がされた場合，代理人は，復代理人の選任及び監督につき相当の注意を払ったこと（現行法105条１項）や復代理人の選任が本人の指名に基づくものであること（同条２項）のみを抗弁として主張することができたが★4，これのみでは必ずしも抗弁たり得ないこととなり，①代理人が復代理人を選任したこと，②復代理人の選任につき本人の許諾を得，又はやむを得ない事由があることに加えて，③新法415条１項ただし書に規定された事由を主張することになる。〔後藤〕

【削除条文現行法第105条注】
★１　司研『要件事実第１巻』78頁。
★２　『新版注釈民法(4)』100頁。
★３　「部会資料66Ａ」16～18頁。
★４　司研『要件事実第１巻』79頁。

（法定代理人による復代理人の選任）第105条

法定代理人は，自己の責任で復代理人を選任することができる。この場合において，やむを得ない事由があるときは，本人に対してその選任及び監督についての責任のみを負う。

現行法105条が削除され，現行法106条が新法105条に繰り上げられたことに伴う改正であり，実質的な変更はない。〔後藤〕

（復代理人の権限等）第106条

復代理人は，その権限内の行為について，本人を代表する。
2　復代理人は，本人及び第三者に対して，その権限の範囲内において，代理人と同一の権利を有し，義務を負う。

現行法107条が新法106条に繰り上げられ，２項において「その権限の範囲内において」との文言が加えられたが，実質的な変更はない。〔後藤〕

（代理権の濫用）第107条

代理人が自己又は第三者の利益を図る目的で代理権の範囲内の行為をした場合において，相手方がその目的を知り，又は知ることができたときは，その行為は，代理権を有しない者がした行為とみなす。

第1　現行法と新法の異同

1　改正の概要

代理権の濫用については，現行法に規定がなく，後記2(1)「現行法における問題点」記載のような問題点があったが，新法は，その点を立法的に解決したものである。

2　改正の主な問題点

(1)　現行法における問題点

規定がないため，この問題に関して多くの考え方がある。

判例は，任意代理人についても★1，法定代理人についても★2，民法93条ただし書を類推適用しているが，代理人に，自己又は第三者の利益を図る目的があったとしても，本人に法律効果を帰属させる意思があるのであるから，その意思表示自体には何の問題もなく，心裡留保の意識の構造と異なり，同条ただし書を類推する基礎を欠き，むしろ信義則によるべきであるとする信義則説（同説は，「悪意又は重過失の相手方に限って，信義則上，代理行為の効果が本人に帰属することを主張することが許されないと解すべきだ」とする見解であるといわれる）など，多様な意見があって，このような考え方は，第三者の保護の要件のあり方にも関係し，その解釈は不安定である★3。

このような現状に鑑み，何らかの立法的手当てをする必要がある。

⑵　新法による対応

「部会資料66Ａ」22頁以下は，上記⑴の問題点について，詳細な検討を加えたうえ，その22頁において，判例の立場を採り，「代理人が自己又は第三者の利益を図る目的で代理権の範囲内の行為をした場合において，相手方が当該目的を知り，又は知ることができたときは，当該行為は，代理権を有しない者がした行為とみなすものとする。」との提案をしている。

これがそのまま新法に反映されている。

このように要件については，現行民法93条ただし書と同様にされているが，その効果も，同条ただし書と同じく無効とするべきかというと，それは大いに疑問である。

「部会資料66Ａ」23頁は，「代理権濫用行為の効果という観点から見ると，民法第93条ただし書は，意思表示自体に瑕疵（意思の不存在）がある場合に関する規定であるため当該意思表示を無効としているが，上記のとおり意思表示自体には何ら問題のない代理権濫用行為を心裡留保による意思表示のように無効とする必然性はない。むしろ，同法第108条の自己契約及び双方代理のように無権代理と同様の扱いをするほうが，本人による追認（同法第113条）や代理人に対する責任の追及（同法第117条）などをすることが可能となり，より柔軟な解決を図ることができる。代理権濫用行為を無効としてしまうと，同法第113条から第117条までの無権代理に関する規定は適用されないことになる。これらに照らせば，代理権濫用行為の効果は，自己契約及び双方代理と同様に無権代理とみなす

【第107条注】
★1　最判昭42・4・20民集21巻3号697頁。
★2　最判平4・12・10民集46巻9号2727頁。
★3　「部会資料13―2」89～90頁に，現行法における問題点について詳しい説明があり，非常に参考になる。

のが相当である。」と説明している★4。

なお，代理権濫用行為の相手方からの転得者について，「部会資料66Ａ」24〜25頁は，おおむね「代理権濫用行為に民法第93条ただし書を類推適用することを前提として，判例は，同法第94条第２項の類推適用や同法第192条の即時取得などの制度によって転得者の保護が図られることを想定しているとされていることから，代理権濫用行為を無権代理とみなした場合も，代理権濫用行為の相手方からの転得者については，上記と同様の保護が図られると考えられる。現行法上，通常の無権代理行為の相手方からの転得者については上記と同様の保護が図られるとされているからである。もっとも，代理権濫用行為と利益相反行為との間にある類似性や連続性に鑑み，利益相反行為の相手方からの転得者の保護の場合と同様に，より第三者の保護が図られるべきであるとの考え方も成り立つ。その場合には，本人の側が転得者の悪意を主張立証しなければならないことになる。この点については，解釈に委ねられる。」と説明する★5。

筆者は，後説の方がよいのではないかと考えている。なぜなら，代理権の濫用の場合には，上述のように，同じ無権代理といっても，通常の無権代理についての，本来無効である94条，無権利を前提とする192条を利用する方法よりは，本人への効果帰属意思という意味では代理意思があるという点で利益相反行為に類似していると考えるので，その際における判例理論（「**第108条の解説**」注（★７）参照）に従う方法のほうがよい，と考えるからである。

第2　要件事実

留意するべき点を簡単に述べておく。

代理権濫用行為の相手方との関係では，新法93条の場合と同様に考えればよい。

前記**第１**の２⑵「新法による対応」の終わりに説明したように，代理権濫用行為の相手方からの転得者の保護について，両説があるが，そのうちの前説によれば，転得者の方に，自己の善意の立証責任があり，そのうちの後説（私見）によれば，本人の方に，転得者の悪意の立証責任があることになる★6。〔伊藤〕

★４　潮見『改正法の概要』21頁も，上記以外に特に注目するべき説明をしてはいないが，無権代理とみなされる結果，無権代理に関する一連の規定が要件が満たされれば，適用になるという。大江『新債権法の要件事実』353〜355頁，大江『要件事実民法⑴』391〜393頁には，ここでさらに付加して述べるべき特段の説明はない。

★５　なぜか，潮見『改正法の概要』21頁は，「部会資料66Ａ」24頁を引用し，前説のみしか紹介していない。

（自己契約及び双方代理等）第108条

同一の法律行為について，相手方の代理人として，又は当事者双方の代理人としてした行為は，代理権を有しない者がした行為とみなす。ただし，債務の履行及び本人があらかじめ許諾した行為については，この限りでない。
2　前項本文に規定するもののほか，代理人と本人との利益が相反する行為については，代理権を有しない者がした行為とみなす。ただし，本人があらかじめ許諾した行為については，この限りでない。

第1　現行法と新法の異同

1　改正の概要

本条違反の効果が無権代理行為であることを明らかにし，かつ，私見によれば，本条1項が変則的評価的要件（後記2(1)「現行法における問題点」参照）であることを明らかにしたものということができる。

2　改正の主な問題点★1

(1)　現行法における問題点

現行法においては，108条違反が無権代理となることは，判例・学説上争いがなかったが，この点については，条文は，双方代理又は自己契約の禁止を定めているのみで，その文言からは当然には明らかでなかった。

また，現行法108条は，直接には自己契約と双方代理の禁止を定め，その例外として，債務の履行及び本人があらかじめ許諾をした行為をすることを許されるとしていたが，こうした行為と実質的に同じ行為についてどう考えるかは，解釈に委ねられていて，この点についての類推解釈を認めるのが一般であった★2。

筆者は，現行法108条の要件事実論の視点から見た性質を，私見にいう「変則的評価的要件」の一例と考えており，そう考えることによって，同条の性質も，新法108条1項，2項の趣旨もよく理解できると考えるので，まず，その点につ

★6　森田「第6講代理制度（その3）」は107条に関して，その改正経緯を含め詳細で有益な検討をするが，立証責任について特に参考となるものはないように思われる。

【第108条注】

★1　「部会資料66A」19～22頁は，以下に説明する問題点のほとんどについて，変則的評価的要件という用語を使用しないなど，もとより筆者と同じ表現ではないが，以下に述べる私見と，実質的に同様のことを，詳細に説明している。
　大江『新債権法の要件事実』355～358頁，大江『要件事実民法(1)』393～397頁，潮見『改正法の概要』22～23頁の説明には，以下の説明に特に付加するべきものはないと思われる。

★2　そうした学説の内容については，伊藤『要件事実の基礎』293頁参照。

いて説明する。

評価的要件とは，個別的法律要件（ある権利又は法律関係が発生するために定められている法律要件全体を構成する個々の要件）の内容が何らかの「評価」である要件をいう。例えば，借地借家法上の建物賃貸借契約終了のための正当事由の存在（評価）は，賃貸借契約の締結とその解約の申込み（これらは事実的要件である）という他の個別的法律要件と相まって，全体として，賃貸借契約終了のための法律要件を成り立たせている個別的法律要件の内容であって，この個別的法律要件は，典型的評価的要件である。

典型的評価的要件では，要件の内容が「過失」，「正当事由」などの評価そのものであり，その評価根拠事実・評価障害事実は条文のうえには示されていない。しかし，変則的評価的要件は，評価根拠事実及び（又は）評価障害事実の典型的なものが条文のうえで定められ（法定され）ている。したがって，それらの各事実を主張立証するだけで，相手方から，その例外となる特段の事情の主張立証がない限り，同要件の予定する法律効果を発生させることができる。なお，これらは典型例であるから，評価根拠・障害事実は，これらに限られない。

変則的評価的要件を定めた条文の典型的なものとしては，現行法108条がある。同条は，本文において，本人の利益を害する危険が典型的に高い行為（自己契約と双方代理）を利益相反行為の評価根拠事実として挙げて，これを禁止するとともに，そうした行為でありながらも，特段の事情として，本人の利益を害する危険が典型的に低い★3 行為（債務の履行）をその例外の評価障害事実として挙げて，これを許容している。ここで注意を要するのは，同様に108条のただし書で定められているのではあるが，評価障害事実としての「債務の履行」と「本人があらかじめ許諾をした行為」とは，はその性質を異にすることである。債務の履行は，その性質上，利益相反行為ではない（債務の履行であっても，例外として利益相反行為になるものがあるかという問題があるが，その点については，ここでは説明を省略する）という意味で許されるのであるのに対して，本人の許諾は，利益相反行為であっても，いわば被害者になる可能性のある本人が許しているのだから差し支えないという意味で許されるのであるからである。

そして，現行法108条を変則的評価的要件と考えるならば，その性質から，当然のことながら，上記評価根拠事実と上記評価障害事実と同条の制度趣旨からし

★３　この点に関する伊藤『要件事実の基礎』292頁第3段中の説明は，措辞やや適切でない所があり，同所の説明は，この趣旨に理解してほしい。

て同一のものは，同様に評価根拠事実と評価障害事実となると考えなければならない。

なお，変則的評価的要件という用語は，筆者が創始した用語であって耳馴れない用語であるかもしれないが，その実例は，多数ある。例えば，裁判離婚に関する民法770条１項の１号～４号と５号との関係，裁判離縁に関する民法814条１項の１号，２号と３号との関係がその適例であり（もっとも，この両条２項との関係をどう考えるべきかについては，なお説明をした方がよいと考えるが，ここでは省略する），こうした条文が珍しいというわけではない★4。

⑵　新法による対応

新法は，まさに上記のような現行法108条の変則的評価的要件の性質を正確に理解して，新法108条２項に「前項本文に規定するもののほか，代理人と本人との利益が相反する行為については，代理権を有しない者がした行為とみなす。」と定めた（「代理人と本人との利益が相反する行為」という表現については，民法826条１項，876条の２第３項などの表現に倣っている）。すなわち，自己契約と双方代理が本人の利益を害する危険が典型的に高い行為として位置づけられ，その２つの行為自体だけが問題であるわけではないことを示した条文構造となっている。

したがって，従前からいわれているとおり，例えば，賃借人Ａが賃貸人Ｂとの間で，Ｂから当該家屋を賃借する際に，両者の間で将来紛争が生じ，両者で和解をするときには，Ａの代理人となる者をＢが選任するとの委任契約を締結したとすれば，その委任契約は無効であり，そのようにして選任されたＡの代理人という者とＢとの間に和解契約が成立した場合には，その代理人はＡの適法な代理人ということはできない★5。同様に，特段の事情として，本人があらかじめ許諾をした行為と本人の利益を害する危険が典型的に低い行為である債務の履行のみを挙げているのは，それに限られる趣旨と解するべきではない。すなわち，条文に明示されていなくても，従来どおり★6，登記申請行為を１人の司法書士が登記義務者・登記権利者の双方を代理してすることは当然許される，と考える。こ

★４　このような問題一般について，伊藤『要件事実の基礎』291頁以下，拙稿「問題提起メモ　民法と知的財産法一般との関係及び知的財産法各法に共通する特質―主として後者に関する要件事実論の視点から見た検討」拙編『知的財産法の要件事実』（法科大学院要件事実教育研究所報第14号）（日本評論社，2016）91～92頁各参照。

★５　大判昭７・６・６民集11巻1115頁は，現行法108条の趣旨を根拠に同旨の判示をしている。

★６　例えば，現行法につき，我妻『民法総則』342～343頁は，登記申請行為の双方代理を許されるとしている。

のような登記申請行為は，本人の利益を害する危険が典型的に低い行為であるからである。

なお，特段の事情（評価障害事実）として，債務の履行が1項にのみ挙げられ，本人があらかじめ許諾をした行為が1項，2項に挙げられているのは，既に（前記(1)「現行法における問題点」）説明したような両者の性質の差による。すなわち，1項では，本文で自己契約・双方代理の禁止が定められているために，それらに該当する行為であっても債務の履行は例外として許される定める必要があったのに対し，2項では，本文で利益相反行為の禁止が定められていて，債務の履行は，そもそも利益相反行為ではないために，例外として債務の履行が許されると定める必要はないことになる。これに対し，本人があらかじめ許諾した行為は，たとえ利益相反行為であっても許されるのであるから，1項においても2項においても例外として定めておく必要があるのである。

第2　要件事実

従来の評価根拠事実，評価障害事実などを考えればよく，新法によって，そうした考え方の正当性が示されたという理解でよい，と考える★7（既に述べたように，評価根拠・障害事実については，条文に挙げられたものに限るべきでないことに，従前と同様に留意を要する）★8。

〔伊藤〕

（代理権授与の表示による表見代理等）第109条

第三者に対して他人に代理権を与えた旨を表示した者は，その代理権の範囲内においてその他人が第三者との間でした行為について，その責任を負う。ただし，第三者が，その他人が代理権を与えられていないことを知り，

★7　「部会資料66Ａ」22頁は，利益相反行為であるとして本人が相手方からの転得者との関係で免責されるためには，同転得者の悪意について，本人に立証責任があるとするのが，現行法における判例の態度（最大判昭43・12・25民集22巻13号3511頁，最判昭47・4・4民集26巻3号373頁などの射程については，議論があり得るとしながらも，これらの判例を引用する）であり，新法の規律によって，これらの判例が採用する解釈に影響を及ぼすものではなく，引き続きこれらの判例が参照されると考えられる，と述べる。潮見『改正法の概要』23頁の趣旨は，曖昧であるが，今回の新法の規律により，上記の判例法理に影響があるとするもののようにも見える。大江『新債権法の要件事実』355〜358頁，大江『要件事実民法(1)』393〜397頁には，このような点について，特に参考にするべき説明がない。

★8　森田「第6講代理（その3）」は，108条に関して，その改正経緯を含め詳細で有益な検討をするが，立証責任について特に参考となるものはないように思われる。

又は過失によって知らなかったときは，この限りでない。

2　第三者に対して他人に代理権を与えた旨を表示した者は，その代理権の範囲内においてその他人が第三者との間で行為をしたとすれば前項の規定によりその責任を負うべき場合において，その他人が第三者との間でその代理権の範囲外の行為をしたときは，第三者がその行為についてその他人の代理権があると信ずべき正当な理由があるときに限り，その行為についての責任を負う。

第1　改正の概要

1　新法109条の表題について

後記3のとおり，現行法109条と110条の重畳適用に関する新法109条2項が新設されたことから，現行法109条の表題である「代理権授与の表示による表見代理」の後に「等」が追加された。

2　新法109条1項について

新法109条1項は，代理権授与の表示による表見代理を定めた規定である。代理行為成立要件のうち代理権の授与を欠く無権代理については，代理行為が本人に効果帰属しないのが原則であるが，現行法は，有効な代理の外観を有する場合に，その外観に対する相手方の信頼を保護するために3つの表見代理（現行法109条・110条・112条）の規定を置いている。

新法109条1項は，現行法109条をそのまま維持したものである。

3　新法109条2項について

新法109条2項は新設されたものであり，現行法109条によって成立した表見代理により代理権授与行為がされた場合と同様の効果が生じることから，これを現行法110条の基本代理権の要件を充足するとして，同条の適用を認めるという現行法109条と110条の重畳適用に関する判例法理★1及び通説を明文化したものである。

新法109条2項の制定までには，「民法（債権関係）の改正に関する要綱案のたたき台(1)」★2においては，「上記(1)の他人〔現行法109条の他人，代理権を授与されたと表示された者―引用者注〕が第三者との間でその表示された代理権の範囲外の行為をした場合において，第三者が当該行為についてその他人の代理権があると信

【第109条注】
★1　最判昭45・7・28民集24巻7号1203頁。
★2　「部会資料66A」26～28頁。

ずべき正当な理由があるときは，本人は，当該行為について，その責任を負うものとする。ただし，第三者が，その他人がその表示された代理権を与えられていないことを知り，又は過失によって知らなかったときは，この限りでないものとする。」との案が出されたが，民法110条の要件である正当な理由と現行法109条の要件である悪意有過失の関係がわかりにくいとの問題があったことから★3，「民法（債権関係）の改正に関する要綱仮案の原案（その１）」★4において，「第三者に対して他人に代理権を与えた旨を表示した者は，(1)〔新法109条１項を指す―引用者注〕によりその他人が第三者との間でした行為についてその責任を負うべき場合において，その他人が第三者との間でその代理権の範囲外の行為をしたときは，第三者がその他人の代理権があると信ずべき正当な理由があるときに限り，当該行為について，その責任を負う。」と改められ，その後，さらに趣旨を明確にすべく，「民法（債権関係）の改正に関する要綱仮案（案）」★5において表現の修正がされたうえで，新法109条２項に至った。

第2　要件事実

1　新法109条１項について

「第99条の解説」で述べた代理行為の法律効果が本人に有効に帰属するための要件のうち代理行為に先立つ代理権の授与を欠いている場合，本人に効果が帰属しないのが原則である。しかし，本人が第三者（代理行為の相手方）に対して代理権を与えた旨の表示をした場合においては，表示されたとおりの代理権が授与されたと第三者が信じるのが通常であって，その信頼を保護する必要があり，他方で，本人には虚偽の代理権授与の表示をした帰責性があるから，例外的に，代理行為の効果が帰属することになってもやむを得ない。したがって，本人が他人に代理権授与の表示をしたこと，その代理権の範囲内においてその他人が第三者との間で法律行為をしたこと，その他人がその法律行為を本人のためにすることを示したことが要件事実となると解される。

次に，代理権授与の表示に対する第三者の信頼（新法109条１項ただし書）につき，第三者の善意無過失を要件事実と解する考え方と，悪意有過失を抗弁事実と解する考え方があり得るが，上記のとおり，表示のとおりの代理権が授与された

★３　「部会資料79－３」３頁。
★４　「部会資料79－１」３頁。
★５　「部会資料83－１」４頁，「部会資料83－２」４頁。

と第三者が信じるのが通常であることからすると，後者を採用するのが相当である★6 うえ，判例★7 及び通説を踏まえて平成16年民法改正の際に現行法109条本文にただし書が付加された立法の経緯や，今回の改正の部会資料においても「同条の規定ぶり……を一つの根拠として，表見代理の成立を否定する本人の側が，相手方の悪意又は有過失を主張立証しなければならないとされている。」と記載され，抗弁であるとの理解を前提に立法作業がされていること★8 を考慮すると，代理権の不存在につき第三者が悪意又は善意有過失であることは抗弁と解される。

以上の理解を前提とすると，要件事実は，次のとおり整理できる。

訴 訟 物

ＸのＹに対する売買契約に基づく目的物引渡請求権

請求原因

１　Ａは，Ｘに対し，甲土地を代金1000万円で売った。

２　Ａは，前項の売買契約の際，Ｘに対し，Ｙのためにすることを示した。

３　Ｙは，１項の売買契約に先立ち，Ｘに対し，甲土地の売買につき代理権をＡに授与した旨を表示した。

抗弁１（悪意）

Ｘは，請求原因３の代理権の不存在を知っていた。

抗弁２（過失の評価根拠事実）

Ｘが請求原因３の代理権の不存在を知らなかったことについて過失があることの評価根拠事実

再抗弁２（過失の評価障害事実）

Ｘが請求原因３の代理権の不存在を知らなかったことについて過失があることの評価障害事実

2　新法109条２項について

新法109条２項の場合は，同条１項の場合と同様に先立つ代理権の授与を欠いていることに加え，実際にされた代理行為と授与したと表示された代理権の内容が齟齬しているから，その代理行為は本人に効果帰属しないことが原則となる。

★６　司研『要件事実第1巻』88頁。
★７　最判昭41・４・22民集20巻４号752頁。
★８　「部会資料66Ａ」27～28頁。

しかし，新法109条2項は，新法110条の基本代理権の授与に代えて，新法109条1項の表見代理の成立を主張することを認めていることからすると，上記1で述べた同項の要件事実及び後記の「**第110条の解説**」**第2**の要件事実を組み合わせて要件事実を整理することになる★9。そして，上記**第1**の**3**のとおり，「民法（債権関係）の改正に関する要綱案のたたき台(1)」★10においては，新法109条1項ただし書と同様の規定が置かれており，その後，「民法（債権関係）の改正に関する要綱仮案の原案（その1）」★11において，同項ただし書が同条2項前段の「その責任を負うべき場合において」に組み込まれる形となったものの，その「補充説明」★12において，「主張立証責任の所在の点を含め，部会資料66A……から規律の内容に変更はない」と記載されていることからすると，表示された代理権の不存在についての悪意又は善意有過失であることは抗弁となると解される。

以上の理解を前提とすると，要件事実は，次のとおり整理できる。

訴 訟 物

XのYに対する売買契約に基づく目的物引渡請求権

請求原因

1　Aは，Xに対し，甲土地を代金1000万円で売った。

2　Aは，前項の売買契約の際，Xに対し，Yのためにすることを示した。

3　Yは，1項の売買契約に先立ち，Xに対し，甲土地の賃貸借につき代理権をAに授与した旨を表示した。

4　Xは，1項の売買契約の際，YがAに対し甲土地の売買につき代理権があると信じた。

5　Xが前項のとおり信じたことにつき正当な理由があることの評価根拠事実

抗弁1（正当な理由の評価障害事実）（新法109条2項に基づく主張）

Xが請求原因4のとおり信じたことにつき正当な理由があることの評価障害事実

抗弁2（悪意）（新法109条2項の引用する同条1項ただし書に基づく主張）

Xは，請求原因3の代理権の不存在を知っていた。

★9　「部会資料66A」27頁には，その重畳適用の関係が図で示されている。
★10　「部会資料66A」26～28頁。
★11　「部会資料79－1」3頁。
★12　「部会資料79－3」3頁。

抗弁３（過失の評価根拠事実）（新法109条２項の引用するただし書に基づく主張）

Ｘが請求原因３の代理権の不存在を知らなかったことについて過失があることの評価根拠事実

再抗弁３（過失の評価障害事実）

Ｘが請求原因３の代理権の不存在を知らなかったことについて過失があることの評価障害事実

〔後藤〕

（権限外の行為の表見代理）第110条

前条第１項本文の規定は，代理人がその権限外の行為をした場合において，第三者が代理人の権限があると信ずべき正当な理由があるときについて準用する。

第１　改正の概要

新法110条は，現行法が規定していた表見代理３類型の２つ目，権限外の行為の表見代理に関する規定であり，現行法109条が新法109条１項となったことに伴って引用条文の表現を改めたのみで，実質的な変更はない。

代理人が，本人の代理人であること示さず，自らを本人であると称して権限外の行為を行った場合については，民法110条の類推適用を認める判例★1 があり，これを明文化することが検討されたが★2，パブリック・コメントの手続で寄せられた意見の中に，代理権の成立要件に関する問題を，代理権の範囲に関して表見責任を認める民法110条で治癒するのがよいのかという指摘があり，真実と異なる表示が助長されかねないとの懸念もあったことから，改正は見送られた★3。

第２　要件事実

新法110条は，上記のとおり，その規定に実質的な変更はないが，新法109条２項及び112条２項において，それらの各１項との重畳適用の際に，要件事実の

【第110条注】
★１　最判昭44・12・19民集23巻12号2539頁。
★２　「中間試案（概要付き）」14～15頁。
★３　「部会資料66Ａ」34頁。

検討が必要となることから，ここで検討しておく。

「第99条の解説」で述べた代理行為の法律効果が本人に有効に帰属するための要件のうち代理行為に先立つ代理権の授与を欠いている場合，本人に効果が帰属しないのが原則である。しかし，本人が代理人に対して一定の代理権（基本代理権）を授与しているときは，第三者が実際にされた法律行為についても代理権が及んでいると信じてしまうことがやむを得ない場合もあり，例外的にそのような場合の第三者の信頼を保護する必要がある。したがって，本人が代理人に基本代理権を授与したこと，その代理権の範囲外において代理人が第三者との間で法律行為をしたこと，代理人がその法律行為を本人のためにすることを示したことが要件事実となると解される。

ただし，このような場面での本人の帰責性は権限外の行為をするような者に代理権を授与したことにとどまり，新法109条１項のように本人が代理権を与えた旨の虚偽の表示をした場合よりも落ち度は小さく，他方，第三者において代理人に与えられた代理権の範囲内か範囲外かの判断を誤った落ち度も存することからすると，第三者が代理人に権限があると信じたことの正当な理由については，新法110条に基づく表見代理の成立を主張する第三者に主張立証責任があると解すべきである。なお，今回の改正の部会資料においても「同条の規定ぶり……を一つの根拠として，表見代理の成立を主張する相手方の側が，自己の正当な理由を主張立証しなければならないとされている。」と記載され，表見代理の成立のための要件事実であるとの理解を前提に立法作業がされている★4。

以上の理解を前提とすると，要件事実は，次のとおり整理できる。

訴 訟 物

ＸのＹに対する売買契約に基づく目的物引渡請求権

請求原因

1　Ａは，Ｘに対し，甲土地を代金1000万円で売った。

2　Ａは，前項の売買契約の際，Ｘに対し，Ｙのためにすることを示した。

3　Ｙは，１項の売買契約に先立ち，Ｘに対し，甲土地の賃貸借につき代理権をＡに授与した。

4　Ｘは，１項の売買契約の際，ＹがＡに対し甲土地の売買につき代理権

★４　「部会資料66Ａ」28頁，31頁。

があると信じた。
5　Xが前項のとおり信じたことにつき正当な理由があることの評価根拠事実

抗弁（正当な理由の評価障害事実）

Xが請求原因4のとおり信じたことにつき正当な理由があることの評価障害事実

〔後藤〕

（代理権の消滅事由）第111条

民法111条は，代理権の消滅事由を規定するものである。一方当事者が，代理人による有効な代理行為によって，効果が相手方に効果帰属すると主張するのに対し，相手方が，これらの消滅事由を主張することによって，代理行為の本人への効果帰属を障害することができるのであり，抗弁として機能する。〔後藤〕

（代理権消滅後の表見代理等）第112条

他人に代理権を与えた者は，代理権の消滅後にその代理権の範囲内においてその他人が第三者との間でした行為について，代理権の消滅の事実を知らなかった第三者に対してその責任を負う。ただし，第三者が過失によってその事実を知らなかったときは，この限りでない。

2　他人に代理権を与えた者は，代理権の消滅後に，その代理権の範囲内においてその他人が第三者との間で行為をしたとすれば前項の規定によりその責任を負うべき場合において，その他人が第三者との間でその代理権の範囲外の行為をしたときは，第三者がその行為についてその他人の代理権があると信ずべき正当な理由があるときに限り，その行為についての責任を負う。

第1　改正の概要

1　新法112条の表題について

後記3のとおり，現行法112条と110条の重畳適用に関する新法112条2項が新設されたことから，現行法112条の表題である「代理権消滅後の表見代理」の後に「等」が追加された。

2　新法112条1項について

新法112条1項は，現行法が規定していた表見代理3類型の3つ目，代理権消滅後の表見代理に関する規定であり，現行法112条の表現を改めたものであるが（ただし書はそのままであり，本文のみ改められている），実質的な変更はない。

なお，現行法112条は「代理権の消滅は，善意の第三者に対抗することができない。」と規定しており，条文上，善意無過失の対象が，代理行為時の代理権の不存在か★1，過去に存在した代理権の消滅かが必ずしも明確でなかったことから，判例★2も採用している後者であることを明確にした★3。

3　新法112条２項について

新法112条２項は，現行法110条及び112条の重畳適用に関する判例法理★4を明文化したものである。

新法112条２項の制定までには，「民法（債権関係）の改正に関する要綱案のたたき台(1)」★5においては，「代理人であった者が代理権の消滅後に第三者との間でその表示された代理権の範囲外の行為をした場合において，第三者が，その代理権の消滅の事実を知らず，かつ，当該行為についてその者の代理権があると信ずべき正当な理由があるときは，本人は，当該行為について，その責任を負うものとする。ただし，第三者が過失によってその代理権の消滅の事実を知らなかったときは，この限りでないものとする。」との案が出されたが，民法110条の要件である正当な理由と現行法112条の要件である善意や有過失の関係がわかりにくいとの問題があり，また，新法109条２項と可能な限り規定ぶりを合わせるべく★6，「民法（債権関係）の改正に関する要綱仮案の原案（その１）」★7において，「他人に代理権を与えた者は，(1)〔新法112条１項を指す―引用者注〕によりその他人が第三者との間でその代理権の範囲外の行為をしたときは，第三者がその他人の代理権があると信ずべき正当な理由があるときに限り，当該行為について，その責任を負う。」と改められ，その後，さらに趣旨を明確にすべく，「民法（債権関係）の改正に関する要綱仮案（案）」★8において表現の修正がされたうえで，新法112条２項に至った。

【第112条注】

★１　我妻『民法総則』375頁では，現行法112条本文の「善意」を代理権の存続を信じたことの意味に解すべきであるとされていた。

★２　最判昭32・11・29民集11巻12号1994頁，最判昭44・７・25裁判集民96号407頁。

★３　「部会資料66Ａ」29頁。

★４　大判昭19・12・22民集23巻626頁，最判昭32・11・29民集11巻12号1994頁。

★５　「部会資料66Ａ」28～31頁。

★６　「部会資料79－３」３～４頁。

★７　「部会資料79－１」３～４頁。

★８　「部会資料83－１」４頁，「部会資料83－２」４～５頁。

第２　要件事実

１　新法112条１項について

「第99条の解説」で述べた代理行為の法律効果が本人に有効に帰属するための要件のうち代理行為に先立つ代理権の授与を欠いている場合，本人に効果が帰属しないのが原則であり，代理権がいったん授与された後に代理行為の前に代理権が消滅した場合も同様である。しかし，本人が代理人に対して代理権をいったん与えた場合においては，本人又は代理人等から代理権消滅の通知がない限りは，その代理権が存続していると第三者が信じるのが通常であって，その信頼を保護する必要があり，他方で，本人には第三者に代理権消滅を知らせなかったり代理権の存在を示す資料を回収しなかったりするなどの帰責性があるから，例外的に，代理行為の効果が帰属することになってもやむを得ない。したがって，本人が代理人に代理権を授与したこと，その代理権の範囲内において代理人が第三者との間で法律行為をしたこと，代理人がその法律行為を本人のためにすることを示したことが要件事実となると解される。

次に，代理権消滅を第三者が知らなかったこと（新法112条１項ただし書）については，第三者の無過失を要件事実と解する考え方と，有過失を抗弁事実と解する考え方があり得るが，上記のとおり，いったんは代理権を授与されているのであるからその代理権が存続していると第三者が信じるのが通常であることからすると，後者を採用するのが相当である★9うえ，今回の改正の部会資料においても「同条の規定ぶり……を一つの根拠として，表見代理の成立を主張する相手方の側が自らの善意を主張立証し，その主張立証を受けて表見代理の成立を否定する本人の側が相手方の有過失を主張立証しなければならないとされている。」と記載され，抗弁であるとの理解を前提に立法作業がされていること★10を考慮すると，代理権の消滅につき第三者が善意であることは第三者に主張立証責任があり，第三者が善意であることにつき過失があることはそれに対する抗弁として本人に主張立証責任があると解される。

なお，この点については，次のとおり，委任契約の解除を抗弁に，解除の事実を知らなかったことを再抗弁に整理する考え方（再抗弁説）★11と，委任契約の解

★９　司研『要件事実第１巻』97頁。
★10　「部会資料66Ａ」31頁。
★11　司研『要件事実第１巻』97頁。

除及び解除の事実まで請求原因と整理する考え方（請求原因の予備的主張説）★12 がある。

新法112条１項（現行法112条でも同様）の場面では，請求原因として，代理権の授与の主張があり（代理権の現存ではない），その後代理権が消滅したが，相手方がそれを知らなかった場合には，相手方との関係では代理権が消滅したとは扱わないと考えることに何らの支障もなく（すなわち，再抗弁によって抗弁の効果を覆滅することにより，請求原因から生じた効果が認められる），また，新法109条１項（現行法109条）や新法110条（現行法110条）の場面では，請求原因として代理権授与の事実が出てこないのに対し，新法112条１項（現行法112条）の場面では，請求原因として代理権授与の事実が出ており，それによって本人への効果帰属が生じることになることからすると，再抗弁説が相当である★13。

以上の理解を前提とすると，要件事実は，次のとおり整理できる。

訴 訟 物

ＸのＹに対する売買契約に基づく目的物引渡請求権

請求原因

１　Ａは，Ｘに対し，甲土地を代金1000万円で売った。

２　Ａは，前項の売買契約の際，Ｘに対し，Ｙのためにすることを示した。

３　Ｙは，１項の売買契約に先立ち，Ａに対し，甲土地の売買につき委任契約を締結し，その代理権を授与した★14。

抗弁（代理権の消滅）

Ｙは，請求原因３の代理権授与の後，請求原因１の売買契約の前に，請求原因３の委任契約を解除するとの意思表示をした。

再抗弁（善意）

Ｘは，請求原因１の当時，抗弁の事実を知らなかった。

★12　『要件事実論30講』273頁〔高橋文清〕。

★13　この点については，伊藤『要件事実の基礎』372～380頁において，詳細かつ説得的に論じられており，参照されたい。

★14　司研『要件事実第１巻』68頁では，「代理権の存在については，直接その旨の権利主張をすることが許されており，その点について争いがないときは，代理権の発生原因事実を主張立証する必要はない。」と記載されており，実際に，判決書においても，「ＡはＸに対し代理権を授与した」と記載するのが通例といえる。なお，代理による本人への効果帰属が争点となっていない場合には，いきなり「Ｘ代理人Ａは……」と記載する例も少なくない。ただし，本稿では，代理権の発生原因事実も記載した。

再々抗弁（過失の評価根拠事実）
再抗弁の善意について，Xに過失があることの評価根拠事実
再々々抗弁（過失の評価障害事実）
再抗弁の善意について，Xに過失があることの評価障害事実

2　新法112条2項について

新法112条２項の場合は，同条１項の場合と同様にいったん授与された代理権が事後的に消滅していることに加え，実際にされた代理行為と消滅前に存在した代理権の内容が齟齬しているから，その代理行為は本人に効果帰属しないことが原則となる。しかし，新法112条２項は，新法110条の基本代理権の授与に代えて，新法112条１項の表見代理の成立を主張することを認めていることからすると，上記**1**で述べた同項の要件事実及び前記の「**第110条の解説**」**第2**の要件事実を組み合わせて要件事実を整理することになる★15。そして，上記**第1の3**のとおり，「民法（債権関係）の改正に関する要綱案のたたき台⑴」★16においては，新法112条１項ただし書と同様の規定が置かれており，その後，「民法（債権関係）の改正に関する要綱仮案の原案（その１）」★17において，同項ただし書が同条２項前段の「その責任を負うべき場合において」に組み込まれる形となったものの，その「補充説明」★18において，「前記７⑵（民法第109条と同法第110条の重畳適用）と可能な限り規定ぶりを合わせる修正をするものである。主張立証責任の所在の点を含め，部会資料66Ａ……から規律の内容に変更はない。」と記載されていることからすると，上記**1**と同様の考慮により，代理権消滅についての善意は第三者が再抗弁として，有過失は本人が再々抗弁として主張立証責任を負うと解される。

以上の理解を前提とすると，要件事実は，次のとおり整理できる。

訴 訟 物
XのYに対する売買契約に基づく目的物引渡請求権
請求原因
１　Aは，Xに対し，甲土地を代金1000万円で売った。

★15 「部会資料66Ａ」30頁には，その重畳適用の関係が図で示されている。
★16 「部会資料66Ａ」28～31頁。
★17 「部会資料79－１」３～４頁。
★18 「部会資料79－３」３～４頁。

２　Ａは，前項の売買契約の際，Ｘに対し，Ｙのためにすることを示した。
３　Ｙは，１項の売買契約に先立ち，Ａに対し，甲土地の賃貸借につき委任契約を締結し，その代理権を授与した。
４　Ｘは，１項の売買契約の際，Ａが甲土地の売買につきＹの代理権があると信じた。
５　Ｘが前項のとおり信じたことにつき正当な理由があることの評価根拠事実

抗弁１（正当な理由の評価障害事実）

Ｘが請求原因４のとおり信じたことにつき正当な理由があることの評価障害事実

抗弁２（代理権の消滅）

Ｙは，請求原因３の代理権授与の後，請求原因１の売買契約の前に，請求原因３の委任契約を解除するとの意思表示をした。

再抗弁２（善意）

Ｘは，請求原因１の売買契約の当時，抗弁２の事実を知らなかった。

再々抗弁２（過失の評価根拠事実）

再抗弁２の善意について，Ｘに過失があることの評価根拠事実

再々々抗弁２（過失の評価障害事実）

再抗弁２の善意について，Ｘに過失があることの評価障害事実

〔後藤〕

（無権代理）第113条，（無権代理の相手方の催告権）第114条，（無権代理の相手方の取消権）第115条，（無権代理行為の追認）第116条

第１　民法113条及び116条について

民法113条１項は，無権代理人がした契約は，本人が追認をしない限り，本人に対して効果帰属しないことを規定したものであり，民法99条を裏から述べるものである。民法113条１項及び２項は，本人が相手方に対して追認の意思表示をするか，本人が相手方以外の者（無権代理人であることが多いであろう）に対して追認の意思表示をしたことを相手方が知ったときは，無権代理の瑕疵が治癒され，本人に有効に効果帰属することになる。本人が追認を行うと，その後は，相手方も追認の効果を主張することができる。

追認の効果は，民法116条１項によって，契約締結時に遡るのが原則である。

このように，本人による追認は，無権代理の瑕疵を治癒し，有権代理と同様に本人への効果帰属という法律効果をもたらすことから，その効果を主張する者が主張立証責任を負うことになる。

第２　民法114条について

民法114条１項は，相手方に対し，本人に追認するかどうかを相当期間内に確答するよう催告する権利を規定している。本人が追認するかどうかが不明であると，相手方は，後に本人から履行を求められる可能性があることから履行の用意をしておかなければならず，しかし，追認拒絶をするとその用意が無駄となることから，本人に対する催告権が認められたのである。

第３　民法115条について

民法115条本文は，無権代理行為について，本人が追認する前であれば，相手方が取り消すことができることを規定したものであり，本人の追認拒絶と同様に代理行為の本人への効果帰属の不発生を確定する抗弁として機能する。同条ただし書は，相手方による取消権の行使を障害するものであり，相手方が代理行為の際にそれが無権代理であることを知っていた場合は，かかる相手方に取消権の行使を許す必要性はなく，代理行為が本人に効果帰属するかどうかの確定は民法114条に基づく催告によれば十分であり，再抗弁として機能することになる。

〔後藤〕

（無権代理人の責任）第117条

他人の代理人として契約をした者は，自己の代理権を証明したとき，又は本人の追認を得たときを除き，相手方の選択に従い，相手方に対して履行又は損害賠償の責任を負う。

２　前項の規定は，次に掲げる場合には，適用しない。

一　他人の代理人として契約をした者が代理権を有しないことを相手方が知っていたとき。

二　他人の代理人として契約をした者が代理権を有しないことを相手方が過失によって知らなかったとき。ただし，他人の代理人として契約をした者が自己に代理権がないことを知っていたときは，この限りでない。

三　他人の代理人として契約をした者が行為能力の制限を受けていたとき。

第１　改正の概要

新法117条１項は，現行法117条１項からの実質的な変更はない。

新法117条２項は，現行法117条２項を基本的に維持したものであるが，次の２点に変更がある。

まず，新法117条２項２号ただし書は無権代理人が自己に代理権がないことを知っていた場合には，相手方が代理権の不存在につき過失によって知らなかったとしても，適用しないことを新設したものである。新法117条１項（現行法117条１項）が，無権代理人に対し無過失責任という重い責任を課していることとの衡量から，代理権がないことを相手方が知らなかったことに過失があるときは，無権代理人の責任を否定すべきであるが，無権代理人が自己に代理権がないことを知っていた場合には，代理権がないことを相手方が知らなかったことに過失があったとしても，無権代理人の責任を否定すべき理由はないことから，そのような場合を除外するために，新法117条２項２号が新設されたのである。

また，新法117条２項３号は，無権代理人が責任を負わない場合として，「行為能力の制限を受けていたとき」と規定し，現行法117条２項の「行為能力を有しなかったとき」から対象を広くした。

現行法117条１項の無権代理人の責任は，無権代理人が相手方に対し代理権がある旨を表示し又は自己を代理人であると信じさせるような行為をした事実を責任の根拠として，相手方の保護と取引の安全並びに代理制度の信用保持のために，法律が特別に認めた無過失責任であるところ★1，無権代理人が自己に代理権がないことを知らなかった場合にも常に責任を負うのは，不法行為の成立に故意又は過失が要件とされることと対比しても酷であることから，他人の代理人として契約をした者が自己に代理権がないことを知らなかった場合にも，無権代理人としての責任を免れるとし，ただし，重大な過失によって知らなかったときを除くこととすることが検討された★2。その後，パブリック・コメントの手続で寄せられた意見の中に，無権代理人と相手方の立場を比較すると相手方の方を保護すべきとの指摘があったことを踏まえ，改正は見送られた★3。

【第117条注】

★１　最判昭62・７・７民集41巻５号1133頁。

★２　「中間試案（概要付き）」15～16頁。

★３　「部会資料66Ａ」33頁。

第２　要件事実

新法117条１項に基づき，無権代理人に対して履行を請求した場合の要件事実は，次のとおり，整理することができる。

なお，抗弁２に関して，現行法下において本人が追認拒絶をしたことが請求原因となるとの考え方もあったが★4，上記**第１**で述べた無権代理人が負う法的責任の重さに加え，代理人として契約をした者は，本人と一定の人的関係があって本人と連絡を取ることが容易であるはずであり，追認の意思表示を得ることが可能と考えられること，他方，契約の相手方が本人と連絡を取れず，追認するかどうかの確認がしにくい場合もあり得ることを考慮すると，抗弁と解するのが相当である。なお，部会資料★5では，追認拒絶が無権代理人の責任追及のための要件ではないとの理解を前提として，現行法117条１項の「追認を得ることができなかったとき」の文言が，相手方の側で追認拒絶を積極的に主張立証しなければならないように読めるために，その主張立証責任の所在について疑義を生じているとし，新法117条１項において，本人の追認を得たことが無権代理人の責任を免れるための積極要件であることを明確にしたと記載されており，上記の主張立証責任を法文上で表現したものといえる。

また，表見代理の成立のための要件事実を，抗弁１や抗弁２と同様に評価して無権代理人としての責任の発生を障害する抗弁として認めるとの見解もあるが，そもそも表見代理が規定されたのは取引の相手方を保護するためであって，無権代理人を保護する趣旨とは解されないから，消極に解するのが相当である★6。

訴 訟 物

Ｘの Ｙに対する無権代理人の責任に基づく売買契約の目的物引渡請求権

請求原因

１　Ｙは，Ｘに対し，甲土地を代金1000万円で売った。

２　Ｙは，前項の売買契約の際，Ｘに対し，Ｚのためにすることを示した。

抗弁１（有権代理）（新法117条１項に基づく主張）

Ｚは，請求原因１の売買契約に先立ち，Ｙに対し，甲土地の売買につき代

★４　司研『要件事実第１巻』106頁。

★５　「部会資料66Ａ」32頁。

★６　司研『要件事実第１巻』108頁。前掲注（★１）最判昭62・７・７も消極に解している。

理権を授与した。

抗弁２（追認）（新法117条１項に基づく主張）

Ｚは，請求原因１の売買契約の後，Ｙに対し，その代理行為を追認した。

抗弁３（Ｘの悪意）（新法117条２項１号に基づく主張）

Ｘは，請求原因１の売買契約の当時，ＹがＺの代理権を有していないことを知っていた。

抗弁４（Ｘの善意有過失）（新法117条２項２号本文に基づく主張）

Ｘは，請求原因１の売買契約の当時，ＹがＺの代理権を有していないことを知らなかったことについて過失があることの評価根拠事実

抗弁５（制限行為能力者）（新法117条２項３号に基づく主張）

Ｙは，請求原因１の売買契約の当時，成年被後見人であった。

再抗弁４－１（Ｘの有過失の評価障害事実）（新法117条２項２号本文に基づく主張）

Ｘが抗弁４の善意について過失があることの評価障害事実

再抗弁４－２（Ｙの悪意）（新法117条２項２号ただし書に基づく主張）

Ｙは，請求原因１の売買契約の当時，Ｚの代理権を有していないことを知っていた。

〔後藤〕

第４節　無効及び取消し

（取消権者）第120条

行為能力の制限によって取り消すことができる行為は，制限行為能力者（他の制限行為能力者の法定代理人としてした行為にあっては，当該他の制限行為能力者を含む。）又はその代理人，承継人若しくは同意をすることができる者に限り，取り消すことができる。

２　錯誤，詐欺又は強迫によって取り消すことができる行為は，瑕疵（かし）ある意思表示をした者又はその代理人若しくは承継人に限り，取り消すことができる。

新法102条において，制限行為能力者が他の制限行為能力者の法定代理人としてした行為については，当該他の制限行為能力者が取り消すことができることとされたことから，これと合わせるために新法120条１項において括弧書で明示された。

新法120条２項は，新法95条１項によって，錯誤による意思表示の効果が無効から取消しに改められたことによる変更である。

無効と取消しの違いは，取消しの場合は，取り消し得べき法律行為はいったんは有効に法律行為としての効力を生じ，取消権者によって取消しの意思表示がされてはじめて効力のないものになるのに対し，無効の場合はそのような意思表示がされなくとも当初から当然に効力がなく，法律効果がまったく発生しないとして扱われるという点である★1。法が，いかなる場合に無効とし，いかなる場合に取り消すことができるとするかについては，立法政策の問題であるが，特定の人の保護を主たる目的とし，効力の否定をその人の意思に係らしめれば足りる場合には取消しが採用され，特定の人の意思に係らせず，効力を認めるべきでないような場合には無効が採用されている★2。

ただし，民法121条により，取り消された法律行為は，その行為の時点に遡って無効となるので，取消しと無効とでその効果の面では差異はない★3。〔後藤〕

削除条文（取消しの効果）現行法第121条の一部

現行法121条ただし書が，新法121条の２第３項に移されたことによる変更であり，本文に変更はない。〔後藤〕

（原状回復の義務）第121条の２

無効な行為に基づく債務の履行として給付を受けた者は，相手方を原状に復させる義務を負う。

2　前項の規定にかかわらず，無効な無償行為に基づく債務の履行として給付を受けた者は，給付を受けた当時その行為が無効であること（給付を受けた後に前条の規定により初めから無効であったものとみなされた行為にあっては，給付を受けた当時その行為が取り消すことができるものであること）を知らなかったときは，その行為によって現に利益を受けている限度において，返還の義務を負う。

【第120条注】

★1　『新版注釈民法(4)』391頁。

★2　我妻『民法総則』386～387頁，『新版注釈民法(4)』394～395頁。

★3　『新版注釈民法(4)』391頁。

3　第１項の規定にかかわらず，行為の時に意思能力を有しなかった者は，その行為によって現に利益を受けている限度において，返還の義務を負う。行為の時に制限行為能力者であった者についても，同様とする。

第１　現行法と新法の異同

1　改正の概要

無効な行為がされた場合や行為が取り消された場合の原状回復義務につき，現行法では明文の規定がなく（ただし，現行法121条ただし書には，取り消されて効力を失った法律行為につき，返還義務を負うことを前提とした規定が置かれていた），裁判実務においては，民法703条，704条所定の不当利得によって返還が図られてきたことが多かったように思われる★1。しかし，それらの条文は，一方当事者が相手方に一方的に給付を行う場合を主として想定したものであり，双務契約や有償契約の場合に適合していないという指摘があったことから★2，新法121条の２第１項が新設されることとなった。これにより，同項は民法703条，704条の特則として位置づけられ★3，上記各場面に関してそれらの規定の適用はないことになる。

新法121条の２第２項は，無効な無償行為に基づく給付受領者の信頼を保護する規定である。

新法121条の２第３項第１文は，行為の時に意思能力を有しなかった者の返還義務の範囲を現存利益に限定することによって，当該行為者を保護するものであり，第２文は現行法121条ただし書を移したものである。

なお，新法121条の２の新設が不当利得法に及ぼす影響については，「第703条～第708条の解説」を参照されたい。

2　改正の主な問題点

現物の返還が不可能である場合に価額弁償義務を負うかどうかについては，「原状に復させる」の解釈に委ねられているが，給付そのものの返還義務とそれが不可能になった場合の価額弁償義務のみを規定するのではなく，より包括的な規律を設けるべきとの考え方が背景にあることからすると，価額弁償義務を負うと解されることになる★4。

【第121条の２注】

★１　『新版注釈民法⑷』495～498頁参照。

★２　「中間的な論点整理の補足説明」252頁，「部会資料66Ａ」36頁。

★３　「中間試案（概要付き）」19頁。

なお，返還義務を負う者が利息等の果実を返還しなければならないかどうかについては，検討段階では，「……金銭を返還するときは，その受領の時から利息を付さなければならないものとする。」，「……金銭以外の物を返還するときは，受領の後にその物から生じた果実を返還しなければならないものとする。」とされていたが★5，無効や取消しの原因には様々なものがあり，金銭や物の受領時からの利息や果実の返還を義務づけるのが必ずしも適当でない場合があるとの理由で，明文化は見送られ★6，引き続き，解釈に委ねられている。

第2　要件事実

1　要件事実の整理

まず，新法121条の2第2項の規律が現れる要件事実を摘示する。

訴 訟 物

無効行為の原状回復義務に基づく動産返還請求権及び価額弁償請求権

請求原因

1　Xは，平成○年3月1日，本件自動車が故障していて動かず，修理には高額の費用がかかるから無価値であると考えていた。

2　Xは，前同日，Yに対し，前項の認識を伝えて，本件自動車を贈与した。

3　Xは，前同日，Yに対し，前項の贈与契約に基づき，本件自動車を引き渡した。

4　2項の贈与契約の当時，本件自動車は，実際にはわずかの費用で修理が可能であり，その費用を控除しても80万円の価値があった。

5　Xは，平成○年12月1日，Yに対し，2項の贈与契約を取り消すとの意思表示をした。

抗弁（現存利益）

1　Yは，費用をかけずに本件自動車を修理したうえで乗っていたが，同年11月1日，交通事故に遭って大破したことから，その登録を抹消して廃棄した。

2　Yは，前項の交通事故の加害者から，本件自動車に係る損害賠償として20万円の支払を受けた。

★4　「部会資料66A」36頁。
★5　「部会資料66A」35頁。
★6　「部会資料79－3」4頁。

３　Ｙは，請求原因２の贈与契約の当時，Ｘが錯誤に陥っていることを知らなかった。

２　要件事実の検討

新法121条の２第１項は，**第１**の１で述べたとおり，民法703条，704条の特則として位置づけられ，無効となった理由は問わないが（取消しがされた場合を含む。），無効な行為に基づく債務の履行として給付がされることを要件としていると解される。

新法121条の２第２項は，無効な無償行為に基づく善意の給付受領者の返還義務を，同条第１項で定められている当該給付の全部から，現存利益に限定するものである。上記給付受領者は，受領した給付が自分の財産に属しており，自由に費消したり処分したりすることができると考えているから，返還義務の範囲を限定しないと不測の損害を与えることになるためであり，その趣旨からすると，同条第１項の特則として位置づけられ，無償行為に基づくこと及び給付受領者が無効等であることにつき善意であることは，原状回復義務の範囲を限定させるものとして抗弁に当たると考えられる。無償行為に基づく場合であっても，給付受領者が無効事由等につき悪意であることを給付した者において立証することは困難であり，他方，給付受領者が無効事由等につき善意であることを給付受領者において立証することは可能であるから，上記の解釈が相当である。これを踏まえて，抗弁３のとおり整理した。ただし，無償行為であることについては，請求原因において無効な法律行為について摘示する段階で現れてしまうことが多いと思われる（請求原因２参照）。

なお，上記の事案では，Ｙは本件自動車を保有しないから，現物返還の請求は棄却される。価額弁償義務については，現存利益は20万円のみであることから，その限度での一部認容判決となる。他方，Ｙが起こした交通事故が自損事故であり，賠償金の支払を受けていなかったとすると，現存利益は０となるから，請求棄却判決となる。

〔後藤〕

削除条文（取り消すことができる行為の追認）現行法第122条ただし書

適用すべき場面がないと解されていた★1 現行法122条ただし書を削除するものであり，従前，このただし書を適用した事例は見当たらず，実務への影響はな

いであろう。122条本文には変更がない。〔後藤〕

（追認の要件）第124条

取り消すことができる行為の追認は，取消しの原因となっていた状況が消滅し，かつ，取消権を有することを知った後にしなければ，その効力を生じない。
２　次に掲げる場合には，前項の追認は，取消しの原因となっていた状況が消滅した後にすることを要しない。
一　法定代理人又は制限行為能力者の保佐人若しくは補助人が追認をするとき。
二　制限行為能力者（成年被後見人を除く。）が法定代理人，保佐人又は補助人の同意を得て追認をするとき。

第１　改正の概要

新法124条１項は，追認が取消権の放棄にほかならないことから，追認の要件として，取消権を有することを知った後にすることを追加したものである。判例★1 はこれと同旨の判示をしている。

現行法124条２項は，成年被後見人である場合以外を含めて，新法124条１項に集約された。

新法124条２項は，その１号で現行法124条３項を記載し，２号を新設したものである。

第２　要件事実

第１で述べたように，追認が取消権の放棄にほかならず，これによって，法律行為に存在していた取消事由に基づき取消権が行使されることがないことが確定し，当該法律行為の有効が確定することからすると，追認は，取消しの原因となっていた状況が消滅して（そうでないと，行った追認の意思表示について取消しが可能となり，法的に不安定な事態を招く。），取消権を有することを知った後にされること

【削除条文現行法第122条ただし書注】
★１　『新版注釈民法⑷』521～522頁参照。
【第124条注】
★１　大判大５・12・28民録22輯2529頁。

が必要となる。このように，追認の時期は，要件事実を特定する手段として記載される時的因子であるにとどまらず，それ自体が要件事実を構成しているのであり，時的要素に当たる。同様に，取消しの意思表示が既にされている場合は，当該法律行為は取消しによって効力を有しないことが確定しているから，取消しの意思表示がされている場合には，それよりも前に追認がされないとその効果が生じないことになり，この点でも時的要素となる★2。

訴訟物及び請求原因につき，「**第121条の2の解説**」**第2の1**において記載したものと同じであることを前提として，新法124条1項に基づく抗弁を記載すると，次のとおりとなる。

抗　　弁

1　Yは，平成○年4月1日までに，費用をかけずに本件自動車を修理したうえ，そのことをXに告げた。

2　Xは，平成○年4月2日，Yに対し，本件自動車に大切に乗ってほしいと言い，本件贈与契約を追認した。

上記で説明したように，抗弁2に記載した追認は，抗弁1（取消権を有することを知ったこと）の後で，請求原因5（取消しの意思表示）の前にされる必要があり，そうでない時期の追認の主張は，主張自体失当となる。〔後藤〕

（法定追認）第125条

追認をすることができる時以後に，取り消すことができる行為について次に掲げる事実があったときは，追認をしたものとみなす。ただし，異議をとどめたときは，この限りでない。
一　全部又は一部の履行
二　履行の請求
三　更改
四　担保の供与
五　取り消すことができる行為によって取得した権利の全部又は一部の譲渡
六　強制執行

法定追認の要件として，現行法125条柱書の冒頭に規定されていた「前条の規

★2　時的因子と時的要素の概念については，伊藤『要件事実の基礎』4頁，司研『要件事実第1巻』52〜55頁参照。

定により」が削除された。判例★1が，法定追認の要件として法定追認事由を有する者が取消権を有することを知っている必要はないとしていることが考慮された。しかし，この文言の削除が，取消権を有することを知ったことにつき，法定追認の要件から一律に外す趣旨ではないとされている。

なお，「中間試案」においては，法定追認事由として，「弁済の受領」及び「担保権の取得」を付け加えることが挙げられたが，前者については，預金口座に代金が振り込まれるなど取消権者の関与がない場合があり，後者については，取消権者が利益を押し付けられることがあるとの指摘があり，黙示の追認の認定によって妥当な解決を図ることが可能であることから，取り上げないこととされ，改正は見送られた★2。〔後藤〕

（取消権の期間の制限）第126条

現行法126条については，「中間試案」においては，取消権の行使を認める期間が長すぎるとして，「追認をすることができる時から３年間行使しないときは時効によって消滅するものとし，行為の時から10年を経過したときも同様とする。」との案が示されたが，詐欺や強迫を受けた者等の救済の余地を狭めることになり相当でない旨の指摘があることを踏まえ，改正は見送られた★1。〔後藤〕

第５節　条件及び期限

（条件の成就の妨害等）第130条

> 条件が成就することによって不利益を受ける当事者が故意にその条件の成就を妨げたときは，相手方は，その条件が成就したものとみなすことができる。
>
> 2　条件が成就することによって利益を受ける当事者が不正にその条件を成就

【第125条注】
★1　大判大12・6・11民集2巻396頁。
★2　「部会資料66A」41～42頁。
【第126条注】
★1　「部会資料79－3」5頁。

させたときは，相手方は，その条件が成就しなかったものとみなすことができる。

第1　現行法と新法の異同

1　改正の概要

本条に関する改正は，現行法130条に2項を追加するものである。

現行法130条は，条件の成否が確定する以前において，条件成就によって不利益を受ける当事者が故意に条件成就を妨げた場合には，相手方が条件成就とみなすことができると定めている。

新法130条2項は，同条1項の規定内容とは逆に，条件の成就によって利益を受ける当事者が不正に条件を成就させた場合に関するものである。

この点に関しては，判例★1が，条件成就によって利益を受ける当事者が故意に条件を成就させた場合については，現行法130条が類推適用され，相手方は条件が成就しなかったものとみなすことができるとしている。

この改正に関しては，法制審議会においても，特に異論が出た経緯はない★2。

2　改正の主な問題点

上記最判平6・5・31を明文化するにあたっては，「故意に条件を成就させた」というだけでは，何ら非難すべきでない場合（例えば，入試に合格することを停止条件とする贈与において，努力して入試に合格したこと）を除外することができないため，「信義則に反する行為により」あるいは「信義に反して」条件を成就させた場合，などと規定すべきであるという点が議論された★3。

それと同時に，現行法130条が規定している故意に条件成就を妨げたときという要件についても，信義則に反する行為によって条件成就を妨げたときに限られる旨を明文化すべきかという点が議論されたが現行法が維持された★4。この点，上記判例法理（条件の故意による成就の場合に現行法130条を類推適用するとした判例）は，新法130条の1項と2項について，同質の考え方によるものであるから，本条1項の定める故意による条件成就の妨害のケースにも，本条2項の「不正」要件とりわけ信義則による判断は等しく妥当するとされる★5。

【第130条注】
★1　最判平6・5・31民集48巻4号1029頁。
★2　「部会第34回議事録」2～3頁参照。
★3　「部会資料66A」44～45頁参照。
★4　「部会資料30」2～3頁，「部会第34回議事録」3頁，「部会資料82－1」5頁各参照。

第２　要件事実

１　条件成就によって不利益を受ける当事者が故意に条件成就を妨げた場合

法律行為に停止条件又は解除条件が付いている場合，停止条件であれば当該条件が成就したときに法律行為の効力が生じ（民127条１項），解除条件であれば当該条件が成就したときに法律行為は効力を失う（同条２項）。

法律行為に付された「条件」は，法律行為の付款であるから，例えば売買契約の代金支払に停止条件が付けられている場合，売買代金を請求する原告（売主）は，請求原因において停止条件が付いていることとその成就を主張立証する必要はなく，停止条件が付されていることは被告（買主）の抗弁である。原告は，当該停止条件が成就したことを再抗弁で主張立証することができる。

新法130条１項は，条件が成就することによって不利益を受ける当事者が故意にその条件の成就を妨げたときは，相手方は，その条件が成就したものとみなすことができるとしているから，上記の例で，原告（売主）は，再抗弁で，条件成就の主張立証に代えて，「被告が故意に条件成就を妨げたこと」を主張立証することができる。

２　条件の成就によって利益を受ける当事者が不正に条件を成就させた場合

新法130条１項とは逆に，条件成就によって利益を受ける当事者が「不正に」条件を成就させたときは，相手方は，その条件が成就しなかったものとみなすことができる。

上記の売買契約の例で，原告の売買代金請求の請求原因の主張（売買契約の成立）に対して，被告（買主）が停止条件の存在を主張立証し，さらに，原告が再抗弁で当該条件が成就したことを主張立証した場合，被告は，再々抗弁で，その条件成就は「原告が不正に成就させたものである」ことを主張立証することができる。

３　評価的要件

新法130条１項の「故意に条件成就を妨げた」，同条２項の「不正に条件を成就させた」というのは，いずれも評価的要件であるから，これらを主張する当事

★５　潮見『改正法の概要』35頁参照。

者は，具体的な評価根拠事実を主張立証しなければならず，これを争う相手方は具体的な評価障害事実を主張立証しなければならない。

4　具体例による検討

X（原告・受贈者）とY（被告・贈与者）が，本件土地について贈与契約を締結したが，その贈与契約には，「Xが某大学の入学試験に合格したときに効力を生ずる。」という停止条件が付いていたとする。

この場合，XのYに対する本件土地の所有権移転登記手続請求の請求原因は，「Xは，Yに対し，○年○月○日，本件土地を贈与した。」である。

これに対し，被告であるYは，「本件贈与契約は，Xが某大学の入学試験に合格したときに効力を生ずると合意されていた。」との抗弁を主張立証することができる。

Xは，再抗弁として，「Xは，某大学の入学試験に合格した。」との条件成就を主張立証することができる。

これに対して，Yは，Xがその入学試験に合格したのは，「不正の手段によるものである。」との主張立証をすることができる。「不正の手段」の主張は評価的要件であるから，例えば，Xは「その入学試験においてカンニングをした。」とか，「Xは試験前に試験問題を入手していた。」といった具体的な評価根拠事実を主張立証しなければならない。　〔栗林〕

第7章　時　　効

第1節　総　　則

（時効の効力）第144条

消滅時効の効果に関しては，当事者が援用したときに債権の消滅という効果が確定的に生ずるとの判例準則を条文上明記するという案と，消滅時効の完成により債務者に履行拒絶権が発生するものと規定するという案などが検討されたが，改正は見送られた★1。

〔後藤〕

（時効の援用）第145条

> 時効は，当事者（消滅時効にあっては，保証人，物上保証人，第三取得者その他権利の消滅について正当な利益を有する者を含む。）が援用しなければ，裁判所がこれによって裁判をすることができない。

時効制度は，永続した事実状態を尊重すると同時に，時効の利益を受けることを望まない個人の意思も尊重し，当事者による援用を待って時効の効果が生じることとしている★1。

現行法においては，消滅時効の援用権者の範囲が条文上，明確でなく，解釈に委ねられていた。新法145条は，消滅時効の援用権者につき，「当事者」の後に括弧書で，保証人，物上保証人，第三取得者その他権利の消滅について正当な利益を有する者を含むことを明示した。判例上認められている者★2が例示列挙さ

【第144条注】
★1　「中間的な論点整理の補足説明」286～287頁。
【第145条注】
★1　我妻『民法総則』443頁。
★2　保証人につき大判昭８・10・13民集12巻2520頁，物上保証人につき最判昭43・９・26民

れるとともに，それ以外の者であっても，判例★3で認められている，権利の消滅について直接利益を受ける者及びその承継人を含む趣旨を示したものであるが，列挙されなかった者が本条の当事者に当たるかについては，引き続き，解釈に委ねられることになる。〔後藤〕

（時効の利益の放棄）第146条

民法146条に関連して，時効完成後に債務者が弁済その他の債務を認める行為をした場合の効果として，信義則上，時効援用権を喪失するとした判例★1があることを踏まえ，明文化するかどうかについて検討されたが，債権者からの不当な働きかけによって債務者が一部弁済その他の行為をする例が見られることや，また，個別の事情を踏まえた裁判所の判断に委ねることが相当であるとの意見があり★2，立法は見送られた。〔後藤〕

（裁判上の請求等による時効の完成猶予及び更新）第147条

次に掲げる事由がある場合には，その事由が終了する（確定判決又は確定判決と同一の効力を有するものによって権利が確定することなくその事由が終了した場合にあっては，その終了の時から６箇月を経過する）までの間は，時効は，完成しない。

一　裁判上の請求
二　支払督促
三　民事訴訟法第275条第１項の和解又は民事調停法（昭和26年法律第222号）若しくは家事事件手続法（平成23年法律第52号）による調停
四　破産手続参加，再生手続参加又は更生手続参加

２　前項の場合において，確定判決又は確定判決と同一の効力を有するものによって権利が確定したときは，時効は，同項各号に掲げる事由が終了した時から新たにその進行を始める。

集22巻９号2002頁，第三取得者につき最判昭48・12・14民集27巻11号1586頁。なお，判例によって消滅時効の援用が認められている者については，「部会資料69Ａ」23頁に整理されている。

★３　最判昭48・12・14民集27巻11号1586頁。

【第146条注】

★１　最判昭41・４・20民集20巻４号702頁。

★２　「中間的な論点整理の補足説明」287～288頁。

第１　現行法と新法の異同

１　改正の概要

現行法において，時効につき，その完成の障害事由として中断と停止が規定され，中断の場合は新たに時効の期間を起算し（現行法157条），停止の場合は当該停止期間及びその後一定の期間につき時効は完成しない（現行法158条～161条）と規定していた。しかし，時効の中断事由に対しては，ある手続の申立て等（例えば，現行法147条１号・２号）によって時効が中断された後，その手続が途中で終了すると中断の効力が生じないとされ（現行法149条・154条），制度として複雑で不安定であるという指摘があり，また，「時効の中断」との文言が，時効期間の進行が一時的に停止することを意味するとの誤解を招きやすいとの指摘がされている★1。さらに，現行法は「中断」の用語を，時効の完成が妨げられるという効力（現行法153条）と，それまでに進行した時効がまったく効力を失い，新たな時効が進行を始めるという効力（現行法157条）の双方に使用しており，適切な表現で再構成する必要性があると考えられていた。

そこで，新法では，中断という概念を更新に，停止という概念を完成猶予に構成し直した。

新法147条１項１号は現行法147条１号を，新法147条１項２号は現行法150条を，新法147条１項３号は現行法151条を，新法147条１項４号は現行法152条を，新法147条２項は現行法157条をそれぞれ改正して，規定したものである。

２　改正の主な問題点

裁判上の請求において，明示的一部請求をしている場合，残部にも時効の停止の効力が及ぶかについては，「中間試案」では，債権の全部に時効の停止の効力が及ぶとの案が示されたが★2，その後立法化は見送られた。

明示的一部請求の場合には，その一部請求の範囲でしか権利が確定されないことから，残部には効力が及ばないとの判例★3，一部請求の明示がない場合は，全部について効力が及ぶとの判例★4 が残ることになった★5。

【第147条注】
★１　「中間試案（概要付き）」28頁。
★２　「中間試案（概要付き）」29頁。
★３　最判昭34・２・20民集13巻２号209頁。
★４　最判昭45・７・24民集24巻７号1177頁。
★５　山本『民法講義Ⅰ』578頁。

第２　要件事実

１　新法147条１項の要件事実の整理

まず，新法147条1項から導かれる要件事実を整理する。なお，再抗弁１と再抗弁２・再々抗弁２・再々々抗弁２は別の事例を前提としており，再抗弁１の「本件民事訴訟」と再々々抗弁２の「本件民事訴訟」は別のものである。

訴 訟 物
　ＸのＹに対する消費貸借契約に基づく貸金返還請求権
請求原因
　１　Ｘは，Ｙに対し，金銭を貸し付けた。
　２　ＸとＹは，前項の際に返済期限を合意した。
　３　前項で合意した返済期限が到来した。
抗弁（消滅時効）
　１　請求原因２の返済期限から５年が経過した。
　２　Ｙは，Ｘに対し，消滅時効を援用するとの意思表示をした。
再抗弁１（裁判上の請求による時効の完成猶予）
　Ｘは，請求原因２の返済期限から５年が経過する前に，本件民事訴訟を提起した。
再抗弁２（裁判上の請求による時効の完成猶予）
　Ｘは，請求原因２の返済期限から５年が経過する前に，本件貸金の返還を請求する前件民事訴訟を提起した。
再々抗弁２（訴えの取下げによる裁判の終了）
　１　再抗弁２の前件民事訴訟は，Ｘによる訴えの取下げにより終了した。
　２　前項の日から６か月が経過した。
再々々抗弁２（再度の裁判上の請求による時効の完成猶予）
　Ｘは，再々抗弁２の２の期間が経過する前に，本件民事訴訟を提起した。

２　新法166条１項との関係について

新法147条１項及び２項は，権利者による裁判上の請求等権利の行使によって時効の完成猶予及び更新の効果が生じると規定しているところ，新法166条では，あたかも権利者による権利の行使がないことが消滅時効の要件であるかのように規定しており，この両条における条文の定め方を根拠に，それと同様に要件を考え，それに基づいて要件事実を決めるとすると，要件事実の抵触が生じることとなる。権利の行使が時効の完成猶予及び更新の要件事実であり，権利の不行使は消滅時効の要件ではないと考えられるが，この点については，「**第166条**の解説」**第2**を参照されたい。

3　新法147条1項柱書内の括弧書について

上記1の再抗弁2及び再々抗弁2に関して，①「確定判決又は確定判決と同一の効力を有するものによって権利が確定」したこと（新法147条1項柱書内の括弧書）をも再抗弁の要件事実と解し，「確定判決又は確定判決と同一の効力を有するものによって権利が確定することなくその事由が終了した」こと，例えば訴えの取下げにより訴訟が終了したことは再抗弁の否認の理由に当たると解する考え方と，②「確定判決又は確定判決と同一の効力を有するものによって権利が確定することなくその事由が終了した」ことを再々抗弁の要件事実とし，「確定判決又は確定判決と同一の効力を有するものによって権利が確定」したこと，例えば認容判決が確定したことは再々抗弁の否認の理由に当たると解する考え方があり得る。

訴訟が提起された場合は，訴えの取下げ等がされない限り，判決やこれと同一の効力を有するもの（例えば，裁判上の和解（民訴267条））によって終局することが予定されていることや，当該訴訟の提起をもって裁判上の請求によって時効の完成猶予を主張する場合（上記1の再抗弁1がこれに当たる。）は，括弧書の事態は想定できないことからすると，上記②の考え方が相当であると解される。よって，上記1の再抗弁2及び再々抗弁2のとおり要件事実を整理した。

4　新法147条1項と2項の関係について

次に，完成猶予の再抗弁（上記1の再抗弁2）に加えて，あるいはこれを主張せずに，時効の更新を再抗弁として主張できるだろうか。この点は，新法147条2項に基づく時効の更新について，①Xが返済期限から5年以内に前件民事訴訟を提起したこと，②前件民事訴訟においてXの請求を認める判決が確定したことの両者を要件事実として主張する必要があるか，それとも②のみの主張で足りるかにかかっている。

すなわち，前件民事訴訟で判決が確定した（②）のであれば，当然，それ以前にXによって前件民事訴訟の提起がされている（①）ことになるが，仮に，①と②の両者が要件事実であるとすると，このうち①は上記1の再抗弁2と同じで，時効の更新の主張が完成猶予の再抗弁を包含する形となっている（いわゆる「a＋b」★6 となっている）から，上記②は無意味な主張となる。そのため，完成猶予の再抗弁のみが現れる形となり，新法147条２項に基づく時効の更新が独立した主張として現れることはないことになる。

しかしながら，上記①について，前件民事訴訟の提起が返済期限から５年経過後にされたとしても，その訴訟において，消滅時効の援用が信義則に反し又は権利濫用に当たるとして消滅時効の効果が否定されたり，そもそもＹによって消滅時効の抗弁が主張されなかったりした場合は，上記②の請求認容判決が言い渡されることになる。このような場合であっても，時効の更新の効果を否定する理由はないばかりか，むしろ，ＸがＹに対して消費貸借契約に基づく貸金返還請求権を有することがその判決の既判力によって確定され，Ｙはもはや前件民事訴訟における口頭弁論終結日以前の時効による消滅を主張することはできないことになるのである。そうすると，新法147条２項に基づく時効の更新の要件事実は上記②のみと解すべきことになるから，同条１項に基づく完成猶予の再抗弁とは包含関係になく，別に主張することができることになる。

訴訟物，請求原因及び抗弁につき，上記１において記載したものと同じであることを前提として，新法147条２項に基づく再抗弁を記載すると，次のとおりとなる。なお，判決確定後の消滅時効の期間は，新法169条１項（現行法174条の２第１項と実質的に同じ）により10年となる。

再抗弁（確定判決による時効の更新）

ＸがＹに対して本件貸金の返還を請求した前件民事訴訟において，Ｘの請求を認める判決が平成○年○月○日に確定した。

〔後藤〕

（強制執行等による時効の完成猶予及び更新）第148条

次に掲げる事由がある場合には，その事由が終了する（申立ての取下げ又は法律の規定に従わないことによる取消しによってその事由が終了した場合にあっては，その終了の時から６箇月を経過する）までの間は，時効は，完成しない。

一　強制執行

二　担保権の実行

三　民事執行法（昭和54年法律第４号）第195条に規定する担保権の実行と

★６　司研『要件事実第１巻』58～62頁参照。

して の競売の例による競売
四　民事執行法第196条に規定する財産開示手続
2　前項の場合には，時効は，同項各号に掲げる事由が終了した時から新たにその進行を始める。ただし，申立ての取下げ又は法律の規定に従わないことによる取消しによってその事由が終了した場合は，この限りでない。

新法において，中断という概念を更新に，停止という概念を完成猶予に構成し直したのは，「**第147条**の解説」で説明したとおりである。

現行法147条２号は，時効の中断事由として「差押え」のみを規定していたが，新法148条１項は１号から３号までに強制執行，担保権の実行及びいわゆる形式競売に加え，さらに，４号において財産開示手続を加えた。新法148条１項１号の「強制執行」は，現行法147条２号の「差押え」から表現を改められており，差押えを経ない代替執行や間接強制なども含まれる趣旨が明らかにされている。財産開示手続は，強制執行の前提として債権者から申し立てられるものであり，権利を行使する意思があることが明らかとなっているから，時効の完成猶予事由に加えられたものである。

新法148条２項ただし書は，現行法154条を改正し，規定したものである。

〔後藤〕

（仮差押え等による時効の完成猶予）第149条

次に掲げる事由がある場合には，その事由が終了した時から６箇月を経過するまでの間は，時効は，完成しない。
一　仮差押え
二　仮処分

新法において，中断という概念を更新に，停止という概念を完成猶予に構成し直したのは，「**第147条**の解説」で説明したとおりである。

現行法147条２号は，時効の中断事由として「仮差押え又は仮処分」を規定していたが，時効更新事由を，新たな時効が確定的に進行するという強い効力を与えるにふさわしいものに整理すべきであるとの意見があったところ★1，民事保全手続の開始には債務名義は不要であり，その後に本案の訴えの提起等が予定されていることから，新法149条はこれらに時効の更新の効果を認めず，時効の完

【第149条注】
★1　「中間的な論点整理の補足説明」281～282頁。

成猶予の効果を認めるにとどめた★2。

「その事由が終了した時」から６か月を経過するまでの間につき，時効の完成猶予が認められるが，仮差押えや仮処分を認める決定がされた時や即時抗告の期間が経過した時ではなく，仮差押えや仮処分の決定が取り消された時やその効果が消滅した時と解すべきであろう。

〔後藤〕

（催告による時効の完成猶予）第150条

催告があったときは，その時から６箇月を経過するまでの間は，時効は，完成しない。

2　催告によって時効の完成が猶予されている間にされた再度の催告は，前項の規定による時効の完成猶予の効力を有しない。

第１　改正の概要

現行法153条は，催告にその後６か月以内の裁判上の請求等がされることにより時効の中断効を認めていたが，新法150条１項は，これを完成猶予事由と整理した。

新法150条２項は，催告を繰り返しても完成猶予の効果は新たに生じないことを規定したものであり，従来の判例★1 及び通説を明文化したものである。

第２　要件事実

新法150条所定の催告は，消滅時効の主張に対する抗弁として機能するが，そのためには，①催告の意思表示が相手方に到達していること（その意義の詳細は「第97条の解説」を参照），②それから６か月が経過していないこと，又は，それから６か月以内に裁判上の請求や強制執行の申立て，債務者による権利の承認等がされたことが必要である。到達の事実を主張する際に，その日付が自ずと明らかになるから，②の６か月の期間が経過している場合には，主張自体失当となる。

〔後藤〕

★２　「部会資料69Ａ」19頁。

【第150条注】

★１　大判大８・６・30民録25輯1200頁。

（協議を行う旨の合意による時効の完成猶予）第151条

権利についての協議を行う旨の合意が書面でされたときは，次に掲げる時のいずれか早い時までの間は，時効は，完成しない。
一　その合意があった時から１年を経過した時
二　その合意において当事者が協議を行う期間（１年に満たないものに限る。）を定めたときは，その期間を経過した時
三　当事者の一方から相手方に対して協議の続行を拒絶する旨の通知が書面でされたときは，その通知の時から６箇月を経過した時
2　前項の規定により時効の完成が猶予されている間にされた再度の同項の合意は，同項の規定による時効の完成猶予の効力を有する。ただし，その効力は，時効の完成が猶予されなかったとすれば時効が完成すべき時から通じて５年を超えることができない。
3　催告によって時効の完成が猶予されている間にされた第１項の合意は，同項の規定による時効の完成猶予の効力を有しない。同項の規定により時効の完成が猶予されている間にされた催告についても，同様とする。
4　第１項の合意がその内容を記録した電磁的記録（電子的方式，磁気的方式その他人の知覚によっては認識することができない方式で作られる記録であって，電子計算機による情報処理の用に供されるものをいう。以下同じ。）によってされたときは，その合意は，書面によってされたものとみなして，前３項の規定を適用する。
5　前項の規定は，第１項第３号の通知について準用する。

第１　改正の概要

新法151条は，当事者間で協議を行う旨の合意をした場合を，時効の完成猶予事由として新たに規定したものである★1。例えば，企業間の紛争で，双方とも訴訟提起によるイメージダウンを回避したいと考えるケースで，慎重に協議を続けたいが時効が完成しては困るという場面があり，当事者間の協議を消滅時効の完成猶予事由として規定する必要性が述べられていた★2。

【第151条注】
★１　我妻『民法総則』465頁では，現行法153条所定の催告に対し，相手方が請求権の存否について調査するために一定期間の猶予を求めた場合には，６か月の期間は猶予期間満了の時から起算するのが正当であると述べており，合意による時効の完成猶予の規定の必要性を示唆しているといえる。
★２　「中間的な論点整理の補足説明」284頁。

また，現行法にはかかる規定がなかったことから，ＸがＹに対して金銭を請求するのに対し，Ｙが法的責任の存否については明示的に争わず金額について和解協議を行ったが，交渉が決裂してＸが訴訟を提起した事案において，Ｙから，請求原因を否認しつつ，抗弁として消滅時効が主張される例が時折見られた。このような場合，訴訟前の交渉におけるＹの態度が，債務の承認に当たるかどうかという事実認定上の問題が生じていたのであるが，新法151条で規定が設けられ，同条規定の合意による完成猶予の効果の発生が，その合意が書面等により行った場合に限られることから，上記のような紛争が減少することが期待できる。

権利についての協議を行う旨の合意は，書面（新法151条１項）又は電磁的記録（同条４項）で行う必要があり，口頭での合意にはその効果は認められない。

完成猶予の期間は，権利についての協議を行う旨の合意につき，①期間の合意がされなかった場合は，新法151条１項１号と３号のいずれか早い時，②１年以上の期間の合意がされた場合も，新法151条１項１号と３号のいずれか早い時，③１年未満の期間の合意がされた場合は，新法151条１項２号と３号のいずれか早い時までとなる。

当事者間で，消滅時効を完成させずに交渉を継続したい場合には，新法151条２項により，権利についての協議を行う旨の合意を再度行うことができるが，時効の完成猶予がなかった場合の消滅時効完成の日から５年を超えることはできない。

第２　要件事実

１　要件事実の整理

まず，新法151条から導かれる要件事実を整理する。

訴 訟 物

　ＸのＹに対する消費貸借契約に基づく貸金返還請求権

請求原因

　１　Ｘは，Ｙに対し，金銭を貸し付けた。

　２　ＸとＹは，前項の際に返済期限を合意した。

　３　前項で合意した返済期限が到来した。

抗弁（消滅時効）

　１　請求原因２の返済期限から５年が経過した。

2　Yは，Xに対し，請求原因１の貸金返還債務につき消滅時効を援用するとの意思表示をした。

再抗弁（協議を行う旨の合意による時効の完成猶予）

XとYは，抗弁１の期間経過の前に，請求原因１の貸金返還請求権についての協議を行う旨の合意を書面により行った。

再々抗弁１（１年の経過）（新法151条１項１号に基づく主張）

再抗弁の合意の日から１年が経過した。

再々抗弁２（協議期間の経過）（新法151条１項２号に基づく主張）

1　XとYは，再抗弁の合意の際，その協議を行う期間を○か月間（1年に満たない期間）と定めた。

2　前項の期間の最終日が経過した。

再々抗弁３（協議続行拒絶通知）（新法151条１項３号に基づく主張）

1　再抗弁の合意の後，Yは，Xに対し，その協議の続行を拒絶する旨の通知を書面により行った。

2　前項の通知の日から６か月が経過した。

再々々抗弁１（再度の協議行う旨の合意による時効の完成猶予）

XとYは，再々抗弁の１年が経過する前に，請求原因１の貸金返還請求権についての協議を行う旨の合意を書面により行った。

2　要件事実の検討

再抗弁に関して，協議を行う旨の合意を書面で行うことによって，時効の完成猶予の効果が生じるのは，その合意が消滅時効の期間を経過する前にされることが必要であり，それ以降にされた場合には消滅時効の期間は，信義則上，時効援用権を喪失することになるかどうかが当該事案に即して判断されることになろう。したがって，協議を行う合意を書面で行った日が消滅時効の期間経過前であることは時的要素となる★3。

再々々抗弁１は新法151条２項本文に基づくものである。同項ただし書による５年の期間制限は，この再々々抗弁１に対する抗弁（すなわち，再々々々抗弁）として機能することになる。

新法151条３項は，同150条の定める催告による時効完成猶予中に，権利についての協議を行う旨の合意がされたとしても，後者による時効完成猶予の効果を

★3　時的要素の概念については，伊藤『要件事実の基礎』４頁，司研『要件事実第１巻』52～55頁参照。

認めないとするものである。したがって，上記１の請求原因，抗弁，再抗弁の事案において，再々抗弁として，

１　Ｘは，Ｙに対し，抗弁１の期間経過の前に，請求原因１の貸金の返還を催告した。
２　ＸとＹは，前項の催告の日から６か月以内に，権利についての協議を行う旨の合意を書面により行った。

と主張したとしても，これは，新法151条３項に反するもので，時効完成猶予の効果は生じないから，主張自体失当となる。〔後藤〕

（承認による時効の更新）第152条

　時効は，権利の承認があったときは，その時から新たにその進行を始める。
２　前項の承認をするには，相手方の権利についての処分につき行為能力の制限を受けていないこと又は権限があることを要しない。

第１　改正の概要

新法152条１項は，現行法147条３号を実質的に維持し，承認を更新事由と規定したものである。

新法152条２項は，現行法156条を移したものである。

第２　要件事実

新法152条１項から導かれる要件事実は次のとおりであり，承認による時効の更新は，消滅時効の抗弁に対する再抗弁として機能することになる。

なお，承認が消滅時効の期間経過後にされた場合，信義則上，時効援用権を喪失することになるかどうかが当該事案に即して判断されることになる（「第146条の解説」を参照）。したがって，承認がされた日が消滅時効の期間経過前であることは時的要素となる★1。

【第152条注】
★１　時的要素の概念については，伊藤『要件事実の基礎』４頁，司研『要件事実第１巻』52〜55頁参照。

訴 訟 物

Ｘのに対する消費貸借契約に基づく貸金返還請求権

請求原因

1　Ｘは，Ｙに対し，金銭を貸し付けた。

2　ＸとＹは，前項の際に返済期限を合意した。

3　前項で合意した返済期限が到来した。

抗弁（消滅時効）

1　請求原因２の返済期限から５年が経過した。

2　Ｙは，Ｘに対し，消滅時効を援用するとの意思表示をした。

再抗弁（承認による時効の更新）

Ｙは，Ｘに対し，抗弁１の期間経過の前に，請求原因１の貸金返還債務を負っていることを承認した。

〔後藤〕

（時効の完成猶予又は更新の効力が及ぶ者の範囲）第153条

第147条又は第148条の規定による時効の完成猶予又は更新は，完成猶予又は更新の事由が生じた当事者及びその承継人の間においてのみ，その効力を有する。

2　第149条から第151条までの規定による時効の完成猶予は，完成猶予の事由が生じた当事者及びその承継人の間においてのみ，その効力を有する。

3　前条の規定による時効の更新は，更新の事由が生じた当事者及びその承継人の間においてのみ，その効力を有する。

第154条

第148条第１項各号又は第149条各号に掲げる事由に係る手続は，時効の利益を受ける者に対してしないときは，その者に通知をした後でなければ，第148条又は第149条の規定による時効の完成猶予又は更新の効力を生じない。

新法153条，154条は，時効の中断の効力が及ぶ範囲を規定していた現行法148条，155条をそれぞれ維持したうえ，新法で整理された時効の更新事由及び完成猶予事由の双方につき明文化したものであり，実質的な変更はない。〔後藤〕

削除条文現行法第155条～（中断後の時効の進行）現行法第157条の全部

既に説明したように，現行法155条は新法154条に，現行法156条は新法152条２項に，現行法157条は新法147条２項及び新法148条２項に移されたことから，条文は削除された。〔後藤〕

（未成年者又は成年被後見人と時効の完成猶予）第158条

時効の期間の満了前６箇月以内の間に未成年者又は成年被後見人に法定代理人がないときは，その未成年者若しくは成年被後見人が行為能力者となった時又は法定代理人が就職した時から６箇月を経過するまでの間は，その未成年者又は成年被後見人に対して，時効は，完成しない。

2　未成年者又は成年被後見人がその財産を管理する父，母又は後見人に対して権利を有するときは，その未成年者若しくは成年被後見人が行為能力者となった時又は後任の法定代理人が就職した時から６箇月を経過するまでの間は，その権利について，時効は，完成しない。

（夫婦間の権利の時効の完成猶予）第159条

夫婦の一方が他の一方に対して有する権利については，婚姻の解消の時から６箇月を経過するまでの間は，時効は，完成しない。

（相続財産に関する時効の完成猶予）第160条

相続財産に関しては，相続人が確定した時，管理人が選任された時又は破産手続開始の決定があった時から６箇月を経過するまでの間は，時効は，完成しない。

いずれも，完成猶予事由の規定に伴い，法文の表題が「時効の停止」から「時効の完成猶予」事由と変更されたものであるが，各条文の本文に変更はない。

〔後藤〕

（天災等による時効の完成猶予）第161条

時効の期間の満了の時に当たり，天災その他避けることのできない事変のため第147条第１項各号又は第148条第１項各号に掲げる事由に係る手続を行うことができないときは，その障害が消滅した時から３箇月を経過するまでの間は，時効は，完成しない。

現行法161条が，天災等により時効中断の手段をとることができないとき，障害消滅した時から２週間経過するまで時効が完成しないと規定していたところ，これが我が国で発生した大震災における経験に照らして短すぎるとの指摘があり★1，新法161条は，その期間を３か月に延長するとともに，表題を「時効の停止」から「時効の完成猶予」に改めたものである。〔後藤〕

第３節　消滅時効

（債権等の消滅時効）第166条

債権は，次に掲げる場合には，時効によって消滅する。
一　債権者が権利を行使することができることを知った時から５年間行使しないとき。
二　権利を行使することができる時から10年間行使しないとき。
２　債権又は所有権以外の財産権は，権利を行使することができる時から20年間行使しないときは，時効によって消滅する。
３　前２項の規定は，始期付権利又は停止条件付権利の目的物を占有する第三者のために，その占有の開始の時から取得時効が進行することを妨げない。ただし，権利者は，その時効を更新するため，いつでも占有者の承認を求めることができる。

第１　改正の概要

１　消滅時効の期間の短縮及び単純化・統一化

債権の消滅時効について，現行法166条及び167条１項が，権利を行使することができる時から10年の経過で消滅すると規定していたところ，新法166条１

【第161条注】
★１　「中間的な論点整理の補足説明」283～284頁。

項は，債権者が権利を行使することができることを知った時（主観的起算点）から５年，権利を行使することができる時（客観的起算点）から10年のいずれかで消滅する旨規定し，二元的規律を採用した。

これは，「中間試案」において，示された乙案，すなわち，「『権利を行使することができる時』（民法第166条第１項）という起算点から10年間（同法第167条第１項）という時効期間を維持した上で，『債権者が債権発生の原因及び債務者を知った時（債権者が権利を行使することができる時より前に債権発生の原因及び債務者を知っていたときは，権利を行使することができる時）』という起算点から［３年間／４年間／５年間］という時効期間を新たに設け，いずれかの時効期間が満了した時に消滅時効が完成するものとする。」★1 をもとに，「債権発生の原因」を知るとの意義が必ずしも明確でないとの指摘を踏まえ，主観的起算点の意義について詳細な検討が加えられ★2 改正されたものである。なお，主観的起算点について，「債務者を知った」の文言は新法166条１項１号にはないが，「権利を行使することができることを知った」には債務者を知ることを含む趣旨で規定されている★3。

なお，この改正と併せて，現行法170条から174条までの職業別の短期消滅時効及び商法522条の商事消滅時効も廃止され，時効期間の単純化・統一化が図られた。

新法166条２項は現行法167条２項を，新法166条３項は現行法166条２項を移したものであり，その内容に実質的な変更はない。

２　「権利を行使することができるとき」の意義

新法166条１項２号の「権利を行使することができるとき」については，現行法166条と同じ文言であり，その意味について，権利行使について法律上の障害がなくなったときとする見解★4 と権利行使が事実上期待可能となったときとする見解がある。この点は引き続き解釈に委ねられている。

第２　要件事実

新法166条１項及び２項は，その文言上，いずれも権利を一定期間行使しない

【第166条注】
★１　「中間試案」10頁。
★２　「部会資料78Ａ」５～12頁。
★３　「部会資料80－３」１頁。
★４　『注釈民法(5)』281頁，我妻『民法総則』484頁。

ときに時効によって消滅すると規定しており，期間の経過のみならず権利者による権利の不行使を要件としているかのようにも読めるが，他方で，新法147条は，裁判上の請求等を行った場合の時効の完成猶予及び更新を規定していて，権利者による権利の行使が時効消滅の効果発生を障害する要件としているようにも読める。このように，両条における条文の定め方を根拠に，それと同様に要件を考え，それに基づいて要件事実を決めるとすると，要件事実の抵触が生じることとなるが，この条文の文言上の抵触は現行法167条及び147条から続いていて，今回の改正によっても解消されることはなかった。これらの条文の文言上の抵触は，要件事実を条文の構造や形式から決定することができないことを示している★5。

「**第145条の解説**」で述べたとおり，時効制度の趣旨の一つに永続した事実状態の尊重があるところ，消滅時効の期間の経過のみによって永続した事実状態が生じたといえ尊重されるべきことや，権利者によって権利の行使がされることが必ずしも一般的であるとはいえないことからすると，権利の不行使は時効消滅の要件事実ではなく，その反対事実である権利の行使が時効の完成猶予又は更新の要件事実と解するのが相当である。次に，立証の困難性について考えると，権利者による権利の行使による時効の完成猶予及び更新の事由は新法147条から150条まで多数規定されており，しかも，それらは消滅時効を主張する者ではなくその相手方である権利者においてされることからすると，それらすべての事由の不存在につき消滅時効を主張する者が立証することは困難であり，立法の趣旨に反すると考えられることからすると，やはり上記の解釈が相当と考えられる★6。

〔後藤〕

（人の生命又は身体の侵害による損害賠償請求権の消滅時効）第167条

人の生命又は身体の侵害による損害賠償請求権の消滅時効についての前条第１項第２号の規定の適用については，同号中「10年間」とあるのは，「20年間」とする。

第１　改正の概要

新法167条は，人の生命及び身体という法益の重要性や，債権者は通常の生活

★５　伊藤『要件事実の基礎』389頁は，この点について詳細に論じているので参照されたい。
★６　司研『新問題研究要件事実』24～25頁も，結論において同旨である。

を送ることが困難な状況に陥るため，時効完成の阻止に向けた措置を期待することを要求することが適当でない場合が少なくないことから★1，それらの侵害による損害賠償請求権につき，新法166条１項２号の客観的起算点からの消滅時効の期間を10年から20年に延ばしたものである。また，現行法724条後段の20年の期間は除斥期間と解されているが★2，これを消滅時効と位置づけることにより，期間の経過により援用なくして当然に消滅の効果が発生する除斥期間と異なり，援用についての権利濫用や信義則違反の該当性を検討することが可能となり，紛争の実態に即した解決が図られることが期待できよう。なお，新法166条１項１号の主観的起算点からの消滅時効の期間である５年については，延長する規定はない。

損害賠償請求権の法的性質については，新法167条には規定が置かれていないが，新法724条の２に「人の生命又は身体を害する不法行為による損害賠償請求権の消滅時効」についての規定があり，不法行為に関しての特則と位置づけられることからすると，新法167条はもっぱら債務不履行について適用されることになろう。

第２　要件事実

請求原因において，人の生命又は身体の侵害による損害賠償請求権であることが明らかになるから，消滅時効の抗弁は，主観的起算点からは５年の経過で足りるが，客観的起算点からは20年の経過を主張するのでなければ，主張自体失当として扱われることになる。

〔後藤〕

（定期金債権の消滅時効）第168条

定期金の債権は，次に掲げる場合には，時効によって消滅する。

一　債権者が定期金の債権から生ずる金銭その他の物の給付を目的とする各債権を行使することができることを知った時から10年間行使しないとき。

二　前号に規定する各債権を行使することができる時から20年間行使しないとき。

【第167条注】

★１　「部会資料63」８～10頁。

★２　最判平元・12・21民集43巻12号2209頁。

> 2　定期金の債権者は，時効の更新の証拠を得るため，いつでも，その債務者に対して承認書の交付を求めることができる。

新法168条１項は，定期金債権の消滅時効について現行法168条１項前段を改め，主観的起算点から10年（同項１号），客観的起算点から20年（同項２号）の時効消滅を規定するものである。

現行法168条１項後段については，最後の弁済期が到来してすべての支分権が発生している以上，支分権の消滅時効について問題にすればよく，基本権である定期金債権の消滅時効を規定しておく独自の存在意義が認められないことから，削除された。

新法168条２項は，現行法168条２項を実質的に維持したものである。

現行法169条の定期給付債権の消滅時効については，新法166条１項１号の消滅時効の期間５年と同じであり，これによって対応が可能であり，規定を置いておく実質的な必要性がないことから，削除された。〔後藤〕

（判決で確定した権利の消滅時効）第169条

> 確定判決又は確定判決と同一の効力を有するものによって確定した権利については，10年より短い時効期間の定めがあるものであっても，その時効期間は，10年とする。
> 2　前項の規定は，確定の時に弁済期の到来していない債権については，適用しない。

第１　改正の概要

新法169条は，現行法174条の２を移したものであり，その内容に実質的な変更はない。

第２　要件事実

「**第147条の解説」第２の３**で述べたように，裁判上の請求はもっぱら完成猶予の抗弁として機能することになる。新法169条は，確定判決又はこれと同一の効力を有するものによって確定した権利の消滅時効の期間を10年とするものであり，新法147条２項の定める時効の更新の規定からすると，消滅時効の主張が抗弁として有効に機能するためには，判決確定の日から10年の経過が必要である。これに反して，異なる起算日からの消滅時効や異なる期間（例えば，新法166条1項1号に基づく5年）が主張された場合は，主張自体失当となると考える。

〔後藤〕

削除条文（3年の短期消滅時効）現行法第170条～（1年の短期消滅時効）現行法第174条の全部

現行法170条から174条まででは，職業別の短期消滅時効が規定されていたが，その分類や時効期間について合理性があるのか疑わしい，また，それぞれの規定の適用範囲が明確に画されていないことが珍しくないために，予測可能性に問題があってわかりにくいとの指摘がされており，債権の消滅時効の期間をできる限り統一すべきと考えられた★1。そこで，新法は166条1項の規律に集約することとし，これらの条文を削除したのである。

なお，衆議院法務委員会及び参議院法務委員会において，「職業別の短期消滅時効等を廃止することに伴い，書面によらない契約により生じた少額債権に係る消滅時効について，本法施行後の状況を勘案し，必要に応じ対応を検討すること。」との附帯決議がされ，さらに，消滅時効制度の見直しが国民各層のあらゆる場面と密接に関連し，重大な影響を及ぼすものであることから，国民全般に早期に浸透するよう，積極的かつ細やかな広報活動を行い，その周知徹底に努めるよう求めるとの趣旨の附帯決議もされた。〔後藤〕

【削除条文現行法第170条～現行法第174条注】

★1　民法（債権法）改正検討委員会編『債権法改正の基本方針〔別冊NBL126号〕』（商事法務，2009）198頁，山本『民法講義Ⅰ』561～562頁。

第２編　物　　権

今般の改正により，物権編の規定についても若干の改正が行われたが，以下に述べるとおり，実質的な改正はなく，要件事実に関して述べることもない。

〔毛受〕

第284条

（略）
2　共有者に対する時効の更新は，地役権を行使する各共有者に対してしなければ，その効力を生じない。
3　地役権を行使する共有者が数人ある場合には，その１人について時効の完成猶予の事由があっても，時効は，各共有者のために進行する。

（地役権の消滅時効）第291条

第166条第２項に規定する消滅時効の期間は，継続的でなく行使される地役権については最後の行使の時から起算し，継続的に行使される地役権についてはその行使を妨げる事実が生じた時から起算する。

第292条

要役地が数人の共有に属する場合において，その１人のために時効の完成猶予又は更新があるときは，その完成猶予又は更新は，他の共有者のためにも，その効力を生ずる。

第316条

賃貸人は，第622条の２第１項に規定する敷金を受け取っている場合には，その敷金で弁済を受けない債権の部分についてのみ先取特権を有する。

（設定行為に別段の定めがある場合等）第359条

前３条の規定は，設定行為に別段の定めがあるとき，又は担保不動産収益執行（民事執行法第180条第２号に規定する担保不動産収益執行をいう。以下同じ。）の開始があったときは，適用しない。

新法284条，291条，292条，316条は，各下線部につき，用語の変更又は条項の新設に伴う番号ずれ等に合わせた改正をしたものであり，また，359条は民事執行法の法律番号を削除したものであり，いずれも実質的な改正はない。〔毛受〕

削除条文（債権質の設定）現行法第363条の全部

（債権を目的とする質権の対抗要件）第364条

債権を目的とする質権の設定（現に発生していない債権を目的とするものを含む。）は，第467条の規定に従い，第三債務者にその質権の設定を通知し，又は第三債務者がこれを承諾しなければ，これをもって第三債務者その他の第三者に対抗することができない。

削除条文（指図債権を目的とする質権の対抗要件）現行法第365条の全部

現行法363条は，所持人払債権を目的とする質権の有効要件について規定し，現行法365条は，指図債権を目的とする質権の第三者対抗要件について規定していたが，新法では，有価証券に関して新設された520条の７による規律を受けることとなったため，削除された。

新法364条は，「指名債権」を「債権」と改めて用語の統一を図るとともに，467条１項に合わせて，将来債権を目的とする債権質にも本条の適用があることを明示したものである。いずれも実質的な改正はない。〔毛受〕

（抵当権の効力の及ぶ範囲）第370条

抵当権は，抵当地の上に存する建物を除き，その目的である不動産（以下「抵当不動産」という。）に付加して一体となっている物に及ぶ。ただし，設定行為に別段の定めがある場合及び債務者の行為について第424条第３項に規定する詐害行為取消請求をすることができる場合は，この限りでない。

新法370条は，新法424条が詐害行為取消請求を定義したことに伴う改正である。実質的な改正はない。〔毛受〕

（根抵当権）第398条の２

（略）
２　（略）
３　特定の原因に基づいて債務者との間に継続して生ずる債権，手形上若しくは小切手上の請求権又は電子記録債権（電子記録債権法（平成19年法律第102号）第２条第１項に規定する電子記録債権をいう。次条第２項において同じ。）は，前項の規定にかかわらず，根抵当権の担保すべき債権とすることができる。

（根抵当権の被担保債権の範囲）第398条の３

（略）
２　債務者との取引によらないで取得する手形上若しくは小切手上の請求権又は電子記録債権を根抵当権の担保すべき債権とした場合において，次に掲げる事由があったときは，その前に取得したものについてのみ，その根抵当権を行使することができる。ただし，その後に取得したものであっても，その事由を知らないで取得したものについては，これを行使することを妨げない。
一～三　（略）

新法398条の２第３項及び398条の３第２項は，根抵当権の被担保債権に，電子記録債権を追加することとしたものである。従来の解釈・運用を明文化する趣旨であり，実質的な改正はない★1。〔毛受〕

【第398条の２，第398条の３注】
★１　「部会第97回議事録」49頁，「部会資料84―２」27頁。同部会資料は，他の編を含む形式的

（根抵当権の被担保債権の譲渡等）第398条の７

（略）
2　（略）
3　元本の確定前に免責的債務引受があった場合における債権者は，第472条の４第１項の規定にかかわらず，根抵当権を引受人が負担する債務に移すことができない。
4　元本の確定前に債権者の交替による更改があった場合における更改前の債権者は，第518条第１項の規定にかかわらず，根抵当権を更改後の債務に移すことができない。元本の確定前に債務者の交替による更改があった場合における債権者も，同様とする。

新法398条の７第３項は，新法472条以下に免責的債務引受の規定が整備されたことに伴う新設規定である。本条２項が，元本確定前に債務引受があったときは，根抵当権者は，引受人の債務について，その根抵当権の行使をすることができないこととしていることとの平仄を合わせたものと考えられる★1。

本条４項は，新法513条以下に更改の規定が整備され，債権者の交代による更改と，債務者の交代による更改とが具体的に書き下されたことと平仄を合わせて改正されたものであり，実質的な改正はない。〔毛受〕

な改正の理由が網羅されている。

【第398条の７注】

★1　本条２項は，根抵当権が特定の債務者の負担する債務の身を担保するものであることと，法律関係の複雑化を避けることを目的としている（道垣内『担保物権法』247頁）。

第3編　債　　権

第1章　総　　則

第1節　債権の目的

（債権の目的）第399条

現行法399条は改正されていないが，債権の目的を定める本条の基本的意義と要件事実論においてもつ意味をここで確認する。

本条は，金銭に見積もることのできない給付を目的とする債権であっても，その効力においては他の債権と異ならず，法律効果が認められることを規定したものであり，例えば，寺院に土地を寄付し，祖先のために永代常念仏を唱えることを約する契約であっても，法律効果が生じる★1。

そして，本条は，金銭に見積もることができない債権を主張し，履行請求がなされた場合に，請求原因事実の主張として主張自体失当にならないという機能を果たす★2。これが本条の要件事実論においてもつ意味である。　〔佐藤〕

（特定物の引渡しの場合の注意義務）第400条

> 債権の目的が特定物の引渡しであるときは，債務者は，その引渡しをするまで，契約その他の債権の発生原因及び取引上の社会通念に照らして定まる善良な管理者の注意をもって，その物を保存しなければならない。

第1　現行法と新法の異同

1　本条の保存義務の意義

【第399条注】

★1　我妻『債権総論』23頁。

★2　大江『要件事実民法⑷』5頁。

現行法400条における保存義務の内容は，契約等の内容や性質等によって個別具体的に決せられると解されていたところ，「善良なる管理者の注意をもって」との文言では，個別の債権の発生原因から離れて客観的・抽象的に定まると誤解されるおそれがあるとして，改正が検討された★1。

そして，新法400条は，その趣旨を明らかにするため，「契約その他の当該債権の発生原因及び取引上の社会通念に照らして定まる善良な管理者の注意をもって」特定物の保存義務が定まるとした★2。したがって，同条の「善良なる管理者の注意義務」は，債権の発生原因と無関係の「過失」を意味するものではない。

2　特定物の保存義務と引渡義務との関係

特定物の保存義務（本条）と引渡義務★3は，別の義務である★4。したがって，法制審議会においても，引渡義務の債務不履行に基づく損害賠償請求に対して，債務者は免責事由を主張立証してはじめて責任を免れるのであって，保存義務を尽くしたことを主張立証すれば免責されるわけではないといわれており★5，両者が別個の義務であることを明らかにしている。

第２　要件事実

特定物の保存義務は，その履行請求や保存義務違反の債務不履行責任も問題になる★6が，ここでは，特定物売買における引渡義務の債務不履行に基づく損害賠償請求（すなわち売買における目的物の契約不適合の損害賠償請求〔新法415条〕）において，本条が主張立証上どのように扱われるかを考えたい。

上記のとおり，引渡義務の不履行に対して，本条の保存義務を尽くしていたことを主張立証しても免責の効果を導かないので，この場合に債務者が抗弁として主張立証すべきは，新法415条ただし書の免責事由すなわち「債務の不履行が契約その他の債務の発生原因及び取引上の社会通念に照らして債務者の責めに帰することができない事由によること」の評価根拠事実である★7。

当事者が，保存義務を尽くしたことも法的に意味があると主観的に考え，その

【第400条注】
★１　「部会資料68A」37頁。
★２　「部会資料79－３」７頁。
★３　引渡義務については新法483条参照。
★４　潮見『新債権法総論Ⅰ』196頁。
★５　「中間試案の補足説明」91頁，「部会第79回議事録」10頁。
★６　潮見『新債権法総論Ⅰ』196頁。
★７　大江『要件事実民法⑷』７頁。

評価根拠事実を主張したとしても，同事実が，具体的事案においては，新法415条ただし書の免責事由の評価根拠事実としての意味をもつ場合には，同事実の主張は，主張自体失当になるわけではないことに留意する必要がある★8。保存義務を尽くしたことの主張が主張自体失当との見解もある★9が，以上の理解を妨げるものではないと考える。〔佐藤〕

（法定利率）第404条

利息を生ずべき債権について別段の意思表示がないときは，その利率は，その利息が生じた最初の時点における法定利率による。
2　法定利率は，年3パーセントとする。
3　前項の規定にかかわらず，法定利率は，法務省令で定めるところにより，3年を一期とし，一期ごとに，次項の規定により変動するものとする。
4　各期における法定利率は，この項の規定により法定利率に変動があった期のうち直近のもの（以下この項において「直近変動期」という。）における基準割合と当期における基準割合との差に相当する割合（その割合に1パーセント未満の端数があるときは，これを切り捨てる。）を直近変動期における法定利率に加算し，又は減算した割合とする。
5　前項に規定する「基準割合」とは，法務省令で定めるところにより，各期の初日の属する年の6年前の年の1月から前々年の12月までの各月における短期貸付けの平均利率（当該各月において銀行が新たに行った貸付け（貸付期間が1年未満のものに限る。）に係る利率の平均をいう。）の合計を60で除して計算した割合（その割合に0.1パーセント未満の端数があるときは，これを切り捨てる。）として法務大臣が告示するものをいう。

第1　現行法と新法の異同

1　現行法における問題点

現行法404条の法定利率は，近年の市中の金利との間に大きな乖離が生じるようになっていたので，これを是正すべく，現行法を改正し，変動利率制を導入するか否かが議論された★1。

★8　「中間試案の補足説明」91頁においても，免責事由が認められるか否かの判断にあたって「保存義務を尽くしていたか否かが一つの考慮要素となり得る。」と説明されている。
★9　潮見『改正法の概要』55頁。
【第404条注】
★1　「部会資料70B」1～2頁。

2　新法による対応

⑴　改正の概要

本条１項は，利息の合意がない場合に，その利率を，その利息が生じた最初の時点における法定利率によるとするものである。

本条２項は，新法の当初の法定利率を３％と定めるものである。

そして，本条３項から５項が変動利率制を定めるものである。具体的には，３年を１期として，３年ごとに法定利率を見直すことを規定し，１期ごとの基準割合（各期の初日の属する年の６年前の年の１月から５年間の各月における短期貸付けの平均利率）を比較して，その差が１％以上になった場合に，当該差を加算又は減算して，１％単位で法定利率を変動させるというものである。

⑵　改正の主な問題点

ⓐ　変動制による法定利率の適用の基準時　現行法404条は，利息付消費貸借契約において利率の合意がない場合や法律上利息の支払を要するとされている場合（現行法704条，873条。なお，これらに改正はない★2）に適用があるといわれる★3。

本条１項の「その利息が生じた最初の時点」とは，「利息を支払う義務が生じた最初の時点（利息計算の基礎となる期間の開始時点であり，利息を支払う義務の履行期とは異なる。）」とされる★4。利率を定めていない利息付消費貸借契約において「その利息が生じた最初の時点」は，通常は利息が発生する金銭交付日であり★5，現行法704条に基づく悪意の受益者に対する利息請求権（過払金返還請求等）のそれは，受益の時である★6。

ⓑ　商法514条（商事法定利率）の削除　商事法定利率は現行商法514条により年６％とされているが，これを削除し，商取引についても民事法定利率が適用されることとなった★7。

★２　ただし，不当利得法に対する新法の影響については，本書の不当利得の箇所を参照されたい。

★３　「部会資料50」５頁。

★４　「中間試案の補足説明」100頁，「部会第93回議事録」３～４頁。

★５　「中間試案の補足説明」100頁，「部会第83回議事録」７頁，潮見『改正法の概要』56頁，潮見『新債権法総論Ⅰ』239頁。

★６　「第３分科会第１回議事録」40頁，大阪弁護士会民法改正問題特別委員会編『実務解説民法改正－新たな債権法下での指針と対応』（民事法研究会，2017）72頁も同趣旨であると思われる。

★７　「部会資料82－２」２頁。

第２　要件事実

１　本条について

利率を定めていない利息付消費貸借における，利息請求の現行法における要件事実を考えると，①元本債権の発生原因事実，②利息支払の合意（ただし利率についての定めなし），③消費貸借契約の成立から一定期間が経過したこと，が請求原因事実とされ，③の事実については一定期間の最終日の到来を摘示すれば足りるとされていた★8。

新法においては，本条によって，変動利率制が採用されたことに伴い，今後利率が変更された後には，適用される法定利率を示すために，「金銭交付日」★9を時的要素として示す必要があると思われる。

したがって，新法においては，上記請求原因事実は，①元本債権の発生原因事実，②利息の合意，③金銭交付日，④③から一定期間の経過，が請求原因事実となる。

２　商事法定利率（商514条）の削除による要件事実の変更

現行法では，原告又は被告のいずれかが商人であること（商503条）又は絶対的もしくは営業的商行為による債権であること（商501条・502条）を主張立証することで，商法514条による商事法定利率年６分による利息を請求することができた★10。しかし，商法514条が削除されるので，主張自体失当となる。

他方で，商法513条１項は改正されていないから，消費貸借契約当時原告と被告のいずれもが商人であること，を主張立証することで，新法404条１項による法定利息が請求できることになる。〔佐藤〕

（不能による選択債権の特定）第410条

債権の目的である給付の中に不能のものがある場合において，その不能が選択権を有する者の過失によるものであるときは，債権は，その残存するものについて存在する。

★８　司研『紛争類型別の要件事実』30頁。
★９　なお，現行法では要物契約たる消費貸借契約しか認められないため，消費貸借契約の成立日＝利息の発生日であったが，新法は諾成的消費貸借契約を導入したことで，両者が一致しない場合が生ずることになった。詳細は消費貸借の部分（特に「第589条の解説」）を参照されたい。
★10　司研『紛争類型別の要件事実』30頁。

第１　現行法と改正法案の異同

現行法410条１項は，選択債権の目的である給付の中に原始的不能又は後発的不能のものがある場合には，残存する給付に債権の対象が特定されるとし，同条２項は，選択権を有しない当事者（選択権を有しない第三者を含まない）の過失によって給付が不能となった場合には，債権の対象は特定しないとしていた。これによれば，当事者双方の過失によらない場合にも，同条１項によって，債権の対象が特定され，残存する給付のみしか選択することができなかった★1。

新法410条は，現行法の規定を改め，選択債権の目的とされた給付の中に不能（原始的不能及び後発的不能を含む）なものがある場合，それが選択権を有する者（当事者でない第三者を含む趣旨）の過失によるものであるときのみ，債権の対象が特定するとした。これによって，当事者双方の過失によらず選択債権の目的とされた給付が不能である場合にも，選択権者は不能な給付を選択することができるとした。この趣旨は，選択権者による過失による不能以外については，選択権者の選択権を奪わずに柔軟な解決を図るのが合理的であるという点にある★2。

新法では，不能が選択権を有する者の過失によらない限り，債権者が選択権を有する場合には，債権者は不能となったものを選択して，契約を解除することができ，債務者が選択権を有する場合にも，債務者が不能な給付を選択すれば，債権者は，契約の解除を選択することができる。不能が当事者双方の過失によらない場合には，選択権は消滅しないが，不能な給付の選択を前提とする債務不履行に基づく損害賠償請求は，債務者に帰責事由がないため否定される（新法415条１項ただし書）。

第２　要件事実

ＹがＸに対しＡ建物かＢ建物のいずれかを売る旨の売買契約（選択権はＸにある）を締結し，引渡し前に第三者の放火によってＡ建物が焼失した場合に，ＸがＹに対し，Ａ建物を選択して債務不履行に基づく損害賠償請求訴訟を提起した事例を通じて，新法410条の要件事実を考える。

この場合，Ｘは，請求原因として，ＹがＸに対しＡ建物かＢ建物いずれかを売

【第410条注】
★１　「部会資料68A」40〜41頁。
★２　「部会資料68A」41〜42頁。

る旨の売買契約を締結したこと，XがA建物を選択する旨の意思表示をしたこと（現行法407条1項）に加え，債務不履行に基づく損害賠償請求権の要件事実を主張立証することになる。

これに対し，現行法であれば，Yは，A建物の焼失が放火によるものであることを抗弁として主張立証することで，給付の対象が履行可能なB建物に特定され，Xの請求は棄却されたが（現行法410条1項），新法においては同事実主張はこのような法的効果を導かない。なぜなら，新法410条においては，選択権者であるXの過失による不能でない限り，Xの選択権は残存するからである。もっとも，新法においても，Yに帰責事由がないため，請求は棄却される。〔佐藤〕

第2節　債権の効力

第1款　債務不履行の責任等

（履行期と履行遅滞）第412条

債務の履行について確定期限があるときは，債務者は，その期限の到来した時から遅滞の責任を負う。

2　債務の履行について不確定期限があるときは，債務者は，その期限の到来した後に履行の請求を受けた時又はその期限の到来したことを知った時のいずれか早い時から遅滞の責任を負う。

3　債務の履行について期限を定めなかったときは，債務者は，履行の請求を受けた時から遅滞の責任を負う。

第1　現行法と新法の異同

1　改正の概要

新法412条は履行期と履行遅滞になる時期についての規定であるが，1項では確定期限がある場合，2項では不確定期限がある場合，3項では期限を定めなかった場合について規定している。1項，3項については異論がなく，現行法412条をそのまま維持したが，不確定期限がある場合については，現行法412条2項は「債務者は，その期限の到来したことを知った時」から遅滞の責任を負うとしていたのを，新法412条2項は，債務者は，「その期限の到来した後に履行の請求を受けた時」又は「その期限の到来したことを知った時」のいずれか早い時から遅滞の責任を負うと改めたものである。

2　改正の主な問題点

⑴　不確定期限がある場合の履行遅滞の時期

ⓐ　現行法における問題点　不確定期限については，現行法412条２項は，債務者がその期限の到来を知った時から遅滞に陥ることを規定している。その意味につき，通説は，債権者の催告がなくとも債務者が不確定期限の到来を知ればその時に遅滞に陥るという意味に解するとともに，債権者が債務者に不確定期限の到来を通知してそれが債務者に到達した場合にも，債務者はその到達の時に遅滞に陥ると解している★1。結局，債務者が期限の到来を知った時点と期限到来の通知到達の時点のいずれが早い時点から，債務者は遅滞の陥ることになる。現行法412条２項は，この規定のままでは，上記趣旨が明らかになっているとはいいがたい。

ⓑ　新法による対応　新法412条２項は，学説上確立している上記ⓐの考え方を明文化するものである★2。

⑵　履行遅滞の時期（経過した時か到来した時か）

ⓐ　現行法における問題点　現行法412条１項は確定期限があるときは，債務者がその期限が到来した時から，３項は期限の定めがなかったときは，債務者が請求を受けた時からそれぞれ遅滞に陥ると規定している。この点については改正されていない。履行遅滞の時期については，確定期限の場合は確定期限が経過した時，期限を定めなかった場合は請求を受けた日の翌日であるとされている★3。期限が到来してもその当日の午前12時までに契約を履行すれば遅滞にはならないはずであり，正確には，「期限の経過」，「請求を受けた日の翌日」が正しいと考える。

ⓑ　新法による対応　新法は，履行遅滞に陥る時期については，現行法を維持している。また，新法412条２項で不確定期限の履行遅滞については改正しているが，現行法と同様に「いずれか早い時」と規定しているが，正確には，「いずれか早い時が経過した」と解するのが相当であろう。

【第412条注】

★１　我妻『債権総論』104頁，奥田『債権総論』131頁ほか。

★２　「部会資料５－２」24～25頁，「部会資料32」17～18頁参照。

★３　司研『紛争類型別の要件事実』31頁，若柳善朗「期限・期間の要件事実」『伊藤滋夫喜寿記念』183頁以下，我妻『債権総論』102～104頁ほか。

第２　要件事実

消費貸借契約に基づき貸金及び利息返還請求を例にとって説明すると，以下のとおりである。

訴 訟 物

消費貸借契約に基づく貸金返還請求権及び利息返還請求権

【１】確定期限がある場合の請求原因

１　ＸがＹとの間で金銭の返還の合意をした。

２　ＸがＹに対し金銭を交付した。

３　ＸはＹとの間で利率年１割の利息を支払うとの合意をした。

４　ＸはＹとの間で弁済期（確定期限）の合意をした。

５　弁済期が経過した★４。

【２】不確定期限のある場合の請求原因

１　上記【１】の１ないし３と同じ。

２　ＸはＹとの間で弁済期（不確定期限）の合意をした。

３　不確定期限の到来した後にＸがＹに支払の請求した時又はその期限の到来したことをＹが知った時のいずれか早い時が経過した。

【３】期限の定めのない場合の請求原因★５

１　上記【１】の１ないし３と同じ。

２　ＸとＹとの間で弁済期の定めがない合意をした。

３　催告及び相当期間が経過した。

〔難波〕

（履行不能）第412条の２

債務の履行が契約その他の債務の発生原因及び取引上の社会通念に照らして不能であるときは，債権者は，その債務の履行を請求することができない。

２　契約に基づく債務の履行がその契約の成立の時に不能であったことは，第

★４　司研『紛争類型別の要件事実』29頁に従った。なお，利息については，貸付初日と弁済当日とは，丸１日なくても，１日分の利息が取れるとの考え方からは，「到来した」が要件となる。

★５　上記【３】の事実摘示は，消費貸借において弁済期の合意が欠けていることを否定し，民法591条１項にいう「返還ノ時期ヲ定メサリシトキ」とは，弁済期を貸主が催告した時とする合意がある場合とする見解を採用した場合によった（司研『紛争類型別の要件事実』25頁参照）。

415条の規定によりその履行の不能によって生じた損害の賠償を請求することを妨げない。

第１　現行法と新法の異同

１　改正の概要

現行法は，履行不能を債権消滅原因として規定していないが，新法は，412条の２第１項で債権消滅の原因として履行不能について規定し，同条２項で履行不能の場合の損害賠償の範囲について規定した。

２　改正の主な問題点

⑴　履行不能と債権の請求力

ⓐ　現行法における問題点　現行法は債権消滅原因として「履行不能」について正面から規定していないが，現行法の債務不履行や危険負担の規定は履行不能が債権の消滅原因であることを当然の前提としていた。そして，履行不能と裏表の関係にある「債権の請求力」についても現行法は規定していない。債権の効力を考えるうえでこれらの事項は当然の前提であるが，明文化されていないという問題があった。

ⓑ　新法による対応　改正の審議において，当初，債権の請求力を明文化することが企図されていた★1。しかし，請求力を明文化することは止め，例外に当たる不能の場合を新設することにより，その他の場合には債権が請求力を有することを同時に明らかにしたものといえる★2。

⑵　履行不能と損害賠償の範囲

ⓐ　現行法における問題点　履行不能については，原始的不能と後発的不能とがある。現行法の下では，後発的不能の場合の損害賠償の範囲は履行が不能によって被った損害，すなわち，履行利益が損害賠償の対象となるとされていた。これに対し，原始的不能の場合には契約は不成立であって，契約締結上の過失として，損害賠償の対象となるのは，信頼利益の賠償にとどまるものと解されてきた。このように，原始的不能と後発的不能とで差をつけるのが相当か否かは疑問である。なぜなら，履行不能が契約の成立の前後の僅かな差で損害賠償額の範囲に大きな差が生じることに合理性がないからである。

【第412条の２注】

★１　「部会資料53」33頁参照。

★２　「部会資料83－２」８頁参照。

⒝　**新法による対応**　原始的不能と後発的不能とで損害賠償の範囲に差を設けないことにするため，新法は412条の２第１項で，「履行不能」について規定し，当該「履行不能」には原始的不能及び後発的不能の両方を含むことを明らかにした。そのうえで，新法412条の２第２項を設けて，原始的不能の場合にも履行不能によって生じた損害の賠償することができるようにした。

⑶　**評価的要件**

⒜　**現行法における問題点**　履行不能の意義について，債務の目的物が滅失した場合などの物理的不能を指すのか，それに限られないとするのかについて，裁判例は「取引上ノ観念ニ於テ」不能か否で判断すべきとしており★3，学説も取引上の観念によって判断すべきとしていた★4が，現行法には規定がない。また，履行不能は評価そのものであり，その基礎となる評価根拠事実，評価障害事実が要件事実とされている★5。訴訟を遂行する裁判所，当事者にとって，何が評価根拠事実となり，何が評価障害事実となるのか指針がほしいところであるが，現行法は一般にこれについて規定を置いていない。

⒝　**新法による対応**　新法412条の２第１項は，単に「履行不能」と規定するのではなく，「履行不能」の前に，「契約その他の債務の発生原因及び取引上の社会通念に照らして」という文言を置き，判例，学説がいうところの履行不能は物理的不能に限らないことを明らかにした。また，履行不能を主張立証するにあたっては，「契約その他の債務の発生原因及び取引上の社会通念に照らして」主張立証事項を考えるという意味で，新法412条の２は，解釈指針としての機能を有していると評価できる。

第２　要件事実

以下では，美術品の売買契約に基づき美術品の引渡請求を例にとって，説明する。

訴 訟 物

売買契約に基づく目的物引渡請求権

請求原因

ＸはＹからＡ画伯作成の絵画を500万円で買った。

★３　大判大２・５・12民録19輯327頁。
★４　我妻『債権総論』142頁ほか。
★５　司研『要件事実第１巻』30頁以下。

抗　　弁

Ｙは，上記売買契約後に，上記絵画をＺに売り，これを引き渡した★6。

〔難波〕

（受領遅滞）第413条

債権者が債務の履行を受けることを拒み，又は受けることができない場合において，その債務の目的が特定物の引渡しであるときは，債務者は，履行の提供をした時からその引渡しをするまで，自己の財産に対するのと同一の注意をもって，その物を保存すれば足りる。
2　債権者が債務の履行を受けることを拒み，又は受けることができないことによって，その履行の費用が増加したときは，その増加額は，債権者の負担とする。

（履行遅滞中又は受領遅滞中の履行不能と帰責事由）第413条の２

債務者がその債務について遅滞の責任を負っている間に当事者双方の責めに帰することができない事由によってその債務の履行が不能となったときは，その履行の不能は，債務者の責めに帰すべき事由によるものとみなす。
2　債権者が債務の履行を受けることを拒み，又は受けることができない場合において，履行の提供があった時以後に当事者双方の責めに帰することができない事由によってその債務の履行が不能となったときは，その履行の不能は，債権者の責めに帰すべき事由によるものとみなす。

第１　現行法と新法の異同

１　改正の概要

(1)　新法413条

新法413条は受領遅滞の効果について，１項で「債務者は，受領遅滞後は，自己の財産と同一の注意をもって目的物を保存すれば足りる（目的物保存義務の軽

★6　美術品は動産であるところ，他に転売してしまえば，ＸはＹから当該絵画を引き渡してもらうことは不能になる。「契約その他の債務の発生原因及び取引上の社会通念に照らして」の意義については，「契約の内容（契約書の記載内容等）のみならず，契約の性質（有償か無償かを含む。），当事者が契約をした目的，契約の締結に至る経緯を始めとする契約をめぐる一切の事情を考慮し，取引通念をも勘案して，評価・認定される契約の趣旨に照らして」という意味であると解説されている（「部会資料79―３」７頁）。

減）」旨を，同条２項で「受領遅滞によって増加した履行費用は債権者の負担とする」旨を新たに設けた。

⑵　**新法413条の２**

新法413条の２は，履行遅滞中又は受領遅滞中に履行不能になった場合の当事者の帰責事由の所在についての規律を新設したものである。すなわち，新法413条の２第１項は，履行遅滞中に当事者双方の責めに帰することができない事由によって履行不能になったときは，当該履行不能は債務者の責めに帰すべき事由によるものとみなすものである。また，新法413条の２第２項は，受領遅滞中に当事者双方の責めに帰することができない事由によって履行不能になったときは，当該履行不能は債権者の責めに帰すべき事由によるものとみなすものである。

2　改正の主な問題点

⑴　受領遅滞の効果の具体化

⒜　**現行法の問題点**　　現行法413条は受領遅滞の効果について「遅滞の責任を負う」とのみ規定するにとどまり，具体的な効果を定めていない。学説のうえでは，受領遅滞を理由とする目的物保存義務の軽減や増加した費用は債権者の負担とすべきであるとされており，この点については異論がなかった★1。

⒝　**新法による対応**　　新法413条は，現行法下で受領遅滞の効果として認められてきた受領遅滞を理由とする目的物保存義務の軽減を１項で，増加した費用の債権者負担を２項で明記することにした。

⑵　履行遅滞中に履行不能になった場合の当事者の帰責事由の所在について

⒜　**現行法の問題点**　　履行遅滞中に「当事者双方の責めに帰することができない事由」により（不可抗力その他の偶発的事故の発生）履行が不能になった場合に，債権者は履行不能についての責任を債務者に負わせることができるかについて現行法には規定がない。この点について，裁判例は，履行遅滞中に履行不能が発生した場合には，履行不能につき債務者の帰責事由がない場合であっても，債務者は不履行による損害賠償を負うとしており★2，このことに異論はなかった。

⒝　**新法による対応**　　上記判例法理を明文化したのが新法413条の２第１項の規定である。

⑶　受領遅滞中に履行不能になった場合の当事者の帰責事由の所在について

【第413条・第413条の２注】
★1　我妻『債権総論』240～242頁ほか。
★2　大判明39・10・29民録12輯1358頁。

(a)　現行法の問題点　　受領遅滞の効果について現行法413条は債権者は遅滞の責任を負うとのみ規定するだけであり，受領遅滞中に当事者双方の責めに帰することができない事由により履行が不能になった場合に，債務者は履行不能の責任を負うかについての規定はないが，実務上は，①債権者は契約解除できない，②債権者は自己の反対給付債務の履行を拒むことができない，③債務者は履行不能によって生ずべき損害賠償責任を負わないとされている。これらの点を明確にすべきである。

(b)　新法による対応

上記(a)の問題点に対処するために，新法413条の２第２項は，受領遅滞後に当事者双方の帰責事由によらないで履行不能となった場合にはその履行不能は債権者の帰責事由によるものとみなすことを規定した。これにより，上記①の帰結（解除できない）は新法543条で，②の帰結（反対給付債務の履行）は新法536条２項で，③の帰結（損害賠償の存否）は新法415条１項ただし書で，それぞれ導かれることとなった。

第２　要件事実

１　条文の記載と主張立証責任の関係（新法413条の２）

新法は，一般市民へのわかりやすさを意識して規定しており，規定の構造は必ずしも主張立証責任に配慮したものとはなっていない。新法413条の２の規定も，主張立証責任に配慮していないといわれている★3。新法413条の２第１項を例にとれば，条文をその表現どおりに読めば，債権者が履行不能に基づき損害賠償請求をしようとする場合，債権者は，①債務者がその債務について遅滞の責任を負っていること，②遅滞中に履行が不能になったこと，③履行不能は当事者双方の責めに帰することができない事由によって発生したこと，④損害の発生とその数額について主張立証しなければならないように思われる。しかし，主張立証責任の観点からは，上記①については，債権者は，履行期が経過していることを主張立証すればよく，債務者が遅滞の責任を負っていることまでを主張立証する必要はない。また，上記②については，債権者は，履行不能になったこと（評価根拠事実）を主張立証すればよく，遅滞中であることは再抗弁に位置づけられる。さらに，上記③については，履行不能が当事者双方の責めに帰することがで

★３　潮見『改正法の概要』64頁，「部会第96回議事録」15頁〔金関係官発言〕。

きない事由によって発生したことまで主張立証する必要はない。そして，再抗弁として履行遅滞中の履行不能が主張立証されれば，債務者は，再々抗弁として「遅滞が債務者の責めに帰することができない事由によること」を主張立証することになる。

2　具体的事例による検討

(1)　売買契約その１

例えば，ＸとＹとの間で分譲建物を4000万円で買う旨の売買契約を締結していたところ，引渡期限後に地震が発生し分譲建物が倒壊し，引渡しができず，このため，ＸはＹに対し損害賠償請求する事例を考えてみると，その主張立証関係は以下のようになるであろう。

訴 訟 物

売買契約による目的物引渡債務不履行に基づく損害賠償請求権

請求原因

1　ＸはＹから，本件分譲建物を4000万円で買った。

2　本件分譲建物が倒壊した。

3　損害の発生とその数額。

抗弁（債務者に帰責性がないことの評価根拠事実）

本件分譲建物が倒壊したのは，地震のためであった。

再抗弁（履行遅滞中の履行不能―帰責性がないことの評価障害事実）

1　請求原因１の売買の引渡期限の日時。

2　上記１の期限が経過した。

3　ＸはＹに対し請求原因１の代金支払期限以前に代金支払の提供をした。

4　地震が発生したのは，上記２の期限経過後であった。

(2)　売買契約その２

次の事例は，上記(1)事例と同じ売買契約において，地震が受領遅滞中に発生した場合のＸからＹに対する損害賠償請求を考えてみることにする。

訴 訟 物

売買契約による目的物引渡債務不履行に基づく損害賠償請求権

請求原因

上記(1)の１ないし３の請求原因事実と同じ。

抗弁（受領遅滞中の履行不能の発生）

１　上記(1)の請求原因１の売買の引渡期限の日時。
２　Ｙは，Ｘに対し，上記引渡期限に，本件分譲建物の引渡しの提供をした。
３　Ｘは，Ｙの上記２の提供を拒否し，又は受けることができない場合であった。
４　地震が発生したのは，上記３の後であった。

〔難波〕

（履行の強制）第414条

債務者が任意に債務の履行をしないときは，債権者は，民事執行法その他強制執行の手続に関する法令の規定に従い，直接強制，代替執行，間接強制その他の方法による履行の強制を裁判所に請求することができる。ただし，債務の性質がこれを許さないときは，この限りではない。
２　前項の規定は，損害賠償の請求を妨げない。

第１　現行法と新法の異同

１　改正の概要

新法414条は，現行法414条２項，３項の手続法に関する準則を削除し，債権の履行強制力についての規定のみを残したものである。

２　改正の主な問題点

(1)　現行法の問題点

文言上は，現行法414条１項本文及び２項にいう「強制履行」とは直接強制を意味し，２項本文は，債務の性質が直接強制を許さない場合には代替執行を請求することができると解することが可能である。ところが，一般には，現行法414条１項は，直接強制に限らず，債権者が国家の助力を得て強制的にその債権の内容を実現することを定めた規定（履行の強制を裁判所に請求することができることを宣言する規定）であると解されている。規定の趣旨を明確にする必要があった★1。

また，現行法414条２項，３項の規定は，手続法の規定であるところ，現行法414条２項本文，３項に規定している代替執行については民事執行法171条に規定があり，現行法414条２項ただし書に規定している意思表示の擬制については

【第414条注】
★１　「部会資料68Ａ」４頁。

民事執行法174条に規定があり，重複しており，民事執行法の中に一元的に規定する方が，民法と民事執行法との役割分担を明確化することができるはずである。

(2) 新法による対応

新法414条は，現行法の強制執行の方法についてはこれを統合し，現行法414条１項の「強制履行」という文言を「履行の強制」に改め，その履行の強制は，民事執行法その他強制執行の手続に関する法令の規定によることを規定し，現行法414条２項，３項を削除した。民法と民事執行法との棲み分けをした規定である★2。

第２　要件事実

新法414条は手続法の準則を削除したものであり，要件事実として特記すべき事項はないので，記載を省略する。〔難波〕

（債務不履行による損害賠償）第415条

債務者がその債務の本旨に従った履行をしないとき又は債務の履行が不能であるときは，債権者は，これによって生じた損害の賠償を請求することができる。ただし，その債務の不履行が契約その他の債務の発生原因及び取引上の社会通念に照らして債務者の責めに帰することができない事由によるものであるときは，この限りでない。

２　前項の規定により損害賠償の請求をすることができる場合において，債権者は，次に掲げるときは，債務の履行に代わる損害賠償の請求をすることができる。

一　債務の履行が不能であるとき。

二　債務者がその債務の履行を拒絶する意思を明確に表示したとき。

三　債務が契約によって生じたものである場合において，その契約が解除され，又は債務の不履行による契約の解除権が発生したとき。

第１　現行法と新法の異同

１　改正の概要

★２　「中間試案の補足説明」108頁は，「民法第414条第１項の規定内容を基本的に維持しつつ，実体法と手続法を架橋する趣旨で，履行の強制の方法が民事執行法により定められる旨」を規定するとしている。同旨・法務省民事局長小川秀樹氏答弁（193回国会参院法務委14号平290525）。

⑴　新法415条１項本文

新法415条１項本文は，債務不履行に基づく損害賠償の発生根拠を規定しているが，現行法415条本文が「履行をしない」という文言であったため，履行不能を除外しているように見えたことを改め，「債務の本旨に従った履行をしないとき又は債務の履行が不能であるとき」と規定し，債務不履行のすべての態様である，履行遅滞，履行不能，不完全履行をカバーしていることを明らかにした。

⑵　新法415条１項ただし書

新法415条１項ただし書は，債務不履行に基づく損害賠償責任の免責事由を規定したものである。現行法415条は「債務者の責めに帰すべき事由によって履行することができなくなったときも，同様とする。」と規定し，文言をみる限り，債権者において，債務者の帰責性について主張立証すべきであるように読めた。債務者の帰責性は，債務者において自己の責めに帰することができないことを主張立証すべきであると解されてきた★1のを，新法415条１項ただし書で明記するとともに，債務者の帰責性を判断するにあたって，「契約その他の債務の発生原因及び取引上の社会通念に照らして」解釈することを明らかにしたものである★2。

⑶　新法415条２項

新法415条２項は，「履行に代わる損害賠償」（塡補賠償）が認められる場合を明記したものである。これにより，履行請求権が不能又は解除によって塡補賠償請求権に転化するという立場をとっていないことがわかる。

２　改正の主な問題点

⑴　帰責性について

ⓐ　現行法における問題点　　現行法415条は，債務不履行による損害賠償の要件として，文理上は，履行不能についてのみ「債務者の責めに帰すべき」（帰責事由）が必要のようにみえる。なぜなら，現行法415条本文には「履行をしないとき」と規定しており，履行不能が除外されているようにみえるからである。ところが，判例は古くから，履行不能に限らず，金銭債務を除く債務不履行全般に債

【第415条注】

★１　最判昭34・９・17民集13巻11号1412頁。

★２　法務省民事局長小川秀樹氏は，新法415条ただし書について「条文の体裁は若干異なる部分はございます。例えば立証責任をひっくり返すような形で，これは確立した判例実務に従ったものですが，そういう条文の立て方にはしていますが，基本的な内容は従来の判例と同様でございます。」と答弁している（192回国会衆院法務委12号平281202）。

務者の帰責事由が必要であるとしており★3，この点を明確にする必要がある★4。

(b) **新法による対応** 新法415条１項本文は，上記(a)の要請を満たすため，「債務の本旨に従った履行をしないとき又は債務の履行が不能であるとき」と規定することにより，債務不履行のすべての類型について「債務者の帰責事由」が必要なことを明らかにした。

(2) **帰責性のもつ意味について**

(a) **現行法における問題点** 現行法下において，これまでの通説は，帰責事由は，故意，過失又は信義則上これと同視すべき事由と解してきた★5。これに対し，帰責事由は過失の有無で判断するのではなく，「債務が契約によって生じた場合には，その債務不履行が債務者の責めに帰することができない事由によるものであるかどうかは，当該契約の趣旨に照らして，その債務不履行（契約違反）の原因が債務者の責めに帰することができない事由であるかどうかという観点から判断されるべきである」という考え方も有力である★6。

(b) **新法による対応** 新法415条１項ただし書では，帰責事由の具体的判断の指針となるよう「契約その他の当該債務の発生原因及び取引上の社会通念に照らして」という文言が「債務者の責めに帰することができない事由」の前に修飾語として規定されることになった。この点につき，潮見佳男教授は，上記文言が具体的規定されたことにより，「契約の場合には免責の可否が契約の趣旨に照らして判断されるべきものであって，『帰責事由＝過失』を意味するものではないことを明らかにしたものである（過失責任原則の否定）。」とされる★7。しかし，新法415条が，潮見教授のいわれるまでにドラスティックに過失責任原則を否定したものといえるのか疑問が残るところである。結局のところ，債務者の責めに帰することができない事由は評価的（規範的）要件であり，その基礎となる事実が要件事実となるところ，具体的紛争においては，過失又は信義則上これと同視すべき事由を基礎づける事実が要件事実となる場合をまったく否定することはできないのではなかろうか。新法415条１項ただし書の規定により，現行法下における「債務者の責めに帰することができない事由」の解釈原理が変更されたとま

★３ 大判大10・11・22民録27輯1978頁，最判昭61・１・23訟月32巻12号2735頁。

★４ 「部会資料５－２」28頁，法務省民事局長小川秀樹氏は，「判例の確立した実務である」と答弁している（192回国会衆院法務委12号平281202）。

★５ 我妻『債権総論』105頁，奥田『債権総論』125頁など。

★６ 「部会資料68Ａ」６頁。

★７ 「部会資料68Ａ」６頁，潮見『改正法の概要』68頁。

で評価することは困難なように思われる★8。

⑶　帰責性の主張立証責任について

ⓐ　現行法における問題点　現行法415条は，「債務者の責めに帰すべき事由によって履行することができなくなったときも，同様とする。」と規定し，文言からは，債務不履行に基づき損害賠償を請求する債権者が，「債務者の責めに帰すべき事由」を主張立証すべきかのようにみえる。「しかし，いったん債権債務関係に立った者同士の場合に，債務者は，原則として，債務の履行をすることが予定され，また，債権者によって債務者による債務の履行が期待されているものであるから（換言すれば，それは既定の債務者がすべきことなのであるから），そのように履行されなかった場合には，債務者は，特段の事情のないかぎり，損害賠償責任を負うが，損害賠償義務を免れる特段の事情として『責めに帰すべき事由なし』を主張立証することができる」と解するのが相当である★9。そして，裁判実務も，債務不履行になったことについて「債務者責めに帰すべき事由がない」ということを債務者において主張立証すべきであるとの考え方は定着していた★10。

ⓑ　新法による対応　新法は415条１項ただし書を設け，これまでの裁判実務で定着した考え方である，債務者の方で「債務者の責めに帰することができない事由によるものである」ことを，債務不履行の免除要件として主張立証すべきことを明記した。

⑷　履行に代わる損害賠償について

ⓐ　現行法における問題点　現行法は，どのような場合に履行に代わる損害賠償が認められるかについては特段の規定を設けていない。このため，塡補賠償を請求するためには契約を解除することが必要かということが問題となってい

★８　同趣旨の考えと思われるものとして，伊藤編『債権法改正法案と要件事実』53～54頁〔高須順一・講演内容〕，「部会第37回議事録」53～55頁〔高須幹事発言〕，同58頁〔岡委員発言〕，同59～60頁〔岡崎幹事発言〕など。ちなみに，法務省民事局長小川秀樹氏は，階委員の質問に答え，「無過失責任に変わることはございません。」と断言されている（192回国会衆院法務委15号平281209）。また，小川氏は，「改正法案は債務不履行による損害賠償責任については学理的な争いに立ち入らないこととし，従来の通説的見解からは過失責任主義の表れとされている債務者の帰責事由という要件をそのまま維持しておりますほか，現在の実務上の取扱いに従って帰責中の有無を判断する際の考慮事情を明確化するものであります。」と答弁されている（193回国会参院法務委10号平290509）。

★９　『要件事実小辞典』135～136頁。

★10　司研『要件事実第１巻』22頁，我妻『債権総論』111頁，前掲注（★２）法務省民事局長小川秀樹氏発言など。

た。これまで，最判昭30・4・19民集9巻5号556頁は履行不能の場合，また，東京地判昭34・6・5下民集10巻6号1182頁・判時192号21頁は債務者がその債務の履行をしない旨の確定的な意思を表示した場合に，それぞれ，解除することなく塡補賠償を請求することを認めている。さらに，前記最判昭30・4・19は，契約が解除されたことにより本来の債務の履行を請求できなくなった場合に塡補賠償を認めていた。また，契約が解除される前であっても，債務不履行による契約の解除権が発生したときは，債権者は解除権を行使しないまま塡補賠償請求することが認められていた★11。

⒝ **新法による対応**　新法415条2項で，履行に代わる損害賠償が認められる場合について規定を設けた。上記判例を踏まえて，1号で履行不能を，2号で確定的履行拒絶を，3号で解除又は解除権が発生した場合について規定を設けた★12。なお，この規定新設により，新法が，履行請求権が不能又は解除によって塡補賠償請求権に転化するという立場をとっていないことがわかる。

第2　要件事実

1　履行しないことの主張立証責任について

「債務者の責めに帰することができない事由」については，免責要件として，債務者において主張立証すべきことは前記**第1の2⑶**で述べたとおりである。要件事実との関係で残る問題は，新法415条1項本文で，債務不履行による損害賠償の発生要件として「債務者がその債務の本旨に従った履行をしないとき」と規定しており，債権者の方で，「履行をしない」ことを主張立証しなければならないかという点である。すなわち，債務不履行による損害賠償請求を求める債権者は，「債務者が履行しない」ということまで主張立証しなければならないのか，それとも，債務者の方で「履行の提供をした」ということを主張立証しなければならないのかという点である。主張立証責任の基本原理である公平の観念に照らすと，債権者において「不履行」であることを主張立証させるのではなく，債務者に「履行の提供をした」ことを主張立証させるべきである★13。なぜなら，契約は本来履行するために約束しており，債務者は債権者に対し一定の給付をすることを約束しており，履行がされていないというのは例外的な状況であること

★11　大判大4・6・12民録21輯931頁，大判昭8・6・13民集12巻1437頁など。
★12　「部会資料5－2」23頁参照。
★13　司研『要件事実第1巻』22頁，伊藤＝山崎編『ケースブック』148～149頁。

から，履行の提供の存否は債務者において主張立証させるのが公平かつ契約の制度趣旨に適うからである。債務者において履行していないことを請求原因で主張しなければ，そもそも債務不履行を主張しているか否かわからないという論者がいるやもしれないが，契約に履行期があり，その履行期が経過していれば，債務の履行がないことまで主張しなくても履行遅滞の状態になっていることは十分表現されており，前記批判は当たらないと考える。

2　具体的事例による検討

クラシックカーの中古車販売で買主の住所で引き渡す契約を例に，主張立証責任の分配について検討する。

⑴　履行遅滞の事例

訴 訟 物

売買契約による目的物引渡債務不履行に基づく損害賠償請求権

請求原因

1　Ｘは，Ｙとの間で，クラシックカーの中古車１台（以下「本件自動車」という）を，代金1000万円，引渡期日平成28年４月14日との約定で買った。

2　ＸはＹに対し，平成28年４月14日に代金1000万円を提供した。

3　平成28年４月14日が経過した。

4　損害の発生とその数額。

抗弁１　履行の提供

Ｙは，平成28年４月14日，本件自動車を引渡場所であるＸの自宅に持って行った。

抗弁２　帰責事由の不存在の評価根拠事実★14

平成28年４月14日，大地震が発生し，Ｘの自宅に届ける幹線道路が遮断された。

再抗弁（抗弁２に対する評価障害事実）

Ｙの店舗からＸの自宅へ行く道は，大回りになるが１本だけ自動車が通れる状態の道があった。

⑵　履行不能の事例

★14　帰責事由の不存在は評価（規範）的要件であり，これを基礎づける評価根拠事実が抗弁事実となる。

訴 訟 物

売買契約による目的物引渡債務不履行に基づく損害賠償請求権

請求原因

1 上記(1)の請求原因1，2，4と同じ。

2 本件自動車は全損壊した。

抗弁（帰責事由の不存在の評価根拠事実）

本件自動車も全損壊したのは，平成28年4月14日，大地震が発生し，本件自動車を保管していたYの車庫が倒壊したためである。

再抗弁（抗弁に対する評価障害事実）

本件地震で，Yの近隣のZ販売店の車庫は倒壊していない。

(3) 不完全履行の事例

事例を変えて，最判平7・4・25民集49巻4号1163頁の事例で説明することにする。事例は，胆嚢がんの疑いがあると診断した医師が患者にその旨を説明しなかったことが債務不履行（不完全履行）による損害賠償請求が成立するか否かが問題となった事例である。

訴 訟 物

診療契約の債務不履行に基づく損害賠償請求権

請求原因

1 A（患者）は，Y（担当医師）との間で，上部腹部痛のため，原因の検査等の診療契約を締結した。

2 Yは，CT検査等で，Aの病名が胆嚢がんと診断したが，これをAに告知しなかった。そのため，Aは，入院するまでもないと考え，入院しなかった。

3 Aは，1年後，胆嚢がんで死亡した。

4 Aの死亡による損害は7000万円である。

5 Xは，Aの子である。

抗弁（帰責事由不存在の評価根拠事実）

1 Yが診療当時がんについては真実とは異なる病名を告げるのが一般的であった。

2 Aは初診の患者でその性格も不明であった。

3 Yは，診療当時，Aに与える精神的打撃と治療への悪影響を考慮した。

4 Aを入院させるため，YはAに対し，重度の胆石症であり，入院して精密検査が是非必要であると告げた。

再抗弁（帰責事由不存在の評価障害事実）

Ｙは，ＡのみならずＸら親族にもＡの病名を知らせなかった。

〔難波〕

（損害賠償の範囲）第416条

債務の不履行に対する損害賠償の請求は，これによって通常生ずべき損害の賠償をさせることをその目的とする。

2　特別の事情によって生じた損害であっても，当事者がその事情を予見すべきであったときは，債権者は，その賠償を請求することができる。

第１　現行法と新法の異同

１　「予見すべきであった」―規範的評価の明確化

現行法416条の改正議論は多岐に及んだ★1が，最終的に，現行法416条１項は改正せず，同条２項の「予見し，又は予見することができた」の文言を「予見すべきであった」に改めるのみとなった。

現行法416条２項の「予見することができた」との文言，すなわち予見可能性とは，「ある損害が契約をめぐる諸事情に照らして賠償されるべきか否かを判断するための規範的な概念である★2」とされていたことから，これを明確化するために新法416条２項は「予見すべきであった」との規範的概念を採用した。「予見すべきであった」は，規範的評価であるので，債務者が認識していたとしても負担する必要のない損害を排除することもあり得る★3。

２　「予見すべきであった」の解釈指針

「中間試案」では，「契約の趣旨に照らして予見すべきであった損害」との文言を用い★4，さらに，「部会資料68Ａ」では，「債務者が予見すべきであった損害（……契約の趣旨に照らして債務者が予見すべきであった損害）」★5との表現が用いられており，「予見すべきであった」の解釈指針を「契約の趣旨」として

【第416条注】
★１　「中間的な論点整理」９～10頁。
★２　「中間試案の補足説明」122頁。
★３　「部会第78回議事録」17頁，27頁。
★４　「中間試案」17頁。なお，この段階では，予見の対象を「損害」としている。
★５　「部会資料68Ａ」13頁。なお，この段階では，予見の対象を「損害」としている。

いたことが読み取れる。そして，法制審議会は，「契約の趣旨」の文言を「契約その他の債務の発生原因及び取引上の社会通念」に置き換えたので★6，「予見すべきであった」の解釈指針も「契約その他の債務の発生原因及び取引上の社会通念」に置き換えられたといえる★7★8。もっとも，「契約の趣旨」も「契約その他の債務の発生原因及び取引上の社会通念」もその意味するところは同じであると解される。したがって，「新法においては，「予見すべきであった」の要件を通じて，ある特別損害が，「契約の趣旨」ないし「契約その他の債務の発生原因及び取引上の社会通念」に照らして賠償されるべきか否かが判断されることになる。

3 「予見すべきであった」についての若干の考察

「予見すべきであった」という要件に改正されることによる解釈論上の影響につき，簡単な事例を通して私見を述べる。

Bは売買契約締結時に，Aに代金額を安くさせようとの目的で，当時，ほぼ成立していたCとの転売合意（通常の額より高額の3000万円の違約金合意を含む）のあることを秘して，「本建物は自分と家族が住むための居住目的で買う。他に転売することはしない。」と述べた。その後，Bは，Aとの売買契約成立後，直ちに，Cとの上記転売合意を確定させて，この転売契約（3000万円の違約金合意を含む）の成立をAに知らせた。ところが，Aの不注意で本件建物が焼失した。

例えば，このような事例においては，Aは，債務不履行時（本件建物消失時）には，Bの違約金支払義務の発生を予見することができたことになる。そのうえで，Aが損害賠償責任まで負うかどうかについては考え方が分かれ得る。すなわち，①Aは，債務不履行時に違約金の発生が予見できたのであるから，違約金相当額の損害の賠償義務があるとの見解，②Aは，債務不履行時に違約金合意という特別事情が予見できたのであるが，契約締結時のBの上記説明，Cとの転売契約がほぼ成立していた事情などに照らせば，Aには損害賠償義務が発生しないとの見解があり得ると思われる。筆者は，②の見解をとるべきであると考える。

★6 「部会資料79－3」7頁，8頁，9～10頁。

★7 「契約の趣旨」等の文言は，最終的に新法416条2項には盛り込まれていないが，これは，改正の過程において「契約の趣旨」が「契約その他の債務の発生原因及び取引上の社会通念」との文言に置き換わった結果，このまま同条に盛り込むと同条が不法行為の損害賠償の範囲についても定めたものと解される可能性が生じるためと推測する（現行法416条2項の改正が，不法行為の損害賠償の範囲の議論に影響を与えないものであることは，「中間試案の補足説明」122頁，「部会第78回議事録」17～18頁で確認されている）。したがって，「部会資料68A」までの間に示されていた「予見すべき」の解釈指針は維持されているものと解される。

★8 山野目『新しい債権法』92頁も，「契約及び取引上の社会通念に照らして判断される」とする。

その理由は，現行法においては，信義則違反ということになる。新法においてどのように考えるべきかがまさに問題であるが，新法416条２項が，現行法の「予見し，又は予見することができたとき」を「予見すべきであったとき」に改めた上記趣旨ないし同文言の上記解釈指針（さらには新法415条１項，新法541条などが契約や取引上の社会通念の尊重の理念を掲げていること）に照らせば，信義則にその根拠を求めなくても，直接に「予見すべきであった」の解釈として，上記②の解釈をすることができるのではないか，と考える★9。

第２　要件事実

新法は，文言を「予見すべきであった」と改正した範囲で損害賠償の範囲に関する現行法の解釈論に影響を生じ，その範囲で要件事実にも影響がある★10。

現行法416条２項の「予見し，又は予見することができた」の要件事実は，債務不履行に基づく損害賠償請求によって特別損害を求める者が主張立証すべきとされ★11，「予見していたこと」は事実的要件であり，「予見することができた」は評価的要件であると説明されていた★12。

新法416条２項の文言が「予見すべきであった」に改正されたことにより，「予見していたこと」の事実的要件は要件事実ではなくなった（ただし，「予見すべきであった」ことの評価根拠事実になることはあり得ると考える）。そして，現行法では「予見することができた」の評価根拠事実が要件事実であったが，新法では「予見すべきであった」の評価根拠事実が要件事実となる。具体的事案においてどのような事実が評価根拠事実，評価障害事実になるかは，「予見すべきであった」の解釈指針である契約上及び取引上の社会通念によって定まるものと思われる。

〔佐藤〕

★９　なお，現行法における，予見可能性の判断基準時が「契約時」か「債務不履行時」かという議論は，新法においても引き継がれている（「部会第90回議事録」54～57頁参照）。予見可能性を規範的要件に置き換えたことが，この議論にどのような影響を与えるかは今後の議論に委ねられているといえる。本文中では予見可能性の判断基準時につき，債務不履行時説（大判大７・８・27民録24輯1658頁）に立って解説している

★10　損害賠償の範囲に関する現行法の要件事実については，齋藤隆「債務不履行に基づく損害賠償」伊藤総括編『民事要件事実講座⑶』57～58頁，61～63頁参照。

★11　斎藤・前掲注（★10）。

★12　『債権法改正と裁判実務』343頁注⑺。

（中間利息の控除）第417条の２

将来において取得すべき利益についての損害賠償の額を定める場合において，その利益を取得すべき時までの利息相当額を控除するときは，その損害賠償の請求権が生じた時点における法定利率により，これをする。
２　将来において負担すべき費用についての損害賠償の額を定める場合において，その費用を負担すべき時までの利息相当額を控除するときも，前項と同様とする。

第１　現行法と新法の異同

１　現行法の問題点

現行法は，中間利息控除についての定めを置いていなかったが，判例★1は，生命侵害における損害賠償額の算定において，控除すべき中間利息の割合は，民事法定利率によらなければならないと判示していた。そして，法定利率に変動利率を導入するのに対応し，中間利息控除についても，変動することとなる法定利率を用いるかが議論された★2。

２　新法による対応

本条１項は，将来において取得すべき利益を損害賠償として求める場合の中間利息控除に用いられる利率を，損害賠償の請求権が生じた時点における法定利率によるとしたものである。

本条２項は，中間利息の控除が，「将来において負担すべき費用」（例えば，被害者が将来負担することとなる介護費用）についての損害賠償額を定める場合にも行われているため，これに関する規律を定めたものである★3。

新法722条１項により，本条は，不法行為にも準用される。

不法行為に基づく損害賠償請求権については，不法行為時に発生するから，同時点が「損害賠償の請求権が生じた時点」となり，同時点の法定利率が中間利息控除に用いられることになる。また，安全配慮義務に基づく債務不履行責任については，事故発生時に損害賠償請求権が発生するので，中間利息控除に用いられる法定利息は事故発生時のものとなる★4。

【第417条の２注】
★１　最判平17・６・14民集59巻５号983頁。
★２　「部会資料19－１」３頁，「部会資料74B」10頁。
★３　「部会資料84－３」１頁。

第２　要件事実

本条の新設までの過程において，本条の要件事実についての明示的な議論はない。

私見として次のように考える。例えば，人身損害の逸失利益を不法行為に基づいて損害賠償請求する場合において，同請求権を主張する者は，「損害の発生及び数額」の主張立証責任を負い，中間利息控除は損害額（数額）の計算に含まれる★５。本条の新設により，中間利息控除の前提として，それに用いられる法定利率の基準時である不法行為時を主張する必要が生じたといえる。〔佐藤〕

（過失相殺）第418条

債務の不履行又はこれによる損害の発生若しくは拡大に関して債権者に過失があったときは，裁判所は，これを考慮して，損害賠償の責任及びその額を定める。

第１　現行法と新法の異同

債務の不履行についての過失のみでなく，債務の不履行による損害の発生もしくは拡大についての過失についても，過失相殺が認められることは通説であり，実務上も定着していたところ★１，現行法418条はこれが文言上明らかでなかった。そこで，新法418条は，現行法418条の文言に「損害の発生若しくは拡大」についての過失を追加するものである。

中間試案においては，現行法418条の規律を「債務の不履行に関して，又はこれによる損害の発生若しくは拡大に関して，それらを防止するために状況に応じて債権者に求めるのが相当と認められる措置を債権者が講じなかったときは，裁判所は，これを考慮して，損害賠償の額を定めることができるものとする。」と改め，過失相殺の要件面において，「過失」の文言を用いず損害軽減義務の考え方を導入することが議論された★２。しかし，損害軽減義務の導入は「過失相殺

★４　「部会資料74Ｂ」10頁。なお，安全配慮義務については，塵肺被害のような場合，事故発生日がいつなのかという問題が残る（「部会第93回議事録」２頁）。

★５　二本松利忠「不法行為５：交通事故」伊藤総括編『民事要件事実講座⑷』312頁。

【第418条注】

★１　「部会資料68Ａ」17頁。学説は，我妻『債権総論』129頁，中田『債権総論』182頁等。

が認められる場面が広くなり債権者にとって酷である場面が生じかねない★3」等の理由から見送られ，「過失」の文言が維持された★4。もっとも，損害軽減義務の考え方を否定したわけではなく，それが本条において考慮されるか否かは，「債務の不履行又はこれによる損害の発生若しくは拡大に関して債権者に過失があったとき」の解釈・認定に委ねられた★5。

第２　要件事実

新法418条の要件事実は，現行法と同様であり，債務不履行に基づく損害賠償請求権を行使された債務者において，債務の不履行又はこれによる損害の発生もしくは拡大についての債務者過失を基礎づける，評価根拠事実を抗弁として主張立証することになり，債権者は再抗弁としてその評価障害事実を主張立証する★6★7。

〔佐藤〕

（金銭債務の特則）第419条

金銭の給付を目的とする債務の不履行については，その損害賠償の額は，債務者が遅滞の責任を負った最初の時点における法定利率によって定める。ただし，約定利率が法定利率を超えるときは，約定利率による。

★２　「中間試案の補足説明」123〜125頁。

★３　「部会資料68Ａ」18頁。

★４　なお，「中間試案」では，過失相殺の効果面に関して，必要的減免から裁量的減額（全額の免除はできない）に改正することも提案されたが（「中間試案の補足説明」125頁），免責を必要とする場面があること等の理由から改正が見送られた（「部会資料68Ａ」18〜19頁）。

★５　「部会資料68Ａ」18頁。法制審議会においては，損害軽減義務の具体的事例として，賃借人が賃貸物件の浸水事故により営業利益喪失の損害を被ったとして賃貸人に対し修繕義務の不履行に基づく損害賠償請求をしたところ，賃借人が損害の回避又は減少のための措置を講ずることができたと解される時期以降の営業利益相当の損害賠償全額の賠償を求めることはできないとされた判例（最判平21・１・19民集63巻１号97頁。同判例は現行法416条１項の「通常生ずべき損害」の解釈を示したもの）が検討されていた（「中間試案の補足説明」124頁）ところ，同判例において考慮された事実及びそれによって導かれる損害軽減義務が新法418条の過失として考慮されるかは，今後の解釈に委ねられたといえる。

★６　過失相殺の過失を基礎づける事実を債務者が主張立証しなければならないことは，最判昭43・12・24民集22巻13号3454頁（立証責任についての判例），齋藤隆「債務不履行に基づく損害賠償請求」伊藤総括編『民事要件事実講座⑶』59頁参照。

★７　前掲注（★５）最判平21・１・19において示された損害軽減義務の評価根拠事実（賃貸物件の劣化が著しいため営業を長期にわたって継続し得たとは考えがたいこと，浸水により損傷した営業用設備に関しては保険金が支払われ，他の物件に移転して営業を再開することが可能であったこと等）が，過失相殺の評価根拠事実となり得るかも今後の解釈に委ねられたといえる。

2　前項の損害賠償については，債権者は，損害の証明をすることを要しない。
3　第1項の損害賠償については，債務者は，不可抗力をもって抗弁とすることができない。

第1　現行法と新法の異同

新法419条1項は，現行法の規定を基本的に維持したうえで，法定利率が変動制へ改正されたことに伴い，利息損害の算定基準時を，「債務者が遅滞の責任を負った最初の時点」としたものである。

「債務者が遅滞の責任を負った最初の時点」とは，金銭債務の不履行による損害賠償債務の発生時，すなわち，金銭債務の遅滞の時であり★1，この時点での法定利率が適用される。

不法行為についての損害賠償請求権の場合，不法行為時に発生し，直ちに遅滞に陥ると考えられているため，不法行為時の法定利率が適用されるとされている★2。安全配慮義務違反に基づく債務不履行責任については，期限の定めのない債務と解されているから，債務者が履行の請求をした時が遅滞の時であり，同時点の法定利率が適用される★3。

現行法419条2項，3項は改正されていない。

第2　要件事実

本条1項により，「債務者が遅滞の責任を負った最初の時点」を示す具体的事実を主張立証する必要が生じたといえる。

もっとも，履行遅滞に基づく損害賠償請求権を訴訟物とする場合には履行遅滞の事実を主張するが，それを主張すれば，「債務者が遅滞の責任を負った最初の

【第419条注】
★1　「部会資料74B」9頁，「部会資料81B」7頁。
★2　「部会資料81B」7頁。後遺症による逸失利益を算定する場合には，症状固定時において労働能力喪失期間や喪失率が確定し，損害の算定が可能となるものの，その場合にも，障害の原因となった不法行為時が利率の基準時となる。症状固定時がいつであったかをめぐり紛争になるため，一律に不法行為時にするのが適切であるからである（同頁）。なお，不法占拠に基づいて賃料相当額損害金を請求する場合には，同損害金に対する遅延利息が生じることになるが，この利率が不法占拠開始時で固定されるのか，不法行為債権が日々発生するものとして不法占拠中に利率が変動するのかについては，今後の解釈に委ねられている（「部会第83回議事録」8～10頁）。
★3　「部会資料81B」7頁。

時点」は示されることになるから，新法によって追加された文言は，主張すべき要件事実に変更を来すものではない。〔佐藤〕

（賠償額の予定）第420条

当事者は，債務の不履行について損害賠償の額を予定することができる。
2　賠償額の予定は，履行の請求又は解除権の行使を妨げない。
3　違約金は，賠償額の予定と推定する。

第１　現行法と新法の異同

現行法420条１項後段は，賠償額の予定がされた場合に，裁判所がこれを増減することができないと明文で規定するが，その文言にもかかわらず，実際には，裁判例において，予定された賠償額が過大だった場合に，公序良俗違反として，当該予定条項を一部無効にして合理的な額に減額するものや，全部無効とするものなどが見られた。そこで，賠償額の予定につき公序良俗や信義則の一般条項による規制があり得ることをより明らかにする観点から，同条後段が削除された★1。

賠償額の予定が，公序良俗違反と判断された場合に，一部無効として減額の処理をするのか，全部無効として実損を認定するのかを，新法は明らかにしていないから★2，この点は，今後の解釈に委ねられる。

現行法420条２項及び３項は改正されていない。

第２　要件事実

現行法420条後段の削除によって，賠償額の予定に基づいて損害賠償請求をされた債務者が公序良俗違反の評価根拠事実を主張立証できることが明らかになった。

公序良俗違反が認められる場合において，その効果が一部無効だと解すれば裁判所が減額された損害額を認定するが，全部無効と解すれば債権者は損害及びその数額を主張立証しなければならなくなる。この点は上記のとおり今後の解釈に

【第420条注】
★１　「中間試案の補足説明」130頁。
★２　「部会第90回議事録」60頁。

委ねられた。〔佐藤〕

（代償請求権）第422条の２

債務者が，その債務の履行が不能となったのと同一の原因により債務の目的物の代償である権利又は利益を取得したときは，債権者は，その受けた損害の額の限度において，債務者に対し，その権利の移転又はその利益の償還を請求することができる。

第１　新法における本条の新設

１　現行法における問題点と新法による対応

代償請求権とは，履行不能が生じたのと同一の原因によって，債務者が履行の目的物の代償と認められる利益を取得した場合に，債務者が目的物の引渡し等に代えて，その利益の償還を求めることのできる権利である★1。判例★2・通説★3は代償請求権を認めていたが，現行法は明文規定を欠いていた。そこで，代償請求権の新設が検討された。

２　新法による対応と残された問題点

⑴　新法の内容

新法は，①債務が履行不能となったこと，②履行不能と同一の原因によって債務の目的物の代償である権利又は利益を取得したこと，③債権者が受けた損害の限度であることを要件として，代償請求権を認めた。しかし，その要件及び効果をめぐっては，次のように未解決の問題がある。

⑵　帰責事由の要否

法制審議会では，上記①から③の要件に加えて，④債務者に帰責事由がないことが要件になるかどうかが議論され，最終的にこれが明記されず，解釈に委ねられた。

すなわち，履行不能の場合の損害賠償請求権が認められない場合――債務者に帰責事由のない場合――にのみ補充的に代償請求権を認めるべきであるから，帰

【第422条の２注】
★１　「部会資料５－２」115頁，中田『債権総論』191頁。
★２　最判昭41・12・23民集20巻10号2211頁。
★３　我妻『債権総論』148頁，中田『債権総論』191頁，奥田『債権総論』150頁。

責事由のないことが要件となるという立場と，損害賠償請求権と代償請求権とが選択的関係に立つとの立場から，帰責事由のないことは要件でないという立場とがあるが★4，法制審議会では，いずれの立場をとるか議論の決着がつかず★5，帰責事由の要否は解釈に委ねられた。

⑶　代償請求権の効果

新法の法文上，代償請求として認められるのは，「権利の移転」と「利益の償還」である。「利益の償還」は，下記要件事実の具体例に挙げるような場面である。「権利の移転」については，形成権としての代償請求権を定めたものと解される★6。

第２　要件事実

ここでは，代償請求権をいきなり行使する場合を検討したい★7。具体的事例としては，建物の売買契約（所有権は留保されている）締結後に同建物が放火によって焼失したため，売主が火災保険金を受け取ったところ，買主が，売主が得た利益の償還を請求する場面を考える★8。

訴 訟 物

売買契約の債務不履行に基づく代償請求権★9

請求原因

１　Ｙは，Ｘに対し，代金を2000万円として，本件建物を売った。

２　本件建物が焼失した。

３　Ｙは，２により火災保険金を受領した。

４　Ｘの受けた損害額（本件建物焼失時の時価額）

（５　２が放火による）

★4　「中間試案の補足説明」118～119頁。

★5　議論の詳細は，「部会第78回議事録」12～16頁。

★6　「部会第78回議事録」13頁。

★7　代償請求権の具体的局面としては，履行不能に基づく損害賠償請求権を訴訟物とする訴訟を提起したところ，被告に帰責事由が認められなかった場合（新法415条１項ただし書）に備えて，代償請求を求める場合（損害賠償請求との関係は代償請求権が補充的なものと考えれば予備的併合となり，両者が併存的なものと捉えれば単純併合となると思われる）がある。なお，所有権に基づく動産引渡請求訴訟において執行不奏功の場合に備えて代償請求を単純併合により求める場合（司研『紛争類型別の要件事実』109～112頁）における代償請求は，不法行為に基づく損害賠償請求の問題であるから，本条とは場面を異にすると思われる。

★8　潮見『新債権法総論Ⅰ』292～293頁の事例を参考にした。

★9　大江『要件事実民法⑷』122頁参照。

請求原因２が代償請求権の要件①に，請求原因３が要件②に，請求原因４が要件③に該当する具体的事実である。

要件④帰責事由がないことを代償請求権の発生要件と解する立場からは，履行不能に帰責事由がないことの評価根拠事実として請求原因５を主張立証すべきことになる★10。

帰責事由の要否に関する新法の立法経緯からすると，請求原因５を要するか否かは，今後の解釈，運用に委ねられているといえる★11。

なお，以上は，「利益の償還」を求める場面であり，「権利の移転」については次のように考える。「権利の移転」は形成権であるので，要件事実として，Ｙに対する代償請求権行使の意思表示が必要となるものと思われる。上記事例においては，Ｙは放火犯に対して損害賠償請求権を，保険会社に対して保険金請求権を有するところ，Ｘは，「権利の移転」として，代償請求権行使の意思表示をすることで，当該損害賠償請求権あるいは保険金請求権を取得することになろう（ただしこの場合，被告はＹではなく，放火犯ないし保険会社となる★12）。〔佐藤〕

第２款　債権者代位権

（債権者代位権の要件）第423条

> 債権者は，自己の債権を保全するため必要があるときは，債務者に属する権利（以下「被代位権利」という。）を行使することができる。ただし，債務者の一身に専属する権利及び差押えを禁じられた権利は，この限りでない。
>
> ２　債権者は，その債権の期限が到来しない間は，被代位権利を行使することができない。ただし，保存行為は，この限りでない。
>
> ３　債権者は，その債権が強制執行により実現することのできないものであるときは，被代位権利を行使することができない。

★10　潮見『新債権法総論Ｉ』299頁は，債権者の側で債務者に帰責事由がないことを主張立証することは不自然であると指摘する。

★11　「部会第78回議事録」15頁において，中田委員は制度を導入したうえで要件事実を構築すべきとの意見を述べ，潮見幹事は要件事実をどう組み立てるかを踏まえて制度を構築すべきとの意見を述べるが，本条の要件事実について確定的なことは述べられていない。

★12　「部会第78回議事録」15頁〔道垣内幹事発言〕参照。

第１　現行法と新法の異同

本条１項は，現行法423条１項の債権者代位権の規律を基本的に維持したうえで，異論のなかった「差押えを禁じられた権利」を被代位権利とすることができないことを，同条同項に追加して明文化したものである。

本条２項は，現行法423条２項から，被保全債権の履行期が到来していない場合でも裁判上の代位はできるとされていた部分を削除した。裁判上の代位の許可制度は，その利用例が極めて少なく，その制度を存置しておく必要性が乏しいと考えられたことによる★1。

本条３項は，被保全債権が「強制執行により実現することができないものである」場合には，債権者代位権の行使を許さない旨を定める。強制力を欠く債権を保全するために強制執行準備目的の債権者代位権を行使するのは適切ではないからである。

第２　要件事実

１　具体的事例による検討

【設例】　Ｘは，Ａに対し，高級時計を200万円で売り渡し，同額の売買代金債権を有していた。Ｘは，Ａに対し，この売掛債権の支払を請求したが，Ａは，「もうしばらく待ってほしい」という対応を繰り返した後，自己の債務整理を弁護士に依頼した。その後，Ｘは，Ａの資産の調査をしたところ，Ａは，親族のＹに対し，弁済期の到来した200万円の貸金返還請求債権を有していることが判明した。

そこで，Ｘは，Ｙに対し，Ａに代位して200万円の支払を求める債権者代位訴訟を裁判所に提起した。

訴 訟 物

Ａ のＹに対する消費貸借契約に基づく貸金返還請求権

請求原因

１　Ｘ（売主）は，Ａ（買主）との間で，高級時計を代金200万円と定めて売買契約を締結した。

【第423条注】

★１　「部会資料73Ａ」27～28頁。

２　Ａが無資力であることの評価根拠事実。

３　Ａは，Ｙに対し，弁済期を平成○年○月○日と定めて200万円を貸し渡した。

４　前項の弁済期が到来した。

抗弁１（期限）

請求原因１の契約には，期限の特約があった。

抗弁２（無資力）

Ａが無資力であることの評価障害事実。

抗弁３（執行力のない債権）

ＸとＡとの間で，請求原因１の債権につき，強制執行をしない特約があった。

抗弁４（相手方の抗弁）

１　Ｙ（売主）は，Ａ（買主）との間で宝石を代金200万円と定めて売買契約を締結した。

２　Ｙは，宝石をＡに対して引渡しのための提供をした。

３　Ｙは，本件口頭弁論期日において，１項の売買代金債権をもって本訴請求債権と対当額にて相殺する旨の意思表示をした。

抗弁５（権利の行使）

本件訴え提起に先立ち，Ａは，請求原因３の権利を行使した。

再抗弁１－１（期限の到来）

抗弁１の期限が到来した。

再抗弁１－２（保存行為）

時効の完成猶予又は更新をするための（保存）行為である。

２　要件事実に関する説明

(1)　債権者代位権の発生要件に係る要件事実

債権者代位権訴訟は，法定訴訟担当の一種であるので，債権者代位権の発生要件として，債権者が法律の規定により当事者として訴訟追行する資格（当事者適格）を具備していることが必要である。この当事者適格を構成する事実は，①債権者代位の基礎となる債権者の債務者に対する債権の存在と，②債権の保全の必要性（無資力）であるが，この２つの要件に該当する具体的事実は，当事者適格を構成する事実であると同時に，実体法上の特殊な権利である債権者代位権の発生要件に係る要件事実であると解される。

(a)　被保全債権　　この被保全債権の存在は，Ｘが当該債権の発生原因事実を主張立証して明らかにする必要がある（請求原因1）。この請求原因の段階で，Xは，高級時計の引渡し又はその提供の事実を主張立証する必要はない。目的物の引渡しが未了であれば，Yは，Aの有する同時履行の抗弁権を権利抗弁として行使することができる。

本条2項との関係で，売掛債権の履行期の要件事実論上の位置づけが問題になり得るが，期限の定めは売買契約の付款であるので，この代位訴訟においても，要件事実の一般論に従って，期限の定めのあることは，Yの抗弁となり（抗弁1）この抗弁が主張立証された場合に，Xは，再抗弁として，期限の到来（再抗弁1－1）又は本条2項ただし書に基づく保存行為に当たる事実（再抗弁1－2）のいずれかの主張立証を要することとなると解するのが相当である。

本条3項の強制執行力の有無に係る要件事実については，Xが請求原因で被保全債権の発生原因事実を主張立証すれば，それによって発生する債権は，執行力を具備していることが通常であるので，Yは，その例外として，当該債権についての不執行の合意（抗弁3）や破産手続よる免責許可決定の確定などの執行力喪失事由を具体的に主張立証することになると解される。

(b) 債権の保全の必要性（無資力）　債権保全の必要性（無資力）は，債務者の財産管理権に対する債権者の干渉を正当化するための要件である。無資力は，一般には負債が資産を上回っている債務超過の状態をいうが，単に「無資力」といっただけでは，どのような経済状態を指しているのかを具体的に想定できない。無資力自体は，事実ではなく，評価であるから，無資力を内容とする要件は，評価的要件である。無資力の評価根拠・障害事実が要件事実となる。【設例】で，Xは，無資力の評価根拠事実として，売掛債権の請求をした際，Aが「もうしばらく待ってほしい」という対応を繰り返した後，債務整理を弁護士に委任した事実などを主張立証し，Yは，その評価障害事実として，Aが無担保の不動産を保有し，同不動産を換価することによって債務の弁済が可能であることなどを主張立証することが考えられる★2。

(c) 「権利の不行使」の要件事実　現行法下では一般に，「債務者が（被代位）権利を行使しないこと」が代位権発生の要件であると解されている★3。新法下でも，現行法下と同様に，「債務者が権利行使をしている」事実を債権者代位権の発生障害要件と解し，【設例】では，Yの抗弁として位置づけるべきものと考

★2　近藤昌昭「債権者代位権」伊藤総括編『民事要件事実講座(3)』104頁参照。
★3　我妻『債権総論』166頁，内田『民法Ⅲ』286頁等。

える★4。新法は，現行法下の判例法理★5を変更し，債権者による債権者代位権の行使後も，債務者に当該権利についての取立権や受領権を認めている（新法423条の５）。その趣旨は，債権者が代位行使に着手したことを債務者に通知し又は債務者がそのことを了知しただけで，債務者が自らの権利の取立てその他の処分の権限を失うとすると，債務者の地位が著しく不安定となるからである★6。このことは，新法が，債務者の権利行使を現行法下よりも重視していることを意味し，そのような新法のとる態度からして，債務者が既に権利行使をしているときには，そこに債権者が介入して代位訴訟を提起することは，現行法下よりもさらに強い理由で許されないというべきである。よって，【設例】でのＹの抗弁は，前記抗弁５のとおり，時的要素を含めて主張する必要があると解される。

⑵　被代位権利に係る要件事実

【設例】での訴訟物は，ＡのＹに対する貸金返還請求権であり，Ｘは，この代位の対象となる債権の発生原因事実を主張立証すべきことになる（請求原因３，４）。

本条１項ただし書は，「債務者の一身に専属する権利及び差押えを禁じられた権利は，この限りでない。」と規定するので，この要件事実論上の位置づけが問題となる。被代位権利（債権）が一身専属権あるいは差押禁止債権かどうかは，通常，債権者が，当該債権の発生原因事実を主張立証する段階で明らかになるので，この点が要件事実として問題となることは少ないと考えられる。ただし，ここでの一身専属権は，いわゆる行使上の一身専属権であるところ，この権利は，一定の要件を具備すれば，一身専属性を失う場合がある。例えば，名誉毀損による慰謝料請求権は，行使上の一身専属権であるが，加害者との間で和解するなどして，具体的な債権の額が確定したときは，行使上の一身専属性を失うとされており，債権者が，その請求原因事実に加えて具体的な金額確定の事実を主張立証すれば，代位行使は認められると解される★7。本来，債権の一身専属性に係る要件事実は，代位権発生の障害事由として，第三債務者の抗弁に当たるものであるが，請求原因事実を主張立証する中で当該債権の一身専属性が現れてしまうため，本来は再抗弁に当たる一身専属性の喪失事由をいわゆるせり上がり★8で請求原因において主張立証する必要が生ずる。〔北〕

★４　大江『新債権法の要件事実』200頁参照。
★５　大判昭14・５・16民集18巻557頁。
★６　「部会資料73Ａ」32～33頁参照。
★７　近藤・前掲注（★２）113～115頁。
★８　『要件事実小辞典』136頁参照。

（代位行使の範囲）第423条の２

債権者は，被代位権利を行使する場合において，被代位権利の目的が可分であるときは，自己の債権の額の限度においてのみ，被代位権利を行使することができる。

第１　現行法と新法の異同

本条は，被代位権利の目的が可分であるとき，現行法下での判例法理★1と同様，代位債権者の被保全債権額を限度として債権者代位権を行使できる旨を明文化したものである。

第２　要件事実

被保全債権の債権額については，本条が規律する債権者代位権行使の範囲の基準となるので，債権者代位権の発生要件として，代位債権者が主張立証することが必要であるが，通常は，代位債権者が主張立証することが必要な被保全債権の発生原因事実の中に当該債権額が含まれている。

詐害行為の目的の可分・不可分についても，代位債権者が主張立証することが必要な被代位権利の発生原因事実の中で明らかになるのが通常であるが，被保全債権の額が被代位権利の額より少額の事案で，目的が不可分であるかどうかが争点となった場合は，その不可分であることについての主張立証責任は，代位債権者が負うべきと解される。その事案で被代位権利の目的が不可分の場合は，代位権行使の範囲は，被保全債権の額にとどまらないのであるから，その効果を主張する代位債権者が負担するのが，立証の公平の観点からも妥当だからである。〔北〕

（債権者への支払又は引渡し）第423条の３

債権者は，被代位権利を行使する場合において，被代位権利が金銭の支払又は動産の引渡しを目的とするものであるときは，相手方に対し，その支払又は引渡しを自己に対してすることを求めることができる。この場合において，相

【第423条の２注】
★１　最判昭44・６・24民集23巻７号1079頁。

手方が債権者に対してその支払又は引渡しをしたときは，被代位権利は，これによって消滅する。

第１　現行法と新法の異同

１　改正の概要

本条は，被代位権利が金銭の支払又は動産の引渡しを目的とする場合，代位債権者は，相手方に対し，代位債権者への直接の金銭の支払又は動産の引渡しを求めることができる旨を定めるとともに，相手方が代位債権者に対して直接の支払又は引渡しをしたときは，被代位権利が消滅する旨を規定した。

２　改正の主な問題点

「中間試案」では，上記の規律に加え，相殺禁止の明文の規律を新設することとされていたが★1，相殺禁止の明文の規律は，債権者代位権による事実上の債権回収機能を変更させ，債権者に代位権行使のインセンティブを失わせる旨の指摘や，仮に相殺禁止の明文の規律を置かなくとも，相殺権濫用の法理などによって相殺が制限されることも考えられることなどを踏まえ，相殺禁止の明文の規律を設けずに，解釈等に委ねることとされている★2。

第２　要件事実

債権者が債務者に代位して被代位権利を行使した結果は債務者に帰属するのであって，債権者に帰属するのではない。代位行使の相手方が債権者に対し，代位した権利の目的物である金銭を支払い又は動産を引き渡したときは，被代位権利はこれによって消滅する。それゆえ，この場合の代位行使の相手方は，債務者からの請求に対して，債権者に対する金銭の支払等によって被代位権利が消滅した旨の抗弁を提出することができる。　〔北〕

（相手方の抗弁）第423条の４

債権者が被代位権利を行使したときは，相手方は，債務者に対して主張することができる抗弁をもって，債権者に対抗することができる。

【第423条の３注】
★１　「中間試案」第14，３。
★２　「部会資料73Ａ」31頁。

第１　現行法と新法の異同

現行法下の判例★1は，代位行使の相手方が債務者に対する抗弁をもって代位債権者に対抗できる旨を判示し，この点については異論もなかったので，本条は，この判例法理を明文化したものである。本条は，代位行使の相手方が，代位債権者に対して主張することができる抗弁をもって対抗することができない旨を含意する★2。

第２　要件事実

本条に基づく抗弁の例示は，前記「**第423条の解説**」**第２**の１抗弁４を参照されたい。
〔北〕

（債務者の取立てその他の処分の権限等）第423条の５

債権者が被代位権利を行使した場合であっても，債務者は，被代位権利について，自ら取立てその他の処分をすることを妨げられない。この場合においては，相手方も，被代位権利について，債務者に対して履行をすることを妨げられない。

第１　現行法と新法の異同

現行法下の判例★1は，債権者が代位権行使に着手し，債務者がその通知を受けるか，又はその権利行使を了知したときは，債務者は被代位権利の取立てその他の処分の権限を失うとしていた。

本条は，上記判例法理を変更し，債権者が債務者の権利を代位行使した場合であっても，債務者の当該権利に対する管理処分権が制限されることがない旨を定めた新設規定である（その立証趣旨につき，前記「**第423条の解説**」**第２**の２⑴(c)参照）。

第２　要件事実

【第423条の４注】
★１　大判昭11・３・23民集15巻551頁。
★２　潮見『改正法の概要』80頁。
【第423条の５注】
★１　大判昭14・５・16民集18巻557頁。

新法下では，債務者からの請求に対し，代位の相手方は，「債権者が代位権の行使に着手している」旨を抗弁とすることができない。現行法下での判例と異なり，債権者代位権の行使には，債務者自身の権利行使を妨げる効果はないからである。

〔北〕

（被代位権利の行使に係る訴えを提起した場合の訴訟告知）第423条の６

債権者は，被代位権利の行使に係る訴えを提起したときは，遅滞なく，債務者に対し，訴訟告知をしなければならない。

第１　現行法と新法の異同

本条は，債権者代位訴訟を提起した代位債権者に対し，債務者に対する訴訟告知を義務づけた新設規定である。債権者代位訴訟を提起する代位債権者は法定訴訟担当の地位にあり，その判決の効力が債務者に及ぶため（民訴115条１項２号），代位債権者に債務者に対する訴訟告知を義務づけることにより，債務者に訴訟参加の機会を与え，その手続保障を図る趣旨であるとされている★1。

第２　要件事実

本条の規定する訴訟告知の位置づけについては，法制審議会の審議において，立案担当者から，訴訟告知は，被保全債権の存在や無資力要件の位置づけと同じである旨の指摘がなされている★2。この趣旨が，訴訟告知が債権者代位訴訟提起の当事者適格を構成する事実であることを指しているのか，同時に実体法上の代位権発生の要件にも当たると解されたうえでの指摘なのか必ずしも明らかでないが，本条の訴訟告知は，債務者の手続保障を図る趣旨で新設されたものであるので，債権者代位権の発生，障害，消滅などの実体法上の要件に該当する要件事実★3には当たらないと解される。この点で，訴訟告知は，被担保債権の存在な

【第423条の６注】

★１　高須「訴訟告知の効力(上)」44頁は，本条の規定趣旨には，①債務者に訴訟参加の機会を与えることと，②「代位債権者勝訴による債権回収が債務者の知らないところで行われてしまうことを防止するために訴訟告知を行うという改正により生じる新しい趣旨とが，併せ存在している」旨指摘され，①は代位債権者敗訴に備えて，②は代位債権者勝訴に備えて，訴訟告知が必要となるとされる。

★２　「部会第41回議事録」31～33頁の〔金関係官発言〕参照。

★３　伊藤『要件事実の基礎』２～３頁参照。

どとは要件事実論上の位置づけが異なると解されるが，債権者代位訴訟において，代位債権者が本条所定の訴訟告知を遅滞なく行わなければ，当事者適格を欠くものとして訴えが却下される。〔北〕

（登記又は登録の請求権を保全するための債権者代位権）第423条の７

登記又は登録をしなければ権利の得喪及び変更を第三者に対抗することができない財産を譲り受けた者は，その譲渡人が第三者に対して有する登記手続又は登録手続をすべきことを請求する権利を行使しないときは，その権利を行使することができる。この場合においては，前３条の規定を準用する。

第１　現行法と新法の異同

現行法下の判例★1 は，不動産がＡからＢ，ＢからＣへと転々譲渡されたのに，ＢがＡに対する所有権移転登記請求権を行使しないときは，Ｃは，転用型の債権者代位権★2 の行使として，ＣのＢに対する所有権移転登記請求権を被保全権利とするＢのＡに対する所有権移転登記請求権の代位行使をすることができるとしている。本条は，この判例法理を明文化するものである。不動産登記に限らず，登記又は登録が対抗要件とされている場合には，同様の問題が生じ得るので，信託法14条を参照し，「登記又は登録をしなければ権利の得喪及び変更を第三者に対抗することができない財産」（「登記又登録をしなければ効力を生じない財産」も含まれる）と明記されている。

なお，「中間試案」では，転用型の債権者代位権の一般的な要件として，①必要性（権利の実現が妨げられていること），②相当性（代位債権者の権利の性質に応じた相当性），③補充性（他に適切な実現の方法がないこと）を定めることが提案されたが，抽象的で評価的にすぎるとの指摘などを踏まえ，その一般的要件について明文化することは見送られている★3。

なお，本条は，登記・登録請求権以外の転用型債権者代位権を否定するものではなく，解釈に委ねられている。

【第423条の７注】

★１　大判明43・７・６民録16輯537頁等。

★２　『要件事実小辞典』61～63頁参照。

★３　「中間試案」第14，９⑵及び「部会資料73Ａ」36頁参照。

第２　要件事実

本条の規定する登記・登録請求権を被保全権利とする転用型債権者代位権の一般的要件は，前記のとおり，明文化されていないが，その債権者代位訴訟における攻撃防御方法の構造は，現行法下と基本的に同じであると解されるので，省略する★4。
〔北〕

第３款　詐害行為取消権

第１目　詐害行為取消権の要件

（詐害行為取消請求）第424条

債権者は，債務者が債権者を害することを知ってした行為の取消しを裁判所に請求することができる。ただし，その行為によって利益を受けた者（以下この款において「受益者」という。）がその行為の時において債権者を害することを知らなかったときは，この限りでない。
2　前項の規定は，財産権を目的としない行為については，適用しない。
3　債権者は，その債権が第１項に規定する行為の前の原因に基づいて生じたものである場合に限り，同項の規定による請求（以下「詐害行為取消請求」という。）をすることができる。
4　債権者は，その債権が強制執行により実現することのできないものであるときは，詐害行為取消請求をすることができない。

第１　現行法と新法の異同

１　改正の概要

本条１項は，破産法上の否認権制度に倣い，受益者を相手方とする詐害行為取消権と転得者を相手方とする詐害行為取消権を区別して規律する構成をとったうえで，受益者に対する詐害行為取消請求の一般準則を定めている。

本条１項・２項は，現行法の「法律行為」との文言を「行為」に改正している。これは，現行法下で弁済等の純然たる「法律行為」でないものも，詐害行為

★4　現行法下での移転登記請求権を被保全権利とする転用型債権者代位訴訟の要件事実につき，近藤昌昭「債権者代位権」伊藤総括編『民事要件事実講座(3)』105～107頁，伊藤滋夫＝平手勇治「要件事実論における若干の具体的考察」ジュリ869号（1986）31頁以下等参照。

取消権の対象となると解されていることによる。

本条３項は，被保全債権が「詐害行為前に生じた」場合にのみ認められるとの考え方が一般的であったが，詐害行為前に成立していた被保全債権について詐害行為以後に発生する遅延損害金も被保全債権として認めた判例★1等の考えを明文化し，その認める範囲を「行為の前の原因に基づいて生じたもの」とする規律を新設した。

本条４項は，強制執行により実現できない債権を被保全債権として詐害行為取消権を行使できない旨を明記した。

2　改正の主な問題点

(1)　現行法における問題点

否認権と詐害意思に基礎を置く詐害行為取消権は，ローマ法のパウルス訴権に起源をもつ同質・同根の制度であるが，現行破産法の否認権制度が否認対象行為の有害性につき，二元説思想（財産減少行為と偏頗行為の有害性を峻別する思想）に立脚して否認要件を明確化・合理化したことにより，否認権と詐害行為取消権の各規律が整合しない状況になっていた。両制度の不整合な状況を踏まえ，法制審議会においても，平時における詐害行為取消権の方が否認権よりも取消しの対象行為の範囲が広い場面があるといった現象（逆転現象）が生じていることへの対応を検討する必要があることなどが指摘された★2。

(2)　新法による対応

新法は，否認権制度の否認要件との整合を図るべく，本条１項の特則として，相当の対価を得てした財産の処分行為や過大な代物弁済等について，それぞれ破産法161条１項，160条２項と同趣旨の規定を新設し（新法424条の２，同条の４），さらに偏頗行為について，偏頗行為否認の要件（破162条）に比してより厳格な詐害行為取消要件を規定して（新法424条の３），前記の逆転現象を解消するとともに，詐害行為取消対象の行為類型ごとにその取消要件の明確化・合理化を図っている。

このように詐害行為取消権は，否認権制度との整合性を図りつつ，その取消要件を明確化して改正されているが，新法が，詐害行為の「有害性」を，①「責任

【第424条注】

★１　最判昭35・４・26民集14巻６号1046頁，最判平８・２・８裁判集民178号215頁。

★２　「部会資料７－２」50頁，「部会第５回議事録」44～47頁の〔山本（和）幹事発言〕及び〔中井委員発言〕参照。

財産を減少する行為をして債権者が十分な弁済を受けることをできなくすること」を意味する「責任財産減少行為」のみで捉えているか，あるいは，②否認権制度と同様に，「責任財産減少行為」と「偏頗行為」の各有害性を二元説的に峻別したうえで，その両者の有害性を包摂したものとして詐害行為取消権の有害性体系を構築しているかについては，必ずしも明らかとはいえない。この点は，「債権者を害すること」（有害性）の意義の理解に大きくかかわるだけでなく，行為類型ごとに規定された取消要件を的確に理解するためにも必要不可欠であると考える。私見★3は，後者の②の理解に立つものであるが，その詳細は，各条項の中で説明したい。

第２　要件事実

１　詐害行為取消権発生の要件事実

本条１項は，詐害行為取消権の発生要件を定めるが，一般的にその要件として，①被保全債権の存在，②債務者の無資力，③財産権を目的とする行為（詐害行為），④債務者の悪意（詐害意思）が必要であると解されている★4。この４つの発生要件に該当する各要件事実の要点をまとめると下記のとおりである。

⑴　被保全債権

被保全債権について，取消債権者は，債務者に対する債権の発生原因事実を主張立証しなければならない。その債権の発生時期については，本条３項により，詐害行為の「前の原因」に基づいて生じたものであれば，詐害行為の後に発生した債権も被保全債権になり得る。この点は，時的要素★5であり，取消債権者が主張立証しなければならない。

債権額についても，詐害行為の取消しの範囲の基準となるので，取消債権者が主張立証することが必要である。

本条４項の強制執行力の有無に係る要件事実については，被保全債権は，取消債権者が債権発生原因事実を主張立証すれば，それによって発生する債権は，執行力を具備していることが通常であるので，受益者が，その例外として，当該債

★３　北秀昭「詐害行為取消権の民法改正法案の特質―否認権制度の『有害性』体系との対比を踏まえて」筑波ロージャーナル20号（2016）１～26頁。

★４　瀬戸口壯夫「詐害行為取消権」伊藤＝山崎編『ケースブック』177頁以下，難波孝一「倒産法と要件事実」永石一郎編集代表『倒産処理実務ハンドブック』（中央経済社，2007）643頁等。

★５　『要件事実小辞典』91～92頁参照。

権についての不執行の合意などの執行力喪失事由を具体的に主張立証する必要がある。

⑵ 債務者の無資力

無資力は，一般には負債が資産を上回っている債務超過の状態をいうが，単に「無資力」といっただけでは，どのような経済状態を指しているのかを具体的に想定できないことからもわかるように，無資力自体は，事実ではなく，評価であるから，無資力を内容とする要件は，評価的要件である。無資力の評価根拠・障害事実が要件事実となる。その要件事実の具体的な例示については，前記（「第423条の解説」第2の2⑴(b)）を参照されたい。なお，無資力は，詐害行為の時点であれば足りる。その後事実審の口頭弁論期日までに資力が回復したときは，詐害行為取消権の消滅事由として，取消権を争う相手方が主張立証すべきものと解される。

⑶ 財産権を目的とする行為

本条1項は，「債権者を害することを知ってした行為」が詐害行為取消権の対象となる旨を規定し，本条2項は，「前項の規定は財産権を目的としない行為については，適用しない。」と規定して，「財産権を目的としない行為」が，詐害行為取消権発生の障害要件であるかのような規定の仕方となっている。しかし，詐害行為取消権制度の趣旨・目的からして，債務者の行為の目的は責任財産を構成するものでなければならないから，「行為が財産権を目的とすること」は，取消債権者が主張立証する必要があると解するのが相当である★6。

⑷ 債務者の悪意（詐害意思）

債務者の悪意は，特定の債権者を害することまでの認識は不要であり，一般の債権者に対する責任財産に不足が生ずることについての認識があれば足りると解されている★7。この責任財産の減少という観点からの有害性については，贈与等の有害性の強いものから，弁済のような有害性の弱いものまであるとの一般的理解の下で，有害性の弱い本旨弁済などについて，判例★8は，原則として詐害行為に当たらず，通謀的害意があれば，詐害行為が成立するとする。このように判例は，行為の持つ有害性の強弱と債務者の主観を相関的に捉え，有害性の有無を判断している。これに対し，新法は，否認権制度と同様に「責任財産減少行

★6　内堀宏達「詐害行為取消権」伊藤総括編『民事要件事実講座⑶』126～127頁等。
★7　最判昭35・4・26民集14巻6号1046頁，最判昭50・12・19金法779号24頁等。
★8　最判昭33・9・26民集12巻13号3022頁等。

為」と「偏頗行為」の各有害性を二元的に峻別したうえで，その両者の有害性を包摂したものとして詐害行為取消権の有害性体系を構築しているとの理解に立てば，本旨弁済（偏頗行為）の有害性についての債務者の悪意は，責任財産を減少させて債権者を害することについての認識ではなく，債権者間の平等を害することについての認識を意味することになる。この点については，新法424条の３及び同条の４の箇所で改めて説明する。

2　詐害行為取消権の発生障害要件としての受益者の善意

詐害行為取消権の行使に対し，受益者は，抗弁として，当該行為が債権者を害することにつき善意であったことを主張立証することができる。受益者の善意が，詐害行為取消権の発生阻害要件として抗弁となるのは，取消債権者には受益者の悪意の立証が困難であるという立証の公平と，債務者が悪意であれば，受益者が悪意である場合が多いということによる★9。〔北〕

（相当の対価を得てした財産の処分行為の特則）第424条の２

債務者が，その有する財産を処分する行為をした場合において，受益者から相当の対価を取得しているときは，債権者は，次に掲げる要件のいずれにも該当する場合に限り，その行為について，詐害行為取消請求をすることができる。
一　その行為が，不動産の金銭への換価その他の当該処分による財産の種類の変更により，債務者において隠匿，無償の供与その他の債権者を害することとなる処分（以下この条において「隠匿等の処分」という。）をするおそれを現に生じさせるものであること。
二　債務者が，その行為の当時，対価として取得した金銭その他の財産について，隠匿等の処分をする意思を有していたこと。
三　受益者が，その行為の当時，債務者が隠匿等の処分をする意思を有していたことを知っていたこと。

第１　現行法と新法の異同

1　改正の概要

本条は，相当な対価を得てした財産の処分行為について，前条の特則を定め，原則として詐害行為性を否定したうえで，破産法161条１項の規律に倣って，そ

★９　内田『民法Ⅲ』315頁。

の取消要件を厳格化したものである。

2　改正の主な問題点

⑴　現行法の問題点

現行法下の判例法理★1で，相当価格による不動産売却などは，責任財産としての価値の高い不動産から消費・隠匿が容易な金銭への換価行為が実質的に債務者の責任財産を減少させるものとして，原則としてその有害性を肯定するが，破産法上の否認権制度では，その否認要件が厳格化され（破161条1項），前記判例法理とは逆に，原則としてその有害性が否定され，いわば逆転現象が生じていた。相当価格による売却等であるにもかかわらず否認や詐害行為取消しの可能性があるとなれば，取引の相手方に萎縮的効果を与える結果となり，ひいては経済的危機に瀕した債務者が財産を換価して経済的再生を図る阻害要因となることが問題視された。

⑵　新法による対応

新法の立案にあたっては，否認権制度との逆転現象を解消して上記の阻害要因を除去するため，上記破産法の規定に倣い，詐害行為取消要件の明確化，厳格化を図ることが必要であるとされた★2。本条は，その立法趣旨を法文上で反映させたものである。すなわち，新法は，本条１号で，取消対象行為の客観的要件を明文化し，本条２号で，取消債権者に「隠匿等の処分をする意思」という詐害意思以上の重い主観的要件についての主張立証責任を課すとともに，本条３号の主観的要件の立証の負担を受益者に課さないこととして，詐害行為取消権の成立範囲を限定したものと解される。

これにより，債務者の経済的再生のための阻害要因を除去するとともに，否認権制度との整合性・連続性が確保されている。

第２　要件事実

1　詐害行為取消要件の明確化・厳格化

本条の定める相当価格による財産処分行為についての客観的要件及び主観的要件に各該当する要件事実に関する要点は，以下のとおりである。

⑴　客観的要件

【第424条の２注】

★1　大判明39・２・５民録12輯133頁，東京高判昭48・３・19判タ306号198頁等。

★2　「部会資料73Ａ」41～42頁参照。

本条１号所定の客観的要件は，前述の判例法理を踏まえて，相当価格処分による財産種類変更行為の「有害性（詐害性）」要件を規定したものである。この「有害性」の要件事実的性質は，評価的要件であると解されるところ，例示として挙げる不動産の金銭への換価は，その「有害性」を根拠づける評価根拠事実と解すべきである。本条１号は，隠匿等の「債権者を害することとなる処分」がされるおそれが現実化することを要件とするが，隠匿等の処分が現にされたことまで要求していないから，その客観面においては，財産種類変更行為の性質，内容，特に対価として得られた財産の性質によって，「隠匿等の処分をするおそれを現に生じさせる」ものであるか否かを判断せざるを得ない。その意味で，不動産売却についての取消しの客観的要件については，基本的に現行法下の判例法理を踏襲しているものと解される。

また，債務者が無資力でなければ隠匿や無償の供与も「有害性」をもたない点で，行為当時，債務者が無資力であった具体的事実も「有害性」を根拠づける評価根拠事実として必要であると解される。これに対し，当該処分が全債権者の同意により売却されるなどの公正な方法でなされていることなどは，行為時の「有害性」評価の成立を妨げる評価障害事実に当たると解されるので，かかる事実の主張立証責任は行為の相手方にあると解するのが相当である。

なお，詐害行為取消権の対象となる財産種類変更行為は，不動産の金銭への換価だけではないが，それに準じる程度に，財産種類変更行為が債権者のための引当財産の実質的担保力を毀損し，かつ，対価として取得する「財産」が隠匿・費消等の「債権者を害することとなる処分」がされる具体的危険の生ずるものでなければならないと解される。

⑵　主観的要件

詐害行為取消要件についての実質的な厳格化は，この主観的要件の新設にある。

比較的立証の困難な本条２号及び本条３号に係る主観的要件の主張立証責任の所在は，本条の立法趣旨等に照らし，取消債権者にあることは明らかである。「隠匿等の処分をする意思」という詐害意思（認識説）以上の重い主観的要件についての主張立証責任を取消債権者に課すことにより，その詐害行為取消権の成立範囲を極めて限定したものとし，かつその財産処分に対する取引の相手方の萎縮的効果を除去する見地等から，本条３号の主観的要件についての立証の負担を受益者に課さないこととしたものである。また，この「隠匿等の処分をする意思」は，債務者において「当該処分が債権者を害するものであること」を認識していることを前提とした意思と解せられるので，債務者自ら無資力であることを認識していること及び受益者がそれを知っていることも，取消債権者が主張立証を要する要件事実に当たると解される。

2　新規借入れとそのための担保設定（同時交換行為）

この同時交換行為は，債務者がした既存債務についての担保の供与ではないので（新法424の３第１項柱書参照），偏頗行為としての有害性を有するものではないが，債務者のこの行為が当該借入金を隠匿する等の目的で行われ，かつ，その債務者の意図を融資の相手方が認識していたような場合，その実質は，相当価格による不動産処分と何ら変わらないので，本条所定の要件を満たせば，本条に基づく詐害行為取消権の行使が可能である。その場合の要件事実の構造は，相当価格による不動産処分の場合と基本的に同じである。〔北〕

（特定の債権者に対する担保の供与等の特則）第424条の３

債務者がした既存の債務についての担保の供与又は債務の消滅に関する行為について，債権者は，次に掲げる要件のいずれにも該当する場合に限り，詐害行為取消請求をすることができる。

一　その行為が，債務者が支払不能（債務者が，支払能力を欠くために，その債務のうち弁済期にあるものにつき，一般的かつ継続的に弁済することができない状態をいう。次項第１号において同じ。）の時に行われたものであること。

二　その行為が，債務者と受益者とが通謀して他の債権者を害する意図をもって行われたものであること。

2　前項に規定する行為が，債務者の義務に属せず，又はその時期が債務者の義務に属しないものである場合において，次に掲げる要件のいずれにも該当するときは，債権者は，同項の規定にかかわらず，その行為について，詐害行為取消請求をすることができる。

一　その行為が，債務者が支払不能になる前30日以内に行われたものであること。

二　その行為が，債務者と受益者とが通謀して他の債権者を害する意図をもって行われたものであること。

第１　現行法と新法の異同

1　改正の概要

新法は，偏頗行為（特定の債権者を利する債務消滅行為や担保の供与）について，これを詐害行為取消権の対象に取り込んだうえで，偏頗行為の特質及び否認権制度との整合性を踏まえ，424条の特則として本条を新設した。

本条１項は，偏頗行為の基準時として，破産法上の偏頗行為否認と同様の支払不能基準を導入して否認権制度との整合性を図りつつ，その主観的要件につき，詐害行為取消権の判例法理★1 を踏まえ，債務者と受益者との間の通謀的害意をその行使要件とし，これにより，否認要件以上にその要件を加重して厳格化している。

本条２項は，偏頗行為のうち非義務行為について，破産法における否認要件（破162条１項２号）と同様に，基準時を支払不能前30日以内に前倒しした規律を新設した（本条１項同様，債務者と受益者の通謀的害意も要件としている点で，否認要件より厳格化されている）。この支払不能時の時期的前倒しの立法趣旨は，破産法162条１項２号と同じであると解される★2。すなわち，偏頗行為否認を支払不能後にしか認めないとすると，支払不能直前に債務者の財務状況を知悉する金融機関等の債権者と債務者とが共謀して期限前弁済や義務なくして行われる新たな追加担保の供与がなされても，これを否認することができなくなるところ，破産法162条１項２号の「支払不能になる前30日以内」という時期的前倒しの趣旨は，同条同項１号の偏頗行為否認を潜脱するそのような行為を防ぐことにあり，詐害行為取消権に係る本条２項も同趣旨の規定であると解される。

2　偏頗行為の有害性

新法における偏頗行為の有害性については，次のように理解すべきものと考える。

新法が倣った破産法が，偏頗行為否認の危機時期を画する始期として，財産減少行為否認のそれと峻別した「支払不能」概念を導入したのは，支払不能時が偏頗行為について確実に債権者平等に反する（有害性あり）と断ずることができる最も早い時期であることによるものであり，そのことが，否認対象行為である偏頗行為の有害性（債権者間の平等を害すること）の根拠となっている★3。仮に，新法が偏頗行為の有害性を，「責任財産の減少」という意味での有害性の中に包摂して

【第424条の３注】
★１　大判大６・６・７民録23輯932頁，最判昭33・９・26民集12巻13号3022頁等。
★２　北秀昭「倒産関係事件と要件事実」伊藤総括編『民事要件事実講座(2)』151～152頁参照。
★３　山本克己「否認権(下)」ジュリ1274号（2004）124～126頁。

いるのであれば，本旨弁済などは，その性質上，本来受益者が権利として債務者に要求できるものであるから，いかに債務者が無資力状態での弁済であっても，その行為の属性の中に「責任財産の減少」という意味での有害性があるとはいいがたく，また，その責任財産の減少性は，「支払不能」概念と直接的な関連性もないから，その責任財産減少性を根拠づけるには，一元説の考えである「実価」基準（偏頗行為取消しの対象となる当該債権の実質的価値は債務者の無資力時には大幅に目減りしているので，当該債権の実価と名目額との差額が責任財産の減少を招くという考え）で説明するほかない。しかし，新法は，後述（「第424条の4の解説」第1の2(1)）のとおり，破産法160条2項と同趣旨の新法424条の4を新設し，この一元説の前提である「実価基準」を排除している。それゆえ，新法の偏頗行為の有害性を「責任財産の減少」という意味での有害性の中に包摂するのは困難である。

仮に上記に誤解がないとすると，新法424条の「詐害行為」は，①「責任財産の減少」という意味での有害性のある行為と，②「債権者間の平等を害する」という意味での有害性のある行為の両者を含んだ広義の概念として捉えるほかないものと考える。それゆえ，本条の偏頗行為の有害性は，「責任財産の減少」という意味での有害性ではなく，「債権者間の平等を害する」という観点からの有害性を意味すると理解すべきものと考える★4。

第2　要件事実

1　偏頗行為取消要件の明確化・厳格化

本条は，偏頗行為の特質を踏まえ，否認権制度との整合性を図るため，偏頗行為の詐害行為取消要件を明確化し，かつ否認要件以上に厳格化したものである。その詐害行為取消要件に各該当する要件事実に関する要点は，以下のとおりである。

(1)　本条1項に係る要件事実

本条1項は，偏頗行為についての詐害行為取消権の行使要件として，①当該行為が債務者の支払不能時になされたものであること（同項1号），②当該行為が，債務者と受益者とが通謀して他の債権者を害する意図をもってなされたこと（同項2号）を規定している。本条新設の立証趣旨からも，取消債権者は，この2つの行使要件に係る要件事実についての主張立証責任を負担しなければならない。

★4　潮見『改正法の概要』88〜89頁も，「財産減少行為という点に着目しての弁済の詐害行為性は否定するという観点に出たものである。」と指摘される。

「支払不能」は，同項１号括弧書で定義されているが，ここで「支払能力を欠く」とは，財産だけでなく，信用又は労務による収入のいずれをとっても，債務を支払う能力がないことを意味し，また，「一般的かつ継続的」とは，弁済期の到来した債務の全部又は大部分について，弁済不能であり，かつ，一時的な手元不如意でないことを意味する。この支払不能は，いわゆる評価的要件であり，取消債権者は，支払不能の評価根拠事実を主張立証し，受益者はその評価障害事実を主張立証することになる。

同項２号所定の「他の債権者を害する意図」に含まれる有害性は，新法における前記の有害性理解を前提とすれば，「責任財産を減少する」という意味での有害性ではなく，「債権者間の平等を害する」観点からの有害性を意味するので，取消債権者は，その点についての債務者と受益者の通謀的害意を主張立証しなければならない。

新法は，明文で，「無資力」要件を明記していないものの，その要件の充足を当然の前提としていると解されるので，偏頗行為の場合には，詐害行為取消請求にあたり，「支払不能」要件のほかに，「無資力要件」も充足する必要があると解される★5。もっとも，債務者の経済状態悪化の時系列は，特段の事情のない限り，①無資力（債務超過）→②支払不能→③支払停止と進むので，「支払不能」要件を充足すれば，「無資力」要件も併せて充足するのが通常である。したがって，実務上，取消債権者が，支払不能の評価根拠事実を主張立証すれば，特段の事情のない限り，無資力の評価根拠事実を主張立証したことになる場合が少なくないと推察される。

⑵　本条２項に係る要件事実

本条２項は，偏頗行為としての非義務行為についての詐害行為取消権の行使要件を規定する。本条２項所定の非義務行為は，支払不能の30日前から支払不能になるまでをその対象とし，支払不能以後の非義務行為については，本条１項の対象となる。取消債権者は，本条１項に基づき取消権を行使する場合は，当該偏頗行為が義務行為か非義務行為かの主張立証責任を負わないのに対し，本条２項に基づく場合は，「支払不能の30日前から支払不能になるまで」という時的要素とともに，当該行為が非義務行為であることの主張立証責任を負担することになる。

なお，非義務行為には，①行為自体が債務者の義務に属しない行為（義務に基

★５　「部会第82回議事録」55頁の〔金関係官発言〕。

づかない新たな追加担保の供与等)，②時期が債務者の義務に属しない行為（期限前弁済が典型例)，③方法が債務者の義務に属しない行為（代物弁済が典型例）の３類型が考えられる。そして，本条２項の対象となる非義務行為に，①と②が含まれることについては問題がないが，③が含まれるかについては一義的に明らかではない★6。この点につき，偏頗行為の有害性についての前記の理解を前提とすると，破産法162条１項２号の解釈と同じく，「方法が債務者の義務に属しない行為」は含まれないと解すべきものと考える。けだし，本条２項の前記趣旨に鑑み，代物弁済のような「方法が債務者の義務に属しない行為」は，義務なくして行われる新たな追加担保供与や期限前弁済などと異なり，支払不能後の詐害行為取消権の潜脱という事情が生ずるわけではなく，その点で，通常の場合に比して，有害性の判断基準時期を支払不能時よりも前倒しして考える理由はないからである★7。

２　破産法162条２項・３項類推適用の可否

本条２項は，同趣旨の破産法162条１項２号の規律のあり方と異なり，主観的要件についての主張立証責任を転換させる規律とはなっておらず，取消債権者に対する主張立証責任の負担への配慮はなされていない。もっとも，「中間試案」の段階では，本条１項及び２項の各適用について，偏頗行為の否認要件の推定規定（破162条２項・３項）と同様の主張立証責任の負担を軽減させる規律の新設が検討されたが★8，結果的に同推定規定の新設は見送られ，解釈に委ねられている。そこでは，破産法162条２項の類推適用等がなされることを想定されているが★9，上記の「通謀的害意」に破産法162条２項を類推適用することは，経験則上，難しいのではないかと考える。〔北〕

★6　破産法162条２項２号が，「破産者の義務に属しない行為」と「方法が破産者の義務に属しない行為」を条項上峻別していることから，同条１項２号の「破産者の義務に属しない行為」に③が含まれないことは文言上も明らかであるのに対し，本条２項ではこのような峻別がなされていないため，その対象に③が含まれるのか否かについて疑義が生じるのである。

★7　ただし，潮見『改正法案の概要』81頁や大江『新債権法の要件事実』213頁は，代物弁済が本条２項の非義務行為に含まれると解されているようにうかがえる。ただし，潮見『改正法の概要』90～91頁では，代物弁済が本条２項の非義務行為に含まれるか否かは，本条の理解次第で，今後の解釈に委ねられているとされている。

★8　「中間試案」第15，３(3)(4)。

★9　「部会資料73Ａ」46頁。

（過大な代物弁済等の特則）第424条の４

債務者がした債務の消滅に関する行為であって，受益者の受けた給付の価額がその行為によって消滅した債務の額より過大であるものについて，第424条に規定する要件に該当するときは，債権者は，前条第１項の規定にかかわらず，その消滅した債務の額に相当する部分以外の部分については，詐害行為取消請求をすることができる。

第１　現行法と新法の異同

１　改正の概要

本条は，過大な代物弁済等について，新法424条の特則として，破産法160条２項と同趣旨の規律を定めた。例えば，債務者Ｙが3000万円の債権者Ｘに対し，時価5000万円の所有不動産を代物弁済した場合，取消債権者は，その消滅した債務の額を超える部分（2000万円）に限り，424条所定の取消要件を充足するときは，詐害行為取消請求ができる旨を定める。

２　改正の主な問題点

⑴　責任財産減少という観点からの実価基準の排除

上記例示に係る代物弁済について，現行法下で詐害行為の成立が認められた場合，その取消しの範囲が，前記の債務消滅額を超える部分だけなのか，その全部なのか必ずしも明確ではないが★1，当該代物弁済は，経済実態としては，不動産の廉価売買と同じであるので，「債務の消滅に関する行為」の性質を含む点を問わない限り，その全部（不動産）が取消しの対象になると解される。

これに対し，新法は，債務消滅に関する行為に限定したうえで，不動産の時価と債権名目額との差額部分についてのみ詐害行為の成立を認める規律を採用している。このことは，新法が，ＸのＹに対する債権の実価が名目額を大きく割り込んでいても，その割り込んだ部分について，責任財産減少という観点からの有害性を否定していることを意味し，二元説に立脚する否認権制度と同様，新法も，その観点からの有害性において，実価基準を排除していることを示すものである。

⑵　本条の「前条第１項の規定にかかわらず，」という文言の趣旨

過大な代物弁済は，「責任財産減少行為」の性質を有すると同時に，代物弁済

【第424条の４注】
★1　飯原一乗『詐害行為取消訴訟』（悠々社，2006）158頁参照。

自体は，「偏頗行為（債務消滅行為）」の性質をも併せもつ行為である。そのため，当該代物弁済が，新法424条の３第１項又は第２項の要件を充足すれば，過大か否かを問わず，詐害行為取消権の対象とすることができることになる★2。

この点につき，本条は，同趣旨の規定である破産法160条２項には存在しない「前条〔424条の３〕第１項の規定にかかわらず，」（〔　〕内は筆者）との文言を挿入しているが，その趣旨を次のように理解すべきであると考える。

本条の対象とする代物弁済等の有害性について，上記のように解することを前提とすれば，同一の行為（代物弁済）であっても，新法424条の３所定の取消要件を充足すれば，「債権者間の平等を害する」という趣旨での有害性のある行為として詐害行為取消しの対象となることとは別に，本条所定の取消要件を充足すれば，「責任財産の減少」という趣旨での有害性のある行為として，本条の詐害行為取消しの対象となることを明示した趣旨であると解することになる。詐害行為取消権の有害性は，「責任財産減少行為」という意味での有害性と「債権者間の平等を害する」という意味での有害性を包摂しているものと考え，その有害性を二元説的に解することによって，本条の前記文言の趣旨をはじめて整合的に理解できるものと考える。

第２　要件事実

本条は，過大な代物弁済等の詐害行為取消請求に関する取消しの範囲についての特則であり，本条が対象とする行為の前記過大部分についての取消請求に係る要件事実は，基本的に新法424条に基づき詐害行為取消請求をする場合の構造と同じである。

〔北〕

（転得者に対する詐害行為取消請求）第424条の５

債権者は，受益者に対して詐害行為取消請求をすることができる場合において，受益者に移転した財産を転得した者があるときは，次の各号に掲げる区分に応じ，それぞれ当該各号に定める場合に限り，その転得者に対しても，詐害行為取消請求をすることができる。

一　その転得者が受益者から転得した者である場合　その転得者が，転得の当時，債務者がした行為が債権者を害することを知っていたとき。

★２　「部会資料73Ａ」46～47頁。

二　その転得者が他の転得者から転得した者である場合　その転得者及びその前に転得した全ての転得者が，それぞれの転得の当時，債務者がした行為が債権者を害することを知っていたとき。

第１　現行法と新法の異同

１　改正の概要

本条は，受益者からの転得者を詐害行為取消請求の相手方とする場合，①受益者に対する詐害行為取消請求の要件を充足していることに加え，②転得当時，債務者の行為が債権者を害することを転得者が知っていた場合（本条１号）に限り，転得者取消しができる旨定める。

また，他の転得者からの転得者を相手方とする場合，前記①と同じ要件に加え，転得の当時，当該転得者及びその前に転得したすべての転得者が，それぞれの転得当時，債務者の行為が債権者を害することを知っていたとき（本条２号）に限り，転得者取消しができる旨定める。

２　改正の主な問題点

否認権制度における転得者否認の要件は，転得者の取引安全を図るという観点から，その否認要件は詐害行為取消要件の判例法理に比して厳格である（破170条１項１号参照）。本条の立案にあたっては，転得者の取引の安全と否認権との逆転現象を解消して否認権との整合性を図るため，破産法の規律と同様に，転得者取消しの要件を限定，厳格化することが必要とされた★1。本条は，その立法趣旨を法文上で反映させたものである。すなわち，新法は，本条１号の主観的要件である転得者の悪意について，これを転得者に対する詐害行為取消権の行使要件として規定している。その立証趣旨から取消債権者が負担すると解すべき転得者の悪意についての主張立証責任は，現行法下の判例法理★2 を変更するものであり，また，受益者に対する詐害行為取消請求の場合に受益者の善意についての主張立証責任を受益者が負担する規律とも異なることになる。

他の転得者からの転得者を相手方とする場合の本条２号の各転得者の悪意の主張立証責任の所在も，本条１号の場合と同じ趣旨で，取消債権者が負担する。ただし，「債権者を害することを前者が知っていた」ことを当該転得者が知ってい

【第424条の５注】
★１　「部会資料74Ａ」48～49頁。
★２　最判昭37・３・６民集16巻３号436頁，最判昭39・12・４裁判集民76号367頁等。

たこと（いわゆる「二重の悪意」）までは，要求されていない★3。また，現行法下の判例★4は，当該転得者が悪意であれば，当該転得者の前者が善意であっても，転得者取消しの要件を充足すると判示していたので，新法はこの判例法理を変更することになる。

第２　要件事実

１　受益者の主観的要件について

受益者の主観的要件（受益者の悪意又は善意）の主張立証責任の所在については，条項上明確ではなく，畢竟，制度の趣旨から取消債権者と転得者との間の主張立証責任の分配について何をもって公平とみるかの判断に委ねられていると解される。この点につき，転得者の悪意は，取消債権者の主張立証すべき取消権行使の要件となっているのであるから，受益者の善意は，その取消権行使の障害要件として，転得者が主張立証責任を負担すると解するのが相当である★5。

２　受益者以降に転得が重なっている場合について

受益者以降に転得が重なっている場合，転得の経路についての主張立証責任の所在も実務上は問題となり得る（具体的には受益者又は転得者の単なる補助者か真の転得者かが問題となるような場合）。被告が転得者であることは，転得の経路も含めて，転得者に対する取消権行使の要件として，取消債権者が主張立証責任を負うと解するのが相当である★6。

〔北〕

第２目　詐害行為取消権の行使の方法等

（財産の返還又は価額の償還の請求）第424条の６

債権者は，受益者に対する詐害行為取消請求において，債務者がした行為の取消しとともに，その行為によって受益者に移転した財産の返還を請求することができる。受益者がその財産の返還をすることが困難であるときは，債権者は，その価額の償還を請求することができる。

２　債権者は，転得者に対する詐害行為取消請求において，債務者がした行為の取消しとともに，転得者が転得した財産の返還を請求することができる。

★３　「部会資料73Ａ」49頁。

★４　最判昭49・12・12裁判集民113号523頁。

★５　「部会第82回議事録」56頁の〔金関係官発言〕参照。

★６　「部会第42回議事録」29頁の〔山本（敬）幹事発言〕及び〔金関係官発言〕参照。

転得者がその財産の返還をすることが困難であるときは，債権者は，その価額の償還を請求することができる。

第１　現行法と新法の異同

本条１項及び２項は，現行法下の判例★1・通説と同様，受益者又は転得者に対する詐害行為取消請求訴訟の訴訟物が，詐害行為の取消し（形成訴訟）と逸出財産の取戻し（給付訴訟）の合体した詐害行為取消権であることを明文化したものである。

また，本条１項及び２項ともに，上記の逸出財産の取戻しについて，現物返還が原則であること，現物返還が困難なときは価額償還になることを規定している。

なお，本条における現物返還とは，新法424条の９の文言に照らすと，転得者に対する詐害行為取消請求の場合は，転得者の取得した物の返還を意味し，転得者が取得した金銭の取戻しを取消債権者が求める場合は，価額償還を意味することになる★2。

第２　要件事実

詐害行為取消権は，逸出財産の取戻しを目的とするものであるから，現物返還が原則である。現物返還をすることが困難な場合に，例外的に価額償還請求が認められる。

取消債権者が現物返還請求をした場合，その例外としての「現物返還をすることが困難であること」についての主張立証責任は，詐害行為取消請求の被告が負担すると解するのが相当である。例えば，不動産売買等の詐害行為取消請求訴訟で，現物返還か，価額償還かが問題となる事例では，被告としては，抗弁として，目的物に設定されていた抵当権設定登記が既に抹消されて現物返還が困難である旨を主張することができると解される★3。

これに対し，取消債権者が，現物返還が困難であるとして価額償還請求をしたような場合には，被告は，現物返還の困難性を否認して価額償還請求を争うことができると解される。この場合の現物返還の困難性についての主張立証責任は，

【第424条の６注】
★１　大連判明44・３・24民録17輯117頁。
★２　「部会第97回議事録」19頁の〔金関係官発言〕参照。
★３　最判昭36・７・19民集15巻７号1875頁参照。

現物返還の例外である価額償還請求を行う取消債権者が負担すると解される。ちなみに，取消債権者が，主位的請求として現物返還請求を，予備的請求として価額償還請求をした場合には，この主位的請求につき，被告の現物返還不能の抗弁が成立した場合には，予備的請求についての価額償還請求につき，取消債権者は，改めてその請求原因としての現物返還の困難性を，被告が争わないものとして，立証する必要がないと解される。〔北〕

（被告及び訴訟告知）第424条の７

> 詐害行為取消請求に係る訴えについては，次の各号に掲げる区分に応じ，それぞれ当該各号に定める者を被告とする。
> 一　受益者に対する詐害行為取消請求に係る訴え　受益者
> 二　転得者に対する詐害行為取消請求に係る訴え　その詐害行為取消請求の相手方である転得者
> ２　債権者は，詐害行為取消請求に係る訴えを提起したときは，遅滞なく，債務者に対し，訴訟告知をしなければならない。

第１　現行法と新法の異同

本条１項は，受益者に対する詐害行為取消訴訟の被告は受益者であること，転得者に対する同訴訟の被告は当該転得者であることを規定することで，その反面解釈として，現行法下の判例★1と同様，債務者は被告とならない（できない）ことを規律している★2。

本条２項は，債務者が被告とはならないものの，詐害行為取消請求を認容する確定判決の効力が債務者にも及ぶ（新法425条）関係で，債務者の手続保障を図るため，取消債権者に対し，債務者に対する訴訟告知義務を課している★3。

第２　要件事実

本条２項の訴訟告知は，債務者の手続保障を図る趣旨で新設されたもので，詐害行為取消権発生の実体法上の要件に該当する事実（要件事実）に当たらないと

【第424条の７注】

★１　大連判明44・３・24民録17輯117頁，最判昭39・12・４裁判集民76号367頁等。
★２　「部会第41回議事録」53頁の〔金関係官発言〕参照。
★３　「部会資料73Ａ」52頁。

解される。しかし，この訴訟告知は，取消債権者の当事者適格を構成する事実に当たると解されるので，取消債権者は，詐害行為取消請求に係る訴えを提起したときは，遅滞なく債務者に訴訟告知をしなければ訴えが却下されることになる。

〔北〕

（詐害行為の取消しの範囲）第424条の8

債権者は，詐害行為取消請求をする場合において，債務者がした行為の目的が可分であるときは，自己の債権の額の限度においてのみ，その行為の取消しを請求することができる。

2　債権者が第424条の6第1項後段又は第2項後段の規定により価額の償還を請求する場合についても，前項と同様とする。

第1　現行法と新法の異同

本条1項は，詐害行為の目的が可分であるとき，現行法下の判例法理★1と同様，取消債権者の被保全債権額を限度として詐害行為取消請求ができる旨規定する。

本条2項は，債権者が受益者又は転得者に対して価額償還請求をする場合も，取消債権者の被保全債権額を限度として詐害行為取消請求ができる旨規定する。

第2　要件事実

被保全債権の債権額については，本条が規律する詐害行為の取消しの範囲の基準となるので，詐害行為取消権の発生要件として，取消債権者が主張立証することが必要であるが，通常は，取消債権者が主張立証することを要する被保全債権の発生原因事実の中に当該債権額が含まれている。

詐害行為の目的の可分・不可分についても，取消債権者が主張立証することが必要な「財産権を目的とする行為（詐害行為）」の中で明らかになるのが通常である。

目的が不可分であるかどうかが争点となった場合は，その点についての主張立証責任は，取消債権者が負担すると解するのが相当である。目的が不可分の場合は，詐害行為取消しの範囲は，被保全債権の額にとどまらないのであるから，その効果を主張する取消債権者が負担するのが妥当だからである。　〔北〕

【第424条の8注】
★1　大判明36・12・7民録9輯1339頁等。

（債権者への支払又は引渡し）第424条の９

債権者は，第424条の６第１項前段又は第２項前段の規定により受益者又は転得者に対して財産の返還を請求する場合において，その返還の請求が金銭の支払又は動産の引渡しを求めるものであるときは，受益者に対してその支払又は引渡しを，転得者に対してその引渡しを，自己に対してすることを求めることができる。この場合において，受益者又は転得者は，債権者に対してその支払又は引渡しをしたときは，債務者に対してその支払又は引渡しをすることを要しない。

２　債権者が第424条の６第１項後段又は第２項後段の規定により受益者又は転得者に対して価額の償還を請求する場合についても，前項と同様とする。

第１　現行法と新法の異同

１　改正の概要

本条１項は，取戻対象財産が金銭又は動産の場合，取消債権者は，取消権行使の結果，受益者又は転得者に対し，取消債権者への直接の金銭の支払又は動産の引渡しを求めることができる旨を定めるとともに（ただし，転得者が取得した金銭の支払を取消債権者が求める場合は，本条２項の「価額償還」の規定の適用となる），受益者又は転得者が取消債権者に対して直接の支払又は引渡しをしたときは，受益者又は転得者の債務者に対する返還義務が消滅する旨を定める。

本条２項は，取消債権者が受益者又は転得者に対して価額償還請求をする場合も，上記同様に，取消債権者に直接の取立権と受領権を認めるとともに，受益者又は転得者が取消債権者に対して直接の支払をしたときは，受益者又は転得者の債務者に対する返還・償還義務が消滅する旨を定める。

２　改正の主な問題点

「中間試案」では，上記の規律に加え，相殺禁止の明文の規律を新設することとされていたが★1，相殺禁止の明文の規律は，取消債権者の取消権行使のインセンティブを失わせ，詐害行為に対する抑止機能を失わせることになる旨の指摘や，仮に相殺禁止の明文の規律を置かなくとも，相殺権濫用の法理などによって相殺が制限されることも考えられることなどを踏まえ，相殺禁止の明文の規律を

【第424条の９注】
★１　「中間試案」第15，８⑷。

設けずに，解釈等に委ねることとされている★2。

相殺禁止の明文の規律がない以上，新法下でも，金銭を受領した取消債権者が相殺を介して被保全債権の事実上の優先弁済を受けることを回避することはできない。しかし，新法425条により詐害行為取消しを認容する確定判決の効力が債務者に及ぶとされた結果，同判決によって，取消債権者の受益者又は転得者に対する請求債権とは別に，債務者にも（被告とされた）受益者又は転得者に対し，逸出財産の返還ないし償還を請求できる権利が発生することになり，この権利は，差押えの対象になると解されるので★3，取消債権者の事実上の優先弁済効に大きな影響を及ぼす可能性がある。

第２　要件事実

本条１項後段，２項により，受益者又は転得者が，返還又は償還すべき金銭その他の動産を取消債権者に対して支払又は引渡しをしたときは，これによって詐害行為取消権の行使を原因とする受益者又は転得者の返還・償還義務は，債務者との関係で消滅する。それゆえ，この受益者又は転得者の取消債権者に対する支払又は引渡しの事実は，債務者からの受益者又は転得者に対する請求において，抗弁として機能することになる。〔北〕

第３目　詐害行為取消権の行使の効果

（認容判決の効力が及ぶ者の範囲）第425条

詐害行為取消請求を認容する確定判決は，債務者及びその全ての債権者に対してもその効力を有する。

第１　現行法と新法の異同

１　改正の概要

本条は，現行法下の判例法理★1である相対的取消構成を修正し，詐害行為取消訴訟の認容確定判決が，債務者及びそのすべての債権者に及ぶものとした。

★２　「部会第82回議事録」54頁の〔金関係官発言〕参照。
★３　「第２分科会第３回議事録」51頁の〔金関係官発言〕参照。
【第425条注】
★１　大連判明44・３・24民録17輯117頁。

なお，転得者に対してなされた詐害行為取消しの効力は，債務者のほか当該転得者に及ぶが，同訴訟の被告にはなっていない当該転得者の前に位置する転得者には及ばず，また，同訴訟の被告になっていない受益者にも及ぶものではなく，その意味では，詐害行為取消しによる無効は，絶対的無効ではない。

２　改正の主な問題点

本条の定める判決効が訴訟の当事者でもない債務者に及ぶ根拠やその判決効の内容，さらに判決効と新法424条の７第２項の訴訟告知義務との関係については，疑義が残るが，新法の立案担当者の説明によれば，この判決効は，形成力と（形成要件の存在についての）既判力を指すとされている★2。

第２　要件事実

本条に関し，要件事実に関係して述べるべきことは，特にない。〔北〕

（債務者の受けた反対給付に関する受益者の権利）第425条の２

債務者がした財産の処分に関する行為（債務の消滅に関する行為を除く。）が取り消されたときは，受益者は，債務者に対し，その財産を取得するためにした反対給付の返還を請求することができる。債務者がその反対給付の返還をすることが困難であるときは，受益者は，その価額の償還を請求することができる。

第１　現行法と新法の異同

１　改正の概要

詐害行為取消しの効果が債務者に及ばないことを前提とする現行法の相対的取消構成の下では，受益者は，債務者から取得した財産を返還したとしても，その財産を取得するためにした反対給付の返還を債務者に請求できないという問題があったが，詐害行為取消しの効果を債務者に及ぼすのであれば，この反対給付の返還請求を認めることに理論上の問題はなくなる。そこで，本条は，債務者がした財産の処分に関する行為（債務消滅に関する行為を除く）が受益者との関係で取り消された場合における受益者の債務者に対する反対給付返還請求権・価額償還請求権を定めている。

★２　「部会第91回議事録」37〜38頁の〔金関係官発言〕。

2　改正の主な問題点

本条の立案上，受益者による逸出財産の返還と債務者による反対給付の返還が同時履行の関係に立つことは想定されていない。仮に，同時履行の関係を認めれば，債務者が反対給付の返還に協力しない場合には，受益者は詐害行為取消しがされたにもかかわらず債務者が反対給付の返還をするまで逸出財産を返還しないとの態度に出ることが可能となり，取消債権者において有効な対応手段を失うからである。本条は，受益者の逸出財産又その価額の返還（償還）が先履行となることを前提としている。ただし，受益者が逸出財産の価額の償還をする場合，自己の反対給付の価額との差額を償還すれば足りるかどうかは，解釈に委ねられている★1。

第２　要件事実

受益者が，本条に基づき，債務者に対して，逸出財産を取得するためにした反対給付の返還又はその価額の償還を請求するときは，前記のとおり，受益者の逸出財産又その価額の返還（償還）が先履行となっている関係で，同時履行の関係に立つ場合と異なり，受益者は，財産返還義務又は価額償還義務を既に履行していることを主張立証しなければならない。〔北〕

（受益者の債権の回復）第425条の３

債務者がした債務の消滅に関する行為が取り消された場合（第424条の４の規定により取り消された場合を除く。）において，受益者が債務者から受けた給付を返還し，又はその価額を償還したときは，受益者の債務者に対する債権は，これによって原状に復する。

第１　現行法と新法の異同

本条は，債務者がした債務の消滅に関する行為が取り消された場合（新法424条の４により取り消された場合を除く）において，受益者が（先履行として）債務者から受けた給付を返還し，又はその価額を償還したときは，受益者の債権が原状に復することを定めている。

【第425条の２注】
★１　「部会資料79―３」20頁参照。

上記で，新法424条の４（過大な代物弁済等の特則）により取り消された場合が除かれているのは，受益者が同規定に基づいて取り消された部分の価額を償還したとしても，当該代物弁済によって消滅した債務の額に相当する部分の価額の償還をしたことにならないからである。

第２　要件事実

本条に関し，要件事実に関係して述べるべきことは，特にない。〔北〕

（詐害行為取消請求を受けた転得者の権利）第425条の４

債務者がした行為が転得者に対する詐害行為取消請求によって取り消されたときは，その転得者は，次の各号に掲げる区分に応じ，それぞれ当該各号に定める権利を行使することができる。ただし，その転得者がその前者から財産を取得するためにした反対給付又はその前者から財産を取得することによって消滅した債権の価額を限度とする。

一　第425条の２に規定する行為が取り消された場合　その行為が受益者に対する詐害行為取消請求によって取り消されたとすれば同条の規定により生ずべき受益者の債務者に対する反対給付の返還請求権又はその価額の償還請求権

二　前条に規定する行為が取り消された場合（第424条の４の規定により取り消された場合を除く。）　その行為が受益者に対する詐害行為取消請求によって取り消されたとすれば前条の規定により回復すべき受益者の債務者に対する債権

第１　現行法と新法の異同

債務者の行為が転得者との関係で詐害行為として取り消され，当該転得者が受益者から得た財産又はその価額を取消債権者又は債務者に返還（償還）したとしても，当該詐害行為取消しの効果は転得者の前者に及ばないから，前者に対する反対給付の返還請求や，前者に対する債権の復活は認められない。しかし，これでは当該転得者が一方的な不利益を受けることになるため，このような場合において，本条１号は，財産の処分が詐害行為として取り消された場合は，（仮に受益者を被告とする詐害行為取消請求が認められたとしたならば）受益者が債務者に対して有していたであろう反対給付返還請求権・価額償還請求権の行使を認め，本条２

号は，債務の消滅に関する行為が取り消された場合は，（仮に受益者を被告とする詐害行為取消請求が認められたとしたならば）受益者が債務者に対して有していたであろう債権の行使を，現物返還・価額償還した転得者に認めるものである。詐害行為取消しの効果が債務者に及ぶのであれば，当該転得者の債務者に対する請求という形式をとる限り，詐害行為取消しの効果との関係で問題は生じないからである★1。なお，本条柱書のただし書は，転得者がこの権利を行使するときの限度を定めている。

第２　要件事実

本条に関し，要件事実に関係して述べるべきことは，特にない。〔北〕

第４目　詐害行為取消権の期間の制限

第426条

詐害行為取消請求に係る訴えは，債務者が債権者を害することを知って行為をしたことを債権者が知った時から２年を経過したときは，提起することができない。行為の時から10年を経過したときも，同様とする。

第１　現行法と新法の異同

本条は，現行法426条の期間の法的性質を消滅時効・除斥期間から出訴期間に改めるとともに，長期の期間を10年に短縮している。

なお，本条前段は，２年の出訴期間の起算時につき，「債務者が債権者を害することを知って行為をしたことを債権者が知った時」と明記するが，これは，現行下の判例法理★1を明文化したものである。

第２　要件事実

本条の規律する出訴期間は，訴訟要件を構成する事実であると同時に，その出訴期間の経過は，詐害行為取消権の消滅に係る要件に該当する要件事実であると

【第425条の４注】
★１　「部会資料73A」60～63頁参照。
【第426条注】
★１　最判昭47・４・13裁判集民105号561頁。

考える。

詐害行為取消権の行使は，訴えによってのみ可能であるから，出訴期間の経過は，その訴権を消滅させるだけでなく，詐害行為取消権という特殊な実体法上の権利の消滅事由（要件事実）に該当すると考えられるからである。なお，本条前段に係る主張立証責任対象事実は，「本件訴え提起に先立ち，債務者が債権者を害することを知って行為したことを債権者が知った時から２年経過したこと」であるが，この事実中，①「債務者が債権者を害することを知って行為したこと（詐害意思と詐害行為）」（括弧内は筆者）の主張立証責任は，取消債権者が負担し，②「訴えに先立ち，①を債権者が知った時から２年を経過したこと」の主張立証責任は，被告（受益者又は転得者）が負担すると解するのが相当である。〔北〕

第３節　多数当事者の債権及び債務

第１款　総　　則

（分割債権及び分割債務）第427条

本条は，不改正条文である。本条は，１つの債権債務関係において，当事者が複数となる場合，原則として，分割債権・債務となることを定めるものであり，この原則は，無資力危険の分散という観点からすると，ある債務者の無資力危険を債権者に負担させる制度といえる。

新法は，上記の分割債権・債務の原則を維持しつつ，その例外として，不可分債権及び不可分債務（第２款），連帯債権（第３款），連帯債務（第４款）及び保証債務（第５款）を定めた。これらは，債権者がいずれも全部給付義務の履行を請求し得る制度であり，ある債務者の無資力危険を他の債務者に負担させる制度であり，分割債権・債務とは異なり，債権の効力を強化するものである。

このように，債権者が給付義務の全部について履行請求ができ，かつ，当事者の１人に生じた事由について相対的効力を原則とすると，債務者の履行，債権者の利益分与，債務者の求償権行使等が複数回なされて処理が複雑化する可能性があるが，そのような複雑な処理は，当事者の通常の意思に反し，その処理の間に無資力者が現れることによる不公平が生ずるおそれがある。そこで，新法は，当事者の通常の意思を基礎として，法律関係の簡易な決済のためのルールを整備した。

なお，多数当事者の債権及び債務に係る訴訟物は，基本的にその発生原因である契約の性質又は法律の規定の内容によって定まる（例えば，貸金債権に連帯特約が付された連帯債権の履行請求に係る訴訟物は，貸金返還請求権である。保証につき，「**第５款**の冒頭の解説」（本書214頁）参照）。〔河村〕

第２款　不可分債権及び不可分債務

（不可分債権）第428条

次款（連帯債権）の規定（第433条及び第435条の規定を除く。）は，債権の目的がその性質上不可分である場合において，数人の債権者があるときについて準用する。

本条は，現行法428条の改正条文である。本条は，①現行法428条の当事者の意思表示によって不可分となる部分を削除し，不可分債権が生ずる場合を債権の目的がその性質上不可分である場合（例えば，ＸＹが，共同で家屋を購入する場合の家屋引渡債権は，性質上の不可分債権である）に限定すること，②不可分債権には，絶対的効力を規定する新法433条（連帯債権者の１人との間の更改又は免除。持分割合型の絶対的効力事由）及び435条（連帯債権者の１人との混同。債権全体に効力の生ずる絶対的効力事由）の規定を除き，連帯債権の規律（相対的効力の原則）によることを明らかにするものである。

本条の趣旨は，①につき，新法は，意思表示に基づき不可分債権を連帯して負担させる場合を連帯債権として整理したことから（新法432条），概念の混乱を避けるため，意思表示に基づく不可分債権を認めないことにした点に（「**第432条**の解説」参照），②につき，不可分債権を連帯債権と同様に扱うこと（その相対的効力の原則を徹底すること）を明らかにする点にある。

本条の攻撃防御方法としての機能は，次のとおりである。上記①の観点から，意思表示に基づく不可分債権（例えば，ＸＹが特定の種類物を共同で売主Ｚから買い入れる場合，その引渡債権を不可分債権として合意する場合等）であるとして履行請求をする場合，新法の下では，その主張は，主張自体失当となる（新法下では，上記の例では，連帯債権に基づく履行請求として構成する必要がある）。また，上記②の観点から，債務者が，ある不可分債権者との間で生じた債権消滅事由を抗弁として主張しても，それは，原則として主張自体失当となる。さらに，不可分債権においては，

1人の債権者の債務者に対する履行請求は，全債権者に絶対的効力をもつから(本条による新法432条の準用)，その履行請求の事実は，履行遅滞の要件事実となる(なお，ある不可分債務者に対する履行請求は，連帯債務の場合と同様，他の債務者に対して効力を及ぼさない〔新法430条・441条〕ことに注意されたい)。

以下に，保証を除く多数当事者の債権及び債務についての絶対的効力を有する事由をまとめたので，参照されたい★1。

■表①　絶対的効力事由一覧表

	不可分債権	不可分債務	連帯債権	連帯債務
弁済等	○ (428，432)	○ (解釈上)	○ (432)	○ (解釈上)
請求	○ (428，432)		○ (432)	
更改		○ (430，438)	△ (433)	○ (438)
時効完成				
免除			△ (433)	
相殺	○ (428，434)	○ (430，439)	○ (434)	○ (439条1項)
混同			○ (435)	○ (440)

(注)　①　本文の表の「弁済等」とは，弁済，代物弁済及び供託を，○は，債権・債務全体について，絶対的効力を有する事由を，△は，権利者の持分割合の限度での部分的な絶対的効力を有する事由を，○ないし△の下の括弧書内の数字は，新法の条文を，それぞれ意味する。空欄の部分は，相対的効力しか有しない事由であることを意味する。

②　現行法下の連帯債務では，債権者に有利な絶対的効力を有する事由として，請求（現行法434条）が，債権者に不利なそれとして，更改（現行法435条），時効完成（現行法439条），免除（現行法437条），相殺（現行法436条）及び混同（現行法438条）があり，債権全体に影響する事由として，更改，免除及び相殺（現行法436条1項）が，負担部分の限度で影響する事由として，相殺（現行法436条2項），免除及び時効完成があった（現行法436条2項の負担部分についての相殺の絶対的効力〔債務消滅構成〕は，新法下では，履行拒絶権構成に改められた〔新法439条2項〕)。

③　不可分債権における相殺の絶対的効力は，不可分債権が性質上不可分の給付を目的としている（つまり，通常は金銭債権ではない）ことから（新法428条），相殺適状（新法505条1項）になることは想定しがたく，実際に機能することはないと思われる。

〔河村〕

【第428条注】

★1　本文の■表①　絶対的効力事由一覧表は，潮見『改正法の概要』122頁及び大江『新債権法の要件事実』229～230頁の各表を参照して作成した。

（不可分債権者の１人との間の更改又は免除）第429条

> 不可分債権者の１人と債務者との間に更改又は免除があった場合においても，他の不可分債権者は，債務の全部の履行を請求することができる。この場合においては，その１人の不可分債権者がその権利を失わなければ分与されるべき利益を債務者に償還しなければならない。

第１　現行法と新法の異同

本条は，現行法429条の改正条文である。現行法429条１項後段の「分与される利益」が「分与されるべき利益」と字句の修正が施されるが，同条１項の規律は，改正後も維持され，現行法419条２項は，前条が設けられた結果，削除される。

本条の趣旨は，不可分債権者の１人と債務者との間に更改又は免除があった場合においても，他の不可分債権者は，債務の全部の履行を請求することができることを明らかにし，現行法429条１項の規律を維持する点にある。これは，次のような場合を想定している。すなわち，例えば，ＸとＹ（持分割合は平等とする）が，Ｚから自動車（100万円相当）の引渡請求権を有する場合，ＸがＺに債務免除やＺとの間で別の給付義務の負担による更改をした後でも，相対的効力の原則によって，Ｙは，Ｚから自動車の引渡しを受けることができる。しかし，Ｙが，Ｚから，その自動車の引渡しを受けると，Ｙは，本来ならば，Ｘの持分割合に従ってＸに分与すべき50万円（＝100万円÷２）の価値をＸに分与し，Ｘは，Ｚに上記利益を償還することになるが，そのような処理は，迂遠であることから，Ｙは，Ｚに直接その償還をすべきこと（Ｚは，Ｙに利益償還請求権を行使し得ること）を定めるものである★1。ただし，連帯債権については，更改又は免除は債権者の持分割合に応じた絶対的効力を生ずるものとされている（新法433条。同条は，新法428条で，不可分債権への準用規定から除外されている）。

なお，本条によって，現行法429条２項（不可分債権者の１人の行為又は１人について生じた事由は，他の不可分債権者に対してその効力を生じないこと）が削除された趣旨は，新法428条で，連帯債権の相対的効力の原則（新法435条の２）が準用され，無用な規定となったという点にある。

【第429条注】
★１　我妻『債権総論』398～399頁。

第２　要件事実

本条の攻撃防御方法としての機能は，次のとおりである。まず，ある不可分債権者から債務者に対する履行請求につき，他の不可分債権者との間で免除又は更改といった事由の生じている事実を主張しても，それは，抗弁として主張自体失当となる。次に，ある不可分債権者から債務者に対する履行請求につき，他の不可分債権者との間で免除又は更改といった事由の生じている事実に加えて，Ｘに分与されるべき利益の償還額を主張し，その支払があるまでは履行請求を拒絶するとの権利抗弁を提出しても，そのような同時履行の抗弁は，抗弁として主張自体失当となる。なぜならば，債務者の利益償還請求は，上記のとおり，迂遠な処理を回避するための一種の不当利得返還請求を定めたものと解されるから，上記の例でいえば，ＺからＹに自動車が引き渡されてはじめてＹに利得が発生し，Ｚに損失が発生することになるから，自動車引渡請求があくまでも先履行であり，その引渡しと利益の償還とは同時履行の関係に立つものではないからである。

〔河村〕

（不可分債務）第430条

第４款（連帯債務）の規定（第440条の規定を除く。）は，債務の目的がその性質上不可分である場合において，数人の債務者があるときについて準用する。

第１　現行法と新法の異同

本条は，現行法430条の改正条文である。本条は，①現行法430条の「数人が不可分債務を負担する場合」を「債務の目的がその性質上不可分である場合」と改め，不可分債務が生ずる場合を限定すること★1，②不可分債務には，絶対的

【第430条注】

★１　したがって，金銭債務であれば，性質上の不可分債務となるものはないことになる。例えば，共同賃借人の賃料債務のように，不可分な賃借物の利用対価の支払債務も，可分債務（連帯債務とすることは可能）と扱われることになろう（「部会第66回議事録」８〜９頁の川嶋関係官の各発言参照）。もっとも，本条の「債務の目的がその性質上不可分である場合」の解釈として，不可分な給付の利用対価の金銭支払債務を不可分債務と解釈する余地（大判大11・11・24民集１巻670頁）はなお残されている（「部会第66回議事録」９頁の内田委員発言，「第77回議事録」10頁の下から２番目の笹井関係官発言参照）。両者の解釈の差異は，連帯合意が要件事実として必要か否かという点に現れる。

効力を定める新法440条（連帯債務者の１人との間の混同）の規定を除き，連帯債務の規律によることを明らかにするものである。

その制度趣旨は，①につき，新法は，連帯債務を債務の目的の性質が可分である場合に限定したことから（新法436条），給付の性質が可分であるのに，意思表示によって不可分債務となる余地を認めると，連帯債務と不可分債務との間で概念の混乱が生ずるため，意思表示に基づく不可分債務を認めないことにした点に，②につき，不可分債務を，連帯債務の混同の場合を除き，同様に扱うこと（その相対的効力の原則を徹底すること）を明らかにする点にある。

上記②の混同につき，不可分債務では，連帯債務とは異なり，相対的効力にとどめる理由は，次のとおりである。

可分給付を目的とする連帯債務においては，混同の生じた者に履行すべき内容と求償の内容とはともに金銭であることから，法律関係の簡易な決済という観点から，混同を絶対的効力を有するものとして規定したものである（新法440条）。例えば，100万円の連帯債務者の１人であるＸと債権者Ｚとの間でＺの債権100万円をＸが譲り受けるという混同が生ずると，混同に相対的効力しかないとすると，Ｘは，債権者の地位に基づいて，他の連帯債務者Ｙに100万円の請求をすることができ，Ｙは，Ｘに100万円を弁済した後，負担部分（50万円とする）につき，Ｘに対し，求償することになるが，これは，迂遠な処理である。この場合，混同に絶対的効力を認め，弁済効を付与すると，連帯債務は消滅するから，Ｘは，Ｙに対し，50万円のＹの負担部分につき，求償することになり，簡明な処理となる。

しかし，不可分債務においては，混同の生じた者に履行すべき内容と求償の内容が異なっており，このようにはいえない★2。例えば，100万円の価値のある土地を引き渡す旨の性質上の不可分債務を，ＸとＹ（共同売主）とが負担している場合（負担部分は平等とする），Ｘと債権者Ｚ（買主）との間でＺの土地引渡請求権をＸが譲り受けるという混同が生ずると，上記土地をＹが占有していれば，Ｘは，債権者の地位に基づいて，Ｙから上記土地の引渡しを受ける実益がある。したがって，Ｙは，Ｘに対し，上記土地を引き渡した後，改めてＸに対し，負担部分（50万円）につき，求償をさせるという扱いも，Ｘの利益を考えると，無意味ではないことになる。このようにして，不可分債務においては，混同は，相対的効力を有する事由として規定されているのである。

★２　「部会資料67Ａ」20～21頁。

第２　要件事実

本条の攻撃防御方法としての機能は，次のとおりである。債権者から混同の生じていない不可分債務者に対する履行請求につき，他の不可分債務者に混同が生じた事実を主張しても，それは，抗弁として主張自体失当となる。また，混同の生じた不可分債務者（兼債権者）からの他の不可分債務者に対する履行請求は，債権の発生原因事実である混同が，債権消滅事由ではない（相対的効力しか有しない）ので，主張自体失当とはならない。〔河村〕

第３款　連帯債権

（連帯債権者による履行の請求等）第432条

債権の目的がその性質上可分である場合において，法令の規定又は当事者の意思表示によって数人が連帯して債権を有するときは，各債権者は，全ての債権者のために全部又は一部の履行を請求することができ，債務者は，全ての債権者のために各債権者に対して履行をすることができる。

本条は，新設条文である。本条は，連帯債権を連帯債務と同様（新法436条），性質上可分な給付の場合に限定し，また，履行請求及び弁済に絶対的効力があることを規定するものである。性質上可分な給付を意思表示によって不可分な債権とすることを認めると（現行法428条），本条の連帯債権と区別し得ないことになるので，不可分債権の発生は，性質上給付が不可分な場合に限定されている（新法428条。「**第428条**の解説」参照）。

本条は，攻撃防御方法としては，①請求の絶対的効力が，連帯債権の遅延損害金請求の請求原因となるものとして，②弁済（弁済と同等の効果をもつ代物弁済，供託を含む）の絶対的効力が連帯債権の消滅の抗弁となるものとして，それぞれ機能する。〔河村〕

（連帯債権者の１人との間の更改又は免除）第433条

連帯債権者の１人と債務者との間に更改又は免除があったときは，その連帯債権者がその権利を失わなければ分与されるべき利益に係る部分については，他の連帯債権者は，履行を請求することができない。

本条は，新設条文である。本条の趣旨は，性質上可分な給付を内容とする連帯債権においては，更改又は免除をした債権者以外の債権者が，債務者に対し，連帯債権全体の履行請求することを認め，他方で，履行を受けた債権者が，更改又は免除をした債権者に分与されるべき利益を債務者に償還しなければならないとする不可分債権と同様の規律（新法429条）によることは，迂遠であることから，連帯債権については，不可分債権とは異なり，更改と免除に持分割合につき絶対的効力を認める点にある（持分割合型の絶対的効力事由）★1。

例えば，ＸとＹが債務者Ｚに対し，100万円の連帯債権を有しており，ＹがＺに対し，100万円の履行請求をした場合，債務者Ｚは，Ｘとの間で更改又は免除をした，Ｘの持分は50万円である，という事実を抗弁として主張立証すれば，Ｘの持分割合に係る絶対的効力により，Ｙは，債務者Ｚに対し，50万円の限度でしか請求することができないことになる。本条の改正は，攻撃防御方法としては，以上のような意味をもつ。〔河村〕

（連帯債権者の１人との間の相殺）第434条

債務者が連帯債権者の１人に対して債権を有する場合において，その債務者が相殺を援用したときは，その相殺は，他の連帯債権者に対しても，その効力を生ずる。

本条は，新設条文である。本条は，連帯債権において，債務者が相殺を援用したとき（これは，相殺の意思表示をしたときと同義である），相殺が「他の連帯債権者に対しても，その効力を有する」（つまり，絶対的効力を有する）と定めるが，弁済等が絶対的効力をもつ以上（新法432条参照），連帯債務が債権を満足させる事由である相殺によって消滅することは当然であり，注意規定である（本条は，「債務者が相殺を援用したとき」と規定するが，債権者が連帯債権とその反対債権との相殺をした場合も，本条の勿論解釈によって本条の適用があると解される）。事後の法律関係は，相殺の援用を受けた連帯債権者が，他方の連帯債権者に対し，利益の分与請求をすることで解決されることになる。

本条は，攻撃防御方法としては，連帯債権に基づく履行請求に対し，債務者が

【第433条注】
★１　「部会資料67Ｂ」８頁，「部会資料80－３」12頁。なお，本文の例は，「部会資料80－３」12頁の例を参考にした。

他の連帯債権者に対して相殺をした事実が債務消滅の抗弁となるものとして，他方で，連帯債権の発生原因事実及び相殺の絶対的効力による連帯債権の消滅の事実が，相殺の援用を受けた連帯債権者の他の連帯債権者に対する利益分与請求の請求原因となるものとして，それぞれ機能する。〔河村〕

（連帯債権者の１人との間の混同）第435条

連帯債権者の１人と債務者との間に混同があったときは，債務者は，弁済をしたものとみなす。

第１　現行法と新法の異同

本条は，新設条文である。本条の趣旨は，連帯債権において，ある連帯債権者と債務者との間で混同が生じた場合，混同によって「弁済をしたものとみなす」（つまり，混同が絶対的効力を有する）と定め，もって，法律関係の簡易決済を図ろうとする点にある。例えば，連帯債権者ＸとＹが債務者Ｚに対し，連帯債権を有していたが，Ｘと債務者Ｚとの間に混同があった場合において，Ｙは，（債務者Ｚである）Ｘに対して債権全部の履行を請求することができ，（債務者Ｚである）Ｘが債務の全部を履行すると，Ｙは（債権者である）Ｘに対して受け取ったものから（債権者である）Ｘの取り分を分配する（利益を分与する）ことになる。しかし，その性質上可分な給付を内容とする連帯債権（金銭債権であることが通常である）においては，Ｙが（債務者Ｚである）Ｘからいったん受領したものの一部を（債権者である）Ｘに返還するというのは迂遠である。そこで，Ｘが債務者Ｚとの間で混同が生じた場合には，ＸとＹの連帯債権は消滅し，Ｘは，債務者Ｚから100万円を受け取った場合と同様に，Ｙに対し，分与金として50万円を支払うことになる★1。

第２　要件事実

本条は，攻撃防御方法としては，前記**第１**の例でいえば，ＹのＺに対する連帯債権に基づく履行請求に対し，ＸとＺとの間の混同が生じた事実が債務消滅の抗弁となるものとして，他方で，連帯債権の発生原因事実及び混同の絶対的効力

【第435条注】
★１　「部会資料80－３」12〜13頁。

による連帯債権の消滅の事実が，ＹのＸに対する利益分与請求の請求原因となるものとして，それぞれ機能する。〔河村〕

（相対的効力の原則）第435条の２

第432条から前条までに規定する場合を除き，連帯債権者の１人の行為又は１人について生じた事由は，他の連帯債権者に対してその効力を生じない。ただし，他の連帯債権者の１人及び債務者が別段の意思を表示したときは，当該他の連帯債権者に対する効力は，その意思に従う。

本条は，新設条文である。本条の趣旨は，新法432条から435条までに規定する場合を除き，連帯債権者に生じた事由は，本条ただし書所定の別段の意思表示がない限り，他の連帯債権者に対してその効力を生じない相対的効力の原則を定める点にある（同趣旨の条文は，連帯債務につき，新法441条にもある）。

本条は，任意規定（補充規定）であるから，その攻撃防御方法としては，相対的効力の原則を排除しようとする当事者において，本条とは異なる絶対的効力の合意の主張立証責任を負うものとして機能する。〔河村〕

第４款　連帯債務

（連帯債務者に対する履行の請求）第436条

債務の目的がその性質上可分である場合において，法令の規定又は当事者の意思表示によって数人が連帯して債務を負担するときは，債権者は，その連帯債務者の１人に対し，又は同時に若しくは順次に全ての連帯債務者に対し，全部又は一部の履行を請求することができる。

第１　現行法と新法の異同

本条は，現行法432条の改正条文である。本条は，連帯債務の発生原因を，①債務の目的がその性質上可分である場合において，②法令の規定又は当事者の意思表示によって数人が連帯して債務を負担するときに限定することを定め，③その法律効果として，連帯債務者の１人又は全員にその全部又は一部の履行請求をなし得ることを規定するものである。本条の帰結は，次のとおりである。

第１に，上記①の観点から，連帯債務を連帯債権と同様（新法432条），性質上可分な給付の場合に限定し，性質上可分な給付を意思表示によって不可分債務とすることは認められない（新法430条）。

第２に，上記②の観点から，本条は，意思表示に基づく債務のみならず，法令の規定に基づく債務（いわゆる不真正連帯債務）にも，第４款の連帯債務のルールが適用される（「不法行為の解説」（本書624頁）参照）★1。

第３に，上記③の観点から，連帯債務についての対外的効力については，現行法432条の規律と同じである。

第２　要件事実

本条の改正（前記**第１**の①②）は，攻撃防御方法としては，次のような意味をもつ。前記①の観点から，例えば，Ｘが，複数の義務者Ｙ及びＺに金銭債務の履行請求をする場合，その根拠として，意思表示に基づく不可分債務を主張しても，その主張は，主張自体失当となる（「**第428条**の解説」参照）。

前記②の観点から，共同不法行為に基づく損害賠償義務（民719条）にも，連帯債務のルールの規律によるから，その債務者の１人に対する履行請求に対して，当該債務者は，連帯債務における絶対的効力の事由（弁済等，更改，相殺，混同）を抗弁として主張立証し得ることになる。また，従来，不真正連帯債務と呼ばれてきた法律関係に基づく債務者が，弁済等をしたことを主張立証して，他の債務者を被告として求償債務の履行を求める場合，その求償権行使をめぐる攻撃防御方法は，第４款の定める求償ルールに従うことになる（「**第442条**の解説」参照）。

〔河村〕

【第436条注】

★1　現行法下の連帯債務は，債務者の１人に生じた事由が他の債務者に影響を及ぼす絶対的効力を有する事由が広く定められており（■表①　絶対的効力事由一覧表の（注）②参照），その債権の効力が弱められていたので，判例・学説上，弁済等の債権を満足させる事由以外には，絶対的効力を有しない不真正連帯債務という概念を案出し，連帯債務の上記難点を補う解釈を採用してきた。しかし，今般の新法では，連帯債務の相対的効力の原則の適用範囲を拡大し，絶対的効力を有する事由を制限して，その債権の効力の強化を図ったので，これまで不真正連帯債務であると解釈されてきた法律関係を含めて連帯債務の規律が及ぶものとして規定が整備されたものである（潮見『改正法の概要』112頁参照）。したがって，民法改正後の不真正連帯債務の規律は，これまで判例・学説で説かれてきたルールとは異なる規律になることに注意が必要である（「**第442条**の解説」参照）。

（連帯債務者の１人についての法律行為の無効等）第437条

> 連帯債務者の１人について法律行為の無効又は取消しの原因があっても，他の連帯債務者の債務は，その効力を妨げられない。

本条は，現行法433条に対応するものであり，条文番号が現行法433条から新法437条に変更されているのみで，条文内容に改正はない。

本条の趣旨は，連帯債務が債務者ごとの独立の債務であるから，連帯債務者の１人について生じた事由が他の連帯債務者に影響しないことを注意的に規定し，もって，債権者の利益を保護する点にあるが，そのことは，攻撃防御方法としては，ある連帯債務者が，他の連帯債務者に生じた無効等の事由を主張して自己の免責の抗弁を主張をしても，それは，主張自体失当となるものとして機能する。

〔河村〕

削除条文（連帯債務者の１人に対する履行の請求）現行法第434条の全部

連帯債務者の１人に対する履行請求は，絶対的効力を有することを規定していた現行法434条は，削除され，新法下では，その請求は相対的効力とされる（新法441条）。上記の削除の趣旨は，履行の請求を受けなかった連帯債務者が，付遅滞等による不利益を受けないようにする点にある★1。新法436条で，債権者は，連帯債務者に対し，全部の債務の履行請求をなし得るとしても，連帯債務者の１人に対する履行の請求は，新法下では，相対的効力しか有しないことに注意すべきである。例えば，ＸとＹ（連帯債務者）がＺ（債権者）に100万円の連帯債務を負っており，Ｚが，Ｘに対し，100万円及びこれに対する遅延損害金の請求をした場合を考えると，Ｘの付遅滞の要件事実として，ＺがＹに請求した事実のみを主張することは，主張自体失当となる。もっとも，ＺがＹに請求したという上記の事実に加えて，ＸとＺとの間でＺがＹに請求した場合にＸに対しても請求したことにする旨の合意（新法441条ただし書参照）も併せて主張立証すれば，Ｘの付遅滞の要件事実として，欠けるところはないことになる。

〔河村〕

【削除条文現行法第434条注】

★１　「部会資料67Ａ」３～４頁。

（連帯債務者の１人との間の更改）第438条

> 連帯債務者の１人と債権者との間に更改があったときは，債権は，全ての連帯債務者の利益のために消滅する。

本条は，現行法435条に対応するものであり，条文番号が現行法435条から新法438条に変更されている。字句の修正（現行法435条の「すべて」が「全て」に改められている）以外に条文内容に改正はない。本条の趣旨は，法律関係の簡易な決済の実現にあるというよりは，連帯債務者の１人の更改は，通常，債権全部について更改する（つまり，旧債務である連帯債務を消滅させる）趣旨であるという当事者意思を尊重しようとする点にあると解される★1。

本条は，攻撃防御方法としては，連帯債務者に対する履行請求に対し，他の連帯債務者が，債権者との間で更改契約を締結した事実が債務消滅の抗弁となるものとして（そして，当事者意思の推測という上記の本条の趣旨に照らし，これとは異なる相対的効力の合意は，再抗弁となるものとして），他方で，連帯債務の発生原因事実及び更改の絶対的効力による連帯債務者の消滅の事実が，更改をした連帯債務者の他の連帯債務者に対する求償権行使の請求原因となるものとして，それぞれ機能する。〔河村〕

（連帯債務者の１人による相殺等）第439条

> 連帯債務者の１人が債権者に対して債権を有する場合において，その連帯債務者が相殺を援用したときは，債権は，全ての連帯債務者の利益のために消滅する。
>
> 2　前項の債権を有する連帯債務者が相殺を援用しない間は，その連帯債務者の負担部分の限度において，他の連帯債務者は，債権者に対して債務の履行を拒むことができる。

第１　現行法と新法の異同

本条は，現行法436条の改正条文である。本条は，現行法436条１項の「すべて」を「全て」と字句を修正したほかは，現行法436条１項の規律と同様，相殺

【第438条注】
★1　梅『民法要義』111頁，我妻『債権総論』416頁。

に絶対的効力を認めるものである。本条は，弁済等が絶対的効力をもつ以上，連帯債務が債権を満足させる事由である相殺によって消滅することは当然であり，注意規定である。

現行法436条２項は，反対債権を有する連帯債務者が相殺を援用（援用とは，意思表示の意味である）をしない間は，その連帯債務者の負担部分について他の連帯債務者の相殺の援用を認めていたが（負担部分における債務消滅構成），新法439条２項は，他の連帯債務者は，債権者に対して債務の履行を拒むことができるとの内容に改めた（履行拒絶権構成。本条と類似の規定として，新法457条３項がある）。この履行拒絶権の行使の訴訟法的性質は，権利抗弁であると解する（新法には，この履行拒絶権構成が他の条文〔例えば，新法457条３項，536条１項等〕でも採用されている。その法的性質は，各条文の制度趣旨によって決するほかないが，基本的には，権利抗弁と解して差し支えないであろう）。

ところで，新法439条２項の趣旨は，法律関係の簡易決済の実現にある★1。例えば，ＸとＹ（負担割合は平等）が，債権者Ｚに対し，100万円の連帯債務を負担している場合，ＸがＺに対し，60万円の反対債権を有しており，ＸがＺに相殺の意思表示をしない間に，ＺがＹに対し，100万円の履行請求をしたとする。この場合，ＹにＸの負担部分（50万円）につき，履行拒絶権を認めないと，Ｙは，Ｚに100万円を弁済し，Ｘに50万円を求償し，Ｘは，Ｚに60万円の反対債権の履行を求めることになる。しかし，それでは，処理が複雑化するので，本条は，Ｙに，Ｘの負担部分の限度において，履行拒絶権を与え，Ｙは，Ｚに50万円を履行すれば足りるものとしたのである（ＹがＺに50万円を弁済すると，弁済の絶対的効力によって連帯債務の残債務額は，50万円となるので，Ｘは，Ｚに対する反対債権60万円と残額50万円の連帯債権とを対当額で相殺すれば足りることになる）。このような履行拒絶権構成は，今日ではほぼ異論のない解釈★2である。

第２　要件事実

本条の攻撃防御方法としての機能は，次のとおりである。本条１項は，新法438条と同様，他の連帯債務者の相殺の事実が，債務消滅の抗弁となるものとして，また，それが他の連帯債務者に対する求償権行使の請求原因となるものとし

【第439条注】
★１　現行法436条２項の趣旨につき，梅『民法要義』114頁。
★２　我妻『債権総論』413頁。

て，それぞれ機能する。

本条２項は，連帯債務に基づく履行請求に対し，他の連帯債務者が債権者に対して反対債権を有していることを基礎づける事実及び履行拒絶の権利抗弁を主張して，阻止の一部抗弁を提出し得るものとして機能する★3。〔河村〕

削除条文（連帯債務者の１人に対する免除）現行法第437条及び（連帯債務者の１人についての時効の完成）現行法第439条の全部

現行法下では，免除及び時効完成には，免除等を受けた債務者の負担部分の限度において，絶対的効力を有するものとされていた。その現行法の趣旨は，法律関係の簡易決済の実現にある★1。

例えば，ＸとＹ（負担割合は平等）が，債権者Ｚに対し，100万円の連帯債務を有している場合，ＸがＺから免除を受けたり，時効完成の利益を受けたりしたとする。この場合，免除等を相対的効力にとどめると，Ｙは，Ｚから100万円の履行請求を受けると，これをＺに弁済し，Ｙは，Ｘに負担部分50万円を求償し，Ｘは，これをＹに支払うと，その50万円を不当利得として債権者Ｚに求償することになるが，それでは，処理が複雑化するので，現行法は，免除等を受けたＸの負担部分の限度でＹに対する絶対的効力を認めたのである（このように解すると，Ｙは，Ｚに50万円を弁済すれば足り，簡明な処理となる）。しかし，そもそも，上記の請求の循環の前提とされているＸのＺに対する不当利得返還請求は，理論的には，

★３　本条２項の「債権を有する連帯債務者が相殺を援用しない間は，」の要件事実的位置づけが問題となる。法律関係の簡易決済という本条２項の趣旨に照らすと，反対債権を有する連帯債務者が相殺を援用したことは，本条２項の抗弁に対する債権者の再抗弁になる。しかし，このような再抗弁は，本条１項に基づく抗弁を含む（不利益陳述する）ものであるので，攻撃防御方法としては機能しない（他の連帯債務者が相殺して絶対的効力が生じているという本条１項の抗弁が本条２項に基づく抗弁とは別に成り立つだけのことである）。

【削除条文現行法第437条及び現行法第439条注】

★１　「部会資料67Ａ」10頁は，現行法439条の趣旨を本文のように法律関係の簡易決済の点に求める。しかし，現行法の起草者は，時効完成の利益を受けた債務者については，そこから生ずるすべての義務を免れるものとして扱う必要があることから，そもそも，時効完成の利益を受けた債務者に対し，他の弁済をした連帯債務者は，求償することができず，連帯債務者間に不公平が生ずることをその趣旨としており（梅『民法要義』119～120頁，我妻『債権総論』423頁も同旨），上記部会資料とは，現行法439条の趣旨の捉え方を異にする。したがって，上記部会資料のような現行法439条の制度趣旨の把握の仕方には，疑問が残ることになるが，仮に，上記起草者のような考え方を前提としても，「部会第77回議事録」15頁の内田委員の発言にあるように，消滅時効の完成は，その債権者がその債務者にもはや強制力を使って請求することができなくなる制度であるから，求償関係が残るということと，時効制度とは何ら矛盾するものではないから，現行法439条の廃止には問題がないといえよう。

法律上の原因が認められるうえ（ＺのＹからの利得は弁済によるものであり，法律上の原因があり，通常，これを否定する特段の事情はない），Ｘの債務を免除等をしたＺの通常の意思に反するもの（Ｚは，Ｘ以外の債務者から全額回収の意思をもつのが通常である）であるから，認められるべきではない。そうすると，法律関係の簡易決済という趣旨の前提を欠くことになるから，この場合，むしろ，債権者の債権の効力の強化という観点から，原則どおり，Ｘが免除等を受けたことは，相対的効力を有するにとどまり，Ｙは，Ｚに対し，全額履行責任を負い，Ｙがその履行を果たした場合，Ｙは，Ｘの負担部分につき求償権を行使し得るものとするのが相当である（Ｘは，Ｙの求償に応じても，その分を債権者Ｚに償還請求することはできない★2）。

このようにして，新法は，現行法437条及び439条をいずれも削除したうえで，免除等の相対的効力につき，新法441条において，弁済をした他の連帯債務者は，免除等を受けた者に対しても求償し得ることにつき，新法445条において，それぞれ明らかにしているのである。

現行法437条及び439条の削除は，攻撃防御方法としては，債権者から免除等が生じていない連帯債務者に対する履行請求につき，他の連帯債務者に免除等が生じた事実を主張しても，それは，抗弁として主張自体失当となるものとして機能する。

〔河村〕

（連帯債務者の１人との間の混同）第440条

> 連帯債務者の１人と債権者との間に混同があったときは，その連帯債務者は，弁済をしたものとみなす。

本条は，現行法438条に対応するものであり，条文番号が現行法438条から新法440条に変更されているのみで，条文内容に改正はない。本条の趣旨は，連帯債務において，債権者とある連帯債務者との間で混同が生じた場合，混同によって「弁済をしたものとみなす」（つまり，混同が絶対的効力を有する）と定め，もって，法律関係の簡易決済を図ろうとする点にある。その具体例については，「**第430条**の解説」を参照されたい。

本条は，攻撃防御方法としては，債権者の連帯債務者に対する履行請求に対し，他の連帯債務者と債権者との間で混同が生じた事実が債務消滅の抗弁となる

★２　「部会資料67Ａ」６～11頁。

ものとして，他方で，連帯債務の発生原因事実及び混同の絶対的効力による連帯債務消滅の事実が，他の連帯債務者に対する求償権行使の請求原因となるものとして，それぞれ機能する。〔河村〕

（相対的効力の原則）第441条

> 第438条，第439条第１項及び前条に規定する場合を除き，連帯債務者の１人について生じた事由は，他の連帯債務者に対してその効力を生じない。ただし，債権者及び他の連帯債務者の１人が別段の意思を表示したときは，当該他の連帯債務者に対する効力は，その意思に従う。

本条は，連帯債務につき，相対的効力の原則を定める現行法440条の改正条文であるが，債権者及び他の連帯債務者の１人が別段の意思を表示したときは，当該他の連帯債務者に対する効力は，その意思に従うとのただし書が付加されている。本条の趣旨は，新法438条，439条１項及び440条に規定する場合を除き，連帯債務者に生じた事由は，本条ただし書所定の別段の意思表示がない限り，他の連帯債務者に対してその効力を生じない相対的効力の原則を定める点にある（同趣旨の条文は，連帯債権につき，新法435条の２にあり，また，連帯保証については，新法458条で，本条が準用されている）。

本条は，任意規定（補充規定）であるから，攻撃防御方法としては，相対的効力の原則を排除しようとする当事者において，本条とは異なる絶対的効力の合意の主張立証責任を負うものとして機能する（その別段の合意の具体例については，「削除条文**現行法第434条**の解説」参照）。〔河村〕

削除条文（連帯債務者についての破産手続の開始）現行法第441条の全部

現行法441条は，破産法104条と同趣旨であるため，削除される。〔河村〕

（連帯債務者間の求償権）第442条

> 連帯債務者の１人が弁済をし，その他自己の財産をもって共同の免責を得たときは，その連帯債務者は，その免責を得た額が自己の負担部分を超えるかどうかにかかわらず，他の連帯債務者に対し，その免責を得るために支出

した財産の額（その財産の額が共同の免責を得た額を超える場合にあっては，その免責を得た額）のうち各自の負担部分に応じた額の求償権を有する。
２　前項の規定による求償は，弁済その他免責があった日以後の法定利息及び避けることができなかった費用その他の損害の賠償を包含する。

第１　現行法と新法の異同

本条は，現行法442条の改正条文であり，現行法442条１項のみが改正されている（同条２項は，不改正条文である）。

本条１項は，連帯債務者の弁済等による求償は，自己の負担部分を超えてはじめて他の連帯債務者に対し，求償をなし得るのかという解釈が分かれていた点★1 を統一し，自己の負担部分を超えて出捐をしなくとも，各自の負担部分に応じた求償を認め，併せて，代物弁済等をした場合，出捐額が共同免責額を超える場合，共同免責額が基準となること（異論のない解釈）を明らかにしたものである。なお，求償通知（新法443条）は，将来の求償権行使を確実にするために求められるにすぎないから，求償権の成立要件ではない（「**第443条**の解説」参照）。

さて，例えば，債務者Ａ，Ｂ及びＣ（負担割合は平等）が債権者Ｄに90万円の連帯債務者を負っている場合，ＡがＤに自己の負担額30万円より少ない15万円の弁済をしたときでも，Ｂ及びＣに対し，各５万円（15万円÷３）の求償権を行使し得ることになる（本条１項）。

また，上記の例で，Ａが100万円の土地で債権者Ｄに代物弁済しても，Ａの求償額は，出捐額100万円ではなく，共同免責額90万円となる（本条１項括弧書）。

なお，共同保証人間の求償権を定める民法465条は，今回の改正で変更されておらず，共同保証人間で求償が問題となる場面では，共同保証人は，自己の負担

【第442条注】
★１　〔Ａ〕大判大６・５・３民録23輯863頁〔真正の連帯債務の場合〕は，自己の負担部分を超えて出捐をしなくとも，各自の負担部分に応じた求償を認め，他方，〔Ｂ〕最判昭63・７・１民集42巻６号451頁〔12〕〔不真正連帯債務の場合〕は，自己の負担部分を超えた出捐をしてはじめて求償をなし得るとして，見解が分かれていた。「中間試案」の段階までは，〔Ｂ〕説が有力であったが（「中間試案（概要付き）」75〜76頁），①債務者間の負担の公平及び②求償権の範囲拡大による弁済の促進という観点から（「部会資料80－３」９頁），〔Ａ〕説の立場で解釈の統一を図ったものである（上記①②が，新法442条１項の制度趣旨である）。今後は，不真正連帯債務にも，〔Ａ〕説が適用されるから，〔Ｂ〕説の判例準則は，今般の改正で変更されることになる。このことは，従来，不真正連帯債務の関係に立つと解されてきた共同不法行為（民719条）に基づく損害賠償債務についても当てはまることに注意すべきである（「**第436条**の解説」「不法行為の解説」（本書624頁）参照）。

部分については，主債務者への求償で満足すべきであるから，依然として自己の負担部分を超える額の弁済等をした場合にのみ求償が認められるにとどまることに注意すべきである（「**第464条**及び**第465条**の解説」参照）★2。

また，本条2項は，前記のとおり，不改正条文であるが，法定利息を算定する際の法定利率が固定制から変動制に変更され（新法404条），「その利息が生じた最初の時点における法定利率による」（同条1項）点に注意すべきである（この点については，新法459条の2第2項の受託保証人の求償権における「法定利息」についても同じである。法定利率につき，「**第404条**の解説」参照）。

第2　要件事実

本条の攻撃防御方法としての機能は，次のとおりである。本条1項は，弁済等をした連帯債務者の他の連帯債務者に対する求償権行使の請求原因（その請求原因は，①連帯債務の発生原因事実，②弁済等の共同免責行為）となるものとして（上記②は，自己の負担額を超える弁済等である必要はなく，また，上記②の出捐額が共同免責額を超えても，共同免責額を限度とする求償となる。負担割合については，負担部分があるものとして平等と推定される★3），本条2項は，上記求償には，共同免責があった日以後の法定利息及び避けることができなかった費用その他の損害の賠償を包含するものとして（法定利息は変動制によること〔新法404条〕），それぞれ機能する（法定利息請求は，通常，附帯請求とされることが多い）。

〔河村〕

（通知を怠った連帯債務者の求償の制限）第443条

他の連帯債務者があることを知りながら，連帯債務者の1人が共同の免責を得ることを他の連帯債務者に通知しないで弁済をし，その他自己の財産をもって共同の免責を得た場合において，他の連帯債務者は，債権者に対抗することができる事由を有していたときは，その負担部分について，その事由をもってその免責を得た連帯債務者に対抗することができる。この場合において，相殺をもってその免責を得た連帯債務者に対抗したときは，その連帯債務者は，債権者に対し，相殺によって消滅すべきであった債務の履行を請求することができる。

2　弁済をし，その他自己の財産をもって共同の免責を得た連帯債務者が，他

★2　潮見『改正法の概要』118頁。
★3　大判大5・6・3民録22輯1132頁（意思解釈に関する判例準則である）。

の連帯債務者があることを知りながらその免責を得たことを他の連帯債務者に通知することを怠ったため，他の連帯債務者が善意で弁済その他自己の財産をもって免責を得るための行為をしたときは，当該他の連帯債務者は，その免責を得るための行為を有効であったものとみなすことができる。

第１　現行法と新法の異同

１　改正の概要

本条は，事前通知義務に関する現行法443条１項及び事後通知に関する現行法443条２項の規律内容を基本的に維持しつつ，これに改正を加えるものである。

本条１項は，事前通知について，その対象を「債権者から履行の請求を受けたこと」から「共同の免責を得ること」へと変更し，事前通知をしなければならない場合を，弁済等の行為をした連帯債務者が他の連帯債務者の存在することを知っていた場合（悪意の場合）に限るものとしている。

本条２項は，事後通知について，その対象は，改正前後を通じて，共同免責を受けたことであるが，事後通知を怠った連帯債務者が劣後する場合を，他の連帯債務者の存在することをこの者が知っていた場合（悪意の場合）に限るものとしている。なお，保証については，保証の内容に即して求償権制限の規定が別に定められている（新法463条）。

２　本条の趣旨

本条の趣旨は，求償の相手方を保護する点にあるが，その保護すべき相手方の利益は，事前通知と事後通知とで異なる。すなわち，事前通知に関しては，求償者に，事前通知（求償者の弁済に先立つ相手方の先行的抗弁の存否を相手方に照会する趣旨の通知）を課すことで，求償の相手方が債権者に対して有する抗弁権行使の機会を保障しようする点にある。他方，事後通知に関しては，事後通知（共同免責を通知し，相手方に二重弁済の危険を警告する趣旨の通知）を課すことで，求償の相手方の二重弁済による不利益を回避しようとする点にあるのである。事前又は事後の通知懈怠の結果，求償者は，求償権行使が制限されることがあり得るというにすぎないので，本条の求償通知は，求償権の成立要件ではない（「**第442条**の解説」参照）。なお，求償者の事前通知懈怠と事後通知懈怠は，それぞれ問題となる局面が異なり，同一抗弁事由をめぐって同一人の事前通知懈怠と事後通知懈怠とが同時に問題となることはない。

３　具 体 例

⑴ 事前通知の具体例

例えば，債務者Ｘ及びＹ（負担割合は平等）が債権者Ｚに100万円の連帯債務者を負っている場合，ＸがＹの存在を知りながら，Ｙに事前通知をせず，Ｚに100万円を弁済し，Ｙにその負担部分50万円につき求償をしたとする。この場合，ＹがＺに対し，反対債権50万円を有していたとすると，その負担部分である50万円の限度でその反対債権50万円を対抗し得るから（この場合は，ＹのＸに対する債権ではない，ＹのＺに対する債権をもって，Ｘに対して相殺をなし得る例外的な三角相殺の場合である。ＹのＺに対する抗弁権がＸに対する関係で接続されるということである），Ｘは，Ｙに対する50万円の求償権行使は許されないことになる（本条１項前段）。Ｙに対する求償権を失ったＸは，Ｙから対抗を受けた相殺によって消滅すべきであった反対債権につき，法律上これを当然取得し，債権者Ｚに対し，その反対債権50万円の履行請求をすることができる（本条１項後段）。

⑵ 事後通知の具体例

上記⑴の例で，ＸがＺに100万円を弁済したが，Ｙの存在を知りながら，その弁済の事実をＹに通知をしなかったため，先行するＸの弁済を知らないＹが，Ｘに後れてＺに対し，100万円を弁済したとする。この場合，Ｙは，Ｘの50万円の求償金支払請求に対し，自己の弁済を有効とみなす旨の意思表示をすることができるから（この権利の性質は，当事者間でのみ相対的効力を生じさせる一種の形成権である★1），Ｘは，50万円の求償権を行使することは許されないことになる（本条２項）。かえって，Ｘは，Ｙからの50万円の求償（逆求償）に応じなければならず，Ｘは，これに応じた場合，債権者Ｚに50万円を不当利得として返還請求をすることになる。

第２　要件事実

１　事前通知をめぐる攻撃防御の構造

まず，事前通知についてみれば，前記**第１**の**３**⑴の例でいうと，ＸのＹに対する求償権行使（その請求原因は，①連帯債務の発生原因事実，②弁済等の共同免責行為。「**第442条**の解説」参照）に対し，ＹがＺに対する相殺可能な反対債権の取得等を抗弁として主張立証した場合，Ｘは，再抗弁として，①事前通知（事前通知の趣旨

【第443条注】

★１　最判昭57・12・17民集36巻12号2399頁〔52〕（以下，本条の解説において，「昭和57年最判」という）参照。

が，前記**第１**の２のとおり，相手方の抗弁事由の照会という点にあることから，事前通知の要件事実として，ａ．事前通知の到達に加えて，ｂ．相手方の回答に必要な相当期間の経過の２つが必要である），又は②請求原因②（弁済等の共同免責行為）当時，Ｙの存在を知らなかった（善意）という事実を主張することができる（ただし，上記の例では，Ｘは，再抗弁を立証することはできない）★2。なお，ＸのＺに対する本条１項後段に基づく履行請求の請求原因は，ＸのＹへの求償権行使に対し，Ｙは，Ｚに対する反対債権により求償権の行使に対抗した事実である。ＸがＹに対し，事前通知をした事実は，Ｚの抗弁になる。

２　事後通知等をめぐる攻撃防御の構造

次に，事後通知についてみれば，前記**第１**の３(2)の例でいうと，ＸのＹに対する求償権行使（請求原因は，前記１に同じ）に対し，ＹがＺに対する弁済を抗弁として主張立証した場合（この抗弁によって，ＸのＺに対する弁済によって共同免責を得たという請求原因の効果が疑わしくなり，障害されることになる），Ｘは，再抗弁として，Ｙの弁済に先立つ（同時を含まない。以下同じ）自己の弁済（弁済の時的要素〔先後関係〕は，この再抗弁ではじめて現れる。Ｙの抗弁では，時的要素を伴わない単なるＹの弁済の事実で足りる）を主張立証することができる（この点は，種々の考え方が成り立つ★3）。

前記**第１**の３(2)の例とは異なるが，もし，Ｘが，Ｘの先立つ弁済の再抗弁を立証することができない場合，Ｘは，これとは別個の再抗弁として，①ＸのＹに対する事前通知（本条２項は，本条１項の事前通知を前提とするから，自己の弁済を有効とみなす前提として，事前通知が必要となる〔昭和57年最判〕★4），②Ｘの善意弁済★5，

★２　新法443条１項前段は，「他の連帯債務者があることを知りながら……通知しないで弁済をし……た場合において」と規定して，他の連帯債務者の存在の悪意及び事前通知懈怠がある場合にはじめて，求償の相手方は，相殺等の事由を対抗し得るように読めるが，同条１項前段の趣旨（求償者の相手方の保護）に照らすと，求償の相手方は，相殺等の事由を抗弁として主張すれば足り，かえって，求償権行使者において，上記の法文のカギ括弧内の否定形（「他の連帯債務者があることを知らなかったこと」又は「事前通知をしたこと」）を要件事実（再抗弁）として主張立証すべきものと解される。このように，裁判規範としての民法説によれば，要件事実を決定するうえでは，条文の措辞やその文言が「通知しない」という消極的事実であることは，要件事実決定の決め手にはならず，あくまでも，その制度趣旨に沿うことが決め手になるのである。大江『新債権法の要件事実』237頁は，上記と結論を同じくするが，その理論的根拠は必ずしも明らかではない。

★３　これは，新法443条の解釈とは直接関係しない，弁済等の行為と共同免責との間の因果関係の要件事実一般の問題である。この点につき，下村「通知懈怠による求償権制限の要件事実」212〜215頁参照。

★４　新法443条は，本文の昭和57年最判の判例準則を必ずしも否定するものではない（潮見『改正法の概要』119〜120頁）。現行法443条の解釈として，本文と同旨を説くものとして，下村「通知懈怠による求償権制限の要件事実」207頁参照。

★５　もっとも，求償者の相手方の保護という趣旨を強調して，善意弁済（再抗弁）の反対事実で

③Xの自己の弁済を有効とみなす旨の意思表示を主張立証し，さらに，Yは，再々抗弁として，④YのXの弁済に先立つ（同時を含まない。以下同じ）事後通知，又は⑤請求原因②（弁済等の共同免責行為）当時，Xの存在を知らなかった（善意）という事実を主張立証することができる★6。

前記**第1**の**3**(2)の例のとおり，Xが，Xの先立つ弁済の立証ができた場合，Yは，Yの弁済の抗弁及びXの先立つ弁済の再抗弁を前提として，つまり，予備的抗弁★7として，①YのXに対する事前通知（昭和57年最判），②Yの善意弁済，③Yの自己の弁済を有効とみなす旨の意思表示を主張立証し，さらに，Xは，再抗弁として，①Yの弁済に先立つ事後通知，又は②請求原因②（弁済等の共同免責行為）当時，Yの存在を知らなかった（善意）という事実を主張することができる（ただし，上記の例では，Xは，再抗弁を立証することはできない）。

以上の要件事実的構造は，一応の試論にすぎず，多様な考え方があり得ることに留意されたい。

〔河村〕

（償還をする資力のない者の負担部分の分担）第444条

> 連帯債務者の中に償還をする資力のない者があるときは，その償還をすることができない部分は，求償者及び他の資力のある者の間で，各自の負担部分に応じて分割して負担する。
>
> 2　前項に規定する場合において，求償者及び他の資力のある者がいずれも負担部分を有しない者であるときは，その償還をすることができない部分は，求償者及び他の資力のある者の間で，等しい割合で分割して負担する。

あるYの悪意を事後通知と等価値の再々抗弁とする考え方（淺生重機・最高裁判例解説昭和57年度〔52〕915頁参照）も成り立つ。

★6　新法443条2項は，「他の連帯債務者があることを知りながら……通知することを怠ったため」と規定して他の連帯債務者の存在の悪意及び事後通知懈怠を一体の要件事実のように規定しているが，本条2項の趣旨（求償者の相手方の保護）から実質的に解釈すると，上記のカギ括弧内の否定形（「他の連帯債務者があることを知らなかったこと」又は「事後通知をしたこと」）が要件事実（再々抗弁）になるものと解するのが相当である。この点は，事前通知について述べたことと同様である（前掲注（★2）参照）。

なお，本文の別個の再抗弁①の通知は，Yのその内容の了知までは不要であり，その到達をもって足りるから（意思表示等の到達主義。新法97条），通知の存在にもかかわらず，YがXの存在につき善意という状態はあり得ないわけではないので，再々抗弁⑤は論理的には成り立つ（ただし，再々抗弁⑤は，実際には，立証されることはまれであろう）。このことは，予備的抗弁②（Yの善意弁済）と再抗弁①（XのYに対する事後通知）との間の論理的な両立可能性についても，当てはまるであろう。

★7　下村「通知懈怠による求償権制限の要件事実」216～217頁参照。

３　前２項の規定にかかわらず，償還を受けることができないことについて求償者に過失があるときは，他の連帯債務者に対して分担を請求することができない。

第１　現行法と新法の異同

本条１項と３項は，現行法444条と基本的に同内容であり，償還無資力者がいる場合の求償権の拡張を定めるものである（現行法444条本文を新法444条１項とし，現行法444条ただし書を新法444条３項に移し，過失の対象を「償還を受けることができないこと」として明記した改正である）。この趣旨は，求償者の保護，公平の実現という点にある★1。

本条２項は，負担部分がある者全員が無資力者の場合，負担部分のない者同士の求償は平等負担となるとする判例準則★2を明文化したものである。例えば，債務者Ａ，Ｂ及びＣ（Ａ及びＢは，負担部分なし，Ｃは，負担部分ありの三者の合意あり。ただし，Ｃは，無資力者）が債権者Ｄに90万円の連帯債務者を負っている場合，負担部分のないＢがＤに90万円全額の弁済をしたとき，Ｂは，同じく負担部分のないＡに対し，その平等の割合である45万円を求償することができる。

第２　要件事実

本条の攻撃防御方法としての機能は，次のとおりである。まず，本条は，弁済等をした連帯債務者が他の連帯債務者に対し，無資力となった連帯債務者の負担部分の分割負担部分を加えて求償する場合の請求原因として機能する。すなわち，その請求原因は，新法442条から，①連帯債務の発生原因事実，②弁済等の共同免責行為が必要となり，本条から，③ある連帯債務者の無資力（評価根拠事実）が必要となる（各人の負担部分は，負担部分があるものとして平等と推定されるから★3，自己に有利な異なる割合を主張しない限り，特に負担部分を明示する必要はないものと解される）。次に，求償者に償還を受けることができないことについての過失（評価根拠事実★4）は，求償者の保護という本条の趣旨に照らし，相手方の一部抗弁

【第444条注】
★１　梅『民法要義』135～136頁。
★２　大判大３・10・13民録20輯751頁。
★３　大判大５・６・３民録22輯1132頁（意思解釈に関する判例準則である）。
★４　ここでいう過失の意義は，自己の法益侵害の危険を回避することについての過失の意味である（『要件事実・事実認定ハンドブック』120頁以下参照）。具体的には，求償の時期を逸しな

（無資力者の負担部分に係る増加部分に対する抗弁）となる。なお，本条２項の攻撃防御方法の機能については，難しい問題がある★5。〔河村〕

（連帯債務者の１人との間の免除等と求償権）第445条

連帯債務者の１人に対して債務の免除がされ，又は連帯債務者の１人のために時効が完成した場合においても，他の連帯債務者は，その１人の連帯債務者に対し，第442条第１項の求償権を行使することができる。

本条は，現行法437条（連帯債務者の１人に対する免除）及び現行法439条（連帯債務者の１人についての時効の完成）が削除されることに伴い，免除等を受けた連帯債務者に対しても，弁済等をした連帯債務者は，求償権を行使することができることを明らかにするものである。

本条は，攻撃防御方法としては，弁済等をした連帯債務者が，免除等が生じた連帯債務者に対し，求償金支払債務の履行請求をした場合，免除等が生じた連帯債務者が，免除等の事実を主張しても，それは，抗弁として主張自体失当となるものとして機能する。〔河村〕

削除条文（連帯の免除と弁済をする資力のない者の負担部分の分担）現行法第445条の全部

現行法445条の規律の下では，例えば，債務者Ａ，Ｂ及びＣ（負担割合は平等）が債権者Ｄに90万円の連帯債務者を負っている場合，Ｂが債権者Ｄに全額90万円を支払った場合，Ｃが無資力者のとき，Ｂは，Ａに求償するに際して，ＡがＤ

けれぱ，無資力とならなかったこと等の過失のことである。

★5　以下に一つの考え方を示しておく。本文の例で考えると，負担部分のないＢがＤに90万円全額の弁済をし，Ｂが，Ａに対し，求償権行使に係る履行請求をした場合，各人には，負担部分があるものとして平等と推定され，その具体的内容を請求原因で明らかにする必要がないとすると，その請求原因は，①連帯債務の発生原因事実，②ＢのＤに対する90万円の弁済，③Ｃの無資力（評価根拠事実）となる。無資力者Ｃの負担部分30万円をＡとＢとで平等に負担すると，Ａは，Ｂに対し，30万円＋15万円＝45万円の支払を請求し得る。これに対し，Ａの負担部分がゼロであるとの合意は，Ａの抗弁となる（我妻『債権総論』439〜440頁参照)。さらに，Ｂは，自己の負担部分もゼロであるとの合意（Ｃのみが負担部分を有するとの合意）を主張立証すれば，本条２項でＡとＢは平等負担となり，Ａに対し，やはり45万円の支払を請求し得ることになる。このＢの主張の性質は，Ａの負担部分がゼロであるとの合意の抗弁に対する再抗弁ではなく，新たな請求原因であるから，請求原因の予備的主張に位置づけられることになろう。

から連帯の免除（連帯の免除とは，相対的連帯の免除ともいわれるが，総債務者に対してではなく，債務者のうち一部の者のみに対して，その負担部分以上の債務額につき請求しないとする意思表示のことをいう）を受けていると，無資力者Cの負担部分の半額15万円をAに請求し得ないことになる（Bは，債権者Dに15万円の請求すべきことになる）。しかし，このような処理は，債権者の通常の意思に反することから，削除されることになった。本条の削除は，攻撃防御方法としては，上記の例でいえば，BのAに対する求償権行使に係る履行請求に対し，AがDから連帯の免除を受けた事実を主張しても，それは一部抗弁として主張自体失当となるものとして機能する（上記の例では，新法444条が適用され，Aは，連帯の免除を受けていても，Bに対し，無資力者Cの負担部分の半額15万円を含めて，45万円の支払義務を負うことになる）。〔河村〕

第5款　保証債務

保証債務履行請求の訴訟物

ここで，訴訟物としての保証契約に基づく保証債務履行請求権の同一性（異同）が問題となる例（保証契約に基づき元本，利息，損害金の請求をする場合の訴訟物の個数については，「**第447条**の解説」参照）につき，若干の検討を加える（以下の記述は，いわゆる旧訴訟物理論に依拠している）。

まず，連帯保証人に対する保証債務履行請求権と，連帯合意のない単純保証契約に基づく履行請求権との異同である。訴訟物の異同・個数の区別基準（実体法的な視点〔制度趣旨〕からみて不可分な権利関係か否かという点に加えて，訴訟における攻撃防御の機能を異にするのか否かという点も総合して判断する基準★1）に従えば，連帯保証契約は，保証契約の冒頭規定である新法446条所定の保証契約に，連帯保証の特則として連帯合意が付加されたものにすぎないから（民454条），実体法的には，保証債務履行請求権としてひとまとまりの権利であり，かつ，この両者において，訴訟における攻撃防御の機能に差はないから，両者は，訴訟物として同一であると解される★2。

次に，根保証人に対する保証債務履行請求権と，根保証ではない通常の保証人に対する履行請求権との異同が問題となる。この両者を訴訟物として区別した場

【保証債務履行請求の訴訟物注】
★1　伊藤『要件事実の基礎』346頁以下参照。
★2　倉田監修『要件事実の証明責任・債権総論』317頁参照。

合，さらに，根保証契約内部で，個人根保証契約（新法465条の２），個人貸金等根保証契約（新法465条の３），その他の根保証契約の各契約に基づく履行請求権のそれぞれの異同が問題となる（前記のとおり，根保証契約に連帯特約が付されていても，訴訟物を異にするものではない）。

前記の訴訟物の異同・個数の区別基準に従えば，根保証人に対する保証債務履行請求権と，根保証ではない通常の保証人に対する履行請求権とでは，訴訟物として異なるものと考える。なぜならば，民法は，通常の保証契約（新法446条）と根保証契約（新法465条の２の定義部分）とで，冒頭規定を分けて規定しており，根保証契約については，通常の保証契約にはない，被保証債務の種類，保証期間（元本確定時期），保証限度額（極度額）において，保証人の利益を保護するため特別な規律（新法465条の２以下）を置いているから，その制度趣旨を尊重すべきであり，また，このような根保証契約に対する特別な規律の結果，訴訟において，根保証契約特有の抗弁等が考えられ，通常の保証契約とでは，攻撃防御の機能を異にすると考えられるからである。

もっとも，根保証契約内部における規律の違い（個人根保証契約，個人貸金等根保証契約，その他の根保証契約の各契約の違い）は，根保証契約の冒頭規定（新法465条の２の定義部分）を前提とした被保証債務等の特則であり，実体法的には，根保証契約に基づく履行請求権としてひとまとまりの権利であり，かつ，その各契約に基づく履行請求における攻撃防御の機能に違いはないから，訴訟物としては，すべて同一のものであると考える★3。

本款の解説では，以上のような訴訟物の捉え方を前提としていることに注意されたい。
〔河村〕

第１目　総　　則

（保証人の責任等）第446条

> 保証人は，主たる債務者がその債務を履行しないときに，その履行をする責任を負う。
> ２　保証契約は，書面でしなければ，その効力を生じない。

★３　貸金等根保証契約を，根保証契約一般から区別して，独自の契約類型と解する必要はないとする見解に，『要件事実論30講』289～290頁〔三角比呂〕参照。

３　保証契約がその内容を記録した電磁的記録によってされたときは，その保証契約は，書面によってされたものとみなして，前項の規定を適用する。

本条は，保証契約の冒頭規定である現行法446条の改正条文である。電磁的記録の定義を新法151条４項に規定したことから，本条３項からその定義を削除しただけの形式的改正であり，その冒頭規定の意義に変わりはない。

本条によれば，保証契約の成立要件（本質的要素）は，①債権者と保証人との間で保証契約が締結された事実，②その保証の意思表示は書面（本条２項・３項）でなされたとの事実の２つである。債権者の保証人に対する保証債務履行請求権を訴訟物として考えた場合，その請求原因は，上記①②に加えて，③主債務の発生原因事実，④主債務が履行遅滞に陥っている事実（弁済期の経過）の４つとなる★1。

なお，根保証契約の冒頭規定は，新法465条の２に定義規定として定められている。

〔河村〕

（保証債務の範囲）第447条

本条は，不改正条文である。本条の攻撃防御方法としての機能は，次のとおりである。

本条１項は，主として金銭債務を念頭に置いた解釈規定（任意規定）である★1から，保証人は，同項とは異なる主債務の従たる債務を保証の対象から除外した特約につき，立証責任を負う。そして，このことから，１個の保証契約に基づき，元本，利息，遅延損害金の請求をする場合，上記の特約がない限り，これらの請求は，当該保証契約に基づく履行請求権にすべて包含されているから，訴訟物は，まとめて１個となる★2。

本条２項は，保証債務は主債務とは別個の独立した債務であることを前提に，保証債務の履行を確保するための方策を認めたものである★3。したがって，本条２項は，保証債務に付した違約金の請求をする場合の権利根拠規定となる（こ

【第446条注】
★１　『要件事実・事実認定ハンドブック』338〜339頁。
【第447条注】
★１　平井『債権総論』308頁。
★２　司研『紛争類型別の要件事実』39頁。
★３　梅『民法要義』142〜143頁。

のような違約金の約定も，次条の448条に反しないと考えられている★4)。　〔河村〕

（保証人の負担と主たる債務の目的又は態様）第448条

> 保証人の負担が債務の目的又は態様において主たる債務より重いときは，これを主たる債務の限度に減縮する。
> 2　主たる債務の目的又は態様が保証契約の締結後に加重されたときであっても，保証人の負担は加重されない。

本条は，現行法448条の改正条文である。本条１項は，不改正条文であり，学説で確立した考え方を本条２項として新設したものである。その趣旨は，保証人保護にある★1。

本条２項所定の「主たる債務の目的又は態様が保証契約の締結後に加重された」という事実は，攻撃防御方法としては，債権者の保証債務履行請求に対する保証人の抗弁になる。ただし，主債務の発生原因となる法律行為及び保証契約締結より後に合意された損害金の約定に基づいて，保証債務履行請求において，損害金についても併せて請求するような場合，上記抗弁事実を不利益陳述してしまうため，その損害金部分については，主張自体失当となる。これを避けようと思えば，上記損害金に係る合意（主債務）についても，保証契約を締結し，保証人の保証の意思表示が書面でなされたとの事実（請求原因の予備的主張）を当初の請求原因にせり上げて主張立証する必要が生ずる。　〔河村〕

（主たる債務者について生じた事由の効力）第457条

> 主たる債務者に対する履行の請求その他の事由による時効の完成猶予及び更新は，保証人に対しても，その効力を生ずる。
> 2　保証人は，主たる債務者が主張することができる抗弁をもって債権者に対抗することができる。
> 3　主たる債務者が債権者に対して相殺権，取消権又は解除権を有するとき

★4　梅『民法要義』143頁。

【第448条注】

★1　本条２項の趣旨について，保証人の関与のないところでその負担が加重されるのは相当ではないので，主債務の目的又は態様が保証契約を締結した後に加重されたときであっても，保証人の負担は加重されないことを定めた点にあるとされている（193回国会衆院法務委議事録９号平290412・９頁の２段目の小川政府参考人の発言参照)。

は，これらの権利の行使によって主たる債務者がその債務を免れるべき限度において，保証人は，債権者に対して債務の履行を拒むことができる。

第１　現行法と新法の異同

本条は，現行法457条に対応するものであり，本条１項及び２項は，改正条文，本条３項は，新設条文である。本条１項は，現行法457条１項の「中断」を「完成猶予及び更新」に改めるものである。これは，消滅時効の改正に伴う文言の変更である。本条１項の趣旨は，主債務者につき，消滅時効が完成しない間は，保証人についても消滅時効が完成しないとするのが当事者の意思に合致し，債権者の利益であるという点にある。

本条２項は，現行法457条２項が，保証人は，「主たる債務者の債権による相殺をもって債権者に対抗することができる」としていたのを「主たる債務者が主張することができる抗弁をもって債権者に対抗することができる」と改め，主たる債務者が債権者に対して有している抗弁一般について対抗を認め，もって保証人の利益を保護する点にある。

本条３項は，主たる債務者が債権者に対して相殺権・取消権・解除権を有する場合，これらの権利の行使によって主たる債務者がその債務の履行を免れる限度で，保証債務の履行を拒絶することができるとし，もって保証人の利益を保護するものである（履行拒絶権構成。本条と類似の規定として，新法439条２項がある）。この履行拒絶権の行使の訴訟法的性質は，権利抗弁であると解する。

第２　要件事実

本条の攻撃防御方法としての機能は，次のとおりである。

本条１項は，債権者の保証人に対する保証債務の履行請求に対し，保証人から消滅時効の抗弁が主張立証された場合，債権者が，再抗弁として，主債務者に対する履行の請求等を主張立証し得るものとして機能する。

本条２項は，債権者の保証人に対する保証債務の履行請求に対し，保証人が，主債務者が債権者に対して有する反対債権を基礎づける事実等及び支払拒絶の権利抗弁を主張して，阻止の一部抗弁を提出し得るものとして機能する。　〔河村〕

（連帯保証人について生じた事由の効力）第458条

第438条，第439条第１項，第440条及び第441条の規定は，主たる債務者と連帯して債務を負担する保証人について生じた事由について準用する。

本条は，連帯債務における絶対的効力事由・相対的効力事由に関する連帯債務の規定の改正に合わせて現行法458条の準用規定の文言を改めたものである。準用される各条文の攻撃防御方法としての機能については，上記各条文の個所の解説を参照されたい。〔河村〕

（主たる債務の履行状況に関する情報の提供義務）第458条の２

保証人が主たる債務者の委託を受けて保証をした場合において，保証人の請求があったときは，債権者は，保証人に対し，遅滞なく，主たる債務の元本及び主たる債務に関する利息，違約金，損害賠償その他その債務に従たる全てのものについての不履行の有無並びにこれらの残額及びそのうち弁済期が到来しているものの額に関する情報を提供しなければならない。

本条は，個人保証・法人保証を問わず，債権者は，受託保証人に対し，保証人から請求があったときには，主債務の履行状況に関する本条所定の事項について情報を提供しなければならないとする義務を定め，もって，保証人が現時点又は将来に負う責任の内容を把握し得るようにして保証人の損害を防ぐための新設条文である。本条の主体が受託保証人に限定されているのは，債務不履行の有無や主債務の額等は主債務者の信用に関する情報であり，このような情報の開示請求を，主債務者から委託を受けていない保証人に認めるのは，主債務者の利益を害し相当でないとの考慮に基づくものである★1。

なお，新法において，保証人保護の観点から，債権者等に情報提供を義務づけている各規定の要件・効果の相違については，「**第465条の10**の解説」に掲げた■表②　情報提供義務一覧表を参照されたい。

さて，本条の義務違反の効果については，規定はなく，解釈に委ねられているが，通常は，保証人に，債権者に対する本条の債務不履行（義務違反）に基づく損害賠償請求権や解除権を発生させるものであろう★2。そこで，本条の攻撃防

【第458条の２注】
★１　「部会資料76Ａ」11頁。

御方法としての機能について検討すると，例えば，保証人が債権者に対し，本条の債務不履行に基づく損害賠償請求をする場合の請求原因を考えてみる。その請求原因は，①主債務の発生原因事実，②主債務者の保証人への保証委託，③債権者と保証人との間の保証契約の締結，④上記③の保証意思表示は書面によるという事実，⑤保証人の債権者に対する本条所定の事項についての請求，⑥上記⑤の請求から相当期間の経過，⑦保証人の損害及び数額となろう。他方，債権者が，保証人に対し，上記⑥の相当期間経過前に本条所定の情報通知に係る弁済の提供をした事実は，その抗弁となる（解除の要件事実★3 の詳細については，「**第541条**の解説」「**第542条**の解説」を参照されたい）。

〔河村〕

（主たる債務者が期限の利益を喪失した場合における情報の提供義務）第458条の３

主たる債務者が期限の利益を有する場合において，その利益を喪失したときは，債権者は，保証人に対し，その利益の喪失を知った時から２箇月以内に，その旨を通知しなければならない。

２　前項の期間内に同項の通知をしなかったときは，債権者は，保証人に対し，主たる債務者が期限の利益を喪失した時から同項の通知を現にするまでに生じた遅延損害金（期限の利益を喪失しなかったとしても生ずべきものを除く。）に係る保証債務の履行を請求することができない。

３　前２項の規定は，保証人が法人である場合には，適用しない。

第１　現行法と新法の異同

★２　本条が，債権者の保証人に対する保証債務履行請求に対して，解除の抗弁として構成することなく，直接，支払拒絶の抗弁となるのかについては，明文規定（新法458条の３第２項と対照）がなく，そのような解釈は困難であろう（ただし，大江『新債権法の要件事実』246頁は，本条の義務違反の効果を支払拒絶の抗弁として構成するようである）。

★３　債権者の保証人に対する保証債務履行請求に対して，保証人が本条違反に基づく解除（催告解除）の抗弁を主張する場合を考える。請求原因は，本文の損害賠償請求の請求原因のうち，①③④と主債務の履行遅滞がこれに当たる。他方，保証人の解除の抗弁の要件事実は，本文の②⑤⑥と催告，解除意思表示となる。この場合，⑤の請求が解除のための催告を兼ねることができるかは一つの問題であろう（催告の二重効）。また，債権者の情報提供義務と保証人の保証債務履行義務とは同時履行の関係に立つものとは解されないので，解除のための催告以前の保証債務の履行の提供（いわゆるせり上がり）は，催告解除の要件事実にはならないものと解される。以上の保証人の催告解除の抗弁に対し，債権者の⑥の相当期間経過前の本条所定の情報通知に係る弁済の提供は，その再抗弁となる。

本条は，保証が個人保証である場合において（本条３項参照），主債務者が，期限の利益を喪失した場合の債権者の情報提供義務（通知★1 義務）を定め，もって保証人の利益保護を図ろうとする新設条文である。

なお，新法において，保証人保護の観点から，債権者等に情報提供を義務づけている各規定の要件・効果の相違については，「**第465条の10の解説**」に掲げた■表②　情報提供義務一覧表を参照されたい。

第２　要件事実

本条の攻撃防御方法としての機能は，次のとおりである。

本条２項は，債権者が，本条１項に基づき，主債務者が期限の利益喪失を知った時から２か月以内に保証人に通知をしなかった場合，債権者は，保証人に対し，主債務者が期限の利益を喪失した時からその旨の通知をした時までに生じた遅延損害金に対応する部分について，保証債務の履行を請求することができないことを定めるから，債権者の保証人に対する保証債務履行請求（主債務の遅延損害金に係る部分を含めて，訴訟物としては１個である。「**第447条**の解説」参照）に対し，本条１項及び２項所定の事実は，保証人の一部抗弁として機能する。その抗弁事実は，①保証人の非法人性★2（ただし，この①は，保証契約の当事者の属性として請求原因として主張されるのが通常であるので，その場合，抗弁として重ねて主張することは不要であ

【第458条の３注】

★１　この通知は，講学上の観念の通知である。保証人が所在不明の場合には，公示による通知（民法98条類推適用）によることになろう（192回国会衆院法務委16号平281213・２頁の１段目から２段目にかけての小川政府参考人の発言参照）。

★２　新法には，個人保証人保護を図る規定が数多く規定されているが，その規定の仕方に際しては「保証人が法人でないもの」（新法465条の２第１項），保証人等が「法人である場合には，適用しない。」（新法458条の３第３項・465条の５第３項・465条の６第３項・465条の10第３項）といった表現が用いられている。そのいずれの条文形式であっても，個人保証人保護の特則という点からすると，個人保証であるとの事実，つまり，「保証人等が法人ではないとの事実」が保証人保護のための本質的要素として要件事実になるものと解すべきである（新法の立法過程において，上記の条文の形式の違いが，立証責任の所在を示すものとして意図的に使い分けられている形跡は見当たらなかった。この点で，条文形式は，立証責任の所在を解釈するうえで決め手となるものではないと考える）。このことは，消費者契約の適用を主張する者に自己が消費者であるとの事実（及び相手方が事業者であるとの事実）の立証責任があると解されること（『要件事実小辞典』117頁）と同様の関係にある。第５款の保証債務については，以上の理解を前提として説明をすることとしたい。なお，保証人に対する保証債務履行請求につき，大江『新債権法の要件事実』248頁〔新法458条の３の解説部分〕は，保証人が法人でないことを抗弁としつつ，同書261頁〔新法465条の６の解説部分〕及び268頁〔465条の10の解説部分〕は，保証人が法人であることを再抗弁としており，上記各説明間の整合性には疑問がある。

る)，②主債務者の期限の利益喪失，③債権者が上記②の事実を知った時期，④上記③の時期から２か月の経過，⑤上記②の時点以降，主債務に生じた遅延損害金の額（期限の利益喪失より前から生じていた遅延損害金は，期限の利益喪失と因果関係のない遅延損害金であるから，そもそも上記金額から除かれる〔本条２項括弧書〕。このような期限の利益を喪失しなかったとしても生じていた遅延損害金は，上記の否認であって，再抗弁となるものではないと解される★3）となる。

これに対し，債権者は，再抗弁として，債務者に対し，上記②について通知をした事実を再抗弁として主張立証しなければならないものと解される★4。なぜならば，確かに，本条２項の「前項の期間内に同項の通知をしなかったときは，」という文理に照らすと，期間内の不通知が保証人の抗弁のようにも解し得るが，個人保証人保護という本条の趣旨に照らすと，むしろ，通知をしたことが債権者の再抗弁であると解すべきだからである。通知が，前記②の時点から２か月以内であれば，全部再抗弁に，２か月経過後の場合は，通知時以降の遅延損害金に対して一部再抗弁となる。このほか，通知と等価値の事実として，保証人が，再抗弁として，主債務者の期限の利益を喪失を知っていた事実及びその知った時期を主張立証することができるかどうか（類似の利益状況として，商法526条３項参照）は，解釈上争いがあり得よう。

〔河村〕

（委託を受けた保証人の求償権）第459条

保証人が主たる債務者の委託を受けて保証をした場合において，主たる債務者に代わって弁済その他自己の財産をもって債務を消滅させる行為（以下「債務の消滅行為」という。）をしたときは，その保証人は，主たる債務者に対し，そのために支出した財産の額（その財産の額がその債務の消滅行為によって消滅した主たる債務の額を超える場合にあっては，その消滅した額）の求償権を有する。

2　第442条第２項の規定は，前項の場合について準用する。

★３　大江『新債権法の要件事実』248頁は，再抗弁説であるが，本文で述べたとおり，相当ではない。

★４　この規範構造は，商法526条２項前段の通知の解釈と類似する。この点については，司研『要件事実第１巻』190頁参照。大江『新債権法の要件事実』248頁は，期間内の不通知を保証人の抗弁とするが，本文で述べたとおり，相当ではない。

第1　現行法と新法の異同

本条は，受託保証人の（事後）求償権の成立要件を定めるものであり，現行法459条1項の改正条文であり，同条2項は，不改正条文である。現行法459条1項のうち，「過失なく債権者に弁済をすべき旨の裁判の言渡しを受け」の部分は，現行法460条3号に代えて新法460条3号に移し替えられている（現行法460条3号は，上書き的に削除されている。「**第460条**の解説」参照）。本条1項は，保証人が代物弁済等の債務の消滅行為をした場合，連帯債務の規律（新法442条1項参照）にならって，出捐額が債務消滅額を超える場合，債務消滅額が基準となることを明らかにしたものである★1。

第2　要件事実

本条の攻撃防御方法としての機能は，次のとおりである。本条1項は，弁済等をした受託保証人の主債務者に対する（事後）求償権（その法的性質は，委任契約に基づく費用償還請求〔民650条〕）である）の請求原因（その請求原因は，①主債務の発生原因事実，②保証契約の締結，③上記②の意思表示は書面によるとの事実，④保証人と主債務者との間での保証委託契約の締結★2，⑤保証債務の履行及びその額〔ただし，債務消滅額を限度とする〕）となるものとして★3，本条2項は，上記求償には，共同免責があった日以後の法定利息及び避けることができなかった費用その他の損害の賠償を包含するものとして（法定利息は変動制によること〔新法404条〕），それぞれ機能する（法定利息請求は，通常，附帯請求とされることが多い）。　〔河村〕

【第459条注】

★1　「部会資料67A」28頁。

★2　受託保証人の事後求償権の権利の性質は，委任契約に基づく費用償還請求権（民650条）であるから，委任契約である保証委託契約が事後求償権発生にとっての本質的要素であり，要件事実になるものと解される（ただし，倉田監修『要件事実の証明責任・債権総論』341頁で紹介されている抗弁説は，委託の不存在を抗弁とする）。なお，無委託保証人の事後求償権では，無委託が要件事実となるのではなく，かえって，委託の事実が抗弁となる（「**第462条**の解説」参照）。

★3　本文で述べた受託保証人の事後求償権行使の請求原因は，請求原因④を除くと，無委託保証人のそれと同じになる（「**第462条**の解説」参照）。そうすると，請求原因④は，無委託保証人の事後求償権行使に対する固有の抗弁が提出された場合の請求原因の予備的主張（いわゆるａ＋ｂの関係）に立つのではないかが問題となる。しかし，受託保証人の事後求償権と無委託保証人のそれとは訴訟物が異なるから（前者は，委任契約に基づく費用償還請求権〔民650条〕であり，後者は，事務管理に基づく有益費用償還請求権〔民702条〕である），ａ＋ｂの関係は生じない（訴訟物の違いとａ＋ｂの関係につき，司研『要件事実第1巻』61～62頁）。

（委託を受けた保証人が弁済期前に弁済等をした場合の求償権）第459条の２

保証人が主たる債務者の委託を受けて保証をした場合において，主たる債務の弁済期前に債務の消滅行為をしたときは，その保証人は，主たる債務者に対し，主たる債務者がその当時利益を受けた限度において求償権を有する。この場合において，主たる債務者が債務の消滅行為の日以前に相殺の原因を有していたことを主張するときは，保証人は，債権者に対し，その相殺によって消滅すべきであった債務の履行を請求することができる。
２　前項の規定による求償は，主たる債務の弁済期以後の法定利息及びその弁済期以後に債務の消滅行為をしたとしても避けることができなかった費用その他の損害の賠償を包含する。
３　第１項の求償権は，主たる債務の弁済期以後でなければ，これを行使することができない。

第１　現行法と新法の異同

本条は，受託保証人が主債務の弁済期到来前に保証債務を弁済すること等を許容しつつ，主債務者の期限の利益に配慮して，受託保証人の主債務者に対する（事後）求償権の範囲（本条１項・２項）及び行使の時期（本条３項）を制限する内容の新設条文である★1。なお，本条２項の「法定利息」の法定利率については，「**第442条**の解説」を参照されたい。

第２　要件事実

本条の攻撃防御方法としての機能は，次のとおりである。受託保証人の主債務者に対する（事後）求償権の行使に対し，主債務者は，抗弁として，主債務の弁済期の合意（附款）を主張立証することができる★2。上記弁済期の合意は，事実審の口頭弁論終結時までに期限が到来しない弁済期の合意であれば，本条３項に基づく現在請求に対する全部抗弁となる（将来請求〔民訴135条参照〕として認容される余地があるかどうかは別論である。なお，受託保証人が，主債務者の承諾を得て弁済した事実（前掲大判大３・６・15）は，上記抗弁に対する再抗弁となる）。当該合意が，既に到来している弁済期に関する合意であっても，請求原因の弁済等の時期との先後関係

【第459条の２注】
★１　「部会資料67Ａ」27～28頁。
★２　本条３項は，大判大３・６・15民録20輯476頁の明文化である。

の対比から弁済期前の弁済等であることに加えて，主債務者がその当時利益を受けた額（本条１項）及び弁済期以後の法定利息等（本条２項）以外の部分を主張立証すれば，それは，本条１項及び本条２項に基づく一部抗弁となる★3。

なお，主債務者が，債務消滅行為当時に受けた利益に関して，債務消滅行為の日以前に債権者に対する相殺の原因（反対債権）を有していたとの事実を主張立証するときは，保証人は，債権者に対し，その相殺によって消滅すべきであった債務（反対債権）の履行を請求することができるから，本条１項後段は，保証人の債権者に対する反対債権（主債務者が債権者に対して有していたものが保証人に移転したもの）の履行請求の請求原因として機能する。〔河村〕

（委託を受けた保証人の事前の求償権）第460条

保証人は，主たる債務者の委託を受けて保証をした場合において，次に掲げるときは，主たる債務者に対して，あらかじめ，求償権を行使することができる。

一　主たる債務者が破産手続開始の決定を受け，かつ，債権者がその破産財団の配当に加入しないとき。

二　債務が弁済期にあるとき。ただし，保証契約の後に債権者が主たる債務者に許与した期限は，保証人に対抗することができない。

三　保証人が過失なく債権者に弁済をすべき旨の裁判の言渡しを受けたとき。

本条は，現行法460条に対応するものである。現行法460条３号（債務の弁済期が不確定で，かつ，その最長期をも確定することができない場合において，保証契約の後10年を経過したとき）が削除され（このような場合，元本額も確定せず、事前求償の額も不明確であるから、事前求償になじまないから削除された★1），現行法459条１項のうち，「過失なく債権者に弁済をすべき旨の裁判の言渡しを受け」の部分を現行法460条３号に上書き的に移記して，受託保証人の事前求償権に関する条文を一本化して整

★3　主債務の発生原因がいわゆる貸借型の契約の場合，弁済期の合意は，附款ではなく，返還合意に包含される本質的要素であり，その主張が必要であるとする見解（貸借型理論。伊藤『要件事実の基礎』368頁）に立つと，弁済に後れて到来する主債務の弁済期の合意が既に請求原因で明らかになっているから（不利益陳述），求償金行使に係る請求の全部又は一部が失当になることがあることに注意が必要である。この場合，主張自体失当を避けようと思えば，主債務者の承諾を得て弁済した事実等を請求原因にせり上げて主張する必要がある。

【第460条注】

★1　「部会資料67Ａ」29頁。

理するものである（「**第459条**の解説」参照）。

本条は，現行法460条3号を除き，その規律を維持するものであるから，これらの要件事実に関しても，現行法下の議論が基本的に妥当する★2。〔河村〕

（主たる債務者が保証人に対して償還をする場合）第461条

> 前条の規定により主たる債務者が保証人に対して償還をする場合において，債権者が全部の弁済を受けない間は，主たる債務者は，保証人に担保を供させ，又は保証人に対して自己に免責を得させることを請求することができる。
>
> 2　前項に規定する場合において，主たる債務者は，供託をし，担保を供し，又は保証人に免責を得させて，その償還の義務を免れることができる。

本条は，現行法461条に対応するものである。「**第460条**の解説」のとおり，受託保証人の事前求償権に関する条文が，現行法459条と現行法460条の2か条にわたっていたものを新法460条に一本化して整理された結果，本条1項は，現行法461条1項の「前2条」（現行法459条及び460条）を「前条」（新法460条）と字句を修正して改正するものである（本条2項は，不改正条文である）。本条は，実質的には不改正条文であるから，本条の要件事実に関しても，現行法下の議論がそのまま妥当する★1。〔河村〕

（委託を受けない保証人の求償権）第462条

> 第459条の2第1項の規定は，主たる債務者の委託を受けないで保証をした者が債務の消滅行為をした場合について準用する。
>
> 2　主たる債務者の意思に反して保証をした者は，主たる債務者が現に利益を受けている限度においてのみ求償権を有する。この場合において，主たる債務者が求償の日以前に相殺の原因を有していたことを主張するときは，保証人は，債権者に対し，その相殺によって消滅すべきであった債務の履行を請求することができる。

★2　定塚孝司『主張立証責任論の構造に関する一試論』（判例タイムズ社，1992）86～88頁参照。

【第461条注】

★1　定塚孝司『主張立証責任論の構造に関する一試論』（判例タイムズ社，1992）88～90頁参照。

3　第459条の２第３項の規定は，前２項に規定する保証人が主たる債務の弁済期前に債務の消滅行為をした場合における求償権の行使について準用する。

第１　現行法と新法の異同

本条は，現行法462条に対応し，無委託保証人の（事後）求償権を定めるものである。本条１項は，改正条文であり，新法459条の２第１項を準用することで，現行法462条１項の規律を維持するものである。本条２項は，現行法462条２項と同内容であり，不改正条文である。本条３項は，受託保証人が主債務につき期限前弁済をした場合と同様，無委託保証人が主債務につき期限前弁済をした場合に求償権を行使することができるのは，主債務について弁済期が到来して以後であることを明らかにする新設条文である★1。

第２　要件事実

本条の攻撃防御方法としての機能は，次のとおりである。まず，無委託保証人の主債務者に対する求償権（その法的性質は，事務管理に基づく有益費用償還請求権〔民702条〕である）の請求原因としては，無委託をその積極的な要件事実と解すると，委託の存否が真偽不明になった場合，受託保証人又は無委託保証人からのいずれの求償権行使も認められなくなり，保証人保護という事後求償権の制度趣旨に反することになるから，無委託をその要件事実と解すべきではない（むしろ，委託の事実は，理論上は，委任契約に基づく費用償還請求〔民650条〕という別個の訴訟物を基礎づけ，事務管理に基づく有益費用償還請求権を排斥するという意味で抗弁となる）。

そうすると，無委託保証人の求償権の請求原因は，①主債務の発生原因事実，②保証契約の締結，③上記②の保証の意思表示は書面によるとの事実，④保証債務の履行及びその額となる。

これに対し，主債務者は，次のとおり，抗弁を主張立証することができる。すなわち，主債務者の意思に反するかどうかで，受益減少・消滅の時的要素（基準時）が，債務消滅行為当時となるか，さらに後の時点である求償権行使時となるかで違いが生じ，〔Ａ〕債務消滅行為以前に債権者に対し，相殺可能な反対債権を取得したとの事実（本条１項で準用される新法459条の２第１項），もしくは弁済等を

【第462条注】
★１　「部会資料84－３」20～21頁。

した事実（この場合，請求原因②の保証が主債務者の意思に反しないことは要件事実ではない），又は〔B〕a．求償権行使以前に債権者に対し，相殺可能な反対債権を取得したとの事実，もしくは弁済等をした事実，b．請求原因②の保証は，主債務者の意思に反するとの事実（本条２項）を抗弁として主張立証することができるのである。

さらに，主債務者は，本条３項（新法459条の２第３項）に基づき，上記とは別個の抗弁として，主債務の弁済期の合意（附款。未到来のもの）を主張立証することができる（ただし，主債務がいわゆる貸借型の契約の場合，請求原因において，主債務者の弁済期の時期が明らかとなるから，保証人が主債務者の承諾を得て弁済した事実等をせり上げて主張しない限り，〔「**第459条の２**の解説」参照〕，請求原因自体が主張自体失当となる）。

なお，本条１項で準用される新法459条の２第１項後段及び本条２項は，保証人の債権者に対する反対債権（主債務者が債権者に対して有していたものが保証人に移転したもの）の履行請求の請求原因として機能する。　〔河村〕

（通知を怠った保証人の求償の制限等）第463条

保証人が主たる債務者の委託を受けて保証をした場合において，主たる債務者にあらかじめ通知しないで債務の消滅行為をしたときは，主たる債務者は，債権者に対抗することができた事由をもってその保証人に対抗することができる。この場合において，相殺をもってその保証人に対抗したときは，その保証人は，債権者に対し，相殺によって消滅すべきであった債務の履行を請求することができる。

２　保証人が主たる債務者の委託を受けて保証をした場合において，主たる債務者が債務の消滅行為をしたことを保証人に通知することを怠ったため，その保証人が善意で債務の消滅行為をしたときは，その保証人は，その債務の消滅行為を有効であったものとみなすことができる。

３　保証人が債務の消滅行為をした後に主たる債務者が債務の消滅行為をした場合においては，保証人が主たる債務者の意思に反して保証をしたときのほか，保証人が債務の消滅行為をしたことを主たる債務者に通知することを怠ったため，主たる債務者が善意で債務の消滅行為をしたときも，主たる債務者は，その債務の消滅行為を有効であったものとみなすことができる。

第１　現行法と新法の異同

1　現行法の規律

現行法463条１項は，保証人に現行法443条を準用し，保証人は，受託保証人であると否とを問わず，主債務者に対し，弁済等に際して事前・事後の通知をしなければならない旨を規定している。現行法463条２項は，受託保証人の主債務者に現行法443条を準用しているが，現行法下の解釈でも，主債務者が負担部分を持たない保証人（委託の有無を問わない）に求償することはあり得ず，この求償権保全に関わる事前通知義務の規定は，主債務者には，その性質上準用されず，事後通知に関する現行法443条２項のみが準用されると解されている。

2　新法の内容

前記１の現行法の規定を前提として，本条は，その求償権行使に関する規律を改めるものである★1。

本条１項前段は，受託保証人についてのみ事前通知義務を課し，（無委託保証人や主債務者には，事前通知義務がない）事前通知の対象を「履行の請求を受けたこと」から「債務の消滅行為をすること」に改め，受託保証人が，主債務者に対する上記の事前通知を懈怠したときは，主たる債務者は，債権者に対抗することができた事由（典型的には，相殺可能な反対債権の取得事由）をもってその保証人に対抗することができることを規定し，もって，主債務者の利益を保護しようとするものである。

本条１項後段は，主債務者が，相殺をもって受託保証人に対抗したときは，その保証人は，債権者に対し，相殺によって消滅すべきであった債務の履行を請求することができることを規定し，もって，主債務者から相殺可能な反対債権の取得事由の抗弁の対抗を受けた受託保証人の利益を保護しようとするものである。

本条２項は，主債務者の弁済等が先行し，受託保証人の弁済等が後行する場合（二重弁済事案における主債務者弁済先行型），主債務者が事後通知を懈怠したときは，受託保証人は，自己の善意弁済を有効であったとみなすことができる旨を規定するものであり，受託保証人の利益を保護しようとするものである。

本条３項は，保証人の弁済等が先行し，主債務者の弁済等が後行する場合（二重弁済事案における保証人弁済先行型），無委託保証人が，主債務者の意思に反して保証したとき（民法462条２項参照。この場合は事後通知の懈怠の有無を問わない★2）のほ

【第463条注】

★1　「部会資料67Ｂ」９～10頁，「部会資料80－３」14～16頁参照。

★2　主債務者の意思に反して保証をした無委託保証人は，その求償の範囲が現存利益に制限され

か，受託保証人や主債務者の意思に反しない無委託保証人が，主債務者に対する事後通知を懈怠したため，主債務者が，善意で弁済等をしたときも，その債務消滅行為を有効であったとみなすことができる旨を規定するものであり，主債務者の利益を保護しようとするものである（この本条3項は，前段と後段とで異なるケースを定めていることに注意が必要である）。

第2　要件事実

本条の攻撃防御方法としての機能は，次のとおりである（以下の説明については，「**第443条**の解説」も併せ参照されたい）。

1　本条1項前段及び後段の要件事実

まず，本条1項前段は，攻撃防御方法としては，受託保証人の求償権行使に係る主債務者の債権者に対する相殺可能な反対債権の取得等の抗弁に対し，受託保証人の主債務者への事前通知が再抗弁になるものとして，本条1項後段は，求償権の発生原因事実及び求償権行使に対する主債務者の債権者に対する相殺可能な反対債権の取得が，受託保証人の債権者に対する上記相殺に係る反対債権の履行請求の請求原因となるものとして，受託保証人の主債務者への事前通知が，債権者の抗弁となるものとして，それぞれ機能する。

2　本条2項の要件事実

次に，本条2項は，攻撃防御方法としては，典型的には，二重弁済事案（主債務者の弁済先行型）において機能する。受託保証人の求償権行使に対して，主債務者が弁済の抗弁（受託保証人の弁済に先立つという時的要素は要件事実ではないと解される）を主張立証し，これに対して，受託保証人が再抗弁として，①受託保証人の主債務者に対する事前通知★3，②受託保証人の善意弁済，③自己の弁済を有効とみなす旨の意思表示を主張立証し（事前通知義務がない（本条1項）無委託保証人には，このような再抗弁を主張立証し得る余地はない），さらに，主債務者は，再々抗弁として，受託保証人の弁済に先立つ事後通知を主張立証することができる（再抗弁②（受託保証人の善意弁済）と再々抗弁（主債務者の受託保証人に対する事後通知）との間の論理的な両立可能性については，「**第443条**の解説」の注（★6）を参照）。

ているから（新法462条1項），事後通知をしないことを理由とする求償権の範囲の制限に関する定めを置く理由がなく，この場合は事後通知の懈怠の有無を問わないからである。このことは，無委託保証人の事前通知義務不要の理由にも当てはまる（「部会資料80－3」15～16頁）。

★3　最判昭57・12・17民集36巻12号2399頁〔52〕参照。

3　本条３項の要件事実

最後に，本条３項は，攻撃防御方法としては，典型的には，二重弁済事案（保証人の弁済先行型）において機能する。保証人の求償権行使に対して，主債務者が弁済の抗弁を主張立証し，これに対して，保証人がこれに先立つ弁済の再抗弁を主張立証すると，主債務者は，予備的抗弁その１として，本条３項前段に基づき，①求償権行使以前に債権者に対し，弁済をした事実，②本件の保証は，主債務者の意思に反するとの事実（「**第462条**の解説」参照）を主張立証することができる（これに対して，保証人は，再抗弁として，主債務者に対して事後通知をした事実を主張しても，それは主張自体失当となるが〔前掲注（★２）参照〕，主債務者との間の委託契約の締結を主張立証することができる〔「**第462条**の解説」参照〕。委託契約の締結が主張立証された場合，次の予備的抗弁その２の系列が問題となる）。

他方，主債務者は，予備的抗弁その２として，本条３項後段に基づき，①′主債務者の善意弁済，②′自己の弁済を有効とみなす旨の意思表示（この場合は，主債務者が保証人に求償することはあり得ないので，求償権保全に関する主債務者から保証人への事前通知は，要件事実として不要である（前記**第１**の１・２参照））を主張立証し，さらに，保証人は，再抗弁として，主債務者の弁済に先立つ事後通知を主張立証することができる（予備的抗弁その２①′（主債務者の善意弁済）と再抗弁（保証人の主債務者に対する事後通知）との間の論理的な両立可能性については，「**第443条**の解説」の注（★６）を参照）。

以上の要件事実的構造は，一応の試論にすぎず，多様な考え方があり得ることに留意されたい。〔河村〕

（連帯債務又は不可分債務の保証人の求償権）第464条及び（共同保証人間の求償権）第465条

これらは，不改正条文である。なお，共同保証人間の求償権については，新法442条のような改正はされておらず，自己の負担部分を超える額の弁済等をした場合にのみ求償が認められるにとどまることに注意すべきである（「**第442条**の解説」参照）。なぜならば，共同保証人は，自己の負担部分については，主債務者への求償で満足すべきだからである★1。〔河村〕

【第464条及び第465条注】
★１　我妻『債権総論』506頁。

第２目　個人根保証契約

本目は，もともは，平成16年法律第147号による改正によって「貸金等根保証契約」として設けられたものであるが，今般の民法改正では，「個人根保証契約」と改められている（現行法下における貸金等根保証契約は，「個人貸金等根保証契約」と改められている）。

〔河村〕

（個人根保証契約の保証人の責任等）第465条の２

一定の範囲に属する不特定の債務を主たる債務とする保証契約（以下「根保証契約」という。）であって保証人が法人でないもの（以下「個人根保証契約」という。）の保証人は，主たる債務の元本，主たる債務に関する利息，違約金，損害賠償その他その債務に従たる全てのもの及びその保証債務について約定された違約金又は損害賠償の額について，その全部に係る極度額を限度として，その履行をする責任を負う。

２　個人根保証契約は，前項に規定する極度額を定めなければ，その効力を生じない。

３　第446条第２項及び第３項の規定は，個人根保証契約における第１項に規定する極度額の定めについて準用する。

第１　現行法と新法の異同

本条は，個人貸金等根保証に関する極度額を定めない根保証の禁止及び書面による要式行為性を規定する現行法465条の２を，個人根保証全般に拡張して，保証人保護の趣旨（保証人の予測可能性を確保し，根保証の要否及び必要とされる金額的な範囲について，当事者に慎重な判断を求めること）を図るための改正条文である★1。本条（根保証契約の定義）は，根保証契約の冒頭規定である。

第２　要件事実

本条の攻撃防御方法としての機能は，次のとおりである。例えば，Ｘ（債権者）のＹ（根保証人）に対する根保証契約に基づく保証債務履行請求権を訴訟物として考える。その請求原因として主張立証すべき事実は，①ＸとＹは，一定の範囲

【第465条の２注】
★1　「部会資料70Ａ」３頁。

に属する不特定の債務を主たる債務とする根保証契約を締結した事実，②上記①の根保証の意思表示は書面によるとの事実，③主債務者の主債務の発生原因事実（履行遅滞の事実を含む。以下同じ）となる（本条1項，新法446条2項・3項）。これに対し，Yは，抗弁として，④Yの非法人性（本条1項）を主張立証することができる。そうすると，さらに，Xは，⑤極度額（ここでの極度額は，元本極度額ではなく，元本のみではなく，従たる権利をすべて含む債権極度額の意味）の定めが書面によってなされているとの事実（本条2項・3項）を主張立証することができる。このXの主張の性質は，上記④を潰して請求原因の効果を復活させるものではないから，再抗弁ではなく，上記①ないし④を前提として，上記⑤を加えることで全体として請求原因として機能するから，請求原因の予備的主張であると解される。

そして，上記④は，通常，上記①の契約の主張において現れるから，当初から上記⑤の主張を請求原因の一部として（いわばせり上げて）必要とすることになる。

〔河村〕

（個人貸金等根保証契約の元本確定期日）第465条の3

個人根保証契約であってその主たる債務の範囲に金銭の貸渡し又は手形の割引を受けることによって負担する債務（以下「貸金等債務」という。）が含まれるもの（以下「個人貸金等根保証契約」という。）において主たる債務の元本の確定すべき期日（以下「元本確定期日」という。）の定めがある場合において，その元本確定期日がその個人貸金等根保証契約の締結の日から5年を経過する日より後の日と定められているときは，その元本確定期日の定めは，その効力を生じない。

2　個人貸金等根保証契約において元本確定期日の定めがない場合（前項の規定により元本確定期日の定めがその効力を生じない場合を含む。）には，その元本確定期日は，その個人貸金等根保証契約の締結の日から3年を経過する日とする。

3　個人貸金等根保証契約における元本確定期日の変更をする場合において，変更後の元本確定期日がその変更をした日から5年を経過する日より後の日となるときは，その元本確定期日の変更は，その効力を生じない。ただし，元本確定期日の前2箇月以内に元本確定期日の変更をする場合において，変更後の元本確定期日が変更前の元本確定期日から5年以内の日となるときは，この限りでない。

4　第446条第2項及び第3項の規定は，個人貸金等根保証契約における元本確定期日の定め及びその変更（その個人貸金等根保証契約の締結の日から3

年以内の日を元本確定期日とする旨の定め及び元本確定期日より前の日を変更後の元本確定期日とする変更を除く。）について準用する。

第１　現行法と新法の異同

本条は，個人根保証契約のうち，被保証債務に貸金等債務（金銭の貸渡し又は手形の割引を受けることによって負担する債務）が含まれるもの（現行法下の貸金等根保証）を「個人貸金等根保証契約」と定義して，現行法465条の３の規律を維持するものである。

「中間試案」においては，本条の適用範囲（元本確定期日の定め）を保証人が個人である個人根保証契約一般に拡大して適用するという考え方の当否が検討されていた★1。

しかし，結局，このような改正が見送られた理由は，例えば，賃貸借契約に基づく賃借人の債務を主たる債務とする個人根保証契約において，元本確定期日を定めると，元本確定後の新たな債務を担保しなくなるが，債権者（賃貸人）は，元本確定後も，賃貸借契約が継続している限り，原則としてその目的物を賃貸し続けなければならず，債権者による根保証による担保の必要性を無視し得ないこと等によるものである★2。

第２　要件事実

本条の攻撃防御方法としての機能は，次のとおりである。例えば，Ｘ（債権者）のＹ（根保証人）に対する根保証契約に基づく保証債務履行請求権を訴訟物として考え，その請求原因として，「**第465条の２**の解説」の箇所で記載した前記①ないし⑤を当初から主張立証した場合を考える。これに対し，Ｙは，抗弁として，⑥上記①の契約の被保証債務に貸金等債務が含まれる事実を主張立証することができる。Ｘは，さらに，⑦元本確定時期（上記①の契約日から３年が経過した日又は上記時点から５年を経過する日以前の元本確定期日。本条１項～３項。元本確定期日の定めは，書面による。本条４項）及びその時点での債務額を主張立証することができる。このＸの主張の性質は，請求原因の予備的主張であると解される（上記⑥は，通常，上記①の契約の主張において現れるから，当初から上記⑦の主張を請求原因の一部として

【第465条の３注】
★１　「中間試案」第17の５(2)33頁。
★２　「部会資料70Ａ」３～４頁。

〔いわばせり上げて〕必要とすることになる）。 〔河村〕

（個人根保証契約の元本の確定事由）第465条の４

次に掲げる場合には，個人根保証契約における主たる債務の元本は，確定する。ただし，第１号に掲げる場合にあっては，強制執行又は担保権の実行の手続の開始があったときに限る。
一　債権者が，保証人の財産について，金銭の支払を目的とする債権についての強制執行又は担保権の実行を申し立てたとき。
二　保証人が破産手続開始の決定を受けたとき。
三　主たる債務者又は保証人が死亡したとき。
2　前項に規定する場合のほか，個人貸金等根保証契約における主たる債務の元本は，次に掲げる場合にも確定する。ただし，第１号に掲げる場合にあっては，強制執行又は担保権の実行の手続の開始があったときに限る。
一　債権者が，主たる債務者の財産について，金銭の支払を目的とする債権についての強制執行又は担保権の実行を申し立てたとき。
二　主たる債務者が破産手続開始の決定を受けたとき。

第１　現行法と新法の異同

本条は，現行法465条の４を改正し，新法465条の４第１項とし，新法465条の４第２項を新設したものである。

本条１項は，現行法465条の４所定の元本確定事由（平成16年法律第147号による改正より前から判例・学説上認められていたいわゆる特別解約権を行使するための要件である著しい事情変更が定型的に認められる事由）のうち，本条２項所定の後記ａ，ｂの事由を除き，現行法の貸金等根保証契約以外の根保証についてもその適用範囲を拡大するものである。

本条２項は，現行法465条の４所定の元本確定事由のうち，ａ．主債務者の財産に対する強制執行等の申立て（本条２項１号），ｂ．主債務者の破産手続開始決定（本条２項２号）については，現行法465条の４と同様，個人貸金等根保証契約（現行法の貸金等根保証契約）の元本確定事由になるとするにとどめ，これらを個人根保証契約一般には拡大しないものである（個人貸金等根保証契約では，元本は，上記ａｂのほか，本条１項所定の事由でも確定する）。

このように，元本確定事由のうち，上記ａ，ｂにつき，個人根保証契約一般に拡大しなかった理由は，例えば，賃貸借契約に基づく賃借人の債務を主たる債務とする個人根保証契約では，債権者（賃貸人）は，賃貸借契約が継続している限り，主たる債務者（賃借人）の資産状態の悪化（強制執行等，破産）があったとしても，原則としてその目的物を賃貸し続けなければならず，新たな債務が発生することから，債権者による根保証による担保の必要性を考慮したこと等による★1。

第２　要件事実

本条の攻撃防御方法としての機能は，次のとおりである。例えば，Ｘ（債権者）のＹ（根保証人）に対する根保証契約に基づく保証債務履行請求権を訴訟物として考え，その請求原因として，「**第465条の２**の解説」の**第２**で記載した前記①ないし⑤を当初から主張立証した場合を考える。本条１項所定の元本確定及びその時点での債務額は，上記①ないし⑤に加えて請求原因の一部としても，抗弁（上記債務額の方が少額のとき）としても，主張立証することができる。

そして，本条２項所定の元本確定及びその時点での債務額は，「**第465条の３**の解説」**第２**の⑥を前提とする⑦（元本確定時期及びその時点での債務額）と等価値の代替的な請求原因となる。

また，上記⑦の債務額が請求原因として主張立証された場合，その額よりも，本条２項所定の元本確定時点での債務額の方が少額のとき，上記⑦に先立つ，本条２項所定の元本確定及びその時点での債務額は，抗弁として主張立証することができる。

〔河村〕

（保証人が法人である根保証契約の求償権）第465条の５

保証人が法人である根保証契約において，第465条の２第１項に規定する極度額の定めがないときは，その根保証契約の保証人の主たる債務者に対する求償権に係る債務を主たる債務とする保証契約は，その効力を生じない。

２　保証人が法人である根保証契約であってその主たる債務の範囲に貸金等債務が含まれるものにおいて，元本確定期日の定めがないとき，又は元本確定期日の定め若しくはその変更が第465条の３第１項若しくは第３項の規定を適用するとすればその効力を生じないものであるときは，その根保証契約の

【第465条の４注】
★１　「部会資料83－２」19～20頁。

保証人の主たる債務者に対する求償権に係る債務を主たる債務とする保証契約は，その効力を生じない。主たる債務の範囲にその求償権に係る債務が含まれる根保証契約も，同様とする。
３　前２項の規定は，求償権に係る債務を主たる債務とする保証契約又は主たる債務の範囲に求償権に係る債務が含まれる根保証契約の保証人が法人である場合には，適用しない。

第１　現行法と新法の異同

本条は，現行法465条の５の改正条文（現行法の規律は，本条２項に規定されている）である。本条の制度趣旨は，根保証契約の保証人が法人であっても，当該保証人の主債務者に対する求償権に係る主債務を個人が保証する場合，当該個人は，求償義務の保証という形で，実質的には，自ら根保証をしたのと同様の結果となるので，そのような求償保証の個人保証人を保護する点にある。

新法465条の２の改正に伴い，極度額の定めの必要が，貸金等根保証契約から個人根保証契約全般に拡大されたことから，本条１項は，法人の根保証契約の求償権について，個人求償保証（根保証ではない場合。個人求償保証が根保証である場合について除外されているのは，この場合，個人求償根保証契約自体に極度額の定めを要するため（新法465条の２第２項），もともとの根保証に極度額の定めを求める必要はないからである）がされた場合，法人の根保証契約において，極度額が定められていないとき，個人求償保証は，その効力を生じないことを定める。

他方，新法465条の３の元本確定時期に関する規律は，実質的な改正が行われなかったため，本条２項は，本条１項を前提として，法人の貸金等根保証契約の求償権について，個人求償保証（この場合は根保証である場合を含む。この場合，個人求償保証が根保証でも，当然に元本確定期日の規律が及ぶものではないからである）がされた場合，法人の根保証契約において，元本確定期日が定められていない等のとき，個人求償保証は，その効力を生じないとする現行法465条の５の規律を維持することを定める★1。

第２　要件事実

本条の攻撃防御方法としての機能は，次のとおりである。以下，Ｂを主債務

【第465条の５注】
★１　「部会資料70Ａ」４～５頁。

者，Ａを債権者，Ｘを根保証人として，Ｙは，ＸのＢに対する求償権に係る求償債務を保証するとの前提で，Ｘ（根保証人）のＹ（求償保証人）に対する，求償権に係る通常の保証契約に基づく保証債務履行請求権を訴訟物として考える。

請求原因は，①Ａ（債権者）とＸ（根保証人）は，一定の範囲に属する不特定の債務を主たる債務とする根保証契約を締結した事実，②上記①の根保証の意思表示は書面によるとの事実，③Ｂの主債務の発生原因事実（「**第465条の２**の解説」参照）に加えて，④ＢとＹとの間での保証委託契約の締結（新法459条の場合），⑤Ｘの根保証債務の履行及びその額，⑥ＸとＹは，ＢがＸに負う求償債務について，Ｙが保証する旨の契約を締結したとの事実，⑦上記⑥の保証の意思表示は書面によるとの事実となる。

本条１項に基づく場合，Ｙは，抗弁として，⑧Ｘの法人性（本条１項）及びＹの非法人性（本条３項）を主張立証することができる。Ｘは，さらに，請求原因の予備的主張として，⑨極度額の定めが書面によってなされているとの事実（本条１項）を主張立証することができる。

本条２項に基づく場合，Ｙは，予備的抗弁として，⑩上記①の契約の被保証債務に貸金等債務が含まれるとの事実を主張立証することができる。この場合，Ｘは，さらに，請求原因の予備的主張として，⑪元本確定期日の定めが書面によってなされているとの事実，⑫元本確定期日の定め又はその変更が新法465条の３第１項又は３項の規定に適合していることを基礎づける事実（本条２項）を主張立証することができる。

以上の各場合のＸの追加主張（上記⑨⑪⑫）の性質は，上記のとおり，請求原因の予備的主張であると解されるが，上記⑧⑩の抗弁は，通常，請求原因の契約の主張において現れるから，Ｘの追加主張を当初から請求原因の一部として（いわばせり上げて）必要とすることになろう。

なお，若干，細かな議論ではあるが，新法465条の８との関係についても検討する。請求原因③（主債務の発生原因事実）における主債務者Ｂの属性と抗弁⑩とによって，請求原因①の根保証契約の主債務に事業のために負担する★２貸金等

★２　主債務者の「事業のために負担」することは，評価的要件であるところ，その評価根拠事実としては，例えば，主債務者たる株式会社の行為は，商行為によるものと推定されるので（会社５条，商503条），主債務者が株式会社であれば，主債務者が株式会社であることをもって足りることになる。また，およそ法人は，目的の範囲内において権利を有し，義務を負うので（民34条），法人が受ける融資等は，その事業のためにするもの以外はあり得ず，その評価根拠事実は，結局，主債務者が法人（株式会社）であることをもって足りることになる（伊藤編

債務が含まれるとの事実（新法465条の８）が，通常，明らかになるので，前記⑥のＸとＹとの間の保証契約につき，ａ．公正証書の作成（新法465条の６・465条の７），又はｂ．公正証書作成の適用除外（新法465条の９）を基礎づける事実は，再抗弁となる（もう少しいえば，抗弁⑧⑩は，前記のとおり，通常，請求原因の契約の主張において現れるから，当初から請求原因として前記⑨⑪⑫の主張が，さらに，請求原因③と抗弁⑩（抗弁⑩は，通常，請求原因①によって現れる）とによって，上記ａ又はｂの再抗弁も（いわばせり上げて）必要とされることになろう）。〔河村〕

第３目　事業に係る債務についての保証契約の特則

（公正証書の作成と保証の効力）第465条の６

事業のために負担した貸金等債務を主たる債務とする保証契約又は主たる債務の範囲に事業のために負担する貸金等債務が含まれる根保証契約は，その契約の締結に先立ち，その締結の日前１箇月以内に作成された公正証書で保証人になろうとする者が保証債務を履行する意思を表示していなければ，その効力を生じない。

２　前項の公正証書を作成するには，次に掲げる方式に従わなければならない。

一　保証人になろうとする者が，次のイ又はロに掲げる契約の区分に応じ，それぞれ当該イ又はロに定める事項を公証人に口授すること。

イ　保証契約（ロに掲げるものを除く。）　主たる債務の債権者及び債務者，主たる債務の元本，主たる債務に関する利息，違約金，損害賠償その他その債務に従たる全てのものの定めの有無及びその内容並びに主たる債務者がその債務を履行しないときには，その債務の全額について履行する意思（保証人になろうとする者が主たる債務者と連帯して債務を負担しようとするものである場合には，債権者が主たる債務者に対して催告をしたかどうか，主たる債務者がその債務を履行することができるかどうか，又は他に保証人があるかどうかにかかわらず，その全額について履行する意思）を有していること。

ロ　根保証契約　主たる債務の債権者及び債務者，主たる債務の範囲，根保証契約における極度額，元本確定期日の定めの有無及びその内容並びに主たる債務者がその債務を履行しないときには，極度額の限度において元本確定期日又は第465条の４第１項各号若しくは第２項各号に掲げ

『債権法改正法案と要件事実』38頁，105頁〔山野目〕参照)。

る事由その他の元本を確定すべき事由が生ずる時までに生ずべき主たる債務の元本及び主たる債務に関する利息，違約金，損害賠償その他その債務に従たる全てのものの全額について履行する意思（保証人になろうとする者が主たる債務者と連帯して債務を負担しようとするものである場合には，債権者が主たる債務者に対して催告をしたかどうか，主たる債務者がその債務を履行することができるかどうか，又は他に保証人があるかどうかにかかわらず，その全額について履行する意思）を有していること。

二　公証人が，保証人になろうとする者の口述を筆記し，これを保証人になろうとする者に読み聞かせ，又は閲覧させること。

三　保証人になろうとする者が，筆記の正確なことを承認した後，署名し，印を押すこと。ただし，保証人になろうとする者が署名することができない場合は，公証人がその事由を付記して，署名に代えることができる。

四　公証人が，その証書は前３号に掲げる方式に従って作ったものである旨を付記して，これに署名し，印を押すこと。

3　前２項の規定は，保証人になろうとする者が法人である場合には，適用しない。

（保証に係る公正証書の方式の特則）第465条の７

前条第１項の保証契約又は根保証契約の保証人になろうとする者が口がきけない者である場合には，公証人の前で，同条第２項第１号イ又はロに掲げる契約の区分に応じ，それぞれ当該イ又はロに定める事項を通訳人の通訳により申述し，又は自書して，同号の口授に代えなければならない。この場合における同項第２号の規定の適用については，同号中「口述」とあるのは，「通訳人の通訳による申述又は自書」とする。

2　前条第１項の保証契約又は根保証契約の保証人になろうとする者が耳が聞こえない者である場合には，公証人は，同条第２項第２号に規定する筆記した内容を通訳人の通訳により保証人になろうとする者に伝えて，同号の読み聞かせに代えることができる。

3　公証人は，前２項に定める方式に従って公正証書を作ったときは，その旨をその証書に付記しなければならない。

（公正証書の作成と求償権についての保証の効力）第465条の８

第465条の６第１項及び第２項並びに前条の規定は，事業のために負担した貸金等債務を主たる債務とする保証契約又は主たる債務の範囲に事業のために負担する貸金等債務が含まれる根保証契約の保証人の主たる債務者に対する求償権に係る債務を主たる債務とする保証契約について準用する。主たる債務の範囲にその求償権に係る債務が含まれる根保証契約も，同様とする。

2　前項の規定は，保証人になろうとする者が法人である場合には，適用しない。

（公正証書の作成と保証の効力に関する規定の適用除外）第465条の９

前３条の規定は，保証人になろうとする者が次に掲げる者である保証契約については，適用しない。

一　主たる債務者が法人である場合のその理事，取締役，執行役又はこれらに準ずる者

二　主たる債務者が法人である場合の次に掲げる者

イ　主たる債務者の総株主の議決権（株主総会において決議をすることができる事項の全部につき議決権を行使することができない株式についての議決権を除く。以下この号において同じ。）の過半数を有する者

ロ　主たる債務者の総株主の議決権の過半数を他の株式会社が有する場合における当該他の株式会社の総株主の議決権の過半数を有する者

ハ　主たる債務者の総株主の議決権の過半数を他の株式会社及び当該他の株式会社の総株主の議決権の過半数を有する者が有する場合における当該他の株式会社の総株主の議決権の過半数を有する者

ニ　株式会社以外の法人が主たる債務者である場合におけるイ，ロ又はハに掲げる者に準ずる者

三　主たる債務者（法人であるものを除く。以下この号において同じ。）と共同して事業を行う者又は主たる債務者が行う事業に現に従事している主たる債務者の配偶者

第１　現行法と新法の異同

１　改正の概要

今般の民法改正においては，「主債務者が消費者の場合における個人を保証人

とする保証契約や，主債務者が事業者の場合における経営者以外の個人を保証人とする保証契約については，一定の例外（債権者が消費者である場合など）を除き，無効とする旨の規定を設けるという考え方があり得るが，どのように考えるか。」★1 という観点から検討が進められたが，結局，実務上の個人保証の有用性を否定することはできないとして，個人保証につき，公正証書の作成を求めるという方向での保証人保護が図られることになった。なお，衆議院法務委員会及び参議院法務委員会の各附帯決議において，個人保証人の保護の観点から，個人保証の制限に関する規定の適用が除外されるいわゆる経営者等のうち、代表権のない取締役等（新法465条の９第１号）及び「主たる債務者が行う事業に現に従事している主たる債務者の配偶者」（同条３号後段）については，本法施行後の状況を勘案し、必要に応じ対応を検討することとされている★2。

2　改正の主な問題点

(1)　個人保証と公正証書の作成

新法465条の６は，個人保証のうち（同条３項），①事業のために負担した貸金等債務を主債務とする保証契約，又は②主債務の範囲に事業のために負担する貸金等債務が含まれる根保証契約について（同条１項），経営者等が保証人となる場合を除き（新法465条の９），保証人となろうとする者に保証契約の締結に先立って，保証人となろうとする者がその締結の日前１か月以内に作成された公正証書で，かつ，保証債務を履行する意思を表示していなければ（保証意思宣明公正証書），保証契約は効力を生じないとすることを定め，本条２項は，公正証書の方式を定め，新法465条の７は，保証人となろうとする者が口がきけない者又は耳が聞こえない者についての公正証書の方式の特則（民969条の２参照）を定めた。なお，国会審議の過程では，保証契約が裁判上の和解において行われる場合においても，保証意思宣明公正証書の作成は必要であるとの政府参考人の答弁がなされていること★3 に注意しておく必要がある。

今回の改正では，強制執行認諾約款付公正証書の作成自体は禁止されていな

【第465条の６～第465条の９注】

★１　「部会資料36」73頁。

★２　第193回国会の衆議院法務委員会における「民法の一部を改正する法律案に対する附帯決議」の四３，同国会の参議院法務委員会の「民法の一部を改正する法律案に対する附帯決議」五３参照。

★３　192回国会衆院法務委13号平281206・５頁４段目の國重委員の質問に対する同頁４段目から６頁１段目にかけての小川政府参考人の答弁参照。

い★４。

⑵　求償権についての保証と公正証書の作成

新法465条の８は，①事業のために負担した貸金等債務を主債務とする保証契約，又は②主債務の範囲に事業のために負担する貸金等債務が含まれる根保証契約の保証人の主債務者に対する求償権を担保するための個人求償保証についても，新法465条の６第１項，第２項及び新法465条の７が準用される。

⑶　いわゆる経営者保証の例外

新法465条の９は，前記⑴⑵の要件を満たす個人保証でも，公正証書の作成を要しない場合を定める。すなわち，いわゆる経営者保証の例外であり，①主債務者が法人である場合の取締役等の役員（同条１号），②主債務者が法人である場合の資本面で支配関係にある者（２号），③主債務者が個人である場合の共同経営者（３号前段），④主債務者が個人である場合の事業に現に従事している主債務者の配偶者（３号後段）のいずれかに該当する者である。

第２　要件事実

以上を攻撃防御の構造に即して説明すると，次のとおりとなる。

例えば，Ｘ（債権者）のＹ（保証人）に対する保証契約に基づく保証債務履行請求権を訴訟物として考え，その請求原因として，「**第446条**の解説」の箇所で記載した①ないし④の請求原因を考える。これに対し，Ｙは，抗弁として，⑤Ｙの非法人性（新法465条の６第３項），⑥保証契約は，主債務者が事業のための負担した貸金等債務を主債務とするものであるとの事実（新法465条の６第１項）を主張立証することができる（上記⑤⑥の抗弁は，通常，請求原因の保証人及び主債務者の属性において現れるから，後記の再抗弁（その１又はその２）を当初から請求原因にせり上げて主張する必要が生ずる★５）。

Ｘは，さらに，再抗弁その１として，⑦保証契約の締結に先立ち，その締結の日１か月以内に作成された公正証書で，Ｙが保証債務履行の意思を表示したとの事実（新法465条の６第１項），⑧公正証書は，新法465条の６第２項又は465条の７の方式を満たしていることを基礎づける事実を主張立証することができる。

★４　潮見『改正法の概要』141頁。ただし，保証意思宣明公正証書自体に，執行認諾文言を付し，執行証書とすることはできない（第193回国会の衆議院法務委員会における「民法の一部を改正する法律案に対する附帯決議」の四２，同国会の参議院法務委員会の「民法の一部を改正する法律案に対する附帯決議」五２参照）。

★５　伊藤編『債権法改正法案と要件事実』36～38頁，104～106頁〔山野目〕参照。

また，Xは，再抗弁その１と選択的な再抗弁その２として，⑨新法465条の９各号所定の事実を主張立証することができる（主債務者が法人であるとの事実は，請求原因③〔主債務の発生原因事実〕や上記⑥の中で既に現れていることがあり，その場合は，重ねて主張することは不要である）。この場合，前記**第１**の１の各付帯決議に照らして，代表権のない取締役等（新法465条の９第１号）及び「主たる債務者が行う事業に現に従事している主たる債務者の配偶者」（同条３号後段）については，その該当性について厳格に判断すべきであろう。

前記**第１**の２(1)のとおり，裁判上の和解における保証契約の締結にも，公正証書の作成が必要であるとする解釈に従えば，保証契約が裁判上の和解において締結された事実を主張しても，それは，再抗弁として主張自体失当となる。また，新法465条の９第３号後段の「配偶者」には，内縁の配偶者は入らないから★6，内縁の配偶者について，経営者保証の例外を主張しても，それは，再抗弁として主張自体失当となり，また，配偶者が，主債務者と離婚した事実を主張しても保証債務を免れるものではないから★7，それは，再々抗弁として主張自体失当となる。

なお，新法465条の８の具体例については，「**第465条の５**の解説」を参照されたい。

〔河村〕

（契約締結時の情報の提供義務）第465条の10

主たる債務者は，事業のために負担する債務を主たる債務とする保証又は主たる債務の範囲に事業のために負担する債務が含まれる根保証の委託をするときは，委託を受ける者に対し，次に掲げる事項に関する情報を提供しなければならない。
一　財産及び収支の状況
二　主たる債務以外に負担している債務の有無並びにその額及び履行状況
三　主たる債務の担保として他に提供し，又は提供しようとするものがあるときは，その旨及びその内容
2　主たる債務者が前項各号に掲げる事項に関して情報を提供せず，又は事実と異なる情報を提供したために委託を受けた者がその事項について誤認をし，それによって保証契約の申込み又はその承諾の意思表示をした場合にお

★６　192回国会衆院法務委15号平281209・５頁２段目の小川政府参考人の発言参照。
★７　192回国会衆院法務委11号平281125・８頁２段目の小川政府参考人の発言参照。

いて，主たる債務者がその事項に関して情報を提供せず又は事実と異なる情報を提供したことを債権者が知り又は知ることができたときは，保証人は，保証契約を取り消すことができる。
3　前２項の規定は，保証をする者が法人である場合には，適用しない。

第１　現行法と新法の異同

新法においては，保証人保護の観点から，債権者等に情報提供を義務づけている規定が存在するが，本条も，その規定の１つである（各規定の要件・効果の相違については，次頁■表②　情報提供義務一覧表を参照されたい）。

本条１項は，保証が個人保証である場合において（本条３項参照），主債務者は，事業のために負担する債務について保証を委託する場合，保証人となろうとする者に対し，提供しなければならない情報を列挙し，もって，保証人が保証債務の履行を求められるかどうかの予測をするために不可欠な情報を提供しようとするものである★1。本条１項各号の事由は，保証人が保証契約を締結する際の動機に相当するものであり，これらの情報の誤認は，従来，動機の錯誤の問題として処理されてきた★2。この点は，本条の立法化によって，本条２項の保証人への取消権付与の問題として処理されることになろう★3。

本条２項は，主債務者が本条１項各号に該当する事項について情報の提供をせず，又は事実と異なる情報の提供をしたために，保証人となろうとする者がこれらの事項について誤認をし，それによって保証契約の申込み又は承諾の意思表示をした場合，主債務者による情報不提供・不実情報提供の事実について，債権者が悪意又は知り得べきであったときに限って，第三者に対する詐欺に準じて（今般の民法改正で，新法96条２項も同趣旨に改正されている。この点については，「**第96条**の解説」参照），保証人は，保証契約を取り消すことができることを定める。この趣旨は，予想外に保証債務の履行を求められることを回避するという保証人の利益と，あずかり知らない事情によって担保を失う不利益を回避する債権者の利益とを調整しようとする点にある★4。

【第465条の10注】
★１　「部会資料70Ａ」13頁。
★２　東京高判平17・８・10判タ1194号159頁等。
★３　山野目『新しい債権法』125～126頁参照。
★４　「部会資料70Ａ」13～14頁。

■表②　情報提供義務一覧表

	情報提供時	主債務	保証人		情報提供の主体	提供すべき情報の内容	違反の効果
新法465条の10	保証契約締結時	事業のために負担する債務	受託保証人（となろうとする者）	個人	主債務者	主債務者の財産・収支の状況等	債権者の悪意又は有過失を要件として保証契約の取消し
新法458条の２	保証人の請求時	限定なし	受託保証人	個人・法人	債権者	主債務者の不履行の有無・債務残額等	規定なし（通常は，保証人の解除権，損害賠償請求権の発生根拠）
新法458条の３	主債務者の期限の利益喪失から２か月以内	限定なし	受託の有無を問わない	個人	債権者	主債務者の期限の利益喪失	主債務者が期限の利益を喪失した時から通知時までに生じた遅延損害金に係る保証債務履行請求不可

第２　要件事実

本条の攻撃防御方法としての機能は，次のとおりである。例えば，Ｘ（債権者）のＹ（保証人）に対する保証契約に基づく保証債務履行請求権を訴訟物として考え，その請求原因として，「**第446条**の解説」の箇所で記載した①ないし④の請求原因を考える。これに対し，Ｙは，抗弁として，本条に基づき，⑤Ｙの非法人性（本条３項），⑥主債務者は，事業のために負担する債務についてＹに保証委託をした事実（本条１項柱書。上記⑤⑥は請求原因において現れることが多い），⑦主債務者は，Ｙに対し，本条１項各号所定の事項の情報を提供しなかったこと，又は事実と異なる情報を提供した事実，⑧上記⑦の結果，委託を受けたＹが，その事項について誤認し，それによって保証契約の申込み又は承諾の意思表示をしたとの事実（本条２項），⑨Ｘが上記⑦について，知り，又は知ることができたとの事実（評価根拠事実★5）（本条２項），⑩ＹのＸに対する本条に基づく取消しの意思表示（本条２項），以上の事実となる。

上記⑨の反対事実（善意かつ無過失）がＸの再抗弁ではなく，上記⑨が，Ｙの抗弁（取消権の発生原因事実）であると解される★6。なぜならば，そのように解する

★５　この過失の評価根拠事実は，①主債務者がした説明に，債権者に疑念を抱かせる事情，②債権者の調査コストが小さい事情である（他方，評価障害事実は，③債権者が調査義務を履行したとの事実，④債権者の調査コストが大きい事情である。以上につき，『要件事実・事実認定ハンドブック』124頁参照）。なお，新法465条の10第２項の立案担当者の意思は，債権者にそれほど大きなコストをかけてまで調査を求める趣旨ではないという点にあるから（「部会第86回議事録」23頁の笹井関係官の発言），上記②は，極めて調査コストが小さい場合にはじめて該当し，他方，上記④は，調査コストが相対的に大きければそれで該当することになろう。
★６　192回国会衆院法務委11号平281125・７頁の１段目山尾委員の質問と小川政府参考人の回答参照。

ことが，あずかり知らない事情によって担保を失う債権者の不利益にも配慮する本条２項の趣旨に合致するからである。〔河村〕

第４節　債権の譲渡

（債権の譲渡性）第466条

債権は，譲り渡すことができる。ただし，その性質がこれを許さないときは，この限りでない。

2　当事者が債権の譲渡を禁止し，又は制限する旨の意思表示（以下「譲渡制限の意思表示」という。）をしたときであっても，債権の譲渡は，その効力を妨げられない。

3　前項に規定する場合には，譲渡制限の意思表示がされたことを知り，又は重大な過失によって知らなかった譲受人その他の第三者に対しては，債務者は，その債務の履行を拒むことができ，かつ，譲渡人に対する弁済その他の債務を消滅させる事由をもってその第三者に対抗することができる。

4　前項の規定は，債務者が債務を履行しない場合において，同項に規定する第三者が相当の期間を定めて譲渡人への履行の催告をし，その期間内に履行がないときは，その債務者については，適用しない。

第１　現行法と新法の異同

1　改正の概要

現行法466条２項本文は，債権譲渡について，「当事者が反対の意思を表示した」場合には，債権の譲渡自由性を宣明した同条１項を適用しないとしつつ，同条２項ただし書で，その意思表示は，善意の第三者に対抗できない旨規定しているところ，譲渡禁止又は制限の意思表示に反する債権譲渡は，一般的に無効と解されていた。これに対し，新法は，本条２項を新設して，譲渡禁止又は制限の意思表示をしたとき（以下「譲渡制限特約」と略称する）であっても，その特約に反した債権譲渡も有効であることを明確にしたうえで，本条３項をもって，債務者は，同特約につき悪意又は重過失の譲受人その他の第三者に対して，履行を拒絶し，かつ，譲渡人に対する弁済その他の債権消滅事由をもって対抗することができる旨を規定した（相対的無効案の採用）。

本条４項は，譲渡制限特約付債権が悪意又は重過失の譲受人に譲渡された場合，譲受人が債務者に履行請求しても履行拒絶され，他方，債務者が譲渡人に対しても履行しない場合に，その閉塞状態を解消するため，悪意又は重過失の譲受人の債務者に対する譲渡人への履行催告権を規定し，相当期間内に債務者が履行しないときは，本条３項を適用しない旨を規定した。

２　改正の主な問題点

(1)　現行法における問題点

判例★１は，明文の判示をしていないものの，譲渡制限特約に反した債権譲渡は無効と解する物権的効力説に立つと解されていた。しかし，近時の判例★２には，譲渡人は，譲渡制限特約の存在を理由に譲渡の無効を主張する利益を有しないとするなど，物権的効力説からは直ちに導くことができない結論をとるものも現れていた。このような譲渡制限特約の効力についての不透明な状況に加え，弱い立場の債務者を保護するという制度趣旨に対して，むしろ強い立場の債務者に利用されており，また，その特約の存在が資金調達目的で行われる債権譲渡取引の障害となっている旨の指摘★３などを踏まえて，譲渡制限特約の効力についての具体的な規律のあり方が検討課題とされた。

また，現行法466条２項の前記の条文構造は，かつての規範説★４的立場に立てば，１項と２項の関係が，原則と例外ではなく，むしろ２項の本文とただし書が原則・例外の関係に立つことになり，２項本文につき債務者が，２項ただし書につき譲受人その他の第三者がそれぞれ主張立証責任を負担すると解することが可能となる。これに対し，本稿の依拠する裁判規範としての民法説の立場に立てば，１項の債権の譲渡自由性を重視し，２項の譲渡制限特約を債務者の利益を保護するために必要な効力にとどめるのが制度の趣旨と捉え，同条１項を原則とし，２項の本文とただし書の全体がその例外の関係に立つものと理解したうえで，条文の構造・文言にかかわらず，２項ただし書の「善意」要件を，判例法理★５同様，悪意又は重過失と読み替えて，債務者がその主張立証責任を負担すると解することになる。

法制審議会の審議においては，上記状況を踏まえ，特約の第三者への対抗を認

【第466条注】
★１　最判昭52・３・17民集31巻２号308頁，最判平９・６・５民集51巻５号2053頁。
★２　最判平21・３・27民集63巻３号449頁。
★３　「部会資料９－１」２頁。
★４　伊藤『要件事実の基礎』264頁参照。
★５　最判昭48・７・19民集27巻７号823頁。

める場合の具体的な制度設計のあり方が，その主張立証責任の所在も含めて，検討課題とされた★6。

⑵　新法における対応

新法は，相対的無効案を採用した前記の規律を新設し，譲渡制限特約は債務者の「弁済の相手方を固定する利益」を保護するためのものであるという考え方を貫徹してルールの明確化を図るとともに，譲渡制限特約付債権を譲り受けた悪意の譲受人が債権を確定的に取得するという結論をとることによって，同特約の効力についての不透明な状況と同特約の存在が資金調達の支障となっている問題を解消しようとするものである★7。

そのうえで新法は，本条３項で，現行法466条２項の「善意」要件についての前記判例法理を明文化し，債務者の「弁済の相手方を固定する利益」にも配慮して，悪意又は重過失の譲受人その他の第三者に対する履行拒絶権等を付与したものである。

第２　要件事実

１　具体的事例による検討

【設例】　Ｘは，Ａに対して，弁済期を１年後と定めて100万円を無利息で貸し渡した。Ｘは，弁済期が到来したので，Ａに対する貸付債権の弁済に代えて，ＡのＹに対する100万円の宝石を目的とした売買代金債権の譲渡を受けた。ＡとＹとの間の宝石売買契約書には，売買代金債権の譲渡制限特約が付されていた。Ｘは，Ｙに対して，100万円の支払を求めて譲受債権請求訴訟を提起した。

訴訟物

Ａ・Ｙ間の売買契約に基づく代金支払請求権

請求原因

１　Ｘは，Ａに対して100万円を貸し渡し，弁済期が到来した。

２　Ａは，Ｙに対して宝石を100万円で売った。

３　Ｘは，Ａに対する１項の貸付債権の弁済に代えて，ＡのＹに対す前項の100万円の売買代金債権を譲り受けた。

★６　「部会資料37」６～８頁。
★７　「部会資料74Ａ」４頁。

抗　　弁

１　Ａ・Ｙ間で売買代金債権につき譲渡制限特約が付された。

２　Ｘは，債権譲渡時，１項の特約の事実を知っていたこと，又は，知らなかったことにつき重大な過失があったことの評価根拠事実。

再抗弁１

Ｘが特約の事実を知らなかったことにつき重大な過失があったことの評価障害事実。

再抗弁２

１　ＡはＹに対し，下記２の催告前に，宝石引渡しのための提供をした。

２　ＸはＹに対し，Ａに対して譲渡対象債権を履行することを催告した。

３　催告後，相当期間が経過した。

再抗弁３

Ｙは，本件債権譲渡につき，Ａ又はＸに対して承諾の意思表示をした。

２　要件事実についての説明

⑴　請求原因について

債権譲渡の原因行為からの独自性は否定されるべきであるから，Ｘは，債権譲渡と一体をなす代物弁済の合意を主張立証しなければならない。

⑵　抗弁及び再抗弁１について

前記制度趣旨に鑑みれば，譲渡制限特約についての悪意又は重過失の主張立証責任が債務者Ｙにあると解することに疑義はない。

明文化された「重過失」の評価根拠事実と評価障害事実については，当該債権の性質，譲渡制限特約が付されていることについての周知性，譲受人の属性・専門性等の要素を考慮して★8，事案ごとに個別にその主張立証責任対象事実を決定するほかはないが，債権譲渡取引による資金調達の阻害要因を解消すべく設計された新法の制度趣旨を踏まえると，近時の判例★9にみられる，譲受人に特約の有無に関する調査義務を課して重過失を認定することなどは，現行法下より慎重であるべきものと考える。

⑶　再抗弁２について

本条４項は，譲渡制限特約付債権が譲渡された場合における前記の閉塞状態を解消するために，本条３項の例外として規定されたものであるから，譲受人Ｘが

★８　石田剛『債権譲渡禁止特約の研究』（商事法務，2013）50〜82頁参照。

★９　最決平16・６・24金法1723号41頁（原審：大阪高判平16・２・６金法1711号35頁）。

譲渡制限特約につき悪意又は重過失であったとしても，もとより再抗弁として機能する。そして，この再抗弁は，条項上，「債務者が債務を履行しない場合」，すなわち，Ｙが当該債務につき履行遅滞★10に陥っていることが要件となるところ，Ｙの不履行が違法であることを導くため，Ｘは，同時履行の抗弁権の存在効果を消滅させるための宝石引渡しのための提供があった事実を主張立証する必要がある。また，本件の訴訟物である売買代金支払請求権は，売買契約締結と同時に発生しているのが原則であり，期限の特約があったとしても，その特約の存在は，売買契約の付款として，Ｙが主張立証責任を負担すべき事実であるので，Ｘにおいて期限の到来（経過）まで主張立証する必要はない。なお，審議会において，期限の定めのない譲渡制限特約付債権が悪意・重過失の譲受人に譲渡された場合，譲渡当事者のいずれもが，債務者に遅滞の責任を負わせるための請求ができず，その場合の方策について議論がなされたが★11，これについては，悪意・重過失の譲受人が有している取立権限を譲渡人に付与し，その譲渡人からの請求があれば，もはや債務者は譲渡人からの請求を拒むことはできず，仮に拒んだ場合には，譲渡を承諾したものと評価することができる旨の整理がなされている★12。

⑷　再抗弁３について

「中間試案」では，債務者の承諾を条文上明記することが検討されたが，解釈によって導くことは容易であるとして，明文化されなかった★13。新法下においても，債務者の承諾による譲渡制限特約の解消を認めない理由はまったくないので，その事実が再抗弁になる。〔北〕

（譲渡制限の意思表示がされた債権に係る債務者の供託）第466条の２

債務者は，譲渡制限の意思表示がされた金銭の給付を目的とする債権が譲渡されたときは，その債権の全額に相当する金銭を債務の履行地（債務の履行地が債権者の現在の住所により定まる場合にあっては，譲渡人の現在の住所を含む。次条において同じ。）の供託所に供託することができる。

２　前項の規定により供託をした債務者は，遅滞なく，譲渡人及び譲受人に供

★10　「部会資料74Ａ」４～５頁参照。
★11　「部会資料74Ａ」５頁及び「部会第83回議事録」37～42頁。
★12　「部会第93回議事録」42～44頁。
★13　「中間試案」第18の１⑷ア及び「部会資料74Ａ」５頁。

託の通知をしなければならない。
３　第１項の規定により供託をした金銭は，譲受人に限り，還付を請求することができる。

第１　現行法と新法の異同

現行法下において，譲渡制限特約付債権が譲渡され，譲受人が悪意又は重過失であるかどうかを債務者が判断することができないときは，債権者不確知を原因として供託をすることができるとされていた。これに対し，新法下では，譲渡制限特約付債権が譲渡された場合の債権者は常に譲受人（悪意又は重過失であっても）であるため，債務者は，債権者不確知を理由とする供託ができない。そこで，本条１項は，債務者の置かれた状況が類似する，第三債務者が権利として執行供託が認められる場面における規律（民執156条１項）を参考にして，債務者は，譲受人の悪意・重過失の有無に関係なく，譲渡に係る金銭債権の「全額」に相当する金銭を債務の履行地の供託所に供託することができる旨を定めた。

なお，本条２項は，債務者に譲渡人及び譲受人の双方に対する供託通知を義務づけ，また，本条３項は，供託された金銭については，債権者である譲受人に限り，還付請求権を有する旨を規定している。

第２　要件事実

本条に関し，要件事実に関係して述べるべきことは，特にない。〔北〕

第466条の３

前条第１項に規定する場合において，譲渡人について破産手続開始の決定があったときは，譲受人（同項の債権の全額を譲り受けた者であって，その債権の譲渡を債務者その他の第三者に対抗することができるものに限る。）は，譲渡制限の意思表示がされたことを知り，又は重大な過失によって知らなかったときであっても，債務者にその債権の全額に相当する金銭を債務の履行地の供託所に供託させることができる。この場合においては，同条第２項及び第３項の規定を準用する。

第１　現行法と新法の異同

本条は，譲渡制限特約付債権の譲渡人について破産手続開始決定があった場合において，第三者対抗要件を備えた譲受人（譲渡制限特約についての悪意・重過失の有無は問わないが，金銭債権の「全額」を譲り受けた者に限られる）は債務者に供託することを求めることができる旨定めた。

この制度趣旨は，譲渡人に対する破産手続開始決定後に，債務者が破産管財人に弁済すると，その金銭の引渡請求権が財団債権として処遇されるとしても，譲受人が全額の回収をすることができないおそれがあり，このような債権回収リスクを除去することが円滑な資金調達に資するためである。また，供託の請求権者の資格を上記のとおり限定した趣旨は，供託金をめぐる権利関係が複雑になることを回避するためとされている。この場合において，新法466条の２第２項及び３項が準用される。この結果，債務者が供託した場合，譲受人は破産手続外で債権全額の回収をすることが可能となる。なお，債務者が供託の請求に応じない場合は，民事執行法157条４項と同じ方法で訴訟を提起することが可能である★1。

第２　要件事実

前記の制度趣旨を踏まえて規定された本条に基づく供託請求の行使要件は明確であり，要件事実に関係して述べるべきことは，特にない。〔北〕

（譲渡制限の意思表示がされた債権の差押え）第466条の４

第466条第３項の規定は，譲渡制限の意思表示がされた債権に対する強制執行をした差押債権者に対しては，適用しない。

2　前項の規定にかかわらず，譲受人その他の第三者が譲渡制限の意思表示がされたことを知り，又は重大な過失によって知らなかった場合において，その債権者が同項の債権に対する強制執行をしたときは，債務者は，その債務の履行を拒むことができ，かつ，譲渡人に対する弁済その他の債務を消滅させる事由をもって差押債権者に対抗することができる。

第１　現行法と新法の異同

本条１項は，私人間の合意である譲渡制限特約により差押禁止財産を作出する

【第466条の３注】
★1　「部会資料78B」９～11頁，「部会資料81－３」２頁。

ことはできないとの現行法下の判例★1 を明文化したものである。

本条2項は，譲渡制限特約付債権が悪意又は重過失の譲受人に譲渡された場合に，当該譲受人の債権者が同債権に強制執行をしたときの規律を定めたものであるが，執行債権者に，執行債務者である譲受人が有する権利以上の権利が認められるべきではないから，債務者が譲受人に対して履行拒絶等の権利を対抗できる場合には，当該差押債権者に対しても同様に対抗できるものとした。

第2　要件事実

本条に関し，要件事実に関係して述べるべきことは，特にない。〔北〕

（預金債権又は貯金債権に係る譲渡制限の意思表示の効力）第466条の5

預金口座又は貯金口座に係る預金又は貯金に係る債権（以下「預貯金債権」という。）について当事者がした譲渡制限の意思表示は，第466条第2項の規定にかかわらず，その譲渡制限の意思表示がされたことを知り，又は重大な過失によって知らなかった譲受人その他の第三者に対抗することができる。

2　前項の規定は，譲渡制限の意思表示がされた預貯金債権に対する強制執行をした差押債権者に対しては，適用しない。

第1　現行法と新法の異同

本条1項は，譲渡対象となる譲渡制限特約付債権が，預貯金債権である場合には，新法466条2項の原則規定にかかわらず，その例外として，その特約を悪意又は重過失のある譲受人その他の第三者に対抗することができる旨を定める。この規定の趣旨は，悪意又は重過失のある譲受人との関係では譲渡が無効であることを意味している。金融機関は頻繁に入出金が行われる膨大な預貯金口座を管理しなければならないところ，新法466条2項の規律をこの預貯金債権にも適用すると，迅速かつ円滑な払戻し業務に支障が生じるなどの理由によるものである★1。

【第466条の4注】
★1　最判昭45・4・10民集24巻4号240頁。
【第466条の5注】
★1　「部会資料81－3」2～4頁参照。

本条２項は，差押債権者に対しては，譲渡制限特約をもって対抗できないという現行法下の判例法理★2 が本条１項の規律の下でも妥当するので，これを明文化したものである。

第２　要件事実

本条による預貯金債権に付された譲渡制限特約の効力についての規律は，現行法と実質的に変りはなく，要件事実についても，基本的には現行法下と同様に解すべきものと考える。ただし，一般的な債権については，債権譲渡取引による資金調達の阻害要因を除去すべく，譲渡制限特約の効力を制限する方向で設計され，預貯金債権のみが本条の特則によって同特約の効力についての現行法の法的規律が維持されたという経緯等を考慮すると，預貯金債権についても，重過失の評価根拠・障害事実の主張立証責任対象事実の決定や重過失の認定などにあたっては，新法の制度趣旨を踏まえ，現行法下より慎重であるべきものと解される。今後の実務の動向を注視する必要があろう。〔北〕

（将来債権の譲渡性）第466条の６

債権の譲渡は，その意思表示の時に債権が現に発生していることを要しない。

２　債権が譲渡された場合において，その意思表示の時に債権が現に発生していないときは，譲受人は，発生した債権を当然に取得する。

３　前項に規定する場合において，譲渡人が次条の規定による通知をし，又は債務者が同条の規定による承諾をした時（以下「対抗要件具備時」という。）までに譲渡制限の意思表示がされたときは，譲受人その他の第三者がそのことを知っていたものとみなして，第466条第３項（譲渡制限の意思表示がされた債権が預貯金債権の場合にあっては，前条第１項）の規定を適用する。

第１　現行法と新法の異同

１　改正の概要

本条１項は，将来債権も譲渡することができるとする判例法理★1 を明文化し

★２　最判昭45・４・10民集24巻４号240頁。

【第466条の６】

★１　最判平11・１・29民集53巻１号151頁等。

たものである。ただし，将来債権譲渡が公序良俗違反として例外的に無効となる場合があることを否定するものではない。

本条２項も，判例★2を明文化したものであるが，発生した債権が譲渡人に帰属したうえで譲受人に移転するか，譲受人の下で発生するかについては，解釈に委ねられている★3。

２　改正の主な問題点

現行法下において，将来債権が譲渡され，債権譲渡登記により第三者対抗要件を具備した後，発生した債権につき譲渡制限特約が付された場合に，債務者が譲渡制限特約を譲受人に対抗することができるか否かの規律について，見解が確立していなかった。この問題が顕在化した下級審判例★4も現れ，この不透明な状況についての規律を立法によって明確化すべきであるとの指摘がなされていた★5。

新法は，本条３項をもって，かかる状況での譲受人の債権取得の利益と譲渡制限特約により債権者を固定する債務者の利益との調整を図るべく，新法467条１項所定の対抗要件の具備時（以下,「債務者対抗要件具備時」と略称する）を基準とした規律を新設した。すなわち，将来債権が譲渡された場合において，債務者対抗要件具備時までに譲渡制限特約が付されたときは，譲受人は，本条３項に基づき，特約について悪意であるとみなされ，債務者は，譲渡制限特約をもって譲受人に対抗することができる。これに対し，債務者対抗要件具備時の後に譲渡制限特約が付されたときは，譲受人の主観的態様のいかんを問わず，債務者は譲渡制限特約をもって譲受人に対抗することができない。後者の場合，債務者対抗要件の具備により将来債権譲渡の事実を知った債務者は，当該債権を発生させる取引をしないなどの方法をとることが可能であり，譲渡制限特約の対抗を認める必要がないことによる。

第２　要件事実

債務者は，将来債権譲渡の場合において発生した債権の譲受人からの履行請求に対し，債務者は，新法466条３項所定の譲受人の悪意又は重過失の主張立証に

★２　最判平19・２・15民集61巻１号243頁等。
★３　「部会資料74Ａ」８頁。
★４　東京地判平24・10・４判タ1387号216頁。
★５　「部会資料74Ａ」８～９頁。

代えて，本条３項に基づき，「債務者対抗要件の具備に先立ち，当該債権に譲渡制限特約が付された」旨の主張立証をすることができ，他方，譲受人は，債務者の新法466条３項に基づく抗弁に対して，「当該債権に譲渡制限特約が付されるに先立ち，債務者対抗要件が具備された」旨の再抗弁が提出できると解される。

〔北〕

（債権の譲渡の対抗要件）第467条

> 債権の譲渡（現に発生していない債権の譲渡を含む。）は，譲渡人が債務者に通知をし，又は債務者が承諾をしなければ，債務者その他の第三者に対抗することができない。
>
> 2　前項の通知又は承諾は，確定日付のある証書によってしなければ，債務者以外の第三者に対抗することができない。

第１　現行法と新法の異同

本条１項及び２項は，債権譲渡の債務者対抗要件及び第三者対抗要件について，現行法467条１項・２項の規律内容を維持したうえで，将来債権譲渡も，債権発生前の段階で同様の方法で債務者対抗要件・第三者対抗要件を具備することができる旨を規定している。判例法理★1を明文化したものである。

なお，新法は，本条の見出しを含め，「指名債権」を「債権」に改めている。

第２　要件事実

新法の譲渡制限特約の効力について規律は，債権譲受人が特約につき悪意であっても，譲渡債権を確定的に取得し，債務者との関係を含めて，第三者相互間の優劣を第三者対抗要件の具備（先後）によって画一的に決定するものである★2。そして，新法の債権譲渡の対抗要件の規律は現行法を維持しているので，債権譲渡の対抗要件をめぐる要件事実は，現行法下と同様に解するのが相当である★3。

〔北〕

【第467条注】

★１　最判平19・２・15民集61巻１号243頁。

★２　「第３分科会第３回議事録」42～64頁及び「分科会資料２」参照。

★３　現行法の債権譲渡対抗要件をめぐる要件事実につき，北秀昭「債権譲渡」伊藤総括編『民事要件事実講座⑵』189頁以下参照。

（債権の譲渡における債務者の抗弁）第468条

債務者は，対抗要件具備時までに譲渡人に対して生じた事由をもって譲受人に対抗することができる。

2　第466条第４項の場合における前項の規定の適用については，同項中「対抗要件具備時」とあるのは，「第466条第４項の相当の期間を経過した時」とし，第466条の３の場合における同項の規定の適用については，同項中「対抗要件具備時」とあるのは，「第466条の３の規定により同条の譲受人から供託の請求を受けた時」とする。

第１　現行法と新法の異同

１　現行法468条１項の削除

「異議をとどめない承諾による抗弁遮断効」を定めた現行法468条１項は，削除された。債権が譲渡されたことを認識した旨を債務者が通知しただけで抗弁の喪失という債務者にとって予期しない効果を生ずるのは債務者保護の観点から妥当でないとの考慮によるものである。

２　現行法468条２項の一部修正

本条１項は，現行法468条２項の規律を実質的に維持するものであるが，「通知を受けるまで」の文言を，「対抗要件具備時まで」と改めることにより，対抗可能な基準時を債務者対抗要件（通知のほか承諾も含む）一般に拡張するものである。

本条２項は，譲渡制限特約付債権が譲渡された場合における譲受人に対抗可能な抗弁の基準時について，特則を定めるものである。

第２　要件事実

債務者の譲渡人に対して生じた事由が，一方的な譲渡人からの譲渡通知や債務者が譲渡を認識したという表明（承諾）だけで，譲受人に対する対抗力を失う理由はない。これが原則である。しかし，債務者が通知や承諾によって債権譲渡の事実を認識した後に，譲渡人に対して生じた事由まで譲受人に対して対抗できるとするのは不合理であり，債権の譲渡自由性の阻害要因ともなるものである。したがって，債務者の譲渡人に対して生じた事由は，その効果を主張する債務者が抗弁として主張立証責任を負担すべきであるが，譲渡人に対して生じた事由に先

立ち，債務者対抗要件を具備したことは，原則の例外として，譲受人がその主張立証責任を負担すべきものと考える。〔北〕

（債権の譲渡における相殺権）第469条

債務者は，対抗要件具備時より前に取得した譲渡人に対する債権による相殺をもって譲受人に対抗することができる。

2　債務者が対抗要件具備時より後に取得した譲渡人に対する債権であっても，その債権が次に掲げるものであるときは，前項と同様とする。ただし，債務者が対抗要件具備時より後に他人の債権を取得したときは，この限りでない。

一　対抗要件具備時より前の原因に基づいて生じた債権

二　前号に掲げるもののほか，譲受人の取得した債権の発生原因である契約に基づいて生じた債権

3　第466条第4項の場合における前2項の規定の適用については，これらの規定中「対抗要件具備時」とあるのは，「第466条第4項の相当の期間を経過した時」とし，第466条の3の場合におけるこれらの規定の適用については，これらの規定中「対抗要件具備時」とあるのは，「第466条の3の規定により同条の譲受人から供託の請求を受けた時」とする。

第1　現行法と新法の異同

1　債権譲渡と相殺の抗弁についての規律

本条1項は，債務者は，債務者対抗要件具備前に取得した譲渡人に対する債権であれば，債務者対抗要件具備時に相殺適状にある必要はなく，自働債権と受働債権の弁済期の先後を問わず，相殺することができるとする，いわゆる無制限説を採用する規律を新設した。法定相殺と差押えの場合（新法511条1項）と同様の規律である。

2　債務者対抗要件具備後に取得した債権による相殺の抗弁の特則

本条1項は，債権譲渡と相殺の抗弁についての原則規定であるが，本条2項は，その例外として，債務者は，債務者対抗要件具備後に取得した債権であっても，①債務者対抗要件具備時より「前の原因」に基づいて債務者が取得した債権（同項1号）と，②「譲受人の取得した債権の発生原因である契約」に基づいて生じた債権（同項2号）については，それら反対債権を自働債権とする相殺が認め

られることとしている。

上記①の債権について，相殺を例外的に認める趣旨は，債権発生の原因が債務者対抗要件具備前であれば，その具備時点で債権が未発生であっても，その後に発生する債権を反対債権とする債務者の相殺期待は保護に値するからである。

他方，上記②の債権について例外的に相殺を許容するのは，将来債権の譲渡を想定した場合，債務者の相殺期待を保護する局面を拡張する必要があると考慮されたことによる。例えば，将来の請負報酬債権が譲渡され，その譲渡につき債務者対抗要件が具備された後に，請負契約が締結され，目的物の不適合を理由とする修補に代わる損害賠償請求権が発生したような場合，同損害賠償請求権は，「前の原因」に基づき発生した債権ではないので，上記①の債権には当たらず，この債権をもって相殺に供することができないところ，同一の請負契約から生じた債権・債務であるにもかかわらず，この局面での債務者の相殺期待を保護しないのは，衡平を失すると考えられたことによる★1。

本条２項柱書のただし書の趣旨は，債務者対抗要件を具備した後に取得した他人の債権による相殺がなされる局面では，債務者対抗要件具備前に譲渡人と債務者間の相殺への期待利益を認めることができないからである。

なお，本条３項は，新法468条２項の規律と同趣旨の特則である。

第２　要件事実

１　具体的事案における検討

【設例】　Ａは，Ｂに対する200万円の絵画の売買代金債権を，Ｃに対する200万円の借入金債務の弁済に代えてＣに譲渡し，Ｂに対して，売買代金債権の譲渡につき通知した。Ｂは，上記債権譲渡前，ＡのＤに対する200万円の借入債務につき，Ａの委託を受けずに保証をしていたところ，上記債権譲渡の通知後に，ＢはＤに対する保証債務を履行し，これにより，Ｂは，Ａに対して200万円の保証債務履行に基づく求償債権を取得した。Ｃが，Ｂに対して譲受債権の支払を求めて訴訟を提起したところ，Ｂは，前記求償債権をもって本訴請求債権と対当額にて相殺する旨の意思表示をした。

【第469条注】

★１　「部会資料74Ａ」14～15頁及び潮見『改正法の概要』162～163頁参照。

訴 訟 物

A・B間の売買契約に基づく代金支払請求権

請求原因

1　Aは，Bに対して，絵画を200万円で売った。

2　Aは，Cに対して，200万円の借入債務の弁済に代えてAのBに対する売買代金債権を譲渡した。

抗弁（債務者）

1　Bは，AのDに対する200万円の借入金債務について書面をもって保証した。

2　Bは，前項の保証債務の履行として，Dに対し200万円を支払った。

3　Bは，保証債務の履行に基づくAに対する200万円の求償債権をもって，本件売買代金債務と対当額にて相殺する意思表示をした。

再抗弁（本条1項に基づく）

Bの抗弁2の保証債務の履行に先立ち，Aは，Bに対して本件債権譲渡の通知をした。

再々抗弁（本条2項1号に基づく）

本件債権譲渡の通知に先立ち，抗弁1の保証契約を締結した。

再々々抗弁（本条2項柱書のただし書の類推適用に基づく）

抗弁1の保証契約の締結は，Aの委託に基づくものではない。

2　要件事実についての説明

本条による攻撃防御方法の構造は，理論的には以上のとおりと解される。しかし，実務上は，抗弁1の保証契約締結を特定するために時的因子が用いられるので，再抗弁以下の攻撃防御の方法は，上記の形で現れるとは限らない。Cが，債務者対抗要件（通知）の具備に先立ち保証契約が締結されたことを争わない場合には，上記の再々抗弁を上記の再抗弁と併せて主張するのが通常であると考えられる。

なお，【設例】は，近時の判例★2 を参考にしたものであるが，上記の再々々抗弁は，同判例の法理（無委託保証人が破産手続開始後に保証債務を履行したことにより生じた事後求償権を自働債権とする相殺を否定した法理）を踏まえて，本条2項柱書のただし書が類推適用できるとの立場で整理したものである。【設例】での無委託保証契約の場合の求償権の発生は，債務者対抗要件具備後に，Aの意思に基づくこ

★2　最判平24・5・28民集66巻7号3123頁。

となく相殺適状が生ずる点において，債務者対抗要件具備後に他人の債権を譲り受けて同債権を自働債権とする相殺に類似することを理由とする。〔北〕

削除条文（指図債権の譲渡の対抗要件）現行法第469条～（無記名債権の譲渡における債務者の抗弁の制限）現行法第473条の全部

新法では，第７節「有価証券」（520条の２～520条の20）が新設され，民法中の有価証券に関する条文の性質をもつものは，すべて同節の中で統一的に規律されることになったため，削除されたものである。上記の第７節「有価証券」の新設に伴う現行法の条文の削除は，現行法第469条ないし第473条にとどまらないが，その点については，「第７節『有価証券』の解説」を参照されたい。〔北〕

第５節　債務の引受け

第１款　併存的債務引受

（併存的債務引受の要件及び効果）第470条

併存的債務引受の引受人は，債務者と連帯して，債務者が債権者に対して負担する債務と同一の内容の債務を負担する。
2　併存的債務引受は，債権者と引受人となる者との契約によってすることができる。
3　併存的債務引受は，債務者と引受人となる者との契約によってもすることができる。この場合において，併存的債務引受は，債権者が引受人となる者に対して承諾をした時に，その効力を生ずる。
4　前項の規定によってする併存的債務引受は，第三者のためにする契約に関する規定に従う。

第１　現行法と新法の異同

本条１項は，併存的債務引受における債務者の債務と引受人の債務が，連帯債務の関係に立つことを定める。判例法理★1を明文化したものである。

本条２項及び３項は，併存的債務引受は，①債権者と引受人の契約による場合と，②引受人と債務者とが契約し，債権者が引受人に対して承諾する場合に成立することを定める。①には，債務者の意思にかかわらず成立することを意味している。

本条４項は，上記②によって成立する併存的債務引受について，第三者のためにする契約に関する規律に服することを規定する。ここでの債権者の承諾は，受益の意思表示に相当するものであり，債務引受の効力発生要件となる。

「中間試案」では，併存的債務引受のうち，保証を主たる目的とするものについて，保証契約における保証人保護に関する規定を準用するという考え方が取り上げられたが，真に保証人を保護すべき具体的場面においては，法形式のいかんを問わず，柔軟な解釈等を通じて，適切な結論を導くことは可能であるとして，明文化されていない★2。

第２　要件事実

併存的債務引受による債権者の引受人に対する債務履行請訴訟における請求原因は，本条２項の二者間契約の場合，①債権者の債務者に対する債権発生原因事実と，②「引受人は，債権者との間で，債務者の債権者に対する①の債務と同一内容の債務を負担する契約（合意）をした」旨の事実であり，本条３項の二者間契約の場合は，②に代えて，③「引受人は，債務者との間で，債務者の債権者に対する①の債務と同一内容の債務を負担する契約（合意）をし，債権者はこれを承諾した」旨の事実となる。

〔北〕

（併存的債務引受における引受人の抗弁等）第471条

引受人は，併存的債務引受により負担した自己の債務について，その効力が生じた時に債務者が主張することができた抗弁をもって債権者に対抗することができる。

2　債務者が債権者に対して取消権又は解除権を有するときは，引受人は，これらの権利の行使によって債務者がその債務を免れるべき限度において，債権者に対して債務の履行を拒むことができる。

【第470条注】

★１　最判昭41・12・20民集20巻10号2139頁。

★２　「中間試案」第20，１（注）及び「部会資料67Ａ」34～35頁。

第１　現行法と新法の異同

本条１項は，引受人は，併存的債務引受が効力を生じた時（引受人・債務者間の契約の場合は債権者の承諾時）に債務者が主張することができた抗弁をもって，債権者に対抗することができる旨を定める。

本条２項は，債務者が債権者に対して取消権又は解除権を有する場合には，引受人は，これらの権利の行使によって債務者がその債務を免れる限度で，債権者に対して債務の履行を拒むことができる旨を定める。新法457条３項と平仄を合わせた規定である。

本条が定める債務者の抗弁以外にも，併存的債務引受契約が引受人・債務者間でなされた場合は，引受人は，その引受契約に基づく債務者に対する抗弁を，「その契約の利益を受ける第三者」である債権者に対して主張することができる（民539条）。これに対して，引受人・債権者間で併存的債務引受契約がなされた場合は，第三者のためにする契約の規律は及ばないため，引受人は，債務者と引受人との間の原因関係から生じる事由をもって債権者に対抗できない（ただし，その原因関係が併存的債務引受の条件ないし合意内容とされていた場合は別である）。

債務者が相殺権を有するときは，本条２項に明記されていないが，債務者と引受人の債務は連帯債務の関係に立つので，連帯債務に関する新法439条２項に基づき，引受人は，債務者の負担部分の限度で，債権者に対して債務の履行を拒むことができる。

第２　要件事実

本条２項による引受人の履行拒絶権行使は，いわゆる権利抗弁★1 に当たる。

〔北〕

【第471条注】
★１　『要件事実小辞典』54頁参照。

第２款　免責的債務引受

（免責的債務引受の要件及び効果）第472条

免責的債務引受の引受人は債務者が債権者に対して負担する債務と同一の内容の債務を負担し，債務者は自己の債務を免れる。
2　免責的債務引受は，債権者と引受人となる者との契約によってすることができる。この場合において，免責的債務引受は，債権者が債務者に対してその契約をした旨を通知した時に，その効力を生ずる。
3　免責的債務引受は，債務者と引受人となる者が契約をし，債権者が引受人となる者に対して承諾をすることによってもすることができる。

第１　現行法と新法の異同

本条１項は，免責的債務引受とは，①契約によって，債務者の債務と同一内容の債務を引受人が債権者に対して負担することと，債務者を当該債務から免れさせることを合意するとともに，②債権者が債務者に対してその債務を免れさせるものをいうことを示したもので★1，この契約の本質的要素を明文化したものである。

本条２項は，引受人と債権者との間の免責的債務引受の契約では，引受人が債務を引き受け，債務者を債務から免れさせるとの合意をしたうえで，債権者が債務者に対して「契約の成立」を通知することによって効力が生ずる旨を定める。判例法理★2と異なり，債務者の意思に反しても成立することを意味している。

本条３項は，引受人と債務者との間の免責的債務引受の契約では，引受人が債務を引き受け，債務者を債務から免れさせるとの合意をしたうえで，その合意を債権者が承諾（債務の負担者変更の意思表示）する場合に成立することを定める。免責的債務引受の効力発生時は債権者の承諾時であり，承諾の効力は，引受人と債務者の合意時に遡らない★3。

第２　要件事実

【第472条注】
★１　潮見『改正法の概要』168頁。
★２　大判大10・５・９民録27輯899頁。
★３　「部会資料67Ａ」37〜38頁。

本条は，免責的債務引受の成立要件及び効果について，これまで一般に認められてきた法理を明文化したものである。現行法下と異なるのは，債権者・引受人間の免責的債務引受の事例で，債権者の債務者への「契約の成立」の通知が効力発生の要件事実となる一方，「当該債務引受の合意が債務者の意思に反すること」がその抗弁とはなり得ないことである。〔北〕

（免責的債務引受における引受人の抗弁等）第472条の２

引受人は，免責的債務引受により負担した自己の債務について，その効力が生じた時に債務者が主張することができた抗弁をもって債権者に対抗することができる。

２　債務者が債権者に対して取消権又は解除権を有するときは，引受人は，免責的債務引受がなければこれらの権利の行使によって債務者がその債務を免れることができた限度において，債権者に対して債務の履行を拒むことができる。

第１　現行法と改正法の異同

本条１項は，新法471条１項と同趣旨の規定である。

本条２項も，新法471条２項と同趣旨の規定である。債務者が負担していた債務を発生させる契約について解除権又は取消権が行使された場合には，引受人の債務も消滅するから，引受人に履行を拒絶させる必要がある点において，併存的債務引受の場合と異ならないからである★1。

なお，相殺権については，併存的債務引受の場合と異なり，免責的債務引受により債務者は債務を免責されるため，引受人の履行拒絶権が認められない。

第２　要件事実

本条２項による引受人の履行拒絶権行使は，新法471条２項と同じく権利抗弁に当たる。〔北〕

【第472条の２注】
★１　「部会資料67Ａ」39〜40頁。

（免責的債務引受における引受人の求償権）第472条の３

免責的債務引受の引受人は，債務者に対して求償権を取得しない。

第１　現行法と新法の異同

本条は，免責的債務引受の引受人は，債務者に対して求償できないことを定める。引受人が他人の債務を自己の債務としたうえで債務を履行するのが免責的債務引受であり，それ自体には求償関係を発生させる基礎を欠いていることを根拠とする。

なお，本条は，債務者と引受人との間で，引受けの対価の支払をすることを妨げるものではなく，その合意について委任の規定（民649条・650条）が適用される場合には，これによって債務相当額の請求をすることは可能であると解されている★1。

第２　要件事実

本条に関し，要件事実に関係して述べるべきことは，特にない。〔北〕

（免責的債務引受による担保の移転）第472条の４

債権者は，第472条第１項の規定により債務者が免れる債務の担保として設定された担保権を引受人が負担する債務に移すことができる。ただし，引受人以外の者がこれを設定した場合には，その承諾を得なければならない。

２　前項の規定による担保権の移転は，あらかじめ又は同時に引受人に対してする意思表示によってしなければならない。

３　前２項の規定は，第472条第１項の規定により債務者が免れる債務の保証をした者があるときについて準用する。

４　前項の場合において，同項において準用する第１項の承諾は，書面でしなければ，その効力を生じない。

５　前項の承諾がその内容を記録した電磁的記録によってされたときは，その承諾は，書面によってされたものとみなして，同項の規定を適用する。

【第472条の３注】

★１　「部会資料67Ａ」38～39頁。

第１　現行法と新法の異同

本条１項本文は，債務引受がされた債務の担保として設定された担保権（物的担保）を，債務引受後の債務を担保するものとして，債権者による単独の意思表示によって移すことができる旨を定める。「移すことができる」とは，後順位担保権者の承諾がなくとも，担保権の優先順位を維持したまま移転させることができるという趣旨である★1。

担保提供者が引受人の場合には，その承諾は不要であるが，本条１項ただし書は，担保提供者が引受人以外の者である場合は，その者の承諾を得なければならない旨定める。引受人以外の者には，債務者も含まれる。ここでの承諾は，担保移転の承諾の意思表示である★2。

本条２項は，担保の移転は免責的債務引受をするのと同時又はそれより前に，引受人に対する意思表示によってしなければならないと定める。これは，担保の消滅に関する付従性との抵触を回避することを意図したものである★3。

本条３項は，債務者の債務に付された保証債務を引受人の債務を担保するものとして移す場合の規律についても，本条１項及び２項が準用される旨定める。

本条４項及び５項は，保証人が，引受人が引き受けた債務を履行する責任を負う場合には，書面（電磁的記録）をもって承諾することを要する旨定める。保証契約の要式行為性（民446条２項・３項）と平仄を合わせたものである。

第２　要件事実

本条に関し，要件事実に関係して述べるべきことは，特にない。　〔北〕

【第472条の４注】
★1　「部会資料67Ａ」41頁。
★2　潮見『改正法の概要』171頁。
★3　「中間試案の補足説明」271頁及び「部会資料69Ａ」39頁。

第６節　債権の消滅

第１款　弁　　済

第１目　総　　則

（弁済）第473条

債務者が債権者に対して債務の弁済をしたときは，その債権は，消滅する。

第１　現行法と新法の異同

１　改正の概要

新法473条は，弁済が債権の消滅事由であることを規定する。今回の改正により新設されたものである。

なお，弁済として引き渡した物の取戻しについて規定する民法475条（「弁済をした者が弁済として他人の物を引き渡したときは，その弁済をした者は，更に有効な弁済をしなければ，その物を取り戻すことができない。」）は，改正されていない。

また，現行法476条（「譲渡につき行為能力の制限を受けた所有者が弁済として物の引渡しをした場合において，その弁済を取り消したときは，その所有者は，更に有効な弁済をしなければ，その物を取り戻すことができない。」）は，給付の内容たる法律行為の取消しに対してのみ適用され，その具体的適用場面は制限行為能力者が代物弁済をした場合に限られるとされていたところ，同条によれば，債務者は弁済を先にしなければ代物の返還を受けることができず（弁済と代物の返還が同時履行の関係に立たない），売買契約の売主が制限行為能力者であったことを理由として売買契約が取り消された場合等に比し均衡を失するうえ，制限行為能力者を保護しようとした行為能力制度の趣旨に照らしても問題があることから，削除された★1。

２　改正の主な問題点

新法473条は，弁済が債権の消滅事由であることを明文化した。「弁済」と「履

【第473条注】
★１　潮見『改正法の概要』177頁。

行」の関係については，学説上，両者は同じことを別の観点から見たものであり，履行は債務の内容を実現するという債務者の行為の面から，弁済は債権が消滅するという面から見たものであるとする見解が有力であり，法制審議会においては，この見解に従って用語を整理することも考慮されたが★2，結果的には，新法においてそのような整理がされたわけではない。

債権者が債務者に対して債務の履行を請求する場合において，債権者において債務者が債務を履行していないことを主張立証する必要があるか，それとも債務者において債務を履行したことを主張立証する必要があるのかなどの点については，主張責任と立証責任の分担は不可分であるのかという点を含め，現行法下において争われてきた問題である★3。上記のとおり弁済の規定が新設され，債務者が弁済をしたときはその債権は消滅するという定め方がされて，その文言の形式上は，弁済の効果を主張する者（債務者）がその事実を主張立証する責任を負うという考え方が条文の構造に反映されたものとみることもできるが，条文の規定の形式だけから主張立証責任対象事実の決定がされるわけではないことからすると，この点についての上記見解の対立は，なお続くものと考えられる。

第２　要件事実

１　説明（概要）

債権者が契約に基づく債務の履行を請求した場合，その履行を免れる者すなわち弁済の効果を主張する者（債務者）が，その事実を主張立証する責任を負うと解するのが相当である。新法473条が「債務者が債権者に対して債務の弁済をしたときは，その債権は，消滅する。」という文言で規定されていることに加え，いったん発生した債権は消滅原因のない限り存続すると考えるのが債権という制度の趣旨に合致すると解されるからである。

弁済の要件事実として，特定の債務との結びつきをいうことが必要であるかに

★２　「部会資料10－２」１頁。

★３　裁判実務においては，現行法の下でも，弁済による債権の消滅をいう者が，その債務が弁済されたことを主張立証する必要があると解されてきたものであり，新法の下においても，この裁判実務が変更されることはないと考えられる。本稿の執筆者は，「主張責任と立証責任は常に同一の当事者に帰属する」，「主張立証責任の分配といわれている作業は，実体法的な観点から主張立証責任対象事実を決定することの一つの側面であり，この決定により裁判規範としての民法の要件に該当する事実（要件事実）が定まる」との考え方に立っており，本稿における説明も，この考え方に従って記述を行っている。この考え方の詳細については，本書の「序章」のほか，伊藤『要件事実の基礎』149頁以下，210頁以下を参照されたい。

ついては，見解が分かれるが，具体的な債務との結びつきを離れた抽象的な弁済というものを観念することは通常はないと考えられるので，要件事実としても，この結びつきを必要とすると解するのが妥当である★4。

2　具体的事例

消費貸借契約の貸主Xが借主Yに対して貸金の返還を請求した場合を例に挙げることにする。

Xは，請求原因として，消費貸借契約の締結及びその期限の到来を主張する必要がある。ただし，前述のとおり，Xは，Yが返済をしないことを主張立証する必要はない。

これに対し，Yは，抗弁として，上記消費貸借契約に基づく債務について弁済の事実を主張立証することができる。〔高橋〕

（第三者の弁済）第474条

債務の弁済は，第三者もすることができる。

2　弁済をするについて正当な利益を有する者でない第三者は，債務者の意思に反して弁済をすることができない。ただし，債務者の意思に反することを債権者が知らなかったときは，この限りでない。

3　前項に規定する第三者は，債権者の意思に反して弁済をすることができない。ただし，その第三者が債務者の委託を受けて弁済をする場合において，そのことを債権者が知っていたときは，この限りでない。

4　前３項の規定は，その債務の性質が第三者の弁済を許さないとき，又は当事者が第三者の弁済を禁止し，若しくは制限する旨の意思表示をしたときは，適用しない。

第１　現行法と新法の異同

1　改正法の概要

現行法474条１項は，第三者の弁済は，債務の性質がこれを許さないとき又は当事者が反対の意思表示をしたときを除き，有効であることを規定し，同条２項は，利害関係を有しない第三者の弁済は，債務者の意思に反するときは無効であることを規定している。

★4　この点については，最判昭35・10・14裁判集民45号271頁，伊藤『要件事実の基礎』220頁以下を参照。

新法474条１項は，現行法474条１項本文と同様に，第三者も弁済をすることができるという原則を規定している。

新法474条２項本文は，「弁済をするについて正当な利益を有する者でない第三者」の弁済が債務者の意思に反するときは，その弁済は無効であるとする原則を定め，同項ただし書は，債務者の意思に反することを債権者が知らなかったときは，この限りではないとして，本文の原則に対しての例外を定めている。

同条３項本文は，上記第三者の弁済が債権者の意思に反するときは，その弁済は無効であるとする原則を定め，同項ただし書は，その第三者が債務者の委託を受けて弁済をする場合において，そのことを債権者が知っていたときは，この限りではないとして，本文の原則に対しての例外を定めている。

同条４項は，現行法474条１項ただし書と同様に，債務の性質がこれを許さないとき，又は当事者が第三者の弁済を禁止し，もしくは制限する意思表示をしたとき★1 には，第三者の弁済が無効であることを規定する。

2　改正の主な問題点

まず，現行法474条２項には，第三者が債務者の意思に反しても弁済をすることができる要件として「利害関係を有する」ことが規定されている一方，現行法500条には，弁済をした第三者が債権者に代位する要件として「正当な利益を有する者」であることが規定されているが，「正当な利益を有する者」以外の第三者が「利害関係を有しない」者とされるのであるから，用語を統一すべきとの指摘がされていた。そこで，新法474条２項では，「弁済をするについて正当な利

【第474条注】

★１　法制審議会民法（債権関係）部会第97回会議において，松岡委員から，新法474条４項のような規定を設けることにより，このような第三者弁済は無効なのかどうかについて次のとおり質問がされた。「第三者弁済を禁じる特約がある場合において，弁済をするについて正当な利益を有する第三者がそういう特約を知らずに弁済に行ったところ債権者が特約について黙っていて受領したときに，第三者弁済は無効なのでしょうか。特約とは場面が違うのかもしれませんが，正当な利益を有する者でない第三者の弁済であっても，債務者の意思に反する場合でさえ⑵では有効になるわけです。また，債権譲渡制限特約や相殺制限特約は善意・無重過失の第三者には対抗できないとして今回の改正で規律を揃えます。これらと第三者弁済にずれが生じてくるように思います。」（部会第97回議事録29頁。なお，引用文中の「⑵」は，新法474条２項と同旨の規定を指す）。

これに対し，松尾関係官は，「正当な利益を有する者についても第三者弁済禁止の意思表示があったときにどうなるのかというのは，現在でもその弁済は無効になるのではないかという理解をしており，今一応，我妻先生の本なども見てみたところ，そういう趣旨であるようですので，これを維持する趣旨で案文を作成しておりました。確かに御指摘のように相殺禁止の意思表示とか，譲渡制限の意思表示とルールの内容にずれがあるということかもしれませんが，それは現在もある問題ですし，そこを積極的に正しにいく必要性まではないのではないかと考えておるということです。」と回答している。

益を有する者」という表現に統一されている★2。

現行法の下では，債権者は，利害関係を有しない第三者による債務者の意思に反しない弁済の提供に対し，受領を拒絶することができないと考えられている。債権者は，受領拒絶が違法になることをおそれ，債務者の意思に反するかどうかの確認を待たずに第三者からの弁済を受領してしまう場合があり得るが，この場合に，債務者の意思に反することが事後的に判明したようなときに，債権者に給付物の返還という不利益を甘受させてまで，債務者を保護する必要があるか疑問であるとの指摘もされていた★3。そこで，新法474条２項は，その本文において，弁済をするについて正当な利益を有する者でない第三者は，債務者の意思に反して弁済をすることができないとするとともに，そのただし書において，債務者の意思に反することを債権者が知らなかったときはこの限りでないとして，債権者の保護を優先させた。

次に，新法474条３項は，その本文において，正当な利益を有する者でない第三者は，債権者の意思に反して弁済をすることができないとして，上記第三者の弁済について債権者の受領拒絶権を規定する一方，そのただし書において，その第三者が債務者の委託を受けて弁済をする場合において，そのことを債権者が知っていたときは，この限りではないと規定した★4。

また，新法474条４項は，現行法474条１項ただし書と同様の規定である。

第２　要件事実

１　説明（概要）

弁済の効果をいう者が，その事実を主張立証すべきであり，この点は，「第三者による弁済がされる場合」においても変わるところはないというべきである。

★２　「部会資料70Ａ」23頁参照。

★３　「部会資料70Ａ」23頁参照。

★４　「部会資料70Ａ」24頁は，要綱案の素案の説明として，次のとおり述べる。「第三者の履行が債務者の意思に反するかどうかを債権者が確認することができない場合には，履行を拒絶して上記の不利益を回避することを可能とすることを意図するものである。その上で，ただし書において，債務者の委託を受けて第三者が弁済をする場合において，それを債権者が知ったときは，受領を拒絶することができないとしている。これは，特に履行引受のような取引で行われる第三者による弁済が，現在よりも制約されることがあるのは適当ではないという考慮に基づくものであるが，債務者の委託があったことを『債権者が知った』と評価することができるまでは，受領を拒絶することができるとすることによって，債権者の保護を図っている。これによって，委託を受けて弁済をする第三者は，『正当な利益を有する者』と同様に弁済をすることができるものの，代位をするためには第三者対抗要件を具備しなければならない（民法第499条第２項）ということになる。」

そして，第三者も弁済をすることができるのが原則であるから（新法474条１項），例えば，契約上の債務の履行請求に対する抗弁として弁済の効果をいう者は，まず，この事実を主張立証すべきである。

次に，前記**第１の２**「改正の主な問題点」において趣旨を述べたとおり，正当な利益を有する者でない第三者は，債権者の意思に反して弁済をすることができないとして，債権者が，原則として，上記第三者の弁済に対し受領拒絶権を有するものとされているから，債権者の側において，再抗弁として，①その弁済が債権者の意思に反することを主張立証することができる。また，債権者は，上記に加えて，②その弁済が債務者の意思に反すること（ただし，債務者自身が第三者弁済の抗弁を出しているときには，この債務者の意思に反するということの主張立証は困難であろう），③債務の性質が第三者の弁済を許さないこと，又は当事者が第三者の弁済を禁止し，もしくは制限する旨の意思表示をしたこと（新法474条４項）をそれぞれ再抗弁として主張立証することができるものと解される。

さらに，債務者の側で，上記のうち弁済が債権者の意思に反することという上記①の再抗弁に対しては，再々抗弁として，第三者が弁済をするについて正当な利益を有する者であること，又は第三者が債務者の委託を受けて弁済をする場合において，そのことを債権者が知っていたことを主張立証することができ，弁済が債務者の意思に反することという上記②の再抗弁に対しては，再々抗弁として，第三者が弁済をするについて正当な利益を有する者であることを主張立証することができるものと考えられる。

上記第三者の正当な利益の有無については，債権者の側で，第三者が弁済をするについて正当な利益を有しない者であることをも再抗弁において主張立証すべきとの考え方もあり得るが，新法474条３項では，債権者が第三者の弁済に対し受領拒絶権を有することを規定した趣旨からすると，第三者の側で，弁済について正当な利益を有することを再々抗弁において主張立証すべきものとするのが相当と考えられる。

２　具体的事例

消費貸借契約を締結した債権者たる貸主Ｘが債務者たる借主Ｙに貸金の返還を請求する場合を例として，検討する。

貸主Ｘは，請求原因として消費貸借契約の締結及びその期限の到来を主張したのに対し，借主Ｙは，抗弁として，第三者Ａが上記契約に基づく貸金債務について弁済の提供又は弁済をしたことを主張立証することができる。ここでは，「上記契約に基づく貸金債務」というように，弁済の提供又は弁済の対象を特定する形で主張立証すべきものと解される。

これに対し，Xは，再抗弁として，①その弁済がXの意思に反すること，又は②当事者が第三者の弁済を禁止し，もしくは制限する旨の意思表示をしたことを主張立証することができる。

そこで，Yは，再々抗弁として，①Aが弁済をするについて正当な利益を有する者であること，又は②Yから委託を受けたAが弁済の提供もしくは弁済をしたことに加えて，Xがそのことを知っていたことを主張立証することができる。

なお，第三者が債権者に対して消費貸借契約上の債務を弁済し，債権者に代位して債務者に対してその債務の履行を請求する場合においても，第三者の弁済に係る主張立証責任の分配が問題になる。この点の詳細は，弁済による代位の項に譲ることにする。〔髙橋〕

（弁済として引き渡した物の消費又は譲渡がされた場合の弁済の効力等）第476条

前条の場合において，債権者が弁済として受領した物を善意で消費し，又は譲り渡したときは，その弁済は，有効とする。この場合において，債権者が第三者から賠償の請求を受けたときは，弁済をした者に対して求償をすることを妨げない。

新法476条は，現行法476条が削除されたことにより，現行法477条と実質的に変わりのない規定となった。すなわち，新法476条は，現行法477条に規定する「前２条の場合において」を「前条の場合において」と改めたにすぎない。本条に係る要件事実について，特に述べることはない。〔髙橋〕

（預金又は貯金の口座に対する払込みによる弁済）第477条

債権者の預金又は貯金の口座に対する払込みによってする弁済は，債権者がその預金又は貯金に係る債権の債務者に対してその払込みに係る金額の払戻しを請求する権利を取得した時に，その効力を生ずる。

第1　現行法と新法の異同

1　改正の概要

新法477条は，債権者の預金又は貯金の口座に対する払込みによる弁済について，その効力発生時期を「その払込みに係る金額の払戻しを請求する権利を取得した時」であると定める。改正により新設された規定である。

2　改正の主な問題点

債権者が上記払戻請求権を取得した時期が具体的にいつであるのか（例えば，入金記帳時であるか）については，債権者と金融機関との預貯金契約の解釈に委ねられる。

第2　要件事実

効力発生時期が争われる場面において，その主張立証責任は弁済の効力をいう者が負うべきものと解される。

例えば，債権者による契約解除の意思表示が債務者に到達した時期と債務者が払込みによる弁済をした効力の発生時期について，その先後関係が問題になるような事例が挙げられる。

債権者が預貯金口座に振り込まれた金員について払戻請求権を取得するのは，預金債権として成立する時，一般的には口座への入金記帳時であると解されるので★1，債務者としてはこの時期がいつであるのかを主張立証する必要がある。

〔髙橋〕

（受領権者としての外観を有する者に対する弁済）第478条

受領権者（債権者及び法令の規定又は当事者の意思表示によって弁済を受領する権限を付与された第三者をいう。以下同じ。）以外の者であって取引上の社会通念に照らして受領権者としての外観を有するものに対してした弁済は，その弁済をした者が善意であり，かつ，過失がなかったときに限り，その効力を有する。

【第477条注】
★1　この点については，『詳説改正債権法』301～302頁〔日比野俊介〕を参照。

（受領権者以外の者に対する弁済）第479条

前条の場合を除き，受領権者以外の者に対してした弁済は，債権者がこれによって利益を受けた限度においてのみ，その効力を有する。

第1　現行法と新法の異同

1　改正の概要

現行法478条では，「債権の準占有者」という文言が用いられていたが，用語としてわかりにくいとの指摘があった。新法478条では，これを「受領権者以外の者であって取引上の社会通念に照らして受領権者としての外観を有するもの」と改めている★1（以下，本稿においては，この者を「表見受領権者」ということがある）。そして，表見受領権者に対する弁済は，弁済者が善意であり，かつ，過失がなかったときに限り効力を有するとされる。なお，受領権者については，「債権者及び法令の規定又は当事者の意思表示によって弁済を受領する権限を付与された第三者をいう。」との定義がされている★2。

この改正に伴い，「受取証書の持参人は，弁済を受領する権限があるものみなす。ただし，弁済をした者がその権限がないことを知っていたとき，又は過失によって知らなかったときはこの限りではない。」と定めている現行法480条の規定は削除された。その理由として，①真正な受取証書の持参人を他の表見受領権者と異なった準則の下で処理することには，合理的な理由を見い出しがたいこと，②受取証書の持参は，受領権限を有することの認証方法として重要なものであるが，そのような認証方法は受取証書の持参以外にもあり，特別に規律を設ける必要がないこと，③真正の受取証書の持参に対する弁済であることが立証され

【第478条・第479条注】

★1　「部会資料70Ａ」27頁は，要綱案の素案の説明として，次のとおり述べる。「現在の判例・通説では，以下の者が債権の準占有者に該当すると考えられており，これを変更するものではない。

① 表見相続人（大判昭和15年５月29日民集19巻903頁）
② 無効な債権譲渡の譲受人（大判大正７年12月７日民録24輯2310頁）
③ 債権が二重譲渡された場合に劣後する譲受人（最判昭和61年４月11日民集40巻３号558頁）
④ 偽造の債権証書・受取証書の所持人（大判昭和２年６月22日民集６巻408頁）
⑤ 詐称代理人（最判昭和37年８月21日民集16巻９号1809頁等）
⑥ 預金通帳と届出印の持参人（大判昭和16年６月20日民集20巻921頁）」

★2　現行法下の判例（最判昭37・８・21民集16巻９号1809頁）は，債権者の代理人と称して債権を行使する者も民法478条にいわゆる債権の準占有者に当たるとしている。

た場合には，弁済者の善意無過失を事実上推定すれば足りることなどが挙げられている★3。

なお，新法479条は，現行法479条で用いられていた「弁済を受領する権限を有しない者」という文言を「受領権者以外の者」という表現に改め，新法478条の文言に合わせている。

２　改正の主な問題点

表見受領権者に対する弁済は，新法478条によって規律されるが，そこで定められている内容は，弁済者の主観的要件の点も含めて，現行法478条の規律と実質的な差異はないものと考えられる。

なお，現行法480条は，受取証書の持参人であれば債権者から受領権限を与えられているのが通常であるとして，受取証書の持参人に対して弁済した者を特に保護する趣旨から，その持参人に対する弁済の効力を否定する側に弁済者の主観的要件の主張立証責任を課しているのに対し，新法478条によると，後述のとおり，弁済者の主観的要件の主張立証責任は弁済者に課されることになる。しかし，真正の受取証書の持参人に対する弁済であることが立証されたのであれば，弁済者の善意無過失を事実上推定してよいと考えられるので，新法478条によっても，現行法480条の規律と実質的に変わりがないものと考えられる。

第２　要件事実

１　説明（概要）

新法478条は，いわゆる外観法理に基づいて表見受領権者に対する弁済を有効とするものであるから，弁済者の側で，表見受領権者への弁済が正当であることの根拠となる事実をすべて主張立証すべきでものと解される。

したがって，弁済者の側で，客観的要件として，取引上の社会通念に照らして受領権者としての外観を有することを，また，弁済者の主観的要件として，弁済者が正当な受領権者ではないことを知らなかったこと，及び弁済者がこれを知らなかったことに過失がないことの評価根拠事実を，いずれも主張立証する必要があると考えられる★4。

２　具体的事例

消費貸借契約の貸主Ｘが借主Ｙに対して貸金の返還を請求した事例において，

★３　「部会資料70Ａ」28頁，潮見『改正法の概要』180頁。
★４　倉田監修『要件事実の証明責任・債権総論』234頁，大江『新債権法の要件事実』302頁。

借主Ｙが債権者ではない者Ａに対して弁済をした場合を例に挙げることとする。

貸主Ｘが請求原因として消費貸借契約の締結及びその期限の到来を主張したのに対し，借主Ｙは，抗弁として，①ＹがＡに対して弁済をしたこと，②その弁済の際，Ａは取引上の社会通念に照らして受領権者としての外観を有していたこと，③その弁済の際，ＹはＡを弁済受領権者ではないと知らなかったこと，④その弁済の際，Ｙが③のとおり知らなかったことに過失がないことの評価根拠事実を主張立証する必要がある。

なお，その弁済の際にＡが真正な受取証書を所持していたことが立証された場合，Ａが表見受領権者であることが立証されるが，これに加えて，ＹはＡが弁済受領権者でないことを知らなかったこと，及びＹがこれを知らなかったことに過失がないことが事実上推定される場合が多いと考えられるが，客観的な主張立証責任の分配が変更されることはない。

上記の抗弁に対し，貸主Ｘは，再抗弁として，上記弁済の際にＹに過失がなかったことの評価障害事実を主張立証することができる。〔髙橋〕

（差押えを受けた債権の第三債務者の弁済）第481条

> 差押えを受けた債権の第三債務者が自己の債権者に弁済をしたときは，差押債権者は，その受けた損害の限度において更に弁済をすべき旨を第三債務者に請求することができる。
>
> 2　前項の規定は，第三債務者からその債権者に対する求償権の行使を妨げない。

新法481条は，現行法481条の「支払の差止めを受けた第三債務者」という文言を「差押えを受けた債権の第三債務者」と表現を改めたにすぎず，実質的な変更はない。

現行法481条についての解釈が，そのまま新法481条に引き継がれるものと考えられる。本条に係る要件事実について，特に述べることはない。〔髙橋〕

（代物弁済）第482条

> 弁済をすることができる者（以下「弁済者」という。）が，債権者との間で，債務者の負担した給付に代えて他の給付をすることにより債務を消滅させ

る旨の契約をした場合において，その弁済者が当該他の給付をしたときは，その給付は，弁済と同一の効力を有する。

第1　現行法と新法の異同

1　改正の概要

現行法482条は，代物弁済について，要物契約を規定したものであるか諾成契約を規定したものであるかについて見解が分かれていたが，新法482条は，代物弁済契約が諾成契約であることを明文化した★1。

さらに，現行法482条は「債務者が……」と規定しており，債務者以外の第三者が代物弁済をすることができるかどうかは条文上明らかではないが，代物弁済にも現行法474条（第三者の弁済）が類推適用されると考えられている。その点を条文上明確にするため，新法は，代物弁済の当事者を「弁済をすることができる者」と規定した★2。

2　改正の主な問題点

(1)　諾成的代物弁済契約を明確にしたこと

新法482条は，本条が定める代物弁済を諾成的代物弁済契約として規定した。

要物契約説によれば，代物弁済契約の成立時期と債権の消滅時期とが一致することになるが，判例が，代物弁済として不動産を給付した事案において，代物弁済による債務消滅の効果は原則として所有権移転登記手続を完了した時に生ずるが，目的不動産の所有権移転の効果は，当事者間に代物弁済契約が成立した時にその意思表示の効果として生ずるとしていることとの関係で，法律関係がわかりにくいと指摘されていた★3★4。

一方，法制審議会では，代物弁済契約が締結された場合であっても，「債務者が当初負担した給付をすること及び債権者が当初の給付を請求することは，妨げられない」★5といった条項の新設が検討されたが，諾成的代物弁済契約によっ

【第482条注】
★1　「部会資料39」19～21頁参照。
★2　「部会資料10－2」13～14頁，「部会資料39」19～21頁各参照。
★3　最判昭40・3・11判タ175号110頁，最判昭57・6・4裁判集民136号39頁・判タ474号107頁。
★4　「部会資料39」20頁，「中間試案（概要付き）」104頁，司研『紛争類型別の要件事実』114頁各参照。
★5　「中間試案（概要付き）」104頁，「部会資料80－3」24頁各参照。

て2つの債務が成立するかどうかについては見解が確立しておらず，法制審議会において，解釈に委ねることが望ましいとの意見もあり立法化されなかった★6。

⑵　第三者による代物弁済契約締結

(a)　現行法における問題点

現行法482条は，「債務者は……」と規定しているが，代物弁済にも現行法474条（第三者の弁済）が類推適用され，同条の要件を充足する限り債務者以外の第三者も代物弁済をすることができるとされていた★7。ただ，代物弁済は弁済とは異なる債務消滅原因であり，自明のことではなかった。

(b)　新法による対応

新法は，代物弁済の当事者につき，「弁済をすることができる者（以下「弁済者」という。）が，債権者との間で，」と規定して，第三者が代物弁済できることを明確にした★8。

第2　要件事実

1　説　　明

代物弁済の要件事実について，代物弁済が，⑴債務消滅原因として主張される場合と，⑵所有権取得原因として主張される場合とを検討する★9。

⑴　代物弁済が，債務消滅原因として主張される場合

新法482条も，直接的には，債務の消滅原因としての代物弁済を規定するものである。

この場合，原告が，被告に対する債権の発生原因事実を主張したのに対し，債務の消滅を主張する被告は，①被告又は弁済をすることができる第三者と原告の間で代物弁済契約が締結された事実，②被告又は当該第三者が同契約の当時，目的物の処分権を有していた事実，③被告又は当該第三者が，原告に対し，契約に従って目的物を給付し，第三者対抗要件を具備させた事実を主張立証することができる。

この場合，代物弁済は「弁済と同一の効力を有する。」とされるのであるから，債権者に完全な目的物の所有権等を移転することが必要であり，代物弁済契

★6　「部会資料39」21頁，「部会資料80－3」24頁，「部会資料83－2」28頁各参照。
★7　我妻『債権総論』305～306頁参照。
★8　「部会資料83－2」28頁参照。
★9　司研『紛争類型別の要件事実』113～114頁参照。

約の目的物につき第三者対抗要件が具備されることを要する。

⑵　代物弁済が，所有権取得原因として主張される場合

原告が被告に，被告が占有する物に対し，請求原因として，所有権に基づく返還請求権を主張した場合，被告が，当該物に関し，原告のもと所有を認めつつ，所有権喪失の抗弁として代物弁済による所有権移転を主張するような場合である。

この場合，代物弁済による所有権取得を主張する被告は，①代物弁済により消滅する債務の発生原因事実，②原告と被告の間で代物弁済契約が締結された事実，を主張立証することができる。なお，原告が代物弁済契約の当時目的物の処分権を有していた事実は，請求原因で主張されている★10。

代物弁済契約締結と目的物の所有権移転時期につき，判例は，前述のとおり所有権移転の効果は，原則として当事者間の代物弁済契約の意思表示によって生ずるとしているので，この場合，「原告が被告に対し，契約に基づき当該代物を給付したこと」の主張は不要である。

また，この場合，原告と被告は，諾成的代物弁済契約の当事者であるから，対抗関係には立たず，被告が当該物に対する対抗要件を具備したことは主張立証する必要がない。

２　具体例による検討

⑴　債務消滅原因として主張される場合

原告が，被告に対する消費貸借契約に基づく貸金返還請求権を行使した場合，被告は，抗弁として，「①被告は，原告との間で，平成○年○月○日，請求原因の貸金返還請求権の弁済に代えて，本件土地の所有権を移転するとの合意をした。②被告は，同日，本件土地を所有していた。③被告は，原告に対し，同日，本件代物弁済契約に基づき，本件土地の所有権移転登記手続をした。」との事実を主張立証して，原告主張の債権は消滅したと主張することができる。代物弁済によって消滅する債務は，請求原因で主張されているので，抗弁ではその主張は不要である。また，本件土地の所有権は，代物弁済契約の成立と同時に原告に移転している。

⑵　所有権取得原因として主張される場合

原告が，本件土地を占有している被告に対し，本件土地所有権に基づく返還請

★10　司研『紛争類型別の要件事実』114頁参照。

求権としての明渡請求訴訟を提起した場合，被告は，原告の所有権喪失の抗弁として，「①原告は，被告に対し，平成○年○月○日，弁済期を同年△月△日として2000万円を貸し付けた。②被告は，原告との間で，平成□年□月□日，本件貸金返還請求権の弁済に代えて，本件土地の所有権を移転するとの合意をした。」との事実を主張立証することができる。この場合は，請求原因では，代物弁済により消滅すべき本来の債務の発生原因事実が主張されていないので，抗弁で主張することを要する。また，この場合は，所有権喪失の抗弁であり，原告と被告は物権変動の当事者間であるから，本件土地の所有権移転登記手続を経ているかは主張する必要がない。〔栗林〕

（特定物の現状による引渡し）第483条

債権の目的が特定物の引渡しである場合において，契約その他の債権の発生原因及び取引上の社会通念に照らしてその引渡しをすべき時の品質を定めることができないときは，弁済をする者は，その引渡しをすべき時の現状でその物を引き渡さなければならない。

第1　現行法と新法の異同

1　改正の概要

本条の改正は，新法が，有償契約の瑕疵担保責任について，法定責任説ではなく契約責任説を採用したこととも関連して，特定物債権であっても，目的物の性状が当事者間の合意の内容となることを示した。新法では，いわゆる特定物ドグマが否定されていることを示す根拠となる重要な条文の一つである。

本条の改正については，法制審議会において，本条自体を削除するという考え方や本条が取引社会において行為規範となっているという意見等があり，かなりの審議がなされた★1。

2　改正の主な問題点

(1)　現行法における問題点

法制審議会の当初から，本条は，実際にその適用が問題となる場面が乏しい反面，履行期の状態で引き渡せば，合意内容とは異なる性状で目的物を引き渡した

【第483条注】
★1　「部会資料83－2」29頁参照。

としても責任を負わないという誤った解釈を導くおそれがあると指摘され，これを削除するという方向での議論があった★2。これに対しては，本条は，中古品の売買等で契約書を作成していない取引における行為規範となっており，その存在価値があるとする意見もあった★3。

⑵　新法による対応

本条は，債権総則の規定であり，本条が機能する場面は，契約に限らず，事務管理等による法定債権に基づき特定物を引き渡す場合も含まれることから，「契約その他の債権の発生原因及び取引上の社会通念に照らしてその引渡しをすべき時の品質を定めることができないときは」との文言に改正された★4。

売買その他契約の場合は，品質や数量は合意により債務内容となることから，本条が適用されることは少ない★5。また，不当利得返還義務については，返還すべき特定物の一部滅失・損傷の場合の処理は価額償還に関する法理に従うことになり，侵害利得の場合は，所有権に基づく返還請求権の履行不能の問題として処理されるので，本条が適用される場面は，ごくわずかであるとされる。

第2　要件事実

本条の改正の要点は，従来の特定物ドグマを排し，特定物だからといってその引渡しをすべき時の現状で引渡しをすれば足りるということではないという点にある。基本的には，契約の趣旨に従った状態で当該特定物の引渡しの提供をすることを弁済者（引渡義務者）の方で主張立証すべきであり，本条の定める「契約その他の債権の発生原因及び取引上の社会通念に照らしてその引渡しをすべき時の品質を定めることができないときは」，弁済者において，そのような状態にあることの評価根拠事実及び当該特定物の引渡しをすべき時の当該特定物の現状でその弁済（引渡し）の提供をしたことを主張立証しなければならない。〔栗林〕

★2　「部会資料10－2」14～15頁，「部会資料39」22～23頁，「部会資料58」107～108頁，「中間試案の補足説明」283～285頁各参照。

★3　「部会第8回議事録」25頁，「部会資料39」23頁各参照。

★4　「部会資料84－3」8頁参照。

★5　潮見『改正法の概要』182頁及び大江『新債権法の要件事実』305頁は，いずれも，「売買では，種類・品質・数量が契約の内容に適合していることが典型的な債務内容となることを前提として規定されているから，本条の適用の余地はない。」としているが，そうはいい切れないと思う。なお，「部会資料83－2」29頁参照。

（弁済の場所及び時間）第484条

> 弁済をすべき場所について別段の意思表示がないときは，特定物の引渡しは債権発生の時にその物が存在した場所において，その他の弁済は債権者の現在の住所において，それぞれしなければならない。
> 2　法令又は慣習により取引時間の定めがあるときは，その取引時間内に限り，弁済をし，又は弁済の請求をすることができる。

第1　現行法と新法の異同

1　改正の概要

本条の改正は，弁済をすべき時間に関して，現行法484条に２項を追加した★1。この点に関しては，法制審議会において，特段の異論がなかった★2。

本条１項は，現行法484条をそのまま引き継いでおり，改正はされていない★3。

2　改正の主な問題点

(1)　現行法における問題点

現行法は，弁済をすべき場所について規定しているが（484条），弁済すべき時間に関しては何らの規定がないところ，商法520条は，「法令又は慣習により商人の取引時間の定めがあるときは，その取引時間内に限り，債務の履行をし，又はその履行の請求をすることができる。」としており，その趣旨は，商取引に特有のものではなく，民事一般の取引についても，信義則上，同様の規律が当てはまると考えられている★4。

(2)　新法による対応

新法は，484条に２項を追加して，商法520条と同趣旨の規定を新設した。

第2　要件事実

1　説　　明

(1)　弁済の場所

【第484条注】
★1　「部会資料10－２」15～16頁，「部会資料39」25頁各参照。
★2　「中間的な論点整理の補足説明」145頁。
★3　「部会資料39」25頁。
★4　坂口光男『商法総則・商行為法』（文眞堂，2000）185頁参照。

(a)　当事者間の合意がある場合

債権者に対して弁済をする債務者は，当事者間において，弁済場所の合意があることを主張立証して，その場所において弁済又は弁済の提供をすることができる。これにより，債務者は債務を履行しないことによって生ずべき責任を免れる（新法492条）。

例えば，いわゆる商社取引などにおいて，売買契約の目的物が，X→Y→Zと転売されるが，目的物はXからZに直接納入されるといった場合などは，これに当たる。

(b)　当事者間の合意がなく，弁済が特定物の引渡しである場合

弁済の場所について当事者間に合意がなく，弁済が特定物の引渡しのときは，債務者は，債権発生時にその物が存在した場所で引渡しをしなければならない。債務者は，債権発生時に当該特定物が存在した場所で弁済又はその提供をしたことを主張立証して，債務を履行しないことによって生ずべき責任を免れることができる。これに対し，債権者は，当事者間で弁済の場所につき合意したことを主張立証することができる。

(c)　当事者間の合意がなく，弁済が特定物の引渡し以外の場合

弁済の場所について当事者間に合意がなく，弁済が特定物の引渡しではないときは，債務者は，債権者の現在の住所において弁済しなければならない。債務者は，債権者の現在の住所で弁済又はその提供をしたことを主張立証して，債務を履行しないことによって生ずべき責任を免れることができる。これに対し，債権者は，当事者間で弁済の場所につき合意したことを主張立証することができる。

(2)　弁済の時間

商法520条に関する事案であるが，「取引時間外になされた弁済の提供であっても，債権者が任意に弁済を受領し，それが弁済期日内であれば，債務者は遅滞の責を負うことはない」とする判例がある★5。

したがって，新法484条2項が機能するのは，取引時間外になされた弁済の提供あるいは弁済の請求が適法かどうかという場面である。この場合，債務者が「弁済の提供をした。」と主張するのに対し，債権者は，「①法令又は慣習により取引時間の定めがあり」，「②当該提供は取引時間外になされた。」という事実を主張立証することができる。また，弁済の請求についても，その請求の効力を否

★5　最判昭35・5・6民集14巻7号1136頁。

定する者が，「①法令又は慣習により取引時間の定めがあり」，「②当該請求は取引時間外になされた。」という事実を主張立証することができる。

2　具体例による検討

(1)　弁済の場所

これについては，現行法と変わるところがない。

(2)　弁済の時間

同時履行の抗弁権（新法533条）について，存在効果を認める立場に立って提供の効力が問題になる場合が，本条が機能する典型例であると思われる。同時履行の抗弁権（同条）について，存在効果説をとった場合，それが問題となるのは，①遅延損害金を請求する場合，②履行遅滞に基づき契約を解除する場合，③相殺をする場合である。以下，①について具体例で検討する。

X（売主・原告）がY（買主・被告）に対して，ゴルフクラブ一式を５万円で売るとの売買契約を締結し，Yの勤務する会社のオフィスを履行の場所として合意したとする。

XがYに対して，売買代金及びこれに対する遅延損害金を請求する場合，遅延損害金請求については，XがYに対して，「XはYに対し，○年○月○日，本件ゴルフクラブ一式をYのオフィスに持参した。」との履行の提供の事実を請求原因事実として主張立証することを要する。この場合，「オフィス」との主張をすれば，特段の事情のない限り，「その取引時間はビジネスアワーである午前９時から午後５時である。」ということになり，Xとしては，その時間内に本件ゴルフクラブ一式を持参したことを主張立証しなければならないことになる。仮に，その持参した時刻が午後10時であったとすれば，Xは，「特段の事情」を併せて主張立証する必要がある。

〔栗林〕

（受取証書の交付請求）第486条

弁済をする者は，弁済と引換えに，弁済を受領する者に対して受取証書の交付を請求することができる。

第１　現行法と新法の異同

1　改正の概要

現行法486条は，「弁済をした者は」，「弁済を受領した者に対して」受取証書の交付を請求できるとし，民法487条で「弁済をした者が全部の弁済をしたときは」債権証書の返還を請求できると規定している。両条文とも「弁済をした」あるいは「弁済を受領した」との文言を使用しており，弁済が先履行のように読めるが，486条の受取証書の交付は債務の履行と同時履行であり，487条の債権証書の返還は債務の履行が先履行であると解釈されており，これについては異論がない★1。

そこで，新法は，条文上これを明確にした★2。

2　改正の主な問題点

⑴　受取証書

上記のとおり，新法は，「弁済をする者は，弁済と引換えに」，「弁済を受領する者」に対して受取証書の交付を請求できることとし，弁済と受取証書の交付が同時履行であることを明確にした。

⑵　債権証書

民法487条については，債権者がこれを紛失していたような場合に，債務者がその返還を受けられないことを理由に履行を拒絶するのは不当であることや同条の「全部の弁済をしたとき」との文言からも弁済が先履行であるとされている。新法486条が，同時履行の関係にあることを明示すれば，それとの対比で民法487条の意味は十分に明確になるとの理由から487条は改正されなかった★3。

第２　要件事実

動産売買契約の事例で，売主が買主に対して，売買代金請求をする際の請求原因事実は，売買契約の成立である。この場合，売主が既に目的物を買主に引き渡していたとすれば，買主は，新法533条の同時履行の抗弁権を主張できないことは当然であるが，本条に基づき，「代金として支払う金額の受取証書の交付を受けるまでは支払を拒絶する。」との権利主張をして，Xの請求を拒むことができる。この抗弁権は，代金の一部を支払う場合でも主張することができる。〔栗林〕

【第486条注】
★１　我妻『債権総論』295～296頁，内田『民法Ⅲ』74頁各参照。
★２　「部会資料10－２」16頁，「部会資料39」26～28頁各参照。
★３　「部会資料39」28頁参照。

（同種の給付を目的とする数個の債務がある場合の充当）第488条

債務者が同一の債権者に対して同種の給付を目的とする数個の債務を負担する場合において，弁済として提供した給付が全ての債務を消滅させるのに足りないとき（次条第１項に規定する場合を除く。）は，弁済をする者は，給付の時に，その弁済を充当すべき債務を指定することができる。

2　弁済をする者が前項の規定による指定をしないときは，弁済を受領する者は，その受領の時に，その弁済を充当すべき債務を指定することができる。ただし，弁済をする者がその充当に対して直ちに異議を述べたときは，この限りでない。

3　前２項の場合における弁済の充当の指定は，相手方に対する意思表示によってする。

4　弁済をする者及び弁済を受領する者がいずれも第１項又は第２項の規定による指定をしないときは，次の各号の定めるところに従い，その弁済を充当する。

一　債務の中に弁済期にあるものと弁済期にないものとがあるときは，弁済期にあるものに先に充当する。

二　全ての債務が弁済期にあるとき，又は弁済期にないときは，債務者のために弁済の利益が多いものに先に充当する。

三　債務者のために弁済の利益が相等しいときは，弁済期が先に到来したもの又は先に到来すべきものに先に充当する。

四　前２号に掲げる事項が相等しい債務の弁済は，各債務の額に応じて充当する。

第１　現行法と新法の異同

１　要　　点

本条の改正は，現行法488条に同489条をそのまま取り込んだ点にある（新法488条４項）。

２　１項の括弧書

新法488条１項には，現行法488条１項にはない「(次条第１項に規定する場合を除く。)」との括弧書が加えられた。これは，新法489条（現行法491条）が規定する，元本，利息及び費用を支払うべき場合の充当関係について，判例・学説上，充当の指定について規定する488条の適用を排除するものと理解されていることを明文上明らかにしたものである★1。

判例・学説は，費用は債務者が負担すべきものを債権者が立て替えているのであるから最初に支払われるべきであり，利息はこれよりも先に元本に充当して利息が生じなくなることは債権者の通常の期待に反し債務者を過当に有利にすることになるためであるということを理由としている★2。これについては，特に異論がないものの，条文上一義的に明らかではなかったので明文化したものである★3。

3　2　項

新法488条２項の弁済受領者の充当の指定について，弁済者がその充当に対して直ちに異議を述べたときは，当該充当指定は効力を失い法定充当となる。弁済者が改めて指定できるものではない（充当権を行使しなかった弁済者は，これを失ったものと解するのが公平だからである）★4。

4　490条との関係

弁済充当の順序について，弁済者と弁済受領者の間に合意があるときは，その合意が本条及び新法489条に優先する（新法490条）。この点は，現行法下でもそのように解されていたが，新法は490条でこれを明文化した★5。

第２　要件事実

Ｘ（原告・貸主）がＹ（被告・借主）に対して，次の３つの消費貸借契約に基づく貸金返還請求を有しているとする。ＸＹともに商人ではない。

ａ　元金800万円，貸付日平成28年５月１日，弁済期１年後，無利息

ｂ　元金1000万円，貸付日平成28年６月１日，弁済期３か月後，利息年８％

ｃ　元金500万円，貸付日平成28年10月１日，弁済期６か月後，無利息

Ｘは，平成29年６月30日，Ｙに対して，ａｂｃの各消費貸借契約に基づき貸金返還請求訴訟を提起したが，Ｙは，Ｘに対し，平成28年12月25日に，800万円を弁済していたとの事例を想定する。

1　弁済者の充当指定

【第488条注】

★１　大判大６・３・31民録23輯591頁。

★２　我妻『債権総論』291頁，内田『民法Ⅲ』73頁各参照。

★３　「部会資料10－２」18頁。

★４　我妻『債権総論』286頁，内田『民法Ⅲ』73頁各参照。

★５　我妻『債権総論』285頁・292頁，内田『民法Ⅲ』73頁各参照。「第490条の解説」を参照。

⑴　請求原因

原告Xの請求原因は，「a　Xは，Yに対し，平成28年５月１日，弁済期を平成29年４月30日として800万円を貸し付けた。」，「b　Xは，Yに対し，平成28年６月１日，弁済期を平成28年８月31日，利息を年８％として1000万円を貸し付けた。」，「c　Xは，Yに対し，平成28年10月１日，弁済期を平成29年３月31日として500万円を貸し付けた。」，「ａｂｃの各弁済期は到来した。」との各事実である。

⑵　抗　　弁

被告Yは，抗弁として，「ｉ）Yは，Xに対し，平成28年12月25日，請求原因ａｂｃの債務の弁済として，800万円を支払った。」，「ii）Yは，ｉ）の弁済の時に，この800万円は，ｂの借入金の弁済に充当すると指定した。」と弁済及び充当の指定をしたとの主張立証をすることができる（本条１項）。

Yによる800万円の弁済は，最初にｂの貸金の利息請求権に充当され，その余の金額はｂの元金債権に充当されることとなる。Yがこのような充当指定するのは，ｂには利息契約があるからである。

2　弁済受領者の充当指定とこれに対して弁済者が直ちに異議を述べた場合

⑴　請求原因

原告Xの請求原因は，１と同じである。

⑵　抗　　弁

被告Yは，「Yは，Xに対し，平成28年12月25日，請求原因のａ～ｃの債務の弁済として，800万円を支払った。」との一部抗弁を主張立証することができる。

この場合，Yが弁済の時に充当指定をしていなかったとすると，弁済された800万円は，最初にｂの貸金の利息に充当され，その余の金額は，ａの貸金債権に充当されることとなる。

⑶　再 抗 弁

原告Xは，再抗弁として，800万円の弁済を受領した時，「Xは，Yに対し，上記800万円の弁済を受領した時に，この800万円は，ａの借入金の弁済に充当すると指定した。」との充当指定の主張立証をすることができる（本条２項）。

Yによる800万円の弁済は，最初にｂの貸金の利息請求権に充当され，その余の金額はａの元金債権に充当されることとなる。

Ｘにとっては，利息請求権があるｂより，ａに充当された方が有利である。

⑷　再々抗弁

被告Ｙは，上記再抗弁に対し，Ｘが充当の指定に対して直ちに異議を述べた事実を主張立証することができる（本条２項ただし書）。この異議が主張立証されると，Ｙの800万円の弁済は，本条４項の法定充当となる。

⑸　まとめ

本事例で，法定充当によるとすると，新法489条及び同488条４項２号により，800万円は，最初にｂの貸金の利息請求権に充当され，その余の金額は，ｂの元金債権に充当されることになる。ａｂｃの貸金返還請求権は，いずれも弁済期が到来しているところ，ｂには利息契約があり，ｂの元金に充当された方が，債務者であるＹにとって無利息であるａに充当されるよりもよりも利益が多いからである。〔栗林〕

（元本，利息及び費用を支払うべき場合の充当）第489条

債務者が１個又は数個の債務について元本のほか利息及び費用を支払うべき場合（債務者が数個の債務を負担する場合にあっては，同一の債権者に対して同種の給付を目的とする数個の債務を負担するときに限る。）において，弁済をする者がその債務の全部を消滅させるのに足りない給付をしたときは，これを順次に費用，利息及び元本に充当しなければならない。

２　前条の規定は，前項の場合において，費用，利息又は元本のいずれかの全てを消滅させるのに足りない給付をしたときについて準用する。

本条は，現行法491条をほぼそのまま踏襲し条文番号が変わっただけである。本条１項には，「（債務者が数個の債務を負担する場合にあっては，同一の債権者に対して同種の給付を目的とする数個の債務を負担するときに限る。）」との文言が追加されているが，これは注意的に規定しただけである。

本条２項は，現行法491条２項と同旨の規定である。

なお，弁済をする者と弁済を受領する者との間に弁済充当の順序に関する合意があるときは，その合意が本条に優先することは当然である（新法490条）。

本条に関する要件事実について，特段述べることはない。〔栗林〕

（合意による弁済の充当）第490条

前２条の規定にかかわらず，弁済をする者と弁済を受領する者との間に弁済の充当の順序に関する合意があるときは，その順序に従い，その弁済を充当する。

第１　改正の概要

本条は，改正により新設された。現行法は，弁済の充当について，充当指定の規定（現行法488条）と法定充当の規定（現行法489条～491条）を置いているが，この規定は任意規定であり，弁済充当に関して当事者間に合意があるときはその合意に従うと解されている★1。

法制審議会では，実務においては合意による充当がされることが多く，弁済充当に関する規律をわかりやすく整理する観点から，当事者の合意が第１順位であることを条文上明確にした★2。

法制審議会における当初の改正案では「当事者間に弁済の充当の順序に関する合意があるときは，……」とされていたが，弁済の充当に関する合意は，債務者以外の弁済をすることができる第三者もすることができることから，「弁済をする者と弁済を受領する者との間に弁済の充当の順序に関する合意があるときは，……」とされた★3。

第２　要件事実

１　説　　明

債務者が同一の債権者に対して同種の給付を目的とする数個の債務を負担する場合において（新法488条），弁済として提供した給付がすべての債務を消滅させるのに足りないとき，弁済をする者は，その給付の時に弁済充当の指定をすることができる。これに対して，弁済を受領する者は，弁済者との間で，弁済充当の順序に関する合意があることを主張立証して，弁済者の充当指定を拒み，合意による充当を主張することができる。

【第490条注】

★１　我妻『債権総論』285頁・292頁，内田『民法Ⅲ』73頁各参照。

★２　「部会資料39」30頁，「中間試案の補足説明」286～287頁，「民法（債権関係）の改正に関する要綱案の原案（その１）補充説明」８～９頁各参照。

★３　「部会資料83－２」30頁参照。

債務者が債権者に対して，費用・利息・元本の債務を負担する場合において，弁済として提供した給付がすべての債務を消滅させるのに足りないとき，弁済をする者は，弁済を受領する者との合意によって，充当の順序が新法489条の順序ではないことを主張立証することができる。

2　具体例による検討

(1)　複数の売買代金請求権を有する債権者がその売買代金合計額を請求する事例

Ｘ（原告・売主）がＹ（被告・買主）に対し，材木の継続的売買契約に基づき，ａ売買契約に基づく代金4000万円，ｂ売買契約に基づく代金3000万円，ｃ売買契約に基づく代金1000万円の各売買代金債権を有しており，このａｂｃの各債権は，その順番に発生したとする。Ｘが，Ｙに対し，各売買契約に基づき，売買代金合計8000万円の支払を請求する場合，その請求原因事実は，「①Ｘは，Ｙに対し，○年○月○日，材木を4000万円で売った。」，「②Ｘは，Ｙに対し，△年△月△日，材木を3000万円で売った。」，「③Ｘは，Ｙに対し，□年□月□日，材木を1000万円で売った。」である。

Ｙは一部抗弁として，「Ｙは，Ｘに対し，☆年☆月☆日，本件ａｂｃ各売買契約の代金として，5000万円を支払った。」と主張立証することができる。

このＹの弁済は，法定充当されれば，ａｂｃの順序で各売買代金に充当されることになる（新法488条４項２号）。

Ｘは，再抗弁で，「Ｙが，抗弁で主張する5000万円を弁済した時，ＸとＹは，この弁済の充当について，ｃｂａの売買契約の順序で充当する合意をした。」との主張立証をすることができる。

法定充当であればＹに有利であり，当事者の合意による充当ならＸに有利である。

(2)　金銭消費貸借契約に基づく貸金返還請求で，元金及び利息を請求する事例

Ｘ（原告・貸主）がＹ（被告・借主）に対し，消費貸借契約に基づく貸金返還請求をする事案で，Ｘが請求原因で，「Ｘは，Ｙに対し，○年○月○日，金100万円を利息年８％，弁済期を△年△月△日として貸し付けた。」と主張したのに対し，Ｙは，「①Ｙは，Ｘに対し，本件貸金の弁済として，□年□月□日，80万円を弁済した。」，「②ＹはＸとの間で，①の支払時に，この支払を本件貸金の元金に充当すると合意した。」との事実を主張立証して，一部抗弁とすることができる。

〔栗林〕

（数個の給付をすべき場合の充当）第491条

> 1個の債務の弁済として数個の給付をすべき場合において，弁済をする者がその債務の全部を消滅させるのに足りない給付をしたときは，前３条の規定を準用する。

本条は，現行法490条を踏襲したものである。

弁済充当に関する規定が，現行法は488条及び489条だったものが，新法では488条から490条の３か条になったので，「前３条」の規定を準用すると修正された。

〔栗林〕

（弁済の提供の効果）第492条

> 債務者は，弁済の提供の時から，債務を履行しないことによって生ずべき責任を免れる。

第１　現行法と新法の異同

１　改正の概要

現行法492条は，債務者は，弁済の提供の時から，「債務の不履行によって生ずべき一切の責任を免れる。」と規定しているが，同条は弁済提供の効果に関する規定であるから履行不能の場合には関わらないはずであり，新法はその点から「債務を履行しないことによって生ずべき責任を免れる。」と改正した。

２　改正の主な問題点

⑴　現行法における問題点

現行法492条については，主として受領遅滞の効果（現行法413条）との関係が議論された。弁済の提供とこれに基づく受領遅滞の効果としては，次の①～⑤までの効果が生ずるという点は異論がないが，これらの効果を弁済の提供と受領遅滞のいずれの効果として整理するかが問題となる。

①　債務者の債務不履行責任の不発生

②　債権者の同時履行の抗弁権の消滅

③　特定物の引渡しの場合における注意義務の軽減

④　増加費用の債権者負担

⑤　目的物滅失等の場合における危険の移転

⑵　新法による対応

法制審議会では，弁済の提供の効果としては上記①と②を想定し，②については533条で規定されることから，492条は①のみを規定する趣旨とされた★1。また，前記のとおり，現行法492条の文言が履行不能による債務者の責任も同条の効果と位置づけられるかのように読めるので，新法は，「債務を履行しないことによって生ずべき責任を免れる。」と規定した★2。

⑶　解除との関係

本条の改正については，本条の２項として，契約解除の要件が充足されている場合に，弁済の提供がされたときは解除権を行使することができなくなるという一般的な理解を明文化することが検討されたが★3，最終的には見送られた★4。

⑷　493条（弁済の提供の方法）

現行法493条は改正されなかった。法制審議会では，口頭の提供すら不要とされる場合の明文化が議論された★5。すなわち，現行法493条は，弁済提供の方法として，現実の提供と口頭の提供を規定するが，判例は，債権者が契約そのものの存在を否定するなど，受領拒絶の意思を明確にしている場合には，債務者は口頭の提供すらしなくても債務不履行責任を負わないとしているところ，条文からはこれを読み取ることはできないので，これを明文化すべきであるかが議論された★6。

一方で，上記判例はいずれも賃貸借契約において賃料の受領拒絶があった場合の事例であり，継続的契約に特有の理由から口頭の提供が不要となることが正当化されているのだから，口頭の提供さえ不要とされる場合を一般化すべきでない

【第492条注】

★１　「部会資料39」33～35頁，「中間試案の補足説明」289～290頁各参照。

★２　「部会資料70Ａ」36～37頁参照。
　なお，「部会資料70Ａ」に至るまで，例えば平成25年７月４日付け「中間試案の補足説明」では，本条について，「債務者は，弁済の提供の時から，履行遅滞を理由とする損害賠償の責任その他の債務の不履行によって生ずべき一切の責任を免れるものとする。」といった改正案が示されていた（同資料289頁参照）。

★３　「中間的な論点整理の補足説明」148頁参照。上記「中間試案の補足説明」までは，本条の改正点として，２項を追加し「契約の解除をすることができる場合であっても，債務者が弁済の提供をしたときは，債権者は，契約の解除をすることができないものとする。」との案が提示されてきていた（同資料289頁参照）。

★４　潮見『改正法の概要』186頁参照。

★５　「部会資料10－２」21頁。

★６　最判昭32・６・５民集11巻６号915頁，最判昭45・８・20民集24巻９号1243頁。

とする見解もあった★7。

その結果，審議会の途中からはこの規定を設けない方向となり，493条は改正されなかった★8。

第２　要件事実

１　説　　明

弁済の提供が問題となるケースとしては，例えば，売買契約において，売主が買主に対して，売買代金及び遅延損害金を請求する場合，買主は，抗弁として，代金支払の提供を主張立証して，遅延損害金の発生を阻止することができる。また，原告が契約の解除を主張して損害賠償請求権を行使した場合，被告は，解除の意思表示より前に，債務の弁済提供をしたことを抗弁として主張立証することができる。

これらの場合，その弁済の提供の場所については新法484条が，弁済提供の方法については，493条が定めるところである。すなわち，弁済の提供は，484条が定める場所において，原則として「現実の提供」をしなければならず，例外的に「口頭の提供」で足りる場合がある★9。

２　具体例による検討

(1)　売買契約の売主による解除の事例

Ｘ（原告・売主）とＹ（被告・買主）との間で，Ｘが自宅で所持していたコンピュータを５万円で売買するとの契約が成立し，ＸがＹに対し，契約成立時に当該コンピュータを引き渡したが，Ｙが代金を支払わないため，Ｘが本件売買契約を解除して，当該コンピュータの返還を求めるというケースにおいて，Ｘは，請求原因として，「①Ｘは，Ｙに対し，○年○月○日，本件コンピュータを５万円で売った。」，「②Ｘは，Ｙに対し，同日，本件コンピュータを引き渡した。」，「③Ｘは，Ｙに対し，△年△月△日，本件売買代金の支払を催告した。」，「④③の催告から相当期間が経過した。」，「⑤Ｘは，Ｙに対し，□年□月□日，本件売買契約を解除するとの意思表示をした。」との事実を主張立証すべきである。

これに対し，Ｙは，弁済提供の抗弁として，「Ｙは，Ｘに対し，（請求原因⑤より以前である）☆年☆月☆日，本件売買代金５万円をＸの自宅に持参した。」との主

★７　「部会資料10－２」21頁，「部会資料39」36～37頁各参照。

★８　「部会資料39」36～37頁。

★９　我妻『債権総論』227頁以下参照。

張立証をすることができる。これは，Ｙは，Ｘによる本件売買契約解除の意思表示の時には，債務不履行の状態ではなかったとの主張である。

⑵　売買契約の買主による解除の事例

⑴の売買契約の事例で，ＹがＸに対し，契約成立時に代金５万円を支払ったが，Ｘが本件コンピュータを引き渡さないため，Ｙが本件売買契約を解除して，５万円の返還を請求をする場合，Ｙは，請求原因として，「①Ｘは，Ｙに対し，○年○月○日，本件コンピュータを５万円で売った。」，「②Ｙは，Ｘに対し，同日，代金５万円を支払った。」，「③Ｙは，Ｘに対し，△年△月△日，本件コンピュータの引き渡しを催告した。」，「④③の催告から相当期間が経過した。」，「⑤Ｙは，Ｘに対し，□年□月□日，本件売買契約を解除するとの意思表示をした。」との事実を主張立証すべきである。

これに対し，Ｘは，引渡しの提供の抗弁として「Ｘは，Ｙに対し，(請求原因⑤より以前である）☆年☆月☆日，本件コンピュータを自宅においていつでも引き渡す準備を完了しているので，取りに来るように催告した。」との事実を主張立証することができる。売買契約の目的物は特定物であるから，484条及び493条により，上記のような主張立証となる。　〔栗林〕

第２目　弁済の目的物の供託

（供託）第494条

弁済者は，次に掲げる場合には，債権者のために弁済の目的物を供託することができる。この場合においては，弁済者が供託をした時に，その債権は，消滅する。
一　弁済の提供をした場合において，債権者がその受領を拒んだとき。
二　債権者が弁済を受領することができないとき。
2　弁済者が債権者を確知することができないときも，前項と同様とする。ただし，弁済者に過失があるときは，この限りでない。

第１　現行法と新法の異同

１　改正の概要

現行法の弁済供託に関する要件・効果には，条文上必ずしも明確でない点が指摘されていたため★1，新法では，要件・効果を明確化した。具体的には，受領拒絶を原因とする供託では，「弁済の提供」を要件としたり，供託の効果としての「債権の消滅」を明確に条文化したりした。

2　改正の主な問題点

⑴　弁済の提供の要否

ⓐ　現行法では，債権者の受領拒絶による弁済供託の場合，債務者が弁済の提供をして，債権者を受領遅滞にしなければならないかについては条文上必ずしも明確でなかった。判例は，弁済の提供をして債権者を受領遅滞にすることが必要と判示して提供必要説をとっているが★2，学説の中には，提供不用説★3もあり，議論は分かれている。判例を支持する学説は，弁済供託が債権者による受領という過程を経ないで債権を消滅させる効果をもち，供託物の還付請求の手続を要する等の本来の弁済よりも債権者に不利益があり得ることから，弁済の提供を要するとし★4，近時の有力説となっている★5。

ⓑ　「中間試案」では，弁済提供必要説が採用され，「弁済の提供をした場合において，債権者がその受領を拒んだとき」とされて★6，「弁済の提供」が要件となり，そのまま新法となったが，口頭の提供をしても債権者が受け取らないことが明らかな場合に，弁済の提供をすることなく供託することができるとする現在の判例★7及び供託実務は，従前どおり引き続き維持される★8。

⑵　債権の消滅時期

現行法には，弁済供託の効果として，債権が消滅することが明文化されていないが，供託に関する基本的なルールの明確化のため，新法においては，「弁済者が供託をした時に，その債権は，消滅する。」と明文化された。

これによって，供託の時から取戻権の消滅までの間の法律関係については，供託物の取戻しを解除条件として供託時に債権が消滅するという有力な考え方★9が採用されることとなった。

【第494条注】

★１　「部会資料10－２」21頁。

★２　大判明40・５・20民録13輯576頁，大判大10・４・30民録27輯832頁。

★３　我妻『債権総論』308頁，奥田『債権総論』563頁など。

★４　星野英一『民法概論Ⅲ（債権総論）〔補訂版〕』（良書普及会，1981）276頁，平井『債権総論』215頁など。

★５　中田『債権総論』379頁。

★６　「中間試案の補足説明」291頁。

★７　大判大11・10・25民集１巻616頁。

★８　「中間試案の補足説明」292頁。

★９　我妻『債権総論』312頁，奥田『債権総論』566頁，中田『債権総論』381頁

⑶　債権者不確知の場合の過失

上記について，現行法は，「弁済者が過失なく債権者を確知することができないとき」と規定して，弁済者の無過失を要件としているが，この弁済者の無過失の主張立証責任の所在については，条文の構造からは弁済者が負うようにも解されるが，必ずしも確立した見解ではないため検討の対象とされた★10。

債権者不確知の原因の多くは，債権者側の事情と考えられ，弁済者に債権者側の事情を適切に判断させることは問題ではないかとのことで★11，「弁済者の無過失の主張・立証責任について，弁済供託の有効性を争う者が負う」との問題提起がなされ★12，中間試案において，「履行をすることができる者に過失があるときは，この限りでない」と提案され★13，最終的には，本条２項のような新法となり，弁済者の過失の主張立証責任については，供託の有効性を争う債権者が負うことが明文化された★14。

なお，新法466条の２に規定された供託は，譲渡制限付債権譲渡が有効とされたため，従前認められていた債権者不確知の供託が認められなくなるおそれがあることに対する手当として規定されたものである★15。

第２　要件事実

１　受領拒絶（１号）

受領拒絶を供託原因とする場合は，「弁済の提供」が要件とされたので，弁済者は，要件事実として，①弁済者が債権者に対して弁済の目的物を弁済のために提供したこと，②債権者が弁済の目的物の受領を拒絶したこと，③弁済者が弁済の目的物を弁済のために供託したことを主張立証することになる。

２　受領不能（２号）

受領不能については，改正審議の中で問題とされることはなかったので従前の議論ないし解釈がそのまま維持されている。

３　債権者不確知（２項）

★10　「部会資料39」37頁，潮見佳男『債権総論〔第４版〕』(信山社，2012) 307頁は，「供託の無効を主張する側が，債権者不確知につき供託者に過失があったことについて，主張・立証責任を負う。」とする。
★11　「部会資料33－３」300～301頁，「部会資料55」40頁。
★12　「部会資料39」37頁。
★13　「中間試案の補足説明」291頁。
★14　潮見『新債権総論Ⅱ』74頁。
★15　「部会第89回議事録」９頁〔松尾関係官〕，「部会資料74Ａ」７頁。

債権者不確知の場合，供託の効力を争う債権者が弁済者の過失について主張立証責任を負う。

したがって，弁済者は，①弁済者が債権者を確知することができないこと，②弁済者が弁済の目的物を弁済のために供託したことを主張立証すればよいことになった。これに対し，供託の効力を争う債権者において，上記①について弁済者に過失があることの評価根拠事実を主張立証しなければならない。これに対し，弁済者は過失があることの評価障害事実を主張立証することができる。〔若柳〕

（供託の方法）第495条

第1　改正されなかった経緯

供託の方法については，供託法及び供託規則に則ってなされることになるが，金銭及び有価証券の供託については，供託法１条に規定されていることで特に問題はない。

金銭又は有価証券以外の物品を目的物とする供託については，「被供託者が所在不明又は供託物の受取りを拒否した場合や，受け取るべき者が確定しない場合には，倉庫営業者等は，保管料の収受が見込めない」こと，「倉庫営業者等は，その営業の部類に属しないことや，保管することができる数量を超えていることを理由として，物品供託の受入れを拒否することにより，物品供託がされることはほとんどない」こと，「債務者が物品供託をしようとしても，債務の履行地にはその物品を保管する倉庫営業者等が存在しないという事態が生じている」こと等が指摘されたので，上記のような場合は，新法497条４号の「その物を供託することが困難な事情のあるとき」に該当することとされた★1。

したがって，供託の方法については，特段の問題は生じていないので，改正の対象とならなかった。

第2　要件事実

弁済供託の主張立証をするときは，供託場所等について，本条，供託法等に規定されている要件を具体的に主張立証しなければならない。〔若柳〕

【第495条注】
★1　「中間試案の補足説明」293頁，「部会資料70Ａ」40～41頁。

（供託物の取戻し）第496条

第１　改正されなかった経緯

本条は，改正の対象とならなかったので，従前の解釈・議論がそのまま維持される。

弁済者が供託物を取り戻したときは，「供託をしなかったものとみなす」とされているが，新法494条１項柱書において，「弁済者が供託をした時に，その債権は，消滅する。」と規定されたので，弁済者が供託物を取り戻したときは，債権の消滅が解除条件成就によって，その効力が消滅したこととなる★1。

第２　要件事実

供託者が供託物を取り戻そうとして，供託所に拒否された場合，国（供託所）相手に供託物取戻請求を提起することになるが，債権者が供託を受諾したこと★2，供託を有効と宣告する判決が確定したこと，供託によって質権又は抵当権が消滅したこと，供託者が供託所又は債権者に対して取戻権を放棄する旨の意思表示をしたこと，時効により消滅したこと★3 等は，供託物取戻請求権に対する抗弁になると解されている★4。

〔若柳〕

（供託に適しない物等）第497条

弁済者は，次に掲げる場合には，裁判所の許可を得て，弁済の目的物を競売に付し，その代金を供託することができる。
一　その物が供託に適しないとき。
二　その物について滅失，損傷その他の事由による価格の低落のおそれがある

【第496条注】
★１　「部会資料10―２」21〜22頁，「部会資料39」37〜39頁。
★２　債権者による供託受諾については，債務者に対する意思表示によってもできると解されているが（我妻『債権総論』314頁），供託所にはその事実がわからないとして反対する説もある（川井健『民法概論３債権総論〔第２版補訂版〕』（有斐閣，2009）342頁，中田『債権総論』383頁）。
★３　最判昭45・７・15民集24巻７号771頁，最判平13・11・27民集55巻６号1334頁。
★４　我妻『債権総論』314頁，中田『債権総論』383頁。なお，請求原因としては，原告が被告（供託所）に供託したこと，原告が被告（供託所）に取戻請求をしたこと，である。大江『要件事実民法⑷』512頁参照。

とき。
三　その物の保存について過分の費用を要するとき。
四　前３号に掲げる場合のほか，その物を供託することが困難な事情があるとき。

第１　現行法と新法の異同

１　改正の概要

物理的な価値の低下以外の価格の低下の場合や物品供託の適当な保管者の選任が困難な場合等についても自助売却による供託を広く認めることが望ましいことから，自助売却の要件が拡張された。

２　改正の主な問題点

⑴　価格の低落

現行法497条の「滅失若しくは損傷のおそれがあるとき」について，市場での価格の変動が激しく，放置しておけば価値が暴落するようなものについても，自助売却を認める必要があるとの指摘がなされたので★1，商法524条２項を参考にして，「中間的な論点整理」において，「『滅失若しくは損傷のおそれがあるとき』という要件を見直すべき」との提案がなされ★2，「中間試案」において，「その物について滅失，損傷その他の事由による価格の低落のおそれがあるとき」も自助売却の一事由として提案されて★3，新法となった。

⑵　困難な事情

「債務の履行地に供託法所定の供託所が存在せず，かつ，民法第495条第２項の規定による供託所の指定又は供託物保管者の選任を得る見込みがないために，事実上，物品供託を利用することができない場合」は，「供託に適しないとき」に該当すると解されているが，「供託所の指定又は供託物保管者の選任を得る見込み」の有無が明らかになるまでに相当の時間がかかれば，「その間は遅延損害金等が発生することにな」る等の指摘がなされ★4，「中間試案」において，「その物を供託することが困難であるときは，履行をすることができる者は，裁判所の許可を得て，これを競売に付し，その代金を供託することができるものとす

【第497条注】
★１　「部会資料10－２」23～26頁。
★２　「中間的な論点整理の補足説明」150頁。
★３　「中間試案の補足説明」291頁，「部会資料70Ａ」38頁。
★４　「部会資料10－２」23～25頁。

る。」とされて★5，新法において，「前三号に掲げる場合のほか，その物を供託することが困難な事情があるとき」が自助売却の一事由とされた。

第２　要件事実

売買契約等によって，目的物の引渡請求権を有する者が相手方に対して権利行使をした場合に，相手方としては，自助売却による供託の要件事実を主張立証して，目的物引渡請求債務を免れることができる。例えば，爆発物（供託に適さない），生鮮食料品（価格の下落），大型動物（過分な保存費用），保管者選任困難（その他の困難な事情）などが自助売却の例として考えられる。〔若柳〕

（供託物の還付請求等）第498条

弁済の目的物又は前条の代金が供託された場合には，債権者は，供託物の還付を請求することができる。
２　債務者が債権者の給付に対して弁済をすべき場合には，債権者は，その給付をしなければ，供託物を受け取ることができない。

第１　現行法と新法の異同

１　改正の概要

現行法498条は，そのまま新法498条２項となり，新たに基本的なルールの明確化の一環として，本条１項に，弁済供託の基本的な効果として，債権者が供託物の還付請求権を取得できることが明記された。

２　改正の主な問題点

⑴　債権者の供託物還付請求権

上記については，供託の基本的な法律関係であるにもかかわらず条文上明確でなかったため，「中間試案」等において取り上げられ★1，新法として，「弁済の目的物又は前条の代金が供託された場合には，債権者は，供託物の還付を請求することができる」として明文化された。

⑵　第２項

★５　「中間試案の補足説明」293頁，「部会資料70Ａ」41頁。
【第498条注】
★１　「部会資料10－２」21～23頁，「部会資料39」37～39頁，「中間試案の補足説明」291～294頁，「部会資料70Ａ」38～42頁。

本条２項は，現行法498条と同じ内容であるから，従前の解釈・運用がそのままあてはまる（供託10条）。

第２　要件事実

本条１項については，債権者が供託物の還付請求権を取得するという基本的ルールを明文化したにすぎないので，要件事実的な問題は生じないが，債権の二重譲渡における債権者不確知の供託金還付請求の場合は，被供託者の一人が他の被供託者を相手に供託金還付請求権確認訴訟を提起することになる。その場合の請求原因は，①譲受債権の発生原因事実，②譲受債権の取得原因事実，③譲受債権の債務者による債権不確知の供託の事実，④被告が還付請求権の帰属を争っていること（訴訟要件としての確認の利益）である。抗弁としては，譲受債権の取得原因事実と第三者対抗要件具備が，再抗弁としては原告の第三者対抗要件具備が被告の第三者対抗要件具備に先立つことが考えられる★2。〔若柳〕

第３目　弁済による代位

（弁済による代位の要件）第499条

債務者のために弁済をした者は，債権者に代位する。

第１　現行法と新法の異同

１　改正の概要

現行法は，任意代位と法定代位を別々の条文で規律していたが，現行法499条１項の「債権者の承諾を得て」について，利害関係のない第三者が債務者の意思に反することなく弁済した場合に，債権者がその弁済を受領したうえで代位のみを拒否できるのは不当であるとして，新法では，債権者の承諾を得ることを不要とした結果，現行法500条（法定代位）は不要となり，現行法499条２項を新法500条とした。

２　改正の主な問題点

★２　伊藤総括編『民事要件事実講座⑶』199頁〔北秀昭〕。なお，筆者としては，債権者不確知による供託では，被供託者同士が既に対抗関係に立っていることが前提となっているのであるから，請求原因としては，第三者対抗要件具備の主張までは必要ないが，少なくとも第三者対抗要件の権利主張は必要なのではないかとの疑問を抱いている。

任意代位制度の見直しについては，「第三者による弁済を制限している同法第474条第２項との整合性を欠くという問題が指摘されているほか，債権者の承諾が要件とされている結果，債権者が任意代位を承諾しない場合には，債権者は弁済を受領しつつ弁済者には代位が認められなくなるという問題」があるとして，「①任意代位の制度を廃止すべきであるという考え方や，②任意代位の制度を存置しつつ，その要件から，弁済と同時に債権者の承諾を得ることを不要とするという考え方」が提起され★1，検討の結果，任意代位の制度自体は残して，「債権者の承諾を得て」を削除することとして★2，新法499条となった。

第２　要件事実

任意代位による権利の行使について，現行法では，権利を代位行使しようとする者は，「弁済と同時に債権者の承諾を得」たことについて主張立証する責任を負っていたが，新法ではその必要がなくなった。

したがって，権利を代位行使しようとする者は，任意代位・法定代位の区別なく，①債権者の債務者に対する債権発生原因事実と②権利を代位行使しようとする者が債権者に対し当該債務を弁済した事実を主張立証すればよい★3。ただし，任意代位の場合は，新法500条により同467条の準用があるが，法定代位の場合は，その準用がないことに留意すべきである★4。

抗弁としては，新法467条の対抗要件の主張が抗弁となり，再抗弁としては，任意代位の場合は対抗要件具備の主張が，法定代位の場合は弁済をするについて正当な利益をするものであることの主張が，各再抗弁となる。〔若柳〕

第500条

第467条の規定は，前条の場合（弁済をするについて正当な利益を有する者が債権者に代位する場合を除く。）について準用する。

【第499条注】

★１　「部会資料10－２」26頁，「中間的な論点整理の補足説明」150～151頁，「中間試案の補足説明」294～295頁。

★２　「部会資料70Ａ」42～43頁。

★３　第３の要件として，「求償権の存在」を挙げる説もあるが（潮見『新債権総論Ⅱ』129頁），不要説（平井『債権総論』205頁）でよいと思う。

★４　潮見『改正法の概要』189頁，山野目『新しい債権法』144頁，潮見『新債権総論Ⅱ』133頁。

第１　現行法と新法の異同

１　改正の概要

新法においては，代位の要件について任意代位と法定代位を区別しないこととしたため，現行法500条は不要となったので，現行法499条２項を新法500条としたものである。

２　改正の主な問題点

(1)　括弧書について

正当な利益を有する者（現行法における法定代位権者）の弁済の場合は，現行法と同様に，新法467条の規定を準用する必要がないので，任意代位と法定代位の差異を明確にするために新法500条の括弧書が設けられたものである。したがって，任意代位と法定代位の差異は，任意代位の場合は民法467条の対抗要件の具備が必要となるが，法定代位の場合は従前どおり同条の対抗要件の具備が不要である点である★1。

第２　要件事実

法定代位の場合は，新法467条の対抗要件は不要であるが，任意代位の場合は，同条の対抗要件が必要なため，代位者から請求を受けた債務者は，対抗要件の抗弁（権利抗弁）を主張することができ，対抗要件の具備が再抗弁となる。

〔若柳〕

（弁済による代位の効果）第501条

前２条の規定により債権者に代位した者は，債権の効力及び担保としてその債権者が有していた一切の権利を行使することができる。

２　前項の規定による権利の行使は，債権者に代位した者が自己の権利に基づいて債務者に対して求償をすることができる範囲内（保証人の１人が他の保証人に対して債権者に代位する場合には，自己の権利に基づいて当該他の保証人に対して求償をすることができる範囲内）に限り，することができる。

３　第１項の場合には，前項の規定によるほか，次に掲げるところによる。

一　第三取得者（債務者から担保の目的となっている財産を譲り受けた者を

【第500条注】

★１　潮見『改正法の概要』189頁，山野目『新しい債権法』144頁，潮見『新債権総論Ⅱ』133頁。

いう。以下この項において同じ。）は，保証人及び物上保証人に対して債権者に代位しない。
二　第三取得者の１人は，各財産の価格に応じて，他の第三取得者に対して債権者に代位する。
三　前号の規定は，物上保証人の１人が他の物上保証人に対して債権者に代位する場合について準用する。
四　保証人と物上保証人との間においては，その数に応じて，債権者に代位する。ただし，物上保証人が数人あるときは，保証人の負担部分を除いた残額について，各財産の価格に応じて，債権者に代位する。
五　第三取得者から担保の目的となっている財産を譲り受けた者は，第三取得者とみなして第１号及び第２号の規定を適用し，物上保証人から担保の目的となっている財産を譲り受けた者は，物上保証人とみなして第１号，第３号及び前号の規定を適用する。

第１　現行法と新法の異同

１　改正の概要

保証人の第三取得者に対する付記登記については不要とし，第三取得者による代位については，保証人ばかりでなく物上保証人に対しても代位できないこととするとともに，第三取得者及び物上保証人とみなされる範囲を明確にした。ただし，保証人と物上保証人を兼ねる者（二重資格者）についての取扱いについては規律を設けず，引き続き解釈に委ねられた。

２　改正の主な問題点

法定代位者相互間の関係について，これまで判例・学説によって補ってきた点を明確化すべきであるとして★1，⑴保証人と第三取得者との関係の明確化，⑵保証人が複数いる場合における保証人相互間の関係，⑶物上保証人と債務者から担保目的物を譲り受けた第三者（第三取得者）との関係，⑷保証人兼物上保証人の取扱い，⑸代位割合変更の合意の効力，⑹物上保証人と後順位抵当権者との関係等の論点について検討がなされた。

⑴　保証人と第三取得者との関係の明確化

「付記登記が必要とされる趣旨は，弁済により抵当権等が消滅したと信頼した第三取得者を保護することにある」とされているが★2，付記登記の規律は，「そ

【第501条注】
★１　「部会資料10―２」30～34頁。

もそも付記登記がない場合に債権が消滅したという第三取得者の信頼が生ずると言えるか疑問である上，抵当権付の債権が譲渡された場合に，付記登記が担保権取得の第三者対抗要件とされていないこととのバランスを失している」として，付記登記の規定を削除することが提案されて★3，現行法501条１号は削除された。

⑵　保証人が複数いる場合における保証人相互間の関係

(a)　保証人が複数いる場合における共同保証人間の求償権については，「民法第465条に規定があるが，代位については特に規定が置かれていない。」として，その点についての明文化が検討されて★4，具体的な提案がなされ★5，「中間試案」では，「保証人の一人は，その数に応じて，他の保証人に対して債権者に代位するものとする。」とされたが★6，その後保証債務の額が問題とされるようになった★7。

(b)　しかし，「現在の同法第501条各号に定められている場合が，求償権が発生しない法定代位権者相互間の代位割合等を定めるものであるという理解を前提とすると，共同保証人間の代位割合をここに規定するのは適当でない」，「同法第501条柱書における『自己の権利に基づいて求償することができる範囲内において』とは，債務者に対して求償することができる範囲を意味しており，法定代位権者相互間での求償権の範囲を意味していない」，「共同保証人間の代位割合について，保証人の数に応じて決せられる旨の規定を設けることについては，負担部分に応じて求償することができると定める同法第465条と齟齬が生ずるとの指摘もある」として★8，「保証人間の代位が，保証人間の求償権の範囲内に限定されるというルールだけを」規律すべきであるとし★9，代位の範囲を求償権の範囲に限定するため，本条２項の括弧書として，共同保証人間の求償の範囲と代位の範囲とを整合させた。

⑶　物上保証人と第三取得者との関係

上記については，現行法の解釈上，保証人と第三取得者の関係と同様に考える

★２　「部会資料10－２」31頁，中田『債権総論』367頁。
★３　「部会資料55」41頁，「中間試案の補足説明」297頁。
★４　「部会資料10－２」31頁。
★５　「部会資料39」48頁。
★６　「中間試案の補足説明」296頁。
★７　「部会資料62」10頁以下。
★８　「部会資料70Ｂ」14～15頁。
★９　「部会資料80－３」27頁。

べきであるとして，物上保証人は第三取得者に対して全額代位することが認められ，第三取得者は物上保証人に対して代位することは認めらないとされているので★10，「中間試案」において，物上保証人は第三取得者に対して代位できる旨及び第三取得者は物上保証人に対して代位できない旨の明文化が提案されたが，前者については，本条１項より明らかであるとして明文化されなかったが，後者は，本条３項１号となった★11。

⑷　保証人兼物上保証人の取扱い

判例は，「二重の資格をもつ者も一人と扱い，全員の頭数に応じた平等の割合であると解する。」と判示しているので★12，明文化してはどうかとの問題意識により★13，「中間試案」において，「民法第501条第５号の規律に付け加え，保証人と物上保証人とを兼ねる者がある場合には，同号により代位の割合を定めるに当たっては，その者を一人の保証人として計算するものとする。」との提案がなされたが★14，保証人又は物上保証人の具体的な負担を代位割合に反映されるべきであるとして，「保証人と物上保証人とを兼ねる者がある場合には，その者については，保証債務の額と財産の価格（財産の価格よりも被担保債権の額が低い場合にあっては，被担保債権の額）のいずれか高い方の額を基準とするものとする。」とのさらなる提案がなされた★15。しかし，反対意見が複数あったため，この点については規律を定めないこととなった★16。

⑸　代位割合変更の合意の効力

法定代位者間で民法第501条各号所定の代位割合を変更する旨の特定が結ばれることがあるが，この点について，判例は，代位割合変更の特約を後順位抵当権者に対して対抗できるとしていることから★17，条文化すべきかどうかが検討され★18，具体的な提案もなされたが★19，結局条文化は見送られた★20。

⑹　物上保証人と後順位抵当権者との関係

★10　「部会資料10－２」32頁，奥田『債権総論』549頁，中田『債権総論』368頁。
★11　「中間試案の補足説明」295頁，「部会資料80－３」26～27頁。
★12　最判昭61・11・27民集40巻７号1205頁。
★13　「部会資料10－２」32頁。
★14　「中間試案の補足説明」296頁。
★15　「部会資料62」10頁，13頁。
★16　「部会資料83－２」31頁。
★17　最判昭59・５・29民集38巻７号885頁。
★18　「部会資料10－２」33～34頁。
★19　「部会資料39」48頁。
★20　「部会資料55」40～41頁では，検討の対象に含まれていない。

「物上保証人所有の甲不動産と債務者所有の乙不動産に共同抵当が設定されており，甲不動産には後順位抵当権が設定されている場合」の物上保証人と後順位抵当権者との関係について，判例は，後順位抵当権者が優先して弁済を受けることができると判示しているため★21，この判例法理を条文上明記すべきかどうかが検討され★22，具体的な提案がなされたが★23，結局，論点として取り上げないこととされたので★24，実務は上記判例に基づいて処理されることになる。

(7) 第三取得者又は物上保証人から目的物を譲り受けた者の取扱い

「解釈上，物上保証人と同様に扱うべきである」との問題意識により，明文化が提案され★25，「物上保証人から担保目的物を譲り受けた者は，物上保証人とみなす旨の規定を設けるものとする。」との提案がなされた★26。さらに，第三取得者から担保の目的となっている財産を譲り受けた者も第三取得者とみなす旨の規定も追加されて★27，本条３項５号となった。

第２　要件事実

弁済による代位についての要件事実は，特段問題となることはないが，代位のできる場合を整理すると以下のようになる★28。

１　保証人が代位弁済した場合

ア　債務者　　全額代位（新法499条）

イ　他の保証人　他の保証人に対する求償権の範囲の金額代位（新法501条２項）

ウ　物上保証人（物上保証人からの取得者を含む（以下同じ））　保証人と物上保証人の頭数に応じた金額代位（新法501条３項４号）（判例★29）

エ　第三取得者（第三取得者からの取得者を含む（以下同じ））　全額代位（新法501条１項）

２　物上保証人が代位弁済した場合

★21　最判昭53・７・４民集32巻５号785頁。
★22　「部会資料10－２」33～34頁。
★23　「部会資料39」48頁。
★24　「部会資料55」45頁。
★25　「部会資料10－２」30～33頁。
★26　「部会資料39」48頁。
★27　「部会資料84－３」10頁。
★28　潮見『改正法の概要』193頁，大江『要件事実民法(4)』535頁，潮見『新債権総論Ⅱ』151頁。
★29　前掲注（★12）最判昭61・11・27。

ア　債務者　全額代位（新法499条）

イ　保証人　保証人と物上保証人の頭数に応じた金額代位（新法501条３項４号）（判例★30）

ウ　物上保証人　各財産の価格に応じた金額代位（新法501条３項３号）

エ　第三取得者　全額代位（新法501条１項）

3　第三取得者が代位弁済した場合

ア　債務者　全額代位（新法499条）

イ　保証人　代位不可（新法501条３項１号）

ウ　物上保証人　代位不可（新法501条３項１号）

エ　他の第三取得者　各財産の価格に応じた金額代位（新法501条３項２号）

〔若柳〕

（一部弁済による代位）第502条

債権の一部について代位弁済があったときは，代位者は，債権者の同意を得て，その弁済をした価額に応じて，債権者とともにその権利を行使することができる。

2　前項の場合であっても，債権者は，単独でその権利を行使することができる。

3　前２項の場合に債権者が行使する権利は，その債権の担保の目的となっている財産の売却代金その他の当該権利の行使によって得られる金銭について，代位者が行使する権利に優先する。

4　第１項の場合において，債務の不履行による契約の解除は，債権者のみがすることができる。この場合においては，代位者に対し，その弁済をした価額及びその利息を償還しなければならない。

第１　現行法と新案の異同

1　改正の概要

一部弁済による代位の要件・効果については，代位者が単独で抵当権を実行することができるとした判例★1を改めて，代位者は，債権者の同意を得なければならないとするとともに，抵当権が実行された場合の配当について債権者が優先

★30　前掲注（★12）最判昭61・11・27。

【第502条注】

★1　大決昭６・４・７民集10巻９号535頁。

するとした判例★2の趣旨を明文化し，一部弁済による代位の場合でも，債権者は単独で権利行使ができることとした。

2　改正の主な問題点

⑴　一部代位権者単独による担保権の実行の可否

判例は，代位者が単独で担保権を実行することを認めているが★3，「学説からは，代位者の単独での担保権の実行を認めると，債権者が換価時期を選択する利益を奪われることになり」，「債権者に不利益を与えることになる」等として強い批判があるので★4，「代位者は，債権者の同意を得て，原債権の権利等を行使できるものとする。」との提案がなされ★5，「中間試案」において，「債権の一部について第三者が履行し，これによって債権者に代位するときは，代位者は，債権者の同意を得て，その弁済した価額に応じて，債権者とともにその権利を行使することができる」と提案されて★6，若干修正のうえ★7，本条１項となった。

⑵　債権者の単独での権利行使

現行法では，一部弁済による代位の場合に，「債権者がなお単独で担保権等の権利を行使することができるか」は明らかではないとして，「債権者が単独で権利を行使できるという規定を置くべきである」との問題提起により★8，「債権者は，単独で原債権の権利等を行使することができる」との提案がなされ★9，「中間試案」において，若干修正されて★10，本条２項となった。

⑶　担保権が実行された場合の配当における債権者の優先

判例は，「弁済による代位は求償権を確保するための制度であり，そのために債権者が不利益を被ることを予定するものではなく」，「配当について債権者の利益を害する理由がない」として債権者を優先させ★11，学説も債権者優先説が多数なので★12，「中間試案」において，「〔原債権の権利等〕の行使によって得られる担保目的物の売却代金その他の金銭については，債権者が代位者に優先する」と

★２　最判昭60・５・23民集39巻４号940頁，最判昭62・４・23金法1169号29頁。
★３　前掲注（★１）大決昭６・４・７。
★４　「部会資料10－２」34頁，我妻『債権総論』255頁，中田『債権総論』369頁。
★５　「部会資料39」54頁。
★６　「中間試案の補足説明」299頁。
★７　「部会資料70Ａ」43頁。
★８　「部会資料10－２」35頁，我妻『債権総論』255頁，中田『債権総論』370頁。
★９　「部会資料39」54頁。
★10　「中間試案の補足説明」299頁。
★11　前掲注（★２）最判昭60・５・23，最判昭62・４・23。
★12　我妻『債権総論』255頁，中田『債権総論』370頁。

の提案がなされ★13，若干修正の上★14，本条３項となった。

⑷　連帯債務の一部又は保証債務の一部を履行した場合における債権者の原債権と連帯債務者又は保証人の求償権との関係

「連帯債務の一部を履行した連帯債務者が取得する求償権について，債権者が原債権の全額の弁済を受けるまで，当該連帯債務者は求償権を行使することができないことや，保証人が取得する求償権について，債権者が原債権の全額の弁済を受けるまで，保証人は求償権を行使することができないことについて規定を設けるべきであるという意見が主張された」が，「連帯債務者等の固有の権利である求償権の行使が制約されること」については，「疑問を呈する意見があった。」として，論点として取り上げないこととされた★15。

⑸　現行法502条２項

現行法502条２項については，改正の必要性はないとして，議論の対象とはならず，そのまま新法502条４項となった。

第２　要件事実

要件事実的な問題はほとんどなく，一部代位の代位者が権利を行使するときは，債権者の同意を得なければならず，かつ，債権者とともに権利を行使しなければならないことに留意すればよい。

〔若柳〕

（債権者による債権証書の交付等）第503条

第１　改正されなかった経緯

債権者が負う義務は，現行法503条に規定されていることに限られるものではなく，「担保権が設定されている財産が不動産である場合には，債権者は，代位者に対して，代位の付記登記に協力すべき義務を負う」と解されているとして，解釈上認められている債権者の義務について明文の規定を置くべきとの問題提起がなされ★１，「債権者は，弁済による代位があった場合において，原債権に不動

★13　「中間試案の補足説明」299頁。
★14　「部会資料84－１」42頁。
★15　「部会資料39」59頁。
【第503条注】
★１　「部会資料10－２」36～37頁，大判昭２・10・10民集６巻11号554頁，我妻『債権総論』

産の先取特権，不動産質権又は抵当権があるときは，代位の付記登記の手続に協力する義務を負う」との規定を設けることについて検討されたが★2，論点としては取り上げられないこととされた★3。

第２　要件事実

要件事実的に問題となることはない。代位者が債権者に対して，債権証書や担保物の交付を請求するときは，①代位弁済をした事実，②債権者が債権証書を所持している事実，③担保設定契約とそれに基づく担保物を保持（占有）している事実（不動産の場合は，担保権の設定登記がなされている事実）の各事実を主張立証すればよい。

〔若柳〕

（債権者による担保の喪失等）第504条

弁済をするについて正当な利益を有する者（以下この項において「代位権者」という。）がある場合において，債権者が故意又は過失によってその担保を喪失し，又は減少させたときは，その代位権者は，代位をするに当たって担保の喪失又は減少によって償還を受けることができなくなる限度において，その責任を免れる。その代位権者が物上保証人である場合において，その代位権者から担保の目的となっている財産を譲り受けた第三者及びその特定承継人についても，同様とする。

2　前項の規定は，債権者が担保を喪失し，又は減少させたことについて取引上の社会通念に照らして合理的な理由があると認められるときは，適用しない。

第１　現行法と新法の異同

１　改正の概要

本条１項前段は，現行法504条１項と基本的には同内容の規定であり，同項後段は，債務者から担保不動産を譲り受けた第三取得者について，債権者が故意又は懈怠により担保を喪失又は減少させたため責任が減免されるときには，第三取得者の責任も減免されるとした判例★1の趣旨を踏まえて，代位した物上保証人

263頁。
★２　「部会資料39」59～60頁。
★３　「部会資料55」45頁。

から担保目的物を譲り受けた者（その特定承継人を含む）にも減免の効力が及ぶことを明文化した規定である。

本条２項は，担保保存義務免除特約（以下「免除特約」という）の有効性を認めた判例★2の趣旨を踏まえて，担保の喪失又は減少が取引上の社会通念に照らして合理的な理由があると認められるときは免責の効力が生じないものとした。

2　改正の主な問題点

⑴　債権者の義務の明確化

担保保存義務について，「明文の規定を置くべきである」との問題意識の下★3，「中間的な論点整理」において，「弁済による代位に関連する債権者の義務」が検討され★4，「債権者は，民法第500条の規定により代位をすることができる者のために，担保を喪失又は減少させない義務を負うものとする」との提案がなされたが★5，担保保存義務については強制執行をすることができないと考えられるところ，「義務を負う」という表現からこの規律内容の実質を読み取ることは困難であるとして，現行法の表現が基本的に維持された★6。

⑵　免責の効力が及ぶ行為の範囲の明確化

判例★7が免除特約の有効性を認めてきたことを踏まえて，担保の喪失・減少について合理的な理由がある場合には，債権者は担保保存義務違反を問われないとする方向で見直すべきであるとして★8，「中間的な論点整理」において，その場合，「法定代位をする者の代位の期待の正当性（特に保証人の保護の要請）にも留意しつつ」検討してはどうかとの提案がなされた★9。

「中間試案」において，「ただし，その担保の喪失又は減少が代位することができる者の正当な代位の期待に反しないときは，この限りでない」と提案されたが★10，「どのような場合にただし書に該当するのかを読み取ることが困難であ

【第504条注】
★１　最判平３・９・３民集45巻７号1121頁。
★２　最判昭48・３・１裁判集民108号275頁・金法679号34頁，最判平７・６・23民集49巻６号1737頁。
★３　「部会資料10－２」36頁。
★４　「中間的な論点整理の補足説明」155頁。
★５　「部会資料55」43頁，「中間試案の補足説明」301頁。
★６　「部会資料84－３」10～11頁。
★７　前掲注（★２）最判昭48・３・１，最判平７・６・23。
★８　「部会資料10－２」37頁。
★９　「中間的な論点整理の補足説明」155頁。
★10　「中間試案の補足説明」301頁。

る」として，判例★11を踏まえて，「取引上の社会通念に照らして合理的な理由があると認められるとき」と修正され★12，別項として本条２項となった。

(3) 免責の効力が及ぶ者の範囲の明確化

「債権者が担保保存義務に違反して担保の喪失等をした後に，物上保証人や第三取得者から抵当不動産を譲り受けた第三者が，担保保存義務違反による免責の効力を債権者に対して主張することができるかどうか」は条文上不明であること，判例は大要，「債務者から抵当不動産を譲り受けた第三取得者は，債権者に対して，債権者が抵当権によって把握した不動産の交換価値の限度において責任を負担するものに過ぎないから，債権者が故意又は懈怠により担保を喪失又は減少したときは，同条の規定により，担保の喪失又は減少によって償還を受けることができなくなった金額の限度において抵当不動産によって負担すべき責任の全部又は一部は当然に消滅し，当該不動産がさらに第三者に譲渡された場合においても，責任消滅の効果は影響を受けない」と判示していること★13を踏まえて★14，「中間試案」において，「物上保証人，物上保証人から担保目的物を譲り受けた者又は第三取得者が免責されたときは，その後にその者から担保目的物を譲り受けた者も，免責の効果を主張することができる」との提案がなされ★15，若干の修正がなされて★16，本条１項後段となった。

第２　要件事実

１　免除特約の要件事実における位置付け

(1) 改正審議の経緯

免除特約の要件事実における位置付けを検討するにあたっては，判例★17が，免除特約は，「原則として有効であるが」，「債権者がこの特約の効力を主張することが信義則に反し，又は権利の濫用に当るものとして許されない場合のあり得る」，「当該保証等の契約及び特約が締結されたときの事情，その後の債権者と債務者との取引の経緯，債権者が担保を喪失し，又は減少させる行為をした時の状

★11　前掲注（★２）最判平７・６・23。
★12　「部会資料83－２」31～32頁。
★13　前掲注（★１）最判平３・９・３。
★14　「部会資料10－２」37～38頁。
★15　「中間試案の補足説明」301頁。
★16　「部会資料84－３」10頁，なお，第三取得者については，潮見『新債権総論Ⅱ』189頁参照。
★17　前掲注（★２）最判平７・６・23。

況等を総合して，債権者の右行為が，金融取引上の通念から見て合理性を有し，保証人等が特約の文言にかかわらず正当に有し，又は有し得べき代位の期待を奪うものとはいえないときは，他に特段の事情がない限り，債権者が右特約の効力を主張することは」，信義則違反や権利濫用に当たらないと判示していることをどのように解するかが問題である。

改正審議においては，当初の案が，「その担保の喪失又は減少が代位をすることができる者の正当な代位の期待に反しないときは，この限りでない」とされていたため★18，免除特約が締結されている場合は，担保保存義務違反があったことを主張する代位権者が，債権者の行為が「金融取引上の通念から見て合理性を有し，保証人等が特約の文言等にかかわらず正当に有し，又は有し得べき代位の期待」を奪うものであることを主張立証する責任を負い，免除特約が締結されていない場合は，債権者が「その担保の喪失又は減少が代位をすることができる者の正当な代位の期待に反しない」ことについての主張立証責任を負うと解されていた★19。

その後，上記の案が，「前項の規定は，債権者が担保を喪失し，又は減少させたことについて取引上の社会通念に照らして合理的な理由があると認められるときは，適用しない。」として，独立の第２項とされたため，改正の審議における上記主張立証責任の議論がそのまま本条２項の解釈に妥当するのかどうかは明らかではなかった。

⑵　免除特約が締結されていなかった場合

まず，免除特約が締結されていなかった場合を考えると，本条２項が独立した項であり，その文言からして，同項の主張立証責任は債権者が負うと考えられるから，代位権者が抗弁として担保保存義務違反を主張立証したときは，債権者は再抗弁として，２項についての評価根拠事実を主張立証することになる。

⑶　免除特約が締結されていた場合

次に，免除特約が締結されていた場合が問題である。

判例★20の趣旨よりすると，代位権者が抗弁として担保保存義務違反を主張立証したときは，債権者は，再抗弁として，免除特約を主張立証することができ，代位権者は，再々抗弁として，債権者が免除特約の効力を主張することが信義則

★18　「中間試案の補足説明」301頁。
★19　「中間試案の補足説明」301～303頁，「部会資料70Ａ」48頁。
★20　前掲注（★２）最判平７・６・23。

■表③　対比表

	免除特約と２項は同格の再抗弁とする考え方（前者）	２項のみ再抗弁とする考え方（後者）
抗　弁	担保保存義務違反	担保保存義務違反
再抗弁①	合理的理由の評価根拠事実	合理的理由の評価根拠事実
再抗弁②	担保保存免除特約	
再々抗弁①	合理的理由の評価障害事実	合理的理由の評価障害事実
再々抗弁②	信義則違反・権利濫用の評価根拠事実	
再々々抗弁②	信義則違反・権利濫用の評価障害事実	

違反又は権利濫用であるとの評価根拠事実を主張立証することになりそうである。そうすると，免除特約の主張と本条２項の主張との関係が問題となり，２つの考え方が可能であろう。１つは，免除特約と２項は同格の再抗弁とするものであり，もう１つは，再抗弁は２項のみとし，免除特約は，「取引上の社会通念に照らして合理的な理由」の一事由とするものである。そこで，両者を対比させると■**表③　対比表**のようになる。

■**表③　対比表**の対比からわかることは，前者の再抗弁①と再々々抗弁②の各評価事実はほぼ同じ内容となり，同じく前者の再々抗弁①と再々抗弁②の各評価事実はほぼ同じ内容となるということである。それに対し，後者の再抗弁①には，前者の再抗弁②と再々々抗弁②の各事実が含まれ，後者の再々抗弁①は前者の再々抗弁①と再々抗弁②とほぼ同様の内容となることである。

新法の条文上は，免除特約の文言は記載されていないので，同特約を「合理的な理由」に含めることは十分に考えられることであるばかりでなく，後者の考え方はシンプルで改正理由にも沿うものと考えられる。ただし，そうすると，免除特約の存在は，合理的理由の一事由となるので，要件事実としては，前記(2)の免除特約が締結されていない場合と同様の構造となる。なお，前者の考え方をとっていると思われる学説もある★21。

〔若柳〕

★21　大江『要件事実民法(4)』550頁，潮見『新債権総論Ⅱ』190頁。なお，『詳説改正債権法』325〜331頁〔日比野俊介〕参照。

第２款　相　　殺

（相殺の要件等）第505条

　２人が互いに同種の目的を有する債務を負担する場合において，双方の債務が弁済期にあるときは，各債務者は，その対当額について相殺によってその債務を免れることができる。ただし，債務の性質がこれを許さないときは，この限りでない。
２　前項の規定にかかわらず，当事者が相殺を禁止し，又は制限する旨の意思表示をした場合には，その意思表示は，第三者がこれを知り，又は重大な過失によって知らなかったときに限り，その第三者に対抗することができる。

第１　現行法と新法の異同

１　改正の概要

現行法505条１項は改正されず，２項の相殺の禁止・制限について，「反対の意思」の内容を，「相殺を禁止し，又は制限する旨の意思表示」と明確化し，その意思表示に対抗できる第三者を「第三者がこれを知り，又は重大な過失により知らなかったときに限り」として，原則として，相殺禁止・制限特約は第三者には及ばず，その特約を主張する者が，第三者の悪意又は重過失を主張立証した場合に限り対抗できるとした。

２　改正の主な問題点

(1)　第１項が改正されなかった経緯

(a)　相殺の要件の明確化

要件の明確化として，判例が認めている「受働債権の弁済期未到来でも相殺が認められること」及び判例・学説の異論のない「抗弁権の付着している自働債権による相殺が認められないこと」が検討され★1，それらに関しての改正案が提案されたが★2，現状を維持するとの意見も出たりしたため★3，本条１項は現状を維持することとされた★4。なお，弁済期の問題は，相殺の遡及効の見直しと

【第505条注】
★１　「部会資料10－２」40～41頁，「中間的な論点整理の補足説明」156頁。
★２　「部会資料39」63頁。
★３　「部会資料56」１頁，５頁，「部会資料58」117頁。
★４　「部会資料69Ａ」25頁。

関連しており★5，判例が「既に弁済期にある自働債権と弁済期の定めのある受働債権とが相殺適状のあるというためには，受働債権につき，期限の利益を放棄することができるというだけでなく，期限の利益の放棄又は喪失等により，その弁済期が現実に到来していることを要するというべきである。」と判示していること★6に留意すべきである。

(b) 第三者による相殺の可否

自己の債権で他人の債務を消滅させる相殺には，相殺をする者が「弁済をするについて正当な利益を有する者」である場合には認められるのではないかとのことで検討の対象となったが★7，取り上げられないこととされた★8。なお，判例は，消極的な判断をしている★9。

(c) 相殺予約の効力，相殺権の濫用

差押え・仮差押え等に対抗するための相殺予約の効力，狙い撃ち相殺，同行相殺，駆け込み相殺等の相殺権の濫用についても検討されたが★10，取り上げられないこととされた★11。

(2) 相殺禁止・制限

(a) 第三者の主観の内容

「善意であっても重大な過失によって相殺禁止の意思表示があることを知らなかった場合には，悪意と同視することが妥当である」との問題提起がなされ★12，「中間的な論点整理」において，問題点として取り上げられた★13。「譲渡禁止特約の第三者への対抗の可否に関する同法第466条第２項の『善意』の意義については，これを善意無重過失であるとする見解が有力である。同法第505条第２項と同法第466条第２項は，いずれも特約の第三者に対する対抗の可否が問題となっている規定であるから，それらの要件は整合的であることが望ましい」として★14，「民法第505条第２項ただし書の善意という要件を善意無重過失に改

★５　「部会資料39」63頁。
★６　最判平25・２・28民集67巻２号343頁。
★７　「部会資料10－２」41頁，「中間的な論点整理の補足説明」157頁，「部会資料39」65頁。
★８　「部会資料56」５頁。
★９　最判平28・７・８民集70巻６号1611頁。
★10　「部会資料10－２」57～62頁，「中間的な論点整理の補足説明」166頁，「部会資料39」86～91頁。
★11　「部会資料56」５頁。
★12　「部会資料10－２」43頁。
★13　「中間的な論点整理の補足説明」158頁。
★14　「部会資料39」69頁。

めるものとする。」との案が示され，「中間試案」となった★15。

⒝　第三者の主観についての主張立証責任

上記の主張立証責任は誰が負うかについて，「譲渡禁止特約についての第三者（譲受人）の主観」との整合性から，相殺禁止の意思表示についての第三者の主観の主張立証責任も同様に解すべきであるとして，「当事者は，その意思表示をもって，相殺することができない旨を定めることができる。その意思表示は，悪意又は重大な過失がある第三者に対して，対抗することができる。」と提案され★16，明確化のため若干修正されて★17，新法のようになった。

第２　要件事実

１　相殺の機能

相殺は，債権の消滅原因の１つで，２人が互いに同種の目的を有する債務を負担している場合に，双方の債務とも弁済期にあるときに，一方からの意思表示によって対当額において消滅する制度である。

２　自働債権に抗弁権が付着している場合

自働債権に，同時履行の抗弁権★18，単純保証債務履行請求権における催告・検索の抗弁権★19 等の抗弁権が付着している場合は，自働債権として相殺の用に供すことはできないので，その抗弁権の発生障害又は消滅原因となる事実を併せて主張しなければならないことになる★20。

３　相殺禁止・制限の場合

当事者が相殺を禁止し，又は制限する旨の意思表示をした場合は，第三者の悪意又は重過失が問題となるが，前述のとおり，相殺ができることが原則なので，例外である相殺禁止・制限の効力を主張する者が，相殺禁止・制限の事実と故意又は重過失を主張立証しなければならない。

訴 訟 物

ＸのＹに対する消費貸借契約に基づく貸金返還請求権

請求原因

★15　「部会資料56」１頁，「中間試案の補足説明」303～304頁。
★16　「部会資料69Ａ」25～26頁。
★17　「部会資料83－２」32頁。
★18　大判昭13・３・１民集17巻318頁。
★19　最判昭32・２・22民集11巻２号350頁。
★20　司研『要件事実第１巻』125頁。

1　Xは，Yに対し，弁済期を貸付け時から1年後として，500万円を無利息で貸し付けた。
2　1項の債権の弁済期は到来した。

抗弁（相殺）

1　Aは，Xに対し，弁済期を貸付け時から1年後として500万円を無利息で貸し付けた。
2　Yは，Aから1項の債権を売買により取得した。
3　1項の債権の弁済期は到来した。
4　Yは，Xに対し，請求原因1の債権と1項の債権をその対当額において相殺する旨の意思表示をした。

再抗弁（相殺禁止特約）

1　XとAは，抗弁1の債権につき相殺禁止の特約をした。
2　Yは，抗弁1の債権を取得したとき，1項の特約を知っていたか，又は，Yには，1項の特約を知らないことにつき重大な過失があったことの評価根拠事実がある。

再々抗弁

Yには，再抗弁1の特約を知らなかったことにつき重大な過失があったことの評価障害事実がある。

なお，債権譲渡についての債務者対抗要件の主張については省略した。〔若柳〕

（相殺の方法及び効力）第506条

第1　改正されなかった経緯

現行法506条1項については，改正の議論はなく，審議の対象は，もっぱら2項の相殺の遡及効についてであった。すなわち，遡及効については，「①相殺適状にある債権債務については，当事者は相殺適状の生じた時点で既に清算されたものと期待するのが通常であること」，「②遅延損害金の率が異なる二つの債権を相殺する場合に，遡及効を認めなければ，意思表示の時期が遅くなることにより一方当事者が多くの遅延損害金を支払わなければならなくなるという不公平が生じ得ること」が理由とされるが，「前記①の当事者の期待は，必ずしも保護の必要性が高いものとは言えず，むしろ，相殺の意思表示がされた時点で相殺の効力が生じるという考え方の方が簡便な決済を実現できること」，「前記②の当事者間の不公平については，相殺適状になれば両当事者はいつでも相殺することができるのであるから，相殺の効力が生ずる時期が遅れることにより不利益を被り得る当事者は，相殺適状となった後直ちに相殺の意思表示をすればよ」いこと，「当事者の意思表示を必要とする現行民法の考え方（意思表示主義）と必ずしも親和的ではなく，相殺適状になると当然に相殺の効果が生じるという考え方（当然相殺主義。フランス法の立場）と親和的である」ことなどを理由として，「相殺の意思表示がされた時点で相殺の効力が生ずる」とすべきとの問題提起の下★1，相殺に遡及効を認める民法506条の見直しの提案がなされ★2，「中間的な論点整理」においても，同様の整理がなされた★3。

そこで，従前の議論を踏まえて，「相殺に遡及効が認められるとする民法第506条第２項について，当事者の一方が相殺の意思表示をした時に相殺の効力が生ずるとして規定を改める」との提案がなされたが★4，現状の規律を維持するとの意見もあり★5，「相殺の効力発生時期」については取り上げないこととなって★6，現行２項がそのまま維持された。

第２　要件事実

相殺の方法及び効力についての留意点は，相殺の意思表示には条件又は期限を付することはできず，条件又は期限を付した相殺の意思表示は無効であること，訴訟上予備的に相殺の主張がされた場合は相殺の意思表示に一種の条件が付されたことになるが，これは許容されていること，相殺の効力は相殺適状時に遡及し，効力発生時期を任意にずらすことはできないことなどである★7。　〔若柳〕

（履行地の異なる債務の相殺）第507条

第１　改正されなかった経緯

【第506条注】
★１　「部会資料10－２」43～46頁。
★２　「部会資料22」18頁。
★３　「中間的な論点整理の補足説明」159～160頁。
★４　「部会資料39」69頁。
★５　「部会資料39」71頁（「部会資料33－３」343頁）。
★６　「部会資料58」117頁。
★７　司研『要件事実第１巻』126頁。

現行法507条は，今般の債権法改正においては，議論の対象とされなかったので，従前の解釈がそのまま維持された。

第２　要件事実

本条の履行地が異なることによって生じた損害賠償債務については，法定責任と解され，故意・過失は要件ではなく，無過失も抗弁とはならないとされている★1。なお，適切な具体的事案は考えがたいが，下記のような設例は可能かもしれない。

訴 訟 物

ＸのＹに対する履行地の異なる債務の相殺によって生じた損害賠償請求権

請求原因

1　Ｘは，Ｙに対し，平成29年４月１日，弁済期を同年７月１日，履行地をＸの住所地として，500万円を無利息で貸し付けた。

2　Ｙは，Ｘに対し，平成29年５月１日，弁済期を同年６月１日，履行地をＹの住所地として，600万円を無利息で貸し付けた。

3　Ｙは，Ｘに対し，平成29年６月15日，１項の債権と前項の債権を対当額で相殺するとの意思表示をした。

4　Ｘは，Ｙに対し，１項の債権の貸付け時，弁済期である平成29年７月１日にＸの住所地で弁済を受ける必要性について説明し，Ｙの了解を得ていた。しかるに，Ｙは，前項のとおり相殺をしたため，同日にＹが持参すべきであった500万円の弁済を受けられなくなり，Ｘは，１項の債権の弁済期に必要であった500万円を銀行から借入れをせざるを得なくなって，借入利息分の損害を被った。

〔若柳〕

（時効により消滅した債権を自働債権とする相殺）第508条

第１　改正されなかった経緯

相殺の遡及効の見直しの議論との関係で，「相殺適状にある債権債務が清算されているという当事者の期待を保護しつつも，これを合理的な範囲で制限し，時

【第507条注】
★１　司研『要件事実第１巻』127頁。

効期間が満了した債権の債務者に，時効援用の機会を確保するという視点が重要であるという指摘」がなされ★[1]，「中間的な論点整理」においても，検討の対象とされた★[2]。

その後，３点の問題点が指摘された。第１は，「相殺の意思表示前に債務者が時効を援用していた場合であっても，相殺することができるとされている点」，第２は，「時効期間が満了した債権を自働債権とする相殺の意思表示がされた場合に，債務者が時効を援用する機会がないという点」，第３は，「民法第508条により相殺することができるとされるのは時効期間の満了前に相殺適状にあった場合に限られている点」である。これらを踏まえて，改正案が提案され★[3]，修正のうえ★[4]，「中間試案」において，「債権者は，時効期間が満了した債権について，債務者が時効を援用するまでの間は，当該債権を自働債権として相殺をすることができるものとする。ただし，時効期間が満了した債権を他人から取得した場合には，この限りでないものとする。」と提案された★[5]。

しかし，「これまで必要がなかった時効中断措置をとる必要が生じ，債権管理に係るコストが増大すること」，「相殺の意思表示を行ったことを示す書類を長期間保管せざるを得なくなること」こと，「相殺適状に達した債権については別段の意思表示がなくても当然に差引決済がされたものと考える当事者の信頼を保護するという同条の制度趣旨は実務における通常の意思」であること等の意見もあり，改正案としては取り上げられなくなったため★[6]，従前の解釈・議論が維持されることとなった。

第２　要件事実

自働債権・受働債権いずれもが売買代金債権である場合を設例として，各債権の弁済期，消滅時効別に４種類に分けて解説したものに，司研『要件事実第１巻』（128頁～134頁）があるが，以下では，本条を適用するにあって，要件事実の見地から注意すべき点を述べることとする。

【第508条注】
★１　「部会資料10－２」45頁。
★２　「中間的な論点整理の補足説明」160頁。
★３　「部会資料39」75頁。
★４　「部会資料56」３頁。
★５　「中間試案の補足説明」304頁。
★６　「部会資料69Ａ」34頁。

1　受働債権の弁済期

判例は，「既に弁済期にある自働債権と弁済期の定めのある受働債権とが相殺適状にあるというためには，受働債権につき，期限の利益を放棄することができるというだけではなく，期限の利益の放棄又は喪失等により，その弁済期が現実に到来していることを要するというべきである。」と判示した★7。

2　相殺適状の時期

時効によって消滅した債権がその消滅以前に相殺適状になっていることが必要であることについては，自働債権と受働債権の各存続期間が重なり合う期間が必ず存在しなければならないということである。したがって，司研『要件事実第1巻』132頁の第2類型の場合は，自働債権と受働債権が重なり合う期間がないのであるから，消滅時効以前に相殺適状とはなりえず，相殺はできないのである。この点について，判例は，「当事者の相殺に対する期待を保護するという民法508条の趣旨に照らせば，同条が適用されるためには，消滅時効が援用された自働債権はその消滅時効期間が経過する以前に受働債権と相殺適状にあったことを要すると解される。」と判示し★8，相殺適状の時期を明確化した。〔若柳〕

（不法行為等により生じた債権を受働債権とする相殺の禁止）第509条

次に掲げる債務の債務者は，相殺をもって債権者に対抗することができない。ただし，その債権者がその債務に係る債権を他人から譲り受けたときは，この限りでない。

一　悪意による不法行為に基づく損害賠償の債務

二　人の生命又は身体の侵害による損害賠償の債務（前号に掲げる者を除く。）

第1　現行法と新法の異同

1　改正の概要

現行法509条の相殺禁止は，同条の趣旨に照らしてその範囲が広すぎるとの批判があり，他方，人の生命又は身体の侵害による損害賠償債務については債務不履行の場合も相殺を禁止する必要があるとして，新法で規律の合理化を図った。

★7　最判平25・2・28民集67巻2号343頁。

★8　前掲注（★7）最判平25・2・28。

なお，債権者（受働債権者）が他人から損害賠償債権を取得した場合は，相殺禁止の趣旨に当てはまらないとして，ただし書において相殺禁止の対象から除外された。

２　改正の主な問題点

⑴「中間試案」

相殺禁止の趣旨を踏まえて，「この規定は，①被害者の損害を現実に填補することによる被害者の保護と②不法行為の誘発の防止を理由とするものとされているが，これらの理由からは不法行為債権を受働債権とする相殺のすべてが禁止される必然性がなく，相殺による簡易な決済が過剰に制限されているのではないか」との問題意識の下，改正案が提案されて★1，「中間的な論点整理」となり★2，それを踏まえて，【甲案】，【乙案】及び【丙案】の３案が提案され★3，上記【乙案】が改正案の対象とされて★4，相殺をもって債権者に対抗することができないものとして，「⑴債務者が債権者に対して損害を与える意図で加えた不法行為に基づく損害賠償債権，⑵債務者が債権者に対して損害を与える意図で債務を履行しなかったことに基づく損害賠償債権，⑶生命又は身体の侵害があったことに基づく損害賠償請求権」が「中間試案」とされた★5。

⑵「中間試案」後の改正審議

債務不履行に基づく損害賠償請求権による相殺の可否等の問題が指摘されて検討することとなり★6，「⑴債務者が債権者に対してした悪意による不法行為に基づく損害賠償請求権，⑵債務者が債権者に対してした人の生命又は身体の侵害に基づく損害賠償請求権（⑴に該当するものを除く。）」との提案がなされたが★7，工作責任，危険責任が生ずる場合における損害賠償債務が相殺禁止の対象にならないことは相当でないとの意見もあって★8，⑴及び⑵の「債務者が債権者に対して」が削除され，さらに，債権者が損害賠償債権を他人から取得した場合には相殺禁止の対象とならないことを明らかにするため，「その債権者がそ

【第509条注】

★１　「部会資料10－２」48頁。
★２　「中間的な論点整理の補足説明」161～162頁。
★３　「部会資料39」77～78頁。
★４　「部会資料56」３～４頁。
★５　「中間試案の補足説明」306頁。
★６　「部会資料69Ｂ」１頁。
★７　「部会資料80－３」29頁。
★８　「部会第92回議事録」55頁〔山本（敬）幹事〕。

の債務に係る債権を他人から取得したものであるときは，この限りでない。」と追加されて★9，修正のうえ新法となった。

第2　要件事実

1　相殺の可否

要件事実としては，1号の「悪意」★10の主張立証責任は，受働債権の債権者が負うことに注意すればよい。人の生命又は身体の侵害による損害賠償債務の場合は受働債権の主張において現れるし，損害賠償債権の譲受債権の場合は譲受けの事実が主張に現れるので，要件事実において特に問題は生じない。

なお，損害賠償債務に関する相殺の可否については，下記表のようになる。

■表④　可否一覧表

受働債権の内容・性質	相殺の可否
悪意による不法行為	不可
不法行為による人身損害	不可
債務不履行による人身損害	不可
譲受債権	可
悪意でない物的損害	可
悪意の債務不履行による物的損害	不可★11

2　悪意の場合

「悪意」の場合は，相殺の抗弁を主張すること自体に問題はなく，相手方が「悪意」の主張立証責任を負うことになる。

訴 訟 物

XのYに対する不法行為に基づく損害賠償請求権

請求原因

1　Yは，X所有の絵皿を壊した。

2　1項の絵皿の損壊時の時価は，10万円であった。

★9　「部会資料83－2」32～33頁。

★10　小川政府参考人は，「『悪意』とは，積極的に他人を害する意思を持って行うことを意味するものでございます。」と答弁している。」(192回国会衆院法務委16号平281213)。なお，「部会資料69B」3頁参照。

★11　悪意の債務不履行による物的損害については，悪意の不法行為に準ずると解される（潮見『新債権総論Ⅱ』290頁)。

抗弁（相殺）

1　Ｙは，Ｘに対し，テレビ１台を10万円で売り，同日引き渡した。

2　Ｙは，Ｘに対し，本日，前項の債権をもって，請求原因１の債権とその対当額において相殺するとの意思表示をした。

再抗弁（悪意）★12

請求原因１の不法行為がＹの悪意によるものであることについての評価根拠事実

再々抗弁

請求原因１の不法行為がＹの悪意によるものであることについての評価障害事実

〔若柳〕

（差押禁止債権を受働債権とする相殺の禁止）第510条

第１　改正されなかった経緯

現行法510条については，改正審議の対象とならなかったので，従前の解釈がそのまま妥当する。

第２　要件事実

差押禁止債権か否かは，通常は，請求原因に現れることが多いので，その場合は相殺の抗弁の主張は主張自体失当となるが，請求原因から差押禁止債権か否か不明の場合は，相殺の抗弁の主張は失当とはならないので，差押禁止債権であることは再抗弁となる★1。

なお，賃金債権の場合，労働基準法24条１項本文によると，賃金債権は全額払とされ，判例・通説は，全額相殺禁止と解している。ただし，同条１項ただし書による従業員の過半数代表者との協定があるときは相殺も可能であるが，その場合も，民事執行法152条による差押禁止債権に該当するので，差押禁止の範囲

★12　「悪意」の要件を評価的要件と解するか，事実的要件と解するかによって，要件事実の構造が異なる。本文は，評価的要件と解したものであるが，事実的要件と解する場合は，再抗弁は，「Ｙは，請求原因１の不法行為をＸに対し積極的に損害を与える意思で行った。」となり，再々抗弁はなくなる。

【第510条注】

★１　司研『要件事実第１巻』135頁。

で相殺は禁止される。〔若柳〕

（差押えを受けた債権を受働債権とする相殺の禁止）第511条

差押えを受けた債権の第三債務者は，差押え後に取得した債権による相殺をもって差押債権者に対抗することはできないが，差押え前に取得した債権による相殺をもって対抗することができる。

2　前項の規定にかかわらず，差押え後に取得した債権が差押え前の原因に基づいて生じたものであるときは，その第三債務者は，その債権による相殺をもって差押債権者に対抗することができる。ただし，第三債務者が差押え後に他人の債権を取得したときは，この限りでない。

第1　現行法と新法の異同

1　改正の概要

本条1項前段は，現行法と同趣旨であるが，後段は，前段の裏返しとして，相殺が可能であることを明文化したものである。

本条2項は，差押え時に債権が発生していなくても，差押え前の原因に基づいて差押え後に発生した債権であれば，相殺を可能とするものであり，債権譲渡についての新法469条2項1号や破産法72条2項2号との整合性に配慮した規定である。

2　改正の主な問題点

(1)　改正審議における論点

問題提起★1 を受けて，「中間的な論点整理」において，①法定相殺と差押え（自働債権と受働債権との弁済期の先後を問わず相殺をすることができるとする判例法理（無制限説）の修正の可否），②債権譲渡と相殺の抗弁（法定相殺と差押え，譲渡禁止特約の効力及び転付命令と相殺との関係），③自働債権の取得時期による相殺の制限の要否，④相殺予約の効力の4点が論点とされた★2。

(2)　法定相殺と差押え

無制限説の立場からの提案を受けて★3，判例★4 を踏まえた提案がなされ★5，

【第511条注】

★1　「部会資料10－2」51～61頁。

★2　「中間的な論点整理の補足説明」162～167頁。

★3　「部会資料39」81～86頁。

さらに，破産法72条2項2号を参照するとともに，債権譲渡と相殺の抗弁の場合に保護される将来債権に比べ，差押えの場合は差押後に保護すべき期待があるとは考えられないとして，「⑴債権の差押えがあった場合であっても，第三債務者は，差押えの前に生じた原因に基づいて取得した債権を反対債権とする相殺をもって差押債権者に対抗することができるものとする。⑵第三債務者が取得した上記⑴の債権が差押え後に他人から取得したものである場合には，これを反対債権とする相殺は，差押債権者に対抗することができないものとする。」との提案がなされて★6，若干の修正のうえ「中間試案」となり★7，さらに本条2項とほぼ同内容に修正されて★8，若干修正のうえ★9，新法となった。

⑶　債権譲渡と相殺の抗弁との関係

本条の場合，新法469条の債権譲渡と比較して相殺の認められる範囲が狭いものとされたが，これは，「債権譲渡について，特に将来債権が包括的に譲渡される場合は，譲渡人と債務者との間で引き続き取引が継続することがあり，このような場合における債務者の相殺の期待を保護する必要がある」が，「差押えがされた場合には，その後も差押え前と変わらずに取引を継続するということが想定されにくいため，差押え前に生じた原因に基づいて取得した債権以外の債権との間で相殺を認める必要性に乏しい」こと，「差し押さえの時点でその債権の発生の基礎となる法律関係が存在していること」等★10が理由である。したがって，相殺が認められる範囲に若干の差異はあるものの，法定相殺と差押えの規律と債権譲渡と相殺の規律は，一応整合性は保たれることとなった。

⑷　自働債権の取得時期による相殺の制限の要否

「適用場面は，差押えの申立てから差押命令の送達時までの債権取得であるが，事実上，この期間が極めて短い上，その間に第三債務者が差押えの申立てがあったことを知る契機も想定されないことからすると，現実的に上記の提案で規から制しようとする債権の取得が生じるのか疑問である。」として，論点として取り上げないこととされた★11。

★4　最判平24・5・28民集66巻7号3123頁。
★5　「部会資料50」22～23頁。
★6　「部会資料56」4～5頁。
★7　「中間試案の補足説明」307頁。
★8　「部会資料80－1」20頁。
★9　「部会資料83－2」33頁。
★10　「部会資料56」5頁，「中間試案の補足説明」310頁，192回国会衆院法務委14号平281207〔小川政府参考人〕，193回国会参院法務委14号平290525〔小川政府参考人〕。

(5) 相殺予約の効力

「【甲案】第三債務者は，相殺予約によってする相殺をもって差押債権者等に対抗することができる旨の規定を設けるものとする。【乙案】第三債務者は，自働債権と受働債権とが一体的な決済の予定された取引から発生したものであり，相殺予約が付されることが取引慣行上一般的であると認められる場合には，当該相殺予約によってする相殺をもって差押債権者等に対抗することができる旨の規定を設けるものとする。」との考え方が示されたが★12，甲案及び乙案いずれについても難点が指摘されたので★13，取り上げないことされた★14。

第2　要件事実

1　本条1項の場合

訴 訟 物

　AのYに対する売買契約に基づく代金支払請求権

請求原因

1　Aは，Yに対し，平成28年11月15日，絵画1点を代金100万円で売った。

2　Xは，XのAに対する別紙債権目録記載の債権を被差押債権として，東京地方裁判所が平成29年2月8日付にて発した債権差押命令によって前項の債権を差し押さえた。

3　前項の債権差押命令正本は，Y及びAに対し，各送達された。

4　前項の債権差押命令正本がAに送達された日から1週間が経過した。

抗弁（相殺）

1　Yは，Aに対し，弁済期を半年後として，無利息で100万円を貸し付けた。

2　前項の債権の弁済期は到来した。

3　Yは，抗弁1の債権を請求原因3のAに対する送達以前に取得した。

4　Yは，Aに対し，抗弁1の債権をもって，請求原因1の債権とその対当額において相殺する旨の意思表示をした。

2　本条2項本文の場合

★11 「部会資料39」85〜86頁。
★12 「部会資料39」86頁。
★13 「部会資料39」88頁。
★14 「部会資料56」5頁。

訴 訟 物

ＡのＹに対する売買契約に基づく代金支払請求権

請求原因

１　Ａは，Ｙに対し，平成28年11月15日，絵画１点を代金100万円で売った。

２　Ｘは，ＸのＡに対する別紙の債権を被差押債権として，東京地方裁判所が平成29年２月８日付にて発した債権差押命令によって前項の債権を差し押さえた。

３　前項の債権差押命令正本は，Ｙ及びＡに対し，各送達された。

４　前項の債権差押命令正本がＡに送達された日から１週間が経過した。

抗弁（相殺）

１　Ｂは，Ａに対し，弁済期を半年後として，無利息で100万円を貸し付けた。

２　Ｙは，Ｂとの間で，請求原因３の送達前に，Ａの委託を受けて，前項の貸金返還債務を保証するとの合意をした。

３　Ｙは，前項の意思表示を書面でした。

４　Ｙは，請求原因３の送達後に，Ｂに対して，２項の保証債務を履行した。

５　Ｙは，Ａに対し，前項によって取得した求償債権をもって，請求原因１の債権とその対当額において相殺する旨の意思表示をした。

〔若柳〕

（相殺の充当）第512条

債権者が債務者に対して有する１個又は数個の債権と，債権者が債務者に対して負担する１個又は数個の債務について，債権者が相殺の意思表示をした場合において，当事者が別段の合意をしなかったときは，債権者の有する債権とその負担する債務は，相殺に適するようになった時期の順序に従って，その対当額について相殺によって消滅する。

２　前項の場合において，相殺をする債権者の有する債権がその負担する債務の全部を消滅させるのに足りないときであって，当事者が別段の合意をしなかったときは次に掲げるところによる。

一　債権者が数個の債務を負担するとき（次号に規定する場合を除く。）は，第488条第４項第２号から第４号までの規定を準用する。

二　債権者が負担する１個又は数個の債務について元本のほか利息及び費用を支払うべきときは，第489条の規定を準用する。この場合において，同条第２項中「前条」とあるのは「前条第４項第２号から第４号まで」と読み替えるものとする。
3　第１項の場合において，相殺をする債権者の負担する債務がその有する債権の全部を消滅させるのに足りないときは，前項の規定を準用する。

第１　現行法と新法の異同

1　改正の概要

現行法は，受働債権又は自働債権が数個の場合の規律が不十分であったので，判例★1等を参照して整理するとともに，相殺の遡及効を認めた場合，指定充当を認めることは整合的でないとして★2，指定充当を認めないこととした。

2　改正の主な問題点

(1)　相殺の遡及効との関係

自働債権又は受働債権として複数の債権がある場合について，相殺の効力の遡及効を維持するかどうかの議論に関連して，「中間的な論点整理」等★3において，遡及効を維持する場合と維持しない場合に分けて検討・提案がなされたが，これまで通り遡及効を維持することとなり★4，前記判例を明文化することとして，「中間試案」を経て★5，新法とほぼ同様の案が提案された★6。現行法489条３号を準用することもあり得るとのことで，同号を準用の対象から排除することなく★7（現行法489条３号は新法488条４項３号となった），新法488条４項２号から４号までの規定を準用することとして，新法となった。

【第512条注】
★1　最判昭56・７・２民集35巻５号881頁は，「このように自働債権又は受働債権として数個の元本債権があり，相殺の意思表示をした者もその相手方も右数個の元本債権につき相殺の順序の指定をしなかった場合における元本債権相互間の相殺の順序については，民法512条，489条の規定の趣旨に則り，元本債権が相殺に供しうる状態となるにいたった時期の順に従うべく，その時期を同じくする複数の元本債権相互間及び元本債権と利息・費用債権との間で充当の問題を生じたときは右489条，491条の規定を準用して充当を行うのが相当である。」と判示する。
★2　「部会資料58」116〜117頁。
★3　「中間的な論点整理の補足説明」161頁，「部会資料39」72頁。
★4　「部会資料58」117頁。
★5　「中間試案の補足説明」310〜311頁。
★6　「部会資料69Ａ」30〜31頁。
★7　「部会資料80－３」30頁。

⑵　指定充当

現行法512条は，同法488条及び489条柱書（491条２項の場合も含む）において，相殺における指定充当を認めていたが，相殺の遡及効を認めた場合には，充当関係が不明確になることから，新法においては指定充当を認めないこととした。したがって，法定充当が原則となるが，合意による相殺は別である。

⑶　準用関係

現行法は，488条から491条までを一括して相殺に準用していたが，前記のとおり指定充当を認めないこととの関係で，新法においては準用の範囲を絞ったものである。

第２　要件事実

相殺の充当に関する要件事実としては，特に問題となる点はない。〔若柳〕

第512条の２

債権者が債務者に対して有する債権に，１個の債権の弁済として数個の給付をすべきものがある場合における相殺については，前条の規定を準用する。債権者が債務者に対して負担する債務に，１個の債務の弁済として数個の給付をすべきものがある場合における相殺についても，同様とする。

第１　現行法と新法の異同

現行法490条に関し，自働債権の側と受働債権の側の双方について，趣旨を明確化したものである。

現行法490条に相当するものが省略されているのは相当ではないとの指摘があったので★１，新法512条の⑷として追加されたが★２，最終的には，独立した条文とされて本条となった。

第２　要件事実

本条については，要件事実に関して特に問題となることはない。〔若柳〕

【第512条の２注】
★１　「部会第92回議事録」53頁〔中田委員〕。
★２　「部会資料84－３」11～12頁。

第３款　更　　改

（更改）第513条

当事者が従前の債務に代えて，新たな債務であって次に掲げるものを発生させる契約をしたときは，従前の債務は，更改によって消滅する。
一　従前の給付の内容について重要な変更をするもの
二　従前の債務者が第三者と交替するもの
三　従前の債権者が第三者と交替するもの

第１　現行法と新法の異同

１　改正の概要

現行法の要件である「債務の要素を変更する」の内容を明確にするとともに，判例・学説が必要であるとする「更改の意思」を明文化した。

２　改正の主な問題点

⑴　「債務の要素」の明確化

「債務の要素の明確化」について，問題点が指摘された★1。

⒜　給付の内容の変更

現行法513条には，給付の内容の変更についての直接の条文はなかったが，債務の目的の変更は，債務の要素の変更であることは一般的に認められていたので，そこのことを明文化すること自体異論はなかった。債務の目的の変更については，更改の性質からして，「債務内容の重要な部分を変更することである」とされ，給付の内容・対象（債務の目的）の変更のほか，債務の発生原因（債務の性質）も含まれるとされていたので，「債務の要素」の変更という文言を「債務の目的」の変更と「債務の性質」の変更に改めるとの提案がなされた★2。

「中間試案」において，「給付の内容が異なる新たな債務」と提案され★3，「従前の債務とは異なる〔給付の内容〕とする」★4，「従前の給付の内容について重要な変更をしたもの」★5，「従前の給付の内容について重要な変更をするもの」★6

【第513条注】
★１　「部会資料10－２」63～64頁。
★２　「部会資料40」１～２頁。
★３　「中間試案の補足説明」311頁。
★４　「部会資料69Ａ」35頁。

と修正されて，本条1号となった。

(b)　当事者の交替

「更改によって当事者の交替を行うことは，債務引受や債権譲渡が認められていなかった時代には重要な意義を有していたが，今日では，債権譲渡による債権者の交替が明文上認められており，債務者の交替も，判例・学説において，免責的債務引受により行うことが認められていることから，これらを更改によって行う意義は乏しくなっている」として，「債務者の交替による更改及び債権者の交替による更改の規定を削除すべきである」との考え方が示され★7，「中間的な論点整理」において，「債務者の交替による更改及び債権者の交替による更改の規定（民法第514条から第516条まで）をいずれも削除する方向で」の検討が提案されたが★8，「中間試案」において，「国際的金融取引を中心として，更改によって当事者を交替する取引がされることがあるため，制度を廃止することによって弊害が生じないか慎重に検討する必要がある」，「決済の場面における法律関係を当事者の交替による更改で説明することがある」として★9，当事者交替の更改は存続することになった。

(2)　更改の意思

「更改は旧債務の消滅とこれに伴う担保権や抗弁権の消滅という重大な効果を伴うものであるため，『債務の要素』という客観的要件のみで更改の成否を判断すると，当事者がそのような効果を発生させる意思を有していない場合にも，旧債務の消滅等の重大な効果が発生し，当事者が予想していない不利益を受けるおそれがある」こと，「『債務の要素』という客観的要件のみから更改の成否を判断することは困難である」こと，判例は「更改の意思が特に明確でない限り，更改ではないと解すべき」と判示していること★10，学説も「判例を支持する見解が有力である」こと等の問題提起がなされ★11，更改の意思の必要性が確認されて★12，更改の意思がない限り，債務の目的（内容）を変更する合意は代物弁済，債権者を変更する合意は債権譲渡，債務者を変更する合意は免責的債務引受と解

★5　「部会資料83－2」34頁。
★6　「部会資料84－1」44頁。
★7　「部会資料10－2」66頁。
★8　「中間的な論点整理の補足説明」169頁。
★9　「中間試案の補足説明」313頁。
★10　大判昭7・10・29新聞3483号18頁。
★11　「部会資料10－2」64頁。
★12　「部会資料56」5頁，「中間試案の補足説明」311～312頁。

されるとして，「次に掲げるいずれかの変更をした新たな債務を成立させる契約をしたときは」とされ★13，一部修正のうえ，本条柱書となった。

⑶　旧債務の存在及び新債務の成立

「更改が効力を生ずるためには，旧債務が存在し，それが更改によって消滅することが必要であるが，このほか，更改によって新債務が成立することが必要である」として条文化の問題提起がなされ★14，「中間的な論点整理」でも取り上げられたが★15，実際の条文化については今後の検討課題とされて★16，最終的には，新法のように，「従前の債務に代えて，新たな債務」という形で条文化された。

⑷　現行法513条２項の削除

「債務の要素」という要件を条文に用いないことと更改の意思が必要であることを明示することに伴い，同条２項の削除が提案された★17。すなわち，「同項に規定されている条件に関する変更は更改の意思を伴わないことが通常と思われ」，「同項が適用されて更改が認定された事例は公表裁判例には見いだされず」，「更改の意思が必要であることを明らかにしたことに伴い，『給付の内容』の変更を柔軟に解釈することも許容される」として，削除された。

⑸　三面更改の不採用

「決済手法の高度化・複雑化への民法上の対応の適否（多数当事者間の決済に関する問題について）」として，集中決済機関の問題が提起され★18，「中間的な論点整理」においても，「新たな債権消滅原因に関する法的概念（決済手法の高度化・複雑化への民法上の対応）」として取り上げられ★19，「三面更改（更改による当事者参加）」として審議された★20。

その後，改正案が提案され★21，「中間試案」においても，上記と同様の提案がなされたが★22，「三面更改が利用されることが念頭に置かれている取引実務において，第三者対抗要件を具備しなければならないとすると，実務的に耐えられな

★13　「部会資料69Ａ」35頁。
★14　「部会資料10－２」65頁。
★15　「中間的な論点整理の補足説明」168頁。
★16　「部会資料40」３頁。
★17　「中間試案の補足説明」312頁。
★18　「部会資料10－２」72頁。
★19　「中間的な論点整理の補足説明」172頁。
★20　「部会資料40」10頁。
★21　「部会資料56」８頁。
★22　「中間試案の補足説明」316～317頁。

い負担であり，利用する余地がないと批判する意見が」ある等として，論点としては取り上げないこととされた★23。

第２　要件事実

１　本条１号について

本条１号についての要件事実は下記のようになる。同号の「重要な」は評価的要件である。

請求原因
　旧債務の成立
抗弁（更改）
　旧債務に代えて，新債務の成立（給付の内容について，重要な変更であることの評価根拠事実）
再 抗 弁
　重要な変更であることの評価障害事実

なお，特段の事情がなければ，原告としては，予備的請求として新債務を請求することになろう。

２　本条２号及び３号について

本条２号及び３号については，「**第514条**の解説」**第２**及び「**第515条**の解説」**第２**において述べる。〔若柳〕

（債務者の交替による更改）第514条

　債務者の交替による更改は，債権者と更改後に債務者となる者との契約によってすることができる。この場合において，更改は，債権者が更改前の債務者に対してその契約をした旨を通知した時に，その効力を生ずる。
２　債務者の交替による更改後の債務者は，更改前の債務者に対して求償権を取得しない。

第１　現行法と新法の異同

１　改正の概要

★23 「部会資料69Ａ」40頁。

本条については，現行法514条本文は変更しないが，同条ただし書の「債務者の意思に反するとき」を要件とせず，更改前の債務者への通知をした時に，更改の効力が生じることとして，更改前の債務者に対する一定程度の配慮を条文化した。そして，免責的債務引受と整合させるため，本条２項において，更改後の債務者の更改前の債務者に対する求償権を否定した。なお，債務者の交替による更改が存続することになった経緯については，「**第513条の解説**」**第１**の**２**⑴⒝を参照。

2　改正の主な問題点

⑴　債務者の交替による更改の効力発生時期

「中間試案」において，「債務者が関与することなく債権債務関係から離脱する」ことに対して批判があったため，「債権者，債務者及び第三者の間で，従前の債務を消滅させ，第三者が債権者に対して新たな債務を負担する契約をしたときも，従前の債務は，更改によって消滅するものとする。」との提案がなされたが★1，「三者合意を要件とすることによって，旧債務者の意思を反映させなければならない実際上の必要性が明らかではなく，債務者の交替による更改と免責的債務引受との要件をあえて異にする理由が明確ではない」との批判があり，「免責的債務引受の要件と整合させる」べきであるとされ，「債務者の交替による更改は，債権者と更改後に債務者となる者との契約によってすることができる。この場合において，更改は，債権者〔又は更改後に債務者となる者〕が，契約が成立した旨を更改前の債務者に対して通知をした時に，効力を生ずる。」と提案されて★2，若干の修正のうえ，新法となった。

⑵　更改後の債務者の更改前の債務者に対する求償権

「機能が類似する債務者の交替による更改と同じ要件で免責的債務引受をすることができる旨判示した判例（前掲大判大正10年５月９日）の趣旨を踏まえると，免責的債務引受の要件を改める場合には，債務者の交替による更改についても，あえて要件を異にする合理的な理由がない限り，平仄を合わせるべきである」とされ★3，免責的債務引受においては「債務者は，債権債務関係から完全に解放されると期待すると考えられることから，この期待を保護」するとし

【第514条注】

★１　「中間試案の補足説明」313頁。

★２　「部会資料69Ａ」36～37頁。

★３　「部会資料69Ａ」37頁。

て★4，新法472条の３において「免責的債務引受の引受人は，債務者に対して求償権を取得しない。」と規律されたことと平仄を合わせるため，本条２項のような新法となった。

第２　要件事実

債務者の交替による更改は，債権者と更改後の債務者となる者との契約によってすることができるが，債権者は，更改前の債務者に対してその契約をした旨を通知した時に，更改の効力が生じるので，債務の消滅原因である債務者の交替による更改によって，債務の消滅を主張しようとする更改前の債務者は，本条１項の事実を主張立証しなければならない。

訴 訟 物

ＸのＹに対する消費貸借契約に基づく貸金返還請求権

請求原因

１　Ｘは，Ｙに対し，弁済期を貸付け時から１年後として，500万円を無利息で貸し付けた。

２　前項の債権の弁済期は到来した。

抗弁（更改）

１　ＸとＡは，請求原因１の債権の債務者をＡと交替する旨の契約をした。

２　Ｘは，Ｙに対して，前項の事実を通知した。

〔若柳〕

（債権者の交替による更改）第515条

債権者の交替による更改は，更改前の債権者，更改後に債権者となる者及び債務者の契約によってすることができる。

２　債権者の交替による更改は，確定日付のある証書によってしなければ，第三者に対抗することができない。

第１　現行法と新法の異同

★４　「中間試案の補足説明」270頁。

1　改正の概要

本条１項は，更改前の債権者，更改後に債権者となる者及び債務者の三者による契約によって成立するとの通説を明文化したものである。本条２項は，現行法515条を繰り下げたものである。なお，債権者の交替による更改が存続することになった経緯については，「第513条の解説」第１の２(1)(b)を参照。

2　改正の主な問題点

(1)　三者契約

債権者の交替による更改契約については，更改前の債権者，更改後に債権者となる者及び債務者のいずれの意思をも無視し得ないものであり，三者の合意が必要であることは通説であったので★1，その旨が明文化された。

(2)　第三者対抗要件

「中間試案」において，債権者の交替による更改の第三者対抗要件については，債権譲渡の第三者対抗要件と整合的な制度に改めるものとするとされたところ★2，債権譲渡の場合の第三者対抗要件については，登記一元化も検討されたが★3，現状が維持されることとなったため★4，結果的には，「民法第515条については，基本的に現状を維持することが妥当である。」とされ★5，現行法は改正されずそのまま維持されて，現行法515条が本条２項となった。

第２　要件事実

債権者の交代による更改の要件事実については，更改前の債権者，更改後に債権者となる者及び債務者の三者による契約であることと，債権譲渡に類似するので，第三者対抗要件が必要となることがあることに留意すればよい。　〔若柳〕

削除条文現行法第516条の全部

現行法516条は，債権者の交替による更改は，債権譲渡に類似するため，債務者が異議をとどめずに更改契約をするときは，更改後の債権者保護のため，債

【第515条注】
★１　我妻『債権総論』364頁，中田『債権総論』420頁。
★２　「中間試案の補足説明」314頁。
★３　「中間試案の補足説明」240頁，「部会資料74B」17頁，「部会資料78B」11～12頁。
★４　「部会資料81－３」５頁。
★５　「部会資料80－３」30～31頁。

権譲渡と同様の趣旨で，現行法468条１項の規定が準用されていたが，同項が，「単に債権が譲渡されたことを認識した旨を債務者が通知しただけで抗弁の喪失という債務者にとって予期しない効果が生ずることが，債務者の保護の観点から妥当でない」として削除されることとなったため★1，債権譲渡の改正に合わせて，本条も削除されることとなり★2，そのまま「中間試案」★3となって，本条を削除することとなったものである。〔若柳〕

削除条文（更改前の債務が消滅しない場合）現行法第517条の全部

現行法517条については，「文言に不明確なところがあり，条文からはその要件を直ちに読み取りにくいと指摘されている。」，「『当事者の知らない事由』という文言は，解釈上，債権者の知らない事由のみを意味するとされている。これは，当事者の知っていた事由による場合に旧債務が消滅する根拠が，債権者の債権放棄の意思に求められるため，専ら債権者の知・不知のみが問題になると考えられるからである。」，「『更改によって生じた債務が』『取り消されたとき』という要件は，更改によって生じた債務が取り消された場合をいうのか，それとも更改契約が取り消された場合を意味するのかについては，その区別の意味も含めて対立がある。」，「『当事者の知らない事由によって』という文言は『成立せず』という要件のみを限定しているのか，『取り消されたとき』という要件をも限定しているのかという点については，学説が分かれている。」として，「その規程内容を明確化すべきである」との問題提起がなされ★1，「更改契約が無効である場合や取り消される場合には，旧債務が消滅しないのが原則であり，この規定は，例外的に旧債務が消滅することを認める点にその存在意義がある」，「規定を見直すに当たっては，旧債務が消滅する場合を直接規定する方が分かりやすい」として，改正案が提案された★2。

しかし，「更改後の債務に無効・取消しの原因があった場合における旧債務の

【削除条文現行法第516条注】
★１　「部会資料55」23頁，「中間試案の補足説明」252頁。
★２　「部会資料56」６～７頁。
★３　「中間試案の補足説明」314頁。
【削除条文現行法第517条注】
★１　「部会資料10－２」68頁。
★２　「部会資料40」６～７頁。

帰すうについては，債権者に免除の意思表示があったと言えるかどうかに関する個別の事案ごとの判断に委ねること」とされて★3，現行法517条を削除することが提案され，そのまま「中間試案」となって★4，本条を削除することとなったものである。〔若柳〕

（更改後の債務への担保の移転）第518条

債権者（債権者の交替による更改にあっては，更改前の債権者）は，更改前の債務の目的の限度において，その債務の担保として設定された質権又は抵当権を更改後の債務に移すことができる。ただし，第三者がこれを設定した場合には，その承諾を得なければならない。

2　前項の質権又は抵当権の移転は，あらかじめ又は同時に更改の相手方（債権者の交替による更改にあっては，債務者）に対してする意思表示によってしなければならない。

第1　現行法と新法の異同

1　改正の概要

更改後の債務への担保の移転の当事者を，現行の「更改の当事者」から「債権者（債権者の交替による更改にあっては，更改前の債権者）」に改めて，債権者の単独で担保の移転ができることとし，質権又は抵当権の移転については，あらかじめ又は同時に更改の相手方（債権者の交替による更改にあっては，債務者）に対し，その旨の意思表示をしなければならないとした。

2　改正の主な問題点

(1)　担保移転の当事者

「担保の移転に，担保設定者ではない債務者の関与を必要とすることについては，合理的な理由がない」として，債権者単独の意思表示で担保移転ができる旨の考え方が提案され★1，「中間試案」において，「債権者は，更改前の債務の限度において，その債務の担保として設定された担保権及び保証を更改後の債務に移すことができる」と提案された★2。債権者の単独の意思表示で担保の移転が

★3　「部会資料56」7頁。
★4　「中間試案の補足説明」314頁。
【第518条注】
★1　「部会資料40」9頁。

できることはそのまま維持されて，若干の修正を経て，本条１項本文となった。

⑵　移転する担保の対象

「更改によって旧債務が消滅するという効果が生ずるので，旧債務のために設定された担保は消滅するのが原則であるが，民法第518条は，旧債務の目的の限度で質権又は抵当権を新債務に移すことができるとしている。同条は，後順位担保権者が存在する場合に，担保の順位を維持することができるという意義がある」との認識を前提として，当初は，「質権又は抵当権だけでなく更改前の債務を担保するために設定された担保権」（非典型担保）や保証債務の移転についても検討の対象とされ★3，「中間試案」においても，「その債務の担保として設定された担保権及び保証を更改後の債務に移すことができる」と提案されたが★4，「免責的債務引受は，債務者が負担していた債務と同一性のある債務を引受人が負担するものであり，担保権も承継されるのが原則であると考えるべきであるから，法定担保も移転の対象となる」が，「更改の場合には，同一性がない債務が発生するのであり，担保権は消滅するのが原則であると考えるべきであるから，従前の担保権の順位を維持する必要があって，特に移転を認める必要性がある質権又は抵当権についてのみ，移転の対象とされた」として，「債権者は，更改前の債務の限度においてその担保として設定された質権又は抵当権を更改後の債務に移すことができる。」と変更され★5，若干の修正を経て新法となった。

⑶　債権者の意思表示の時期

意思表示の時期については，当初は，「更改契約と同時」との案が出され★6，「同時性を要求するのは，更改契約の後は，担保権の付従性により当該担保権が消滅すると考えられるためである」とされて★7，「中間試案」★8でも維持されたが，「質権又は抵当権の移転は，更改の契約をする以前に更改の相手方に対してする意思表示によってしなければならない。」と修正され★9，さらに若干の修正を経て★10，新法となった。

★２　「中間試案の補足説明」315頁。
★３　「部会資料40」９頁。
★４　「中間試案の補足説明」315頁。
★５　「部会資料69Ａ」40頁。
★６　「部会資料40」９～10頁。
★７　「部会資料56」８頁。
★８　「中間試案の補足説明」315頁。
★９　「部会資料69Ａ」38頁。
★10　「部会資料82－１」42～43頁，「部会資料83－２」34頁，「部会資料84－１」45頁。

第2　要件事実

1　債務者の交替による更改の場合

⑴　当 事 者

X：債権者，Y：旧債務者（所有者），Y′：新債務者，Z：物上保証人

⒜　債務者と所有者が同一の場合

Xは，Yに対して，新法518条に基づく抵当権変更登記手続請求訴訟★11 を提起する。

その場合の請求原因は，①XY間の旧債務の成立，②XY間の抵当権の設定・登記，③XY′間の債務者交替の更改契約の成立，④XのYに対する③の通知，⑤XのY′に対する③の成立以前における②の抵当権を移転する旨の意思表示，⑥Yによる抵当権移転の承諾★12，となる。

⒝　物上保証の場合

Xは，Zに対して，新法518条に基づく抵当権変更登記手続請求訴訟を提起する。

その場合の請求原因は，①XY間の旧債務の成立，②XZ間の抵当権の設定・登記，③XY′間の債務者交替の更改契約の成立，④XのYに対する③の通知，⑤XのY′に対する③の成立以前における②の抵当権を移転する旨の意思表示，⑥Zによる抵当権移転の承諾，となる。

2　債権者の交替による更改の場合

⑴　当 事 者

X：債権者，X′：新債権者，Y：債務者（所有者），Z：物上保証人

⒜　債務者と所有者が同一の場合

X′は，Xに対して，新法518条に基づく抵当権移転登記手続請求訴訟を提起する。

★11　以下の登記手続については，香川保一編著『新訂不動産登記書式精義中巻』（テイハン，1996）775～776頁，1132～1135頁参照。

★12　⑥が要件となるかどうかについては，潮見『改正法の概要』205頁，大江『新債権法の要件事実』325頁，大江『要件事実民法⑷』604頁には言及はないが，潮見『新債権法総論Ⅱ』337頁は，「旧債務者が設定した質権・抵当権については，旧債務者の承諾が必要である（旧債務者は，同項前段にいう「第三者」である）。」とする。債務者交替の場合，Yは依然として所有者であるため，自分の関与しないXY′間の新債務について当然に担保提供者となるのは不合理であると考えられるので，Yの承諾は必要であると解する。ただし，Yの担保責任の範囲は，更改前の債務の目的の限度となっているので，重くなることがないことを重視すれば，⑥の要件を不要とする考え方もあり得るかもしれない。

その場合の請求原因は，①ＸＹ間の旧債務の成立，②ＸＹ間の抵当権の設定・登記，③ＸＸ′Ｙ間の債権者交替の更改契約の成立，④ＸのＹに対する③の成立以前における②の抵当権を移転する旨の意思表示，となる★13。

(b)　物上保証の場合

Ｘ′は，Ｘに対して，新法518条に基づく抵当権移転登記手続請求訴訟を提起する。

その場合の請求原因は，①ＸＹ間の旧債務の成立，②ＸＹ間の抵当権の設定・登記，③ＸＸ′Ｙ間の債権者交替の更改契約の成立，④ＸのＹに対する③の成立以前における②の抵当権を移転する旨の意思表示，⑤Ｚによる抵当権移転の承諾，となる。

〔若柳〕

第4款　免　　除

第519条

第1　改正されなかった経緯

債務者の意思に反する場合でも免除が認められるという現行法の規定のあり方に対して，債務を履行することについて債務者に利益がある場合には，債務者の関与なく免除することが認められると，債務者の利益が一方的に奪われることになってしまうことが問題であると指摘された。例えば，贈与契約に基づきある特定物を引き渡す債務を負っている贈与者にとって，当該特定物の保管のために場所の確保等の費用が発生する場合には，当該特定物を引き渡すことに利益があると考えられ，また，債務の内容が芸術的なパフォーマンスのような物の引き渡しではない行為の場合には，一層債務者による債務の履行による利益が認められるのではないかとの意見が出され，さらに，第三者の弁済（現行法474条２項）や債務者の交替による更改（現行法514条ただし書）については，いずれも債務者の利益になると考えられる行為であるにもかかわらず，債務者の意思を尊重するという考え方がとられているのであるから，債権者の一方的な意思表示により免除ができるとする現行法の規定は，これらの他の規定の考え方と一貫しないのではないかとの指摘がなされた★1。

★13　この場合は，1(1)(a)の⑥と異なり，Ｙも更改契約の当事者となっていることに加え，債権者の交替の場合は債権譲渡に類似するので，Ｙによる抵当権移転の承諾は不要と解する。

そこで，債務者の意思に反する場合には免除が認められない方向での改正案がいくつか提案され★2，その議論を踏まえて，「中間試案」においては，「民法第519条の規律に付け加えて，免除によって債務者に損害が生じたときは，債権者は，その損害を賠償しなければならない」との案が提案されたが★3，「例えば，金銭債務を免除した際に，債務者に生じた免除益に対する課税額が損害として認定されるのは不当」ではあるが，「適切な要件を設定することは困難である」として，この論点は取り上げられないこととなった★4。

したがって，免除については，従前の議論がそのまま持ち越されることとなった。

第２　要件事実

１　制度の趣旨

免除は，債権者の債務者に対する一方的意思表示によって効力を生じるのであり，債権の消滅事由であるから，免除の主張立証責任は，債務者側にある。

もちろん，債権者の意思表示に無効又は消滅原因があれば免除の抗力は生じないが，その主張立証責任は債権者にある。免除の意思表示に，条件や期限を付すことも可能である★5。

通常は，債権者から債務者に対する履行請求に対して，債務者が債権の消滅原因として，免除の主張立証をすることになり，要件事実論的には特に問題となることはないが，免除をすることによって第三者に不当な不利益を与えることは許されていないと解されている★6。

２　債権差押の場合

訴 訟 物

ＡのＹに対する消費貸借契約に基づく貸金返還請求権

請求原因

【第519条注】

★１　「部会資料10－２」70頁。

★２　「部会資料10－２」70頁，「中間的な論点整理の補足説明」170頁，「部会資料40」19頁，「部会資料56」10頁。

★３　「中間試案の補足説明」320頁。

★４　「部会資料69Ａ」40頁。

★５　我妻『債権総論』368頁，中田『債権総論』421頁。

★６　我妻『債権総論』368頁，中田『債権総論』421頁。なお，潮見『新債権総論Ⅱ』342～343頁参照。

1　Aは，Yに対し，弁済期を貸付け時から1年後として，500万円を無利息で貸付けた。

2　Xは，Aに対し，弁済期を貸付け時から1年後として，500万円を無利息で貸し付けた。

3　Xは，前項の債権を認容する確定判決を得た。

4　Xは，前項の確定判決に基づき，1項の債権を差し押さえた。

5　1項の債権の弁済期は到来した。

抗弁（免除）

Aは，請求原因4の債権差押命令がYに送達されるまでに，Yに対し，請求原因1の債権を免除する旨の意思表示をした。

〔若柳〕

第5款　混　　同

第520条

第1　改正されなかった経緯

改正審議において，現行法520条本文自体の問題点は指摘されていないが，「中間的な論点整理」の議論では，ただし書について，判例・学説上，債権が第三者の権利の目的であるとき以外にも，債権及び債務が同一人に帰属しても債権が消滅しない場合のあることが認められているので，混同の例外についても条文上明確にすべきとの意見があり★1，混同の例外が検討されたが★2，論点として取り上げないこととなった★3。

したがって，混同については，今般の改正の対象とはならなかったので，従前の議論がそのまま持ち越されることとなった。

第2　要件事実

現行法520条ただし書に関して，債権の消滅原因としての混同が主張される場

【第520条注】

★1　「中間的な論点整理の補足説明」171頁。

★2　「部会資料40」21頁。

★3　「部会資料56」11頁。

合，時的要素の関係で，適切な設例を見出すのは困難ではあるが，一応，次のような設例は可能かもしれない。

訴 訟 物
ＡのＹに対する間の消費貸借契約に基づく貸金返還請求権
請求原因
1　Ａは，Ｙに対し，弁済期を貸付け時から１年後として，500万円を無利息で貸し付けた。
2　Ｘは，Ａに対し，弁済期を貸付け時から１年後として，500万円を無利息で貸し付けた。
3　Ｘは，２項の債権を認容する確定判決を得た。
4　Ｘは，３項の確定判決に基づき，１項の債権を差し押さえた。
5　１項の債権の弁済期は到来した。
抗弁（混同）
Ｙは，請求原因４の債権差押命令がＹに送達されるまでに，Ａから請求原因１の債権を譲り受けた。

上記設例は，債権差押命令が第三債務者Ｙに送達されるまでに，ＹがＡからＡのＹに対する債権を譲り受けたために混同が生じた設例である。債権差押えの効力が生じる（民執145条４項）までに混同が生じているため，ＡＹ間の債権は消滅していることになり，抗弁は成立する★4。〔若柳〕

第７節　有価証券

第１　現行法と新法の異同

1　改正の概要

本節は，民法典に有価証券に関する統一的な規定を置くために新設されたものである★1（以下では，紙幅の関係上，本節の各条文の掲載を省略し，その概要を後記２で示すにとどめる）。有価証券に関する規定新設に伴い，有価証券に関する現行法86条

★4　物権法上の民法179条（混同）については，大江『要件事実民法(2)』148頁参照。
【第７節有価証券注】
★1　法制審では，有価証券に関する通則的な規定群を民法に置くのか，商法に置くのかが議論されたが（「部会第７回議事録」54頁の松尾関係官の発言参照），民法に統一的規定を置くこととされた。ただし，有価証券の定義規定を置くことは見送られた。

3項，363条，365条，469条ないし473条はすべて削除され，民法の一部を改正する法律の施行に伴う関係法律の整備等に関する法律によって，現行商法516条2項，517条から519条までの規定は，すべて削除される。また，新法520条の11の新設に伴い，同趣旨を定める民法施行法57条も，同法律によって削除される。

手形法及び小切手法の諸規定，株券等に関する会社法の諸規定等の特別法に規定があれば，そちらが優先適用され，有価証券に関する新法の規定は，適用されない。

2　有価証券の制度趣旨・作用

本節が規定する有価証券の制度趣旨は，有価証券に表象された権利の流通を高める点にある。このような有価証券の制度趣旨から，次のような有価証券制度の積極・消極の各作用★2が導かれる。

第1は，有価証券の積極的作用である。有価証券を所持する者のみを権利者と扱い（所持人の権利の推定〔形式的資格の授与〕。新法520条の4，520条の14，520条の20による520条の14の準用），権利者と推定される証券所持者を権利者と信じた者の利益を保護し（善意取得。新法520条の5，520条の15，520条の20による520条の15の準用），さらに，債務者からの抗弁の対抗を制限して（債務者の抗弁の制限。新法520条の6，520条の16，520条の20による520条の16の準用），その権利行使を容易にするとともに，他方で，債務者は，権利者と推定される証券所持者を権利者と扱って弁済すれば，原則として免責される（債務者の調査義務の免除・善意支払。新法520条の10，520条の18による520条の10の準用，520条の20による520条の18の準用）という作用である。

第2は，有価証券の消極的作用である。有価証券を所持しない者は，原則として権利行使ができず（裏を返せば，証券を所持する権利者は，他人に抜け駆け的に権利行使をされて害されることはないという権利の確保的機能があり，これは，権利の流通促進に資する），債務者も，この者からの請求に応じて弁済をする必要がなく，証券を所持しない権利者は，特別な方法（公示催告手続）を通じてしか権利行使ができないという作用である（新法520条の11，520条の12，520条の18による520条の11及び520条の12の準用，520条の19第2項による520条の11及び520条の12の準用，520条の20による520条の18の準用）。

★2　鈴木竹雄〔前田庸補訂〕『手形法・小切手法〔新版〕』（有斐閣，1992）10頁以下。

以上の有価証券の積極・消極の各作用から，権利の流通促進という前記の有価証券の制度趣旨が実現することになるが，本節の規定は，いずれも，上記の観点から規定されたものと理解することができる（第３款の「その他の記名証券」については，有価証券の積極的作用は認められないが，前記のとおり，権利の確保的機能に資する消極的作用は認められている）。

第２　要件事実

本節の攻撃防御方法としての機能は，第１款の「指図証券」と第３款の「その他の記名証券」とを対比して検討すると，以下のとおりである（第２款の「記名式所持人払証券」及び第４款の「無記名証券」については，裏書の点を除き，指図証券に準じて考えればよい）。

証券所持者が，その発行者に対し，証券に表章された権利に関する履行請求権を訴訟物として請求する場合を考える。

指図証券の場合，権利流通促進という有価証券の制度趣旨が強く働くから，その請求原因は，①債務者による指図証券の発行，②裏書の連続した指図証券の債権者の所持（新法520条の３，520条の４）といった必要最小限の事実をもって足り，講学上の手形抗弁（物的抗弁，無権利の抗弁及び狭義の人的抗弁）★３は，請求原因と両立する主張である限り，訴訟法上の抗弁として債務者の主張立証責任に属するものと解される★４。

他方，その他の記名式証券の場合，権利流通促進という有価証券の制度趣旨はそれほど強く働かず，かえって，債務者の抗弁留保の利益を保護すべきであるから，新法520条の19第１項所定の「債権の譲渡……に関する方式」（証券の発行・債権譲渡の原因行為）及び「その効力」（証券の所持・交付，新法467条１項所定の対抗要件の具備）に関する事実が請求原因となり，物的抗弁（例えば，除権決定による失効〔新法520条の19第２項による520条の11の準用〕等）はもとより，権利移転行為の瑕疵（無

★３　手形抗弁は，講学上，債務者がすべての所持人に対して主張し得る物的抗弁と，特定の所持人に対してのみ主張し得る広義の人的抗弁とに分けられ，広義の人的抗弁は，手形の権利移転に関する無権利の抗弁と，当事者間の特殊な関係に基づく狭義の人的抗弁とに分けられる。物的抗弁は，新法520条の６の「その証券に記載した事項」（例えば，裏書禁止文句の記載等）及び「その証券の性質から当然に生ずる結果」（例えば，呈示証券性に由来する証券の不提示等）などに，無権利の抗弁は，①裏書連続途中の権利移転行為の瑕疵及び②それ以降の権利取得者全員の善意取得（新法520条の５）の不成立に，人的抗弁は，①人的抗弁の存在及び②それ以降の取得者全員の悪意（新法520条の６）に，それぞれ対応する。

★４　坂井芳雄『約束手形金請求訴訟における要件事実とその立証〔３訂版〕』（法曹会，1996），河村浩「約束手形金請求訴訟の要件事実と事実認定」判タ1134号（2004）48頁以下参照。

権利の抗弁）や人的抗弁も切断されず，これらは広く債務者において，主張立証することができる抗弁となる。〔河村〕

編著者紹介

伊藤　滋夫（いとう　しげお）

〔現職〕　法科大学院要件事実教育研究所顧問，弁護士，創価大学名誉教授。
〔略歴〕　1954年名古屋大学法学部卒，1961年ハーバード・ロー・スクール（マスターコース）卒業（LL. M.），1994年博士（法学）名城大学。
1954年司法修習生，1956年東京地・家裁判事補，1966年東京地裁判事，以後，松山地・家裁判事，最高裁事務総局家庭局第一兼第二課長，東京地裁部総括判事，和歌山地・家裁所長，名古屋高裁部総括判事，東京高裁部総括判事などを歴任。その間，司法研修所教官，司法試験考査委員（民事訴訟法，民法），法制審議会民事訴訟法・民法部会委員も務める。1995年依願退官，弁護士登録。それ以後，大東文化大学法学部教授，創価大学法科大学院教授，法科大学院要件事実教育研究所長などを歴任。
〔業績〕『事実認定の基礎　裁判官による事実判断の構造』（有斐閣，1996），『要件事実・事実認定入門　裁判官の判断の仕方を考える　補訂版第2刷（補訂）』（有斐閣，2008），総括編集『民事要件事実講座第1巻～第6巻』（青林書院，2005～2010），編著『要件事実小辞典』（青林書院，2011），『民事法学入門　法学の基礎から民事実務までの道しるべ』（有斐閣，2012），『要件事実の基礎　裁判官による法的判断の構造　新版』（有斐閣，2015），共同編集『租税訴訟における要件事実論の展開』（青林書院，2016），編集『債権法改正法案と要件事実〔法科大学院要件事実教育研究所報第15号〕』（日本評論社，2017）。
「要件事実と実体法」ジュリスト869号（1986）14頁以下，「要件事実論の汎用性を示す要件事実論と基礎法学との協同に関する一考察—死刑制度の存廃についての検討試論」伊藤滋夫編著『要件事実論と基礎法学』（日本評論社，2010）1頁以下。ほか多数。

新民法（債権関係）の要件事実 Ⅰ
改正条文と関係条文の徹底解説

2017年11月28日　初版第1刷印刷
2017年12月25日　初版第1刷発行

廃検 止印　©編著者　伊　藤　滋　夫
発 行 者　逸　見　慎　一

発行所　東京都文京区本郷6丁目4の7　株式会社　青　林　書　院

振替口座　00110-9-16920／電話　03(3815)5897～8／郵便番号　113-0033

印刷・星野精版印刷㈱／落丁・乱丁本はお取り替え致します。

Printed in Japan　ISBN978-4-417-01729-5